OLAF MÜLLER · SYNONYMIE UND ANALYTIZITÄT

Geist · Erkenntnis · Kommunikation

Herausgegeben von Georg Meggle und Thomas Metzinger

OLAF MÜLLER

Synonymie und Analytizität: Zwei sinnvolle Begriffe

Eine Auseinandersetzung mit W. V. O. Quines Bedeutungsskepsis

Hans-Ulrich [illegible]
September 2001

Ferdinand Schöningh
Paderborn · München · Wien · Zürich

Gedruckt mit freundlicher Unterstützung des Förderungs- und Beihilfefonds Wissenschaft der VG Wort

Die Deutsche Bibliothek – CIP-Einheitsaufnahme

Müller, Olaf:
Synonymie und Analytizität: zwei sinnvolle Begriffe: eine Auseinandersetzung mit W. V. O. Quines Bedeutungsskepsis/Olaf Müller. – Paderborn; München; Wien, Zürich: Schöningh, 1998
(Geist, Erkenntnis, Kommunikation)
Zugl.: Göttingen, Univ., Diss., 1996
ISBN 3-506-73239-0

Einbandgestaltung: Anna Braungart, Regensburg

D7: Göttinger Philosophische Dissertationen.

Gedruckt auf umweltfreundlichem, chlorfrei gebleichtem
und alterungsbeständigem Papier ♾ ISO 9706

Printed in Gemany. Herstellung: Ferdinand Schöningh, Paderborn

ISBN 3-506-73239-0

Für Lorenz Krüger
(1932-1994)

Inhaltsverzeichnis

Vorwort

Diese Arbeit ist aus einem Text hervorgegangen, den die philosophische Fakultät der Georgia Augusta zu Göttingen im vergangenen Jahr als Dissertation angenommen hat. Sie enthält zwei zentrale Thesen. Erstens: Wenn man bedeutungstheoretische Begriffe wie Synonymie und Analytizität erklären möchte, dann sollte man dartun, wie sich Aussagen über bedeutungstheoretische Sachverhalte in Aussagen über das beobachtbare Verhalten von Sprechern überführen lassen. Genauer gesagt: Man sollte alle philosophischen Voraussetzungen mitmachen, die W. V. O. Quine in die Bedeutungsskepsis getrieben haben. Gegen Quines Bedeutungsskepsis richtet sich die zweite These dieses Buchs. Sie lautet: Selbst wenn man alle philosophischen Voraussetzungen Quines teilt (sich also auf Quines Naturalismus, Empirismus, Behaviorismus und Holismus einlässt), braucht man kein Bedeutungsskeptiker zu werden; man kann Begriffe von Synonymie und Analytizität definieren, die gegen Quines bedeutungsskeptische Argumente immun sind, ohne die Voraussetzungen dieser Argumente zurückweisen zu müssen. Zusammengenommen liefern die beiden Thesen einen konstruktiven Aufbau der Bedeutungstheorie auf naturalistischer Grundlage.

Meine zwei zentralen Thesen können unabhängig voneinander bestehen. Lebten wir in einer Welt, in der jeder nur eine philosophische These vertreten darf, so würde ich mich für die zweite These entscheiden. Sie hat mehr Gewicht und lässt sich überzeugender begründen als die erste These. Ihre Richtigkeit lässt sich meiner Ansicht nach argumentativ entscheiden. Man braucht zu ihrer Begründung keine gewagten philosophischen Voraussetzungen zu unterschreiben, da sie ja nur besagt, dass gewisse Explikationen funktionieren, *wenn* die und die philosophischen Voraussetzungen richtig sind. Selbst Gegner von Empirismus, Naturalismus, Behaviorismus und Holismus können die zweite These unterstützen und den Argumenten für sie beipflichten.

Die Begründung der ersten These erlaubt weniger Toleranz gegenüber konkurrierenden philosophischen Weltbildern. Jedes Plädoyer für philosophische Voraussetzungen ist riskant. Argumentative Durchschlagskraft darf man beim Plädieren für Voraussetzungen nicht erwarten; Überzeugungserfolge sind Ausnahme. Ich wäre naiv, wenn ich annähme, dass es ausgerechnet mit meinem Plädoyer für Quines Voraussetzungen – für die erste These dieses Buchs – besser stünde.

Da mag man fragen, warum ich mich auf die erste These eingelassen habe. Hätte es nicht gereicht, sich mit der zweiten These zu begnügen? Offen gestanden, habe ich mich das selbst oft gefragt. Immerhin liegt das Hauptgewicht dieses Buchs auf der zweiten These; sie, wenn überhaupt etwas, verleiht ihm eine gewisse Originalität. Sie spricht sich gegen Bedeutungsskepsis aus und macht dabei von Positionen Gebrauch, die üblicherweise mit bedeutungsskeptischen Hintergedanken eingenommen werden – eine überraschende Kombination.

Doch beruht dieser Überraschungseffekt auf kontingenten Umständen der Philosophie-Geschichte. Hätte es keinen Quine gegeben, so würde uns die These vielleicht nicht überraschen; und die These liefe ins Leere, wenn es keine Empiristen, Naturalisten, Behavioristen und Holisten gäbe. Um also das systematische Gewicht der zweiten These zu erhöhen (zusätzlich zum Gewicht, das ihr aufgrund der philosophischen Entwicklung der letzten fünfzig Jahre *de facto* zukommt), sah ich mich gezwungen, für die Voraussetzungen zu plädieren, von denen sie hypothetisch Gebrauch macht. Daher mein Engagement zugunsten der ersten These.

Ich will nicht verhehlen, dass es regnerische Tage gibt, an denen mir die erste These nicht völlig einleuchtet; solche Schwankungen sollten nicht überraschen: das Für und Wider in Fragen der philosophischen Weltanschauung wird wohl nie endgültig entschieden werden. Doch da mich die These an gewissen Tagen in ihren Bann zieht und da sie viele andere Philosophen in ihren Bann zu ziehen vermochte, u.a. einen der bedeutendsten Philosophen unserer Zeit, kann meine erste These nicht völlig unplausibel sein: ein beruhigendes Gefühl. Andererseits ist es gut zu wissen, dass nicht alle philosophischen Fragen derartigen Schwankungen unterworfen sind. Z.B. meine zweite These; sie steht auf besser abgesichertem Boden. Wenn ich damit richtig liege, dann gerät die Bedeutungstheorie nicht einmal in den Unbilden der Voraussetzungen Quines ins Schwanken. Und obwohl ich nicht damit rechne, dass in dieser Angelegenheit das letzte Wort gefallen ist, liegt die Beweislast nun bei den Gegnern der Bedeutungstheorie. Ich warte voller Spannung auf ihren nächsten Schachzug und möchte in der Zwischenzeit ein paar Dankesworte loswerden.

Ich habe die ersten Ideen für dieses Buch im akademischen Jahr 1992/3 an der *University of California at Los Angeles (UCLA)* gesammelt. Die kalifornischen Stimulationen wären ohne die Unterstützung durch das Land Niedersachsen und durch das *Education*

Abroad Program (EAP) der *University of California* unerschwinglich gewesen. Mein herzlicher Dank geht an alle hierbei verwickelten Institutionen, besonders an das kalifornische Studienzentrum der Georg-August-Universität und an sein Gegenstück in L.A. Ein Promotionsstipendium der Studienstiftung des deutschen Volkes hat mir für den verbleibenden Teil der Arbeit den Rücken freigehalten: ein Privileg, dem ich hoffe gerecht geworden zu sein. Dank also an die Geldgeber der Studienstiftung und an Hans-Ottmar Weyand und Georg Friedrich Kahl; beide standen mir zur Seite, als es nötig war. Ein Druckkostenzuschuss der VG Wort schliesslich hat geholfen, die Publikation in der vorliegenden Form zu ermöglichen.

Wie ich meiner Dankbarkeit gegenüber Wolfgang Carl und Günther Patzig – den philosophischen Gutachtern dieser Arbeit – angemessen Ausdruck verleihen soll, weiss ich nicht. Ohne ihren Zuspruch und ohne ihre Unterstützung hätte mein Projekt beinahe ein jähes Ende gefunden. Aber ihr Einfluss reicht weiter in die Vergangenheit zurück. Vor einem Jahrzehnt hat mir Günther Patzig die ersten sprachphilosophischen Intuitionen verabreicht; und fast ein ganzes Jahrzehnt hindurch hat Wolfgang Carl meinen Intuitionen widersprochen. Keiner der beiden ist für das entstandene Gemisch verantwortlich.

Unter den vielen Diskussionspartnern, die einzelne Teile meiner Arbeit vorangebracht haben, möchte ich Oliver Wachsmuth und Nelson Killius herausheben.

Am tiefsten greift der Einfluss, den mein Freund Sven Rosenkranz auf die vorliegenden Seiten ausgeübt hat. Nacht um Nacht hat er mit mir diverse Fassungen des Manuskripts auf Schwachstellen abgeklopft. Der grösste Teil der im endgültigen Text verhandelten Einwände geht auf sein Konto. Und es liegt nicht an ihm, wenn meine Erwiderungen auf die Einwände nicht überzeugen. *Er* wäre wild entschlossen gewesen, die Prozedur zu wiederholen und die Erwiderungen abermals der gewohnten energischen Kritik zu unterziehen, hätte ich das Spiel nicht eines Tages aufgrund kontingenter Aussenumstände abbrechen müssen. So ist dies Buch kürzer ausgefallen, als es die Sache verdient hätte. Da ich die allgemeine Lehre, die ich den Debatten mit Sven Rosenkranz entnommen habe, aufgrund innerer Gegenwehr schnell zu vergessen drohe, will ich sie ein für allemal festhalten: Philosophie ist eine unendliche Geschichte, und zwar eine unendlich komplizierte Geschichte.

Zuguterletzt bedanke ich mich bei meinem Vater für ein zusätzliches Augenpaar bei der Durchsicht der Fahnen; bei einem stadtbekannten Fruchthaus für Vitamine; bei Susanne Gahl und Peter Baumann für stilistische Tips; und bei meinem Freund und Mitbewohner Matthias Schote für ewige Geduld in den Chaoszeiten philosophischer Aufruhr.

Ohne die Ermunterung durch Lorenz Krüger hätte ich diese Arbeit nicht angefangen. Dass sie an Klarheit und Überzeugungskraft gewonnen hätte, wenn er sie hätte zuendebetreuen können, springt mir schon beim flüchtigen Durchblättern ins Auge. Es ist zu spät, ihm für den erhellenden Einfluss zu danken, den er trotzdem auf die Arbeit ausgeübt hat. Daher widme ich sie seinem Gedenken.

Olaf L. Müller, Cambridge (Mass.), im Juli 1997

KAPITEL 1

EINLEITUNG: SEMANTISCHE SKEPSIS

§ 1.1. Betrachten wir den Satz:

Semantische Eigenschaften

(1.1) Prinz Charles ist Junggeselle.

Dieser Satz und seine Teile haben eine Reihe von Eigenschaften: harmlose und weniger harmlose. Zu seinen harmlosen Eigenschaften zählen seine geometrische Gestalt, der Zeitpunkt seines Entstehens und seine chemische Zusammensetzung. Weniger harmlos ist die Tatsache, dass sich die ersten zwei Wörter des Satzes auf eine bekannte Figur des öffentlichen Lebens *beziehen* und dass das letzte Wort des Satzes auf eine grosse Anzahl weit über die Welt verstreuter Männer *zutrifft* (auf sie *referiert*). Obendrein ist der Satz *falsch* – eine weitere eigentümliche Eigenschaft des Satzes, die man ihm nicht so ohne weiteres ansieht. Im Gegensatz zum *analytisch wahren* Satz:

(1.2) Wenn Prinz Charles Junggeselle ist, ist er unverheiratet,

ist (1.1) nicht *allein aufgrund der Bedeutung seiner Teile* falsch (sondern *synthetisch* falsch). So wie (1.2) ist der Satz (1.1) *sinnvoll (signifikant)*. Aber anders als (1.2) *bedeutet* er *dasselbe* wie (ist *synonym* zu):

(1.3) Prinz Charles ist ein lediger Mann im heiratsfähigen Alter, der noch nie verheiratet war.

Mithilfe der in den vorigen Absätzen kursiv gesetzten Terme pflegen wir Sätze wie (1.1), (1.2), (1.3) und ihre Teile *semantisch* zu charakterisieren. Im Alltag tun wir dies mit traumwandlerischer Sicherheit, und erst wenn man uns nach einer Erklärung des semantischen Vokabulars fragt, wissen wir plötzlich nicht mehr weiter.

§ 1.2. Dies haben einige Philosophen ausgenutzt, um zu behaupten, dass sich das semantische Vokabular (oder doch Teile davon) überhaupt nicht auf befriedigende Weise erklären lasse; man solle das fragliche Vokabular besser aufgeben.

Semantische Skepsis

Nennen wir diese Position *semantischen Skeptizismus!* Die semantischen Skeptiker bezweifeln nicht etwa nur, dass es möglich ist, semantisches *Wissen* zu erlangen. Ihr Skeptizismus ist radikaler: Sie bezweifeln sogar den *Sinn* der semantischen Vokabeln und möchten uns empfehlen, ohne sie auszukommen.[1]

Wollten wir dieser Empfehlung folgen, so müssten wir unsere Gewohnheiten beim Reden über Sprache gewaltig ändern. Statt sich auf solch weitreichende Konsequenzen einzulassen, möchten die Kritiker der semantischen Skeptiker lieber die Standards abmildern, denen eine gelungene Erklärung des semantischen Vokabulars zu genügen hat: Je weniger streng diese Standards sind, desto mehr semantische Vokabeln lassen sich aufs sichere Ufer herüberretten.

Hier steht Intuition gegen Intuition. Die einen wollen ihre semantische Praxis auf Kosten der Erklärungsstandards behalten – die andern opfern lieber die semantische Praxis und bleiben dafür ihren strikten Standards treu. Ich habe eine gute Nachricht für beide Seiten in diesem fruchtlosen Widerstreit der Intuitionen. Der Streit ist überflüssig! Wir brauchen uns nicht zwischen strikten Erklärungsstandards und unserer semantischen Praxis zu entscheiden, da wir beides miteinander vereinbaren können. Ich möchte in der vorliegenden Arbeit vorführen, wie sich semantische Vokabeln unter besonders strengen Restriktionen erklären lassen.

Ich muss gestehen, dass ich ursprünglich vorgehabt habe, den semantischen Skeptizismus *tout court* zu widerlegen. Alle der eingangs angeführten semantischen Begriffe hatte ich einer befriedigenden Erklärung zuführen wollen. Im Nachhinein scheint mir dieser Plan *ein wenig* naiv gewesen zu sein – allerdings nicht etwa deshalb naiv, weil einige der semantischen Begriffe ganz geheimnisvoll und unerklärbar wären. Vielmehr war der Plan naiv, weil ich die Vielgestaltigkeit der Argumente unterschätzt hatte, die das Feld beherr-

---

[1] Einen solchen Skeptizismus hat Pilatus mit seiner ironischen Frage „Was ist Wahrheit?“ vorweggenommen. Aber erst in unserem Jahrhundert (seit der „linguistischen Wende“ in der Philosophie) ist der semantische Skeptizismus in seiner ganzen Schärfe hervorgetreten, und zwar in zwei Schüben. Zunächst haben die logischen Positivisten die semantischen Begriffe für schlechte Metaphysik und also sinnlos gehalten. (Das Begriffspaar ‚sinnlos / signifikant‘ musste aus naheliegenden Gründen von diesem Bann ausgenommen bleiben; man war versucht, es in syntaktischen Termen auszubuchstabieren). Eine der Wurzeln für die semantische Skepsis lag in den Antinomien, die sich mit den semantischen Begriffen konstruieren lassen. Durch den anti-antinomischen Einfluss von Tarski liessen sich viele der vormaligen semantischen Skeptiker – wenn auch nicht alle – vom Sinn semantischer Begriffe überzeugen, insbesondere Carnap. (Zum ersten Schub semantischer Skepsis und Tarskis Wirkung vergl. Carnap [IA]:60-62 und Tugendhat [TSDW]:202-208). Um so heftiger traf die Renegaten der zweite Schub semantischer Skepsis, der in der Mitte des Jahrhunderts von White [AS], Goodman [oLoM], Mates [S] und Quine [TDoE] ausging.

schen. Das Thema verlangt mehr Platz, als zwischen zwei Buchdeckeln frei ist.

§ 1.3. Statt *alle* semantischen Begriffe nur oberflächlich von der skeptischen Bedrohung zu befreien, habe ich mich entschlossen, zwei von ihnen besonders sorgfältig zu verteidigen: Synonymie und Analytizität.

Quine und die Folgen

Ich habe die beiden Begriffe deshalb ins Zentrum meiner Überlegungen gerückt, weil sie dem allerwirkungsvollsten Angriff der semantischen Skeptiker zum Opfer gefallen sind: einem Angriff, der Geschichte gemacht und die philosophische Landschaft erschüttert hat. Die Rede ist von den Folgen der Sprachphilosophie Quines.

Obwohl ich zu dem Ergebnis gekommen bin, dass Quines Argumente so gründlich in die Irre gehen, wie Argumente nur in die Irre gehen können, halte ich seine Erwägungen für einschneidend und wichtig. Man kann auf wild interessante Weise irren: Wer dem Irrenden auf den Fersen folgt, wird eine Menge erleben – das zumindest hoffe ich im Lauf der Verfolgungsjagd, die wir vor uns haben, spürbar werden zu lassen.

Ich habe eben gesagt, dass Quines Argumente so gründlich wie irgend möglich in die Irre gingen. Das soll heissen, dass ich nicht einfach Quines Prämissen herauszufordern gedenke, um mich seinen Konklusionen nicht beugen zu müssen. Im Gegenteil, ich werde *für* Quines Prämissen plädieren. Es sind besonders strenge Prämissen darüber, welche Standards man beim Erklären der semantischen Vokabeln zu beachten hat. Abgesehen davon, dass ich die Prämissen vernünftig finde, hätte ich auch dann einen guten Grund, sie mitzumachen, wenn ich sie für zu streng hielte. Denn *sicher ist sicher.* So, wie wir in der Umweltpolitik lieber allzu strikte Standards und Grenzwerte verlangen, um selbst im Fall des Falles ausserhalb der Gefahrenzone zu bleiben, so sollten wir in der Philosophie im Zweifel auf Nummer sicher gehen. Wir möchten nicht nur die philosophisch Wagemutigen und Hazardeure davon überzeugen, dass (z.B.) unser semantischer Diskurs Hand und Fuss hat; wir möchten mit möglichst vielen im Gespräch bleiben: auch mit den notorischen Nörglern und Zauderern, von denen es in der Philosophie so sehr wimmelt.

§ 1.4. Laufen wir damit nicht Gefahr, uns den semantischen Skeptikern ganz auszuliefern? Nein. Denn anders, als sie behaupten, führen selbst ihre striktesten Prämissen nicht in die befürchtete

Ziel und Grundidee

skeptische Sackgasse. Um es geradeheraus zu sagen: Ihre Argumente sind nicht konklusiv. Trotz wahrer Prämissen kommen sie nicht ans Ziel. Gründlicher können Argumente nicht fehlgehen.

Wie gesagt, aus Platzgründen kann ich diese Behauptung nicht für alle Argumente, die zugunsten der semantischen Skepsis vorgebracht worden sind, einlösen. Aber zum Ausgleich für diesen Mangel möchte ich die skeptischen Argumente, die ich behandeln werde, nicht einfach nur zerstören. Das wäre unbefriedigend: Wer Destruktionen destruiert, baut nichts auf. Ich werde konstruktiv sein und echte Aufbauarbeit leisten, indem ich die beiden Begriffe der Synonymie und des Analytischen wirklich zu erklären versuche.

Bevor ich diese Einleitung mit einer Übersicht über die einzelnen Kapitel abschliesse, möchte ich die Grundidee nennen, die mich bei meinem Erklärungsversuch leiten wird: Nach meinem Verständnis sind semantische Behauptungen wie:

(1.4) Der Satz ‚Alle Junggesellen sind unverheiratet' ist analytisch,

als empirisch überprüfbare Behauptungen darüber zu verstehen, wie gewisse Sprecher ihre Sprache zu verwenden pflegen. Das klingt wie eine Binsenweisheit, hat aber nicht nur triviale Konsequenzen. Eine dieser nicht-trivialen Konsequenzen besteht darin, dass die semantischen Aussagen in erster Linie als Aussagen über *andere Sprecher* konstruiert werden, die *von aussen* zu betrachten sind. Ich werde in dieser Arbeit konsequent eine solche Aussenperspektive einnehmen. Ob und wie die semantischen Begriffe von einer Innenperspektive her erklärt werden können, also aus der Sicht des sprechenden Subjekts: das ist eine Frage, die ich hier nicht beantworten werde.

Übersicht über Kapitel 2-4

§ 1.5. Diese Arbeit gliedert sich grob wie folgt. In den Kapiteln 2 bis 4 lade ich Leser und Leserin in den Urwald ein: Mit Quine plädiere ich für besonders strikte Standards beim Erklären der semantischen Vokabeln. Diese Überlegungen werden nicht eigens auf die später im Zentrum stehenden zwei Begriffe (Synonymie und Analytizität) gemünzt sein. Vielmehr beanspruchen sie allgemeine Gültigkeit; sie beziehen sich auf *alle* semantischen Begriffe.

Im Kapitel 2 werde ich verschiedene Arten der Erklärung von Begriffen erwägen und mich im Fall der semantischen Vokabeln für eliminative Erklärungen starkmachen. Das bedeutet auch: Wir müssen *sprechend* genau solche Begriffe erklären, die allererst der Charakterisierung von *Sprache* dienen. Dass uns daraus kein Zirkel droht, ist eine der Thesen aus Kapitel 2.

Im Kapitel 3 möchte ich die bis dahin abstrakten Überlegungen mit Gehalt anreichern, indem ich einen besonders prominenten Versuch, semantische Vokabeln zu erklären, darlege und zurückweise: Tarskis Definitionen der Wahrheit und Referenz. Es wird sich zeigen, dass seine Definitionen inadäquat sind, weil sie zu Fehlparaphrasen führen. Die Lehre daraus wird lauten: Semantische Begriffe sind so zu erklären, dass sie auf Ausdrücke aus allen nur erdenklichen Sprachen angewandt werden können – also auch auf Ausdrücke aus solchen Sprachen, die man bei der Erklärung nicht im Sinn gehabt hat. Und das bedeutet, semantische Behauptungen sollten als empirische Aussagen über den Sprachgebrauch konstruiert werden.

Mit dieser Forderung im Gepäck wird uns das Kapitel 4 in den Urwald locken. Denn ob irgendwelche Erklärungen der Forderung genügen, kann man am besten herausfinden, indem man die erklärten Begriffe auf die Sprache von Eingeborenen anzuwenden versucht, die man noch nicht versteht. Das ist Quines Gedankenexperiment der radikalen Übersetzung: ein Gedankenexperiment, das nach meinem Verständnis nicht nur auf den semantischen Begriff der Übersetzung zielt, sondern uns Bedingungen vor Augen führt, die bei der Erklärung *beliebiger* semantischer Begriffe zu beachten sind. Es wird sich zeigen, dass die radikale Übersetzung ein Gedankenexperiment mit dezidiert naturalistischem Einschlag ist.

§ 1.6. Die Kapitel 5 und 6 sollen zum konstruktiven Teil dieser Arbeit überleiten. In Kapitel 5 werde ich zuerst begründen, warum wir uns ausgerechnet den Begriffen der Synonymie und des analytischen Satzes zuwenden sollten. Dann werden wir eine Feldforscherin bei ihren ersten linguistischen Gehversuchen im Urwald begleiten, indem wir zusehen, wie sie das Chaos im Stimmengewirr ihrer Gewährsleute bändigt: Welche Urwaldgeräusche sind als sprachliches Verhalten anzusehen? Und welche dieser Verlautbarungen sind Behauptungssätze, Satzfragen oder auch Zeichen von Zustimmung oder Ablehnung?

Übersicht über Kapitel 5-6

Sobald die Linguistin diese Vorfragen beantworten kann, wird sie mit ihrer semantischen Arbeit anfangen (Kapitel 6): Wir werden sehen, welche Art von Daten sie über den Sprachgebrauch im Urwald erheben wird und wie sie ihre Daten systematisieren kann. In Anlehnung an Quine (und um ihm möglichst eng auf den Fersen zu bleiben) werden wir der Linguistin den Begriff der Reizsynonymie an die Hand geben – nur um sofort lauter Gründe dafür zu erfahren, warum dieser Begriff keine angemessene Explikation unseres intuitiven Synonymiebegriffs bietet. Am Ende des Kapitels wird Quines zentraler Grund gegen den explikatorischen Wert des Begriffs aus dem Gewirr all der anderen Gründe hervortreten: Der Begriff scheitert an der Quine/Duhem-These. Wie sich diese holistische These auf die Erklärbarkeit semantischer Begriffe auswirkt: das ist die Frage, die im verbleibenden Teil der Arbeit ausführlich behandelt werden soll. Ich werde zeigen, dass wir die Quine/Duhem-These mit einer sinnvollen Erklärung der Begriffe der Synonymie und Analytizität verheiraten können: Zwar erschwert der Holismus ihre Erklärung, aber er schliesst sie nicht aus.

Übersicht über Kapitel 7-12

§ 1.7. Im Kapitel 7 werde ich die negative und die positive Seite der Quine/Duhem-These entfalten. Ihre negative Seite lautet: Nicht der einzelne theoretische Satz kann vorm Tribunal der Erfahrung überprüft werden. Vielmehr – so die positive Seite der These – muss man die einzelnen theoretischen Sätze zu Ganzheiten (Theorien) zusammenfassen, bevor man sie empirisch testen kann. Wir werden den logischen Mechanismus kennenlernen, an dem es liegt, dass das Ganze (die Theorie) empirisch mehr wert ist als die Summe der Teile (der einzelnen Sätze).

Dass Quine seinen semantischen Skeptizismus mithilfe der negativen Seite der Quine/Duhem-These stark macht und dass er dabei die positive Seite seiner eigenen holistischen Doktrin sträflich aus den Augen verliert, das ist meine zentrale Botschaft aus den Kapiteln 8, 9 und 10.

Im Kapitel 8 werde ich Quine zwar zustimmen, dass der Begriff der Reizsynonymie im Lichte der negativen Seite der Quine/ Duhem-These scheitert. Aber ich werde dartun, dass wir einen raffinierteren Synonymiebegriff ersinnen können, der diesem holistischen Scheitern entgeht, indem er sich die positive Seite der holistischen Doktrin zunutze macht: Zwei Sätze – so die grobe Idee – sind synonym, wenn sie sich in beliebigen Kontexten (Theorien) miteinander vertauschen lassen, ohne dass sich die Reizbedeutungen der entstehenden Ganzheiten durch den Austausch ändern.

Dies Manöver zur Rettung des intuitiven Synonymiebegriffs werden wir in Kapitel 9 wiederholen, um auch die analytischen Sätze zu retten. Erneut werde ich Quine zunächst zustimmen: Der Begriff des analytischen Satzes scheint auf den ersten Blick in Schwierigkeiten zu geraten, weil es laut Holismus zuviele Sätze gibt, an denen ein Sprecher auch im Lichte widerspenstiger Erfahrungen festhalten kann: nämlich solche Sätze, die sehr weit im Innern von Theorien stehen, ohne – im intuitiven Sinne – analytisch zu sein. Doch abermals werden wir die Schwierigkeiten beheben können, indem wir die positive Seite der Quine/Duhem-These berücksichtigen: Während die zentralen synthetischen Sätze einer Theorie in geeigneten Kontexten einen empirischen Unterschied ausmachen, laufen die analytischen Sätze in allen Kontexten, in die man sie einbetten mag, leer mit.

Im Kapitel 10 möchte ich die Ergebnisse aus 8 und 9 zusammenführen und ausbauen. Wir werden sehen, wie eng Synonymie und Analytizität begrifflich zusammenhängen und warum es kein Zufall ist, dass wir Quines holistische Bedenken hinsichtlich beider Begriffe erfolgreich und holistisch zurückweisen konnten. Abschliessen werde ich das Kapitel mit der Diskussion einiger Theoreme, die sich aus meinen Definitionen ableiten lassen. Sie besagen, dass sich die definierten Begriffe so verhalten, wie unsere Intuitionen erwarten. Im Zusammenhang mit den Theoremen werde ich auch den analytischen Status logischer und mathematischer Sätze beleuchten.

Im Kapitel 11 beabsichtige ich, weiter reichende Schlüsse aus meinen Definitionen zu ziehen. Ich diskutiere, welche analytischen Sätze mit theoretischen Termen es möglicherweise geben mag, wie sich Sprachwandel von Theorienwandel unterscheiden lässt und was Stipulationen sind. In all diesen Fragen plädiere ich für einen Kompromiss zwischen Carnap und Quine: Carnaps Intuitionen über Stipulationen und analytische Sätze mit theoretischen Termen waren gar nicht so verkehrt; doch formulierte er sie in einer Terminologie, die er nicht vernünftig erklären konnte – was Quine mit Recht moniert hat. Die von mir in dieser Arbeit eingeführten Begriffe eignen sich, wie sich zeigen wird, um Carnaps Intuitionen teilweise besser Ausdruck zu verleihen.

Im Schlusskapitel 12 werde ich kurz auf die Frage eingehen, wozu die Kenntnis analytischer Sätze gut sein kann, wenn diese Sätze doch über die Welt nichts Informatives besagen. Meine Antwort: Sie helfen uns, zusammen mit der Logik aus Prämissenmengen auch all die Konklusionen herauszuholen, die nur implizit in den Prämissen stecken (festgelegt durch den Gebrauch der Sprache). Die analytischen Sätze sagen uns nichts Neues über die Welt, sondern sie helfen uns bei der Systematisierung dessen, was wir sonst an Interessantem über die Welt herausgefunden zu haben meinen.

Kapitel 2

Das semantische Vokabular und seine eliminative Explikation

§ 2.1. Im vorliegenden und in den folgenden beiden Kapiteln möchte ich den Rahmen für die Explikation der semantischen Vokabeln abstecken. Ich habe bereits angekündigt, dass ich für besonders strikte Erklärungsstandards plädieren werde. Hier in Kapitel 2 beabsichtige ich darzulegen, warum das semantische Vokabular *eliminativ* erklärt werden sollte und was bei einer solchen Erklärung vor sich geht. Es wird sich erweisen, dass eliminative Erklärungen stärker sind als gewisse alternative Arten der Erklärung. Zunächst stellt Eliminierbarkeit nur ein formales Kriterium dar, dessen wahre Schärfe sich erst ergibt, wenn man es mit mehr Inhalt anreichert. Dies geschieht in den Kapiteln 3 und 4. In Kapitel 3 werde ich einen Versuch der eliminativen Erklärung erörtern, der von Tarski stammt. Wie wir sehen werden, versagen Tarskis Paraphrasen in gewissen Kontexten. Bei einer Analyse der Gründe für dies Scheitern wird sich ergeben, dass die semantischen Aussagen als *empirische Aussagen über den Sprachgebrauch* zu konstruieren sind. Diese Forderung wird dem gesamten Explikationsprojekt, für das ich hier plädieren möchte, zugrundeliegen. Um sie einzulösen, werden wir uns in Kapitel 4 auf die Reise in den Urwald begeben und uns den schwierigen Bedingungen der radikalen Übersetzung unterwerfen. Daraus ergeben sich die strikten Erklärungsstandards, deren Befolgung ich in der Einleitung versprochen habe. Sie stammen von Quine. Doch der Weg zu ihnen wird von Quines Weg an verschiedenen Stellen abweichen. Durch diese Abweichungen von der reinen Lehre hoffe ich auch den einen oder anderen Quine-Gegner für mein Projekt interessieren zu können.[1] Übersicht

[1] Sobald ich in offenen Widerspruch zu Quines Meinungen gerate, werde ich in den Fussnoten darauf hinweisen. Die wichtigsten Abweichungen seien hier angedeutet: (i) Anders als ich im Kapitel 2 beharrt Quine nicht auf einer *eliminativen* Erklärung der semantischen Vokabeln. (ii) Im Gegensatz zu meiner Diagnose aus Kapitel 3 hält Quine Tarskis Explikationen für gelungen. (iii) Während Quine das Gedankenexperiment der radikalen Übersetzung in erster Linie auf den Übersetzungsbegriff gemünzt hat, möchte ich es zur Klärung *aller* semantischen Vokabeln einsetzen. Alle drei Punkte verdeutlichen, dass ich uns in dieser Arbeit noch striktere Standards auferlege als Quine.

Der grösste Teil des Kapitels 4 ist dem Naturalismus gewidmet: Ich lege dar, inwiefern die radikale Übersetzung ein Gedankenexperiment mit naturalistischem Akzent ist, und ordne dadurch mein explikatives Projekt in einen breiteren philosophischen Zusammenhang ein. Trotzdem kann man die Explikation unter den Bedingungen der radikalen Übersetzung interessant finden, ohne sich auf das naturalistische Weltbild festlegen zu lassen. Die radikale Übersetzung eignet sich zwar dafür, naturalistische Ansprüche zu befriedigen; doch verdient sie auch ohne diesen Hintergrund unsere Aufmerksamkeit. (Mein Plädoyer für das Gedankenexperiment wird ohne dezidiert naturalistische Voraussetzungen auskommen). Deshalb sind meine Überlegungen zum Naturalismus aus dem Kapitel 4 unabhängig vom Rest dieser Arbeit: Den Gang der weiteren Argumentation kann man würdigen, ohne naturalistische Hintergedanken zu hegen.

Die semantische Familie

§ 2.2. Bevor ich zum eigentlichen Thema dieses Kapitels kommen und darlegen kann, warum wir eine eliminative Erklärung des semantischen Vokabulars anstreben sollten, möchte ich meinen Untersuchungsgegenstand (das semantische Vokabular) genauer eingrenzen. Was macht ein Wort zu einer *semantischen* Vokabel? Ich habe diese Arbeit mit einer Aufzählung irgendwelcher kursiv gesetzten Wörter anfangen lassen, ohne darzutun, welche Gemeinsamkeit ihnen zukommt. Fest steht bislang nur, dass wir die semantischen Vokabeln zur *Beschreibung* von sprachlichen Ausdrücken (Wörtern, Sätzen) verwenden. Dadurch ist noch nicht viel gesagt. Denn wir beschreiben sprachliche Ausdrücke auch mithilfe von Wörtern, die nicht zum semantischen Vokabular zählen, etwa syntaktisch (indem wir z.B. ihre äussere Erscheinung charakterisieren); oder stilistisch (z.B.: ‚Ihre Formulierungen waren überaus elegant'); oder politisch (z.B.: ‚Er gab reaktionäres Gewäsch von sich'); oder auch hinsichtlich emotionaler Wirkungen und Intentionen (z.B.: ‚Mit diesem Satz beendete sie, ohne es zu wollen, eine langjährige Freundschaft').

Diese Liste der nicht-semantischen Charakterisierungen sprachlicher Ausdrücke liesse sich verlängern. Doch ist sie lang genug, um den Kontrast zum semantischen Vokabular hervorzuheben: Wer sprachliche Ausdrücke semantisch charakterisiert, interessiert sich für ihren kognitiven Gehalt, für ihre Beziehung zur Wirklichkeit, für das, wovon die Wörter handeln.

Zugegebenermassen sind auch diese Formulierungen vage und allzu allgemein. Bringen sie vielleicht durch ihre Vagheit und Allgemeinheit auf einen Nenner, was in Wirklichkeit disparat ist? Um diesem Verdacht entgegenzutreten, kann ich allerhöchstens plausibel zu machen suchen, dass die semantischen Vokabeln wie die Mitglieder einer Familie miteinander zusammenhängen. Statt ein Merkmal zu nennen, das allen semantischen Vokabeln und nur ihnen zukommt, statt also anzugeben, *welche* Familie die semantischen Vokabeln bilden, plädiere ich nur für die These, *dass* die semantischen Vokabeln ein und derselben Familie angehören (welche Familie auch immer es sei – wir werden zwei ihrer Mitglieder im Lauf der weiteren Untersuchung genauer kennenlernen).

§ 2.3. Wie wäre denn diese abgeschwächte These zu begründen? Durch Verweis auf das dichte Netz begrifflicher Verbindungen zwischen den semantischen Vokabeln: Es zeigt sich (und ist den Philosophen seit langem aufgefallen), dass sich die semantischen Vokabeln kreuz und quer definitorisch ineinander überführen lassen. Wenn wir z.B. einen Bedeutungsbegriff voraussetzen dürfen, könnten wir definieren: Gegenseitige Definierbarkeit

> Ein Satz ist genau dann signifikant, wenn er eine Bedeutung hat.
> Zwei Sätze sind genau dann synonym, wenn sie dasselbe bedeuten.
> Ein Satz ist genau dann wahr, wenn das der Fall ist, was der Satz besagt (bedeutet).
> Ein Satz ist genau dann analytisch wahr, wenn er allein aufgrund seiner Bedeutung wahr ist.

Oder beginnen wir mit Wahrheit:

> Die Bedeutung eines Satzes ist die Bedingung, die erfüllt sein muss, damit der Satz wahr ist.
> Ein Satz ist signifikant, wenn es eine Bedingung gibt, die erfüllt sein muss, damit er wahr ist.
> Zwei Sätze sind synonym, wenn sie dieselbe Wahrheitsbedingung haben.

> Ein Satz ist analytisch, wenn er unter allen Bedingungen wahr sein muss.

Oder beginnen wir mit Referenz:

> Ein Subjekt/Prädikat-Satz der Form ‚Φα' ist genau dann wahr, wenn es einen Gegenstand gibt, auf den sowohl Subjekt als auch Prädikat referieren.
> Zwei Terme sind genau dann synonym, wenn sie immer auf dieselben Gegenstände referieren.
> Zwei Sätze sind genau dann synonym, wenn sie auf gleiche Weise aus Termen zusammengesetzt sind, die immer auf dieselben Gegenstände referieren.

Die Liste könnte fortgesetzt werden. Selbst wenn wir nicht jede dieser begrifflichen Beziehungen wortwörtlich unterschreiben mögen, spricht meiner Ansicht nach schon ihre schiere Anzahl für meine These: Die semantischen Vokabeln werden durch ein enges begriffliches Netz zusammengehalten; sie bilden eine Familie.

Begrifflicher Inzest?

§ 2.4. Die wechselseitige Definierbarkeit ihrer Mitglieder hat dem Ruf der Familie geschadet. Denn während einem die intimen begrifflichen Beziehungen innerhalb der semantischen Familie schnell ins Auge springen, hat es den Anschein, als unterhielten ihre Mitglieder überhaupt keine begrifflichen Verbindungen nach aussen (d.h. zu irgendwelchen nichtsemantischen Wörtern). So konnte der Familie begrifflicher Inzest nachgesagt werden. Wenn sich jede semantische Vokabel nur durch Verwendung anderer *semantischer* Vokabeln definieren lässt, dann scheint keine der semantischen Vokabeln zirkelfrei erklärt werden zu können. Wörter, die nur zirkulär erklärt werden können, sind aber zu nichts Gutem zu gebrauchen.[2] Es verwundert daher nicht, wenn sich der Vorschlag zu Gehör meldet, die gesamte Familie mit einem philosophischen Bann zu belegen.

Um den Bann zu brechen, brauchen wir nur seine Voraussetzung zu bezweifeln: Nirgends ist gezeigt worden, dass *alle* begrifflichen Ahnen der semantischen Vokabeln zur semantischen Familie gehören. Aus der Tatsache, dass sich die semantischen Vokabeln wechselseitig definieren lassen, folgt nicht, dass sie *nur* mithilfe dieser Interdefinitionen erklärt werden können. Doch sollte es uns phi-

[2] So läuft eines der zentralen Argumente Quines gegen die semantische Begriffe in [TDoE].

losophisch wenig befriedigen, allein auf dies *non sequitur* zu verweisen und die Sache der semantischen Skeptiker damit abzuhaken. Wer ihre Herausforderung annehmen will, sollte positiv ausbuchstabieren, wie sich der vorgebliche Zirkel beim Erklären der semantischen Vokabeln vermeiden lässt. Und das heisst: Er sollte Erklärungen vorschlagen, in denen nicht vom semantischen Vokabular Gebrauch gemacht wird.

Eine Möglichkeit, jedweden Erklärungszirkel garantiert auszuschliessen, besteht darin, die semantischen Vokabeln so zu erklären, dass sie sich vollständig eliminieren lassen. Wie eine solche Elimination aussehen kann, werde ich anhand der beiden semantischen Vokabeln vorführen, die dieser Arbeit den Titel geben: Synonymie und Analytizität. Ich werde diese zwei Vokabeln so erklären, dass in ihrer Erklärung keine einzige semantische Vokabel vorkommt. Sollte mir das gelingen, so wäre dadurch jedwede Gefahr von Zirkularität gebannt. Die Messlatte für den Erfolg meines Projekts hängt damit hoch. Wenn wir die Forderung, die zwei semantischen Vokabeln eliminativ zu erklären, erfüllen können, dürfen wir sehr zufrieden sein, denn wir haben dann mehr erreicht, als wir in anderen Bereichen (z.B. in der theoretischen Physik – s.u. § 2.8) gewohnt sind.

Vier Alternativen zur Elimination

§ 2.5. Um deutlich zu machen, inwiefern wir uns mit dem Ziel der Elimination besonders strikte Erklärungsstandards auferlegt haben, möchte ich vier Alternativen zur eliminativen Erklärung des semantischen Vokabulars skizzieren, nämlich die Alternativen,

- (i) das semantische Vokabular *ostensiv* zu erklären;
- (ii) sich mit andeutenden *Erläuterungen* zu begnügen (wie es Frege hinsichtlich des „Logischeinfachen" vorgeschlagen hat);
- (iii) das semantische Vokabular *uninterpretiert* (oder: *partiell* interpretiert) zu lassen wie manche theoretische Grundbegriffe aus der Physik; und
- (iv) im Gefolge Wittgensteins dadurch Licht auf die zu erklärenden Wörter zu werfen, dass man ihre Rolle und Funktion in Sprachspielen *beschreibt*.

Ich kann mich mit diesen Alternativen nicht erschöpfend auseinandersetzen, da dies den Umfang meiner Arbeit sprengen würde. Stattdessen werde ich knapp andeuten, warum ich der eliminativen

Erklärung den Vorrang gebe. Diese Andeutungen sollen nicht als endgültige Argumente gegen jene Alternativen missverstanden werden; die Alternativen verdienten es, differenzierter erörtert zu werden, als mir hier möglich ist.

Alternative (i): Ostension

§ 2.6. Zur ersten Alternative. Man kann klarerweise nicht damit rechnen, dass sich alle Wörter restlos durch eine eliminative Erklärung zum Verschwinden bringen lassen – sonst blieben keine Wörter übrig, in denen die Eliminationen zu formulieren wären. Dass jede Kette von Worterklärungen irgendwo ein non-verbales Ende finden muss, verweist uns auf die Notwendigkeit der ostensiven Erklärung gewisser Wörter.[3] Wir müssen uns also fragen, ob nicht auch das semantische Vokabular (vielleicht zum Teil) ostensiv erklärt werden könnte.

Die semantischen Vokabeln scheinen kaum für eine ostensive Erklärung prädestiniert zu sein. Aber woran liegt das? Ostensive Erklärungen funktionieren – wenn überhaupt[4] – bei Wörtern, die für etwas stehen, was ins Auge springt: Sinnlich auffallende Gemeinsamkeiten laden zur Ostension ein. Nun verwenden wir die semantischen Vokabeln zur Charakterisierung sprachlicher Ausdrücke. Und sprachliche Ausdrücke drängen sich unseren Sinnen durchaus auf: entweder akustisch (als Schallwellen) oder visuell (als Farbkonfigurationen auf Papier). Ihre *syntaktische* Klassifikation kann ostensiv erklärt werden. Warum sollte sich ihre *semantische* Klassifikation nicht ebenfalls ostensiv etablieren lassen? Folgende Antwort liegt nahe: Die semantische Klassifikation von sprachlichen Geräuschen und Farbmustern ist dermassen vielfältig, sie hat mit so feinen Unterschieden zu rechnen und mit soviel neuen Kombinationen, dass es vermessen wäre, darauf zu bauen, es werde dem Adressaten der Ostension von allein ins Auge springen, worauf es ankommt. Während die gestreiften Eigenheiten von Tigern so viel Aufsehen erregen, dass der Adressat der Erklärung schon nach wenigen Ostensionen neue Tiger richtig klassifiziert, fallen die sinnlichen Gemeinsamkeiten z.B. aller analytischen Sätze nicht wirklich auf. Wer tausend analytische Sätze nur gesehen (oder gehört) hat, weiss

[3] So z.B. Schlick [MV]:342. – Nur durch Ostension erklärbare Wörter lassen sich deshalb nicht eliminieren, weil wir sie auch in Abwesenheit zur Ostension geeigneter Objekte benutzen wollen.

[4] Ob es irgendwelche Fälle gibt, in denen ostensive Definitionen funktionieren, kann ich offenlassen.

noch lange nicht, wie analytische Sätze im allgemeinen aussehen (bzw. sich anhören). Dass gewisse Sätze analytisch wahr sind, hat nicht viel mit ihren sinnlich wahrnehmbaren Eigenschaften zu tun. Neue analytische Sätze brauchen keine auffälligen Eigenschaften mit den bisher aufgewiesenen analytischen Sätzen zu teilen.

Man mag einwenden, dass sich bei der Lektüre analytischer Sätze unweigerlich ein eigentümliches Gefühl einstelle, das die Lektüre synthetischer Sätze genau nicht begleite: der Eindruck nämlich, dass die analytischen Sätze einerseits ganz sicher gelten und dass sie andererseits nichts Gehaltvolles über die Welt besagen. Doch einerlei, ob sich solche Gefühle wirklich so deutlich aufdrängen wie Streifen im Tigerfell: analytischen Sätzen aus Sprachen, die der Leser nicht versteht, fehlt die fragliche Gefühlsmischung völlig. Die Ostension könnte ihren Adressaten also allenfalls instandsetzen, spezielle Fälle des Analytischen richtig zu klassifizieren. Ein allgemeines Verständnis des Begriffs kann sie nicht wecken.

Was wir uns soeben gegen eine ostensive Erklärung der Unterscheidung zwischen analytischen und synthetischen Sätzen überlegt haben, gilt genauso für die anderen semantischen Begriffe. Wir hatten uns (der Ostension zuliebe) mit dem Begriff des Analytischen ein besonders gefälliges Beispiel herausgegriffen. Dieser Begriff ist ein einstelliges Prädikat. Viele andere semantische Begriffe wie die der Referenz oder Synonymie sind zweistellige Relationen; sie sperren sich ihrer ostensiven Erklärung erst recht. Denn die angeführten Schwierigkeiten verdoppeln sich, wenn anstelle einer Gruppe *einzelner* Objekte eine Gruppe von *Paaren* aufgewiesen werden soll. Lassen wir den Plan fallen, ausgerechnet die semantischen Vokabeln ostensiv erklären zu wollen.

Alternative (ii): Freges Winke

§ 2.7. Man mag sich auch im Falle nicht durch Ostension erklärbarer Vokabeln an irgendeiner Stelle mit einem Ende der eliminativen Erklärungen abfinden wollen. So hat Frege argumentiert:

> Man kann auch nicht verlangen, dass alles definiert werde, wie man auch vom Chemiker nicht verlangen kann, dass er alle Stoffe zerlege. Was einfach ist, kann nicht zerlegt werden, und was logisch einfach ist, kann nicht eigentlich definiert werden. [...] Eine Definition zur Einführung eines Namens für Logischeinfaches ist nicht möglich. Es bleibt dann nichts anderes übrig, als den Leser oder Hörer durch Winke dazu anzuleiten, unter dem Worte das Gemeinte zu verstehen ([üBG]:67).

> Freilich muss man dabei auf ein verständnisvolles Entgegenkommen, auf ein Errraten dessen, was man im Auge hat, rechnen können ([LiM]:99).[5]

Frege bezieht diese Überlegung auf jene Wörter, die beim Aufbau des Systems einer Wissenschaft vorauszusetzen sind und die für ihren wissenschaftlichen Zweck „ganz bestimmte und feste Bedeutungen“ ([LiM]:98) haben müssen (wie sie durch den schwankenden Gebrauch in der Umgangssprache nicht garantiert werden können). Beispiele aus Freges eigenen Arbeiten für solche Wörter sind: *Funktion, Begriff, Gegenstand.* Auf diese Wörter aus Freges ontologischem[6] Vokabular ist jedenfalls die oben zitierte Überlegung ausdrücklich gemünzt (cf. [LiM]:142, [üBG]:66/7, [FB]:29/30). Hinsichtlich des semantischen Vokabulars hält sich Frege stärker bedeckt. Zwar gibt er keine „schulgemässe“ (eigentliche) Definition der Wörter ‚Sinn‘ und ‚Bedeutung‘. Doch über seine Gründe hierfür sagt er nichts.[7] Wenn wir seine obige Überlegung auf diese semantischen Vokabeln übertragen dürfen, haben wir anzunehmen, dass Frege Sinn und Bedeutung für logisch unzerlegbar gehalten hat.[8]

Worauf sollte sich eine solche Unzerlegbarkeitsbehauptung stützen? Sie scheint sich höchstens auf mehr oder minder gut begrün-

5 Zur Terminologie: „Eigentliche Definitionen“ (oder auch „schulgemässe Definitionen“) i.S. Freges können zur Elimination des definierten Zeichens verwendet werden ([LiM]:99). Wenn dagegen ein Name für etwas „Logischeinfaches“ durch Winke eingeführt wird, spricht Frege nicht von „Definition“, sondern von „Erklärung“ ([üBG]:66) oder „Erläuterung“ ([LiM]:98/9). Um nicht in Konflikt mit dem in meinen Ausführungen verwendeten Erklärungsbegriff zu geraten, werde ich immer nur von „Erläuterungen“ sprechen, wenn von den in Freges Sinne *nicht* schulgemässen Definitionen die Rede sein soll.

6 Dies Etikett sollte *cum grano salis* genommen werden. Ohne mich in Debatten zum Thema „Ontologie bei Frege?“ verwickeln lassen zu wollen, schliesse ich mich hier zwanglos an eine Formulierung von Thiel an, dem zufolge sich „die Unterscheidung von Funktion und Gegenstand mit einem gewissen Recht als ontologisch bezeichnen“ lässt ([SBiL]:147).

7 Anders im Falle der Wahrheit. Die speziellen Gründe, die Frege dazu bewogen haben, Wahrheit für „ganz einzigartig und undefinierbar“ zu erklären ([G]:32) und dem Wahren als Gegenstand einen völlig neuen Platz zuzuweisen, kann ich hier nicht erörtern (vergl. [G]:31-36, [LiM]:137-140, [FB]:27/8, [üSB]:46-50).

8 Diese Annahme ist zugegebenermassen ein bisschen ungenau formuliert. Frege hat nicht gemeint, dass die Bedeutung irgendeines Zeichens (wie z.B. des Satzes ‚2 + 2 = 4‘) logisch unzerlegbar wäre. Wenn überhaupt etwas in diesem Zusammenhang unzerlegbar sein soll, so ist es allgemein die *Beziehung* zwischen Zeichen und Bezeichnetem (und nicht irgendein Relatum in dieser Beziehung): Es ist das, was das Wort ‚Bedeutung‘ bedeutet. (Eine analoge Überlegung wäre für Freges Sinnbegriff anzustellen).

dete Vermutungen stützen zu können: Was sich *bislang* hartnäckig der logischen Zerlegung (d.h. der eliminativen Erklärung) widersetzt *hat*, muss *einstweilen* als unzerleg*bar* (und also nicht schulgemäss definier*bar*) angenommen werden.[9] Wer sich also bei der Erklärung eines Wortes mit blossen Erläuterungen und Winken begnügt statt mit einer eliminativen Erklärung, sollte zuvor die Elimination zumindest versucht haben. Das Projekt einer eliminativen Erklärung des semantischen Vokabulars hat mithin Vorrang vor irgendwelchen Erläuterungen in Form von Winken und Andeutungen. Wenn das Projekt scheitert, kann man sich immer noch entscheiden, ob man die semantischen Vokabeln durch Winke erläutert – oder ob man sie aufgibt (wie die semantischen Skeptiker empfehlen).

Alternative (iii): Unerklärte Theorie-Terme

§ 2.8. Zu einer ähnlichen Schlussfolgerung gelangen wir, wenn wir einen mit Freges Überlegungen verwandten Grund dafür betrachten, dass gewisse Vokabeln möglicherweise nicht durch Elimination erklärt werden können. Dieser Grund liegt im Scheitern des einst von Carnap und anderen propagierten reduktionistischen Programms, alle theoretischen Terme auf (durch Ostension erklärbare) Beobachtungsterme zurückzuführen. Das Programm scheitert schon an der Physik, die axiomatisch betrieben wird: Mithilfe zunächst uninterpretierter (unerklärter) theoretischer Terme formuliert man in der Physik Axiome, aus denen sich zusammen mit anderen theoretischen Sätzen Beobachtungssätze ergeben; eine eliminative Erklärung (explizite Definition) der physikalischen Grundbegriffe wird bei diesem Verfahren ausdrücklich nicht gegeben.[10]

[9] Dass Frege dies ähnlich gesehen hätte, kann man an folgender Passage sehen, die ich aus der oben zitierten Fregestelle weggelassen habe:

> Wenn nun etwas gefunden ist, was einfach ist *oder wenigstens bis auf weiteres als einfach gelten muss,* so wird eine Benennung dafür zu prägen sein, da die Sprache einen genau entsprechenden Ausdruck ursprünglich nicht haben wird ([üBG]:67, meine Hervorhebung).

Hinsichtlich des Zahlbegriffs übrigens, für den Frege in der Tat eine Definition im eigentlichen Sinne (eine eliminative Erklärung) vorgeschlagen hat, musste er genau in dieselbe Richtung zielen wie ich oben im Text hinsichtlich der semantischen Begriffe:

> Wenn man im Ganzen mehr dazu neigt, die Anzahl für undefinirbar zu halten, so liegt das wohl mehr an dem Misslingen darauf gerichteter Versuche als an dem Bestehen der Sache selbst entnommener Gegengründe ([GA]:27).

[10] Den Schiffbruch des Reduktionismus kann man sehr schön am Wandel der Meinungen Carnaps verfolgen. Dass sich überhaupt alle Begriffe auf einige wenige Grundbegriffe zurückführen lassen müssen, hat Carnap in [LAW]:1/2 gefordert;

Könnten wir nicht genauso auf die Eliminierbarkeit der semantischen Grundbegriffe verzichten und auch die Semantik axiomatisch betreiben? *Wenn* sich herausstellen sollte, dass sich das semantische Vokabular nicht eliminieren lässt, bleibt uns nichts anderes übrig, als diese Möglichkeit in Betracht zu ziehen.[11] Aber die Einführung

und in der Tat hat Carnap dies Programm in [LAW] sehr weit vorangetrieben – bis zu den theoretischen Begriffen der Physik ist er allerdings nicht vorgedrungen. (Dass sich ein derartiges reduktionistisches Programm auf die Begriffe der Physik zu konzentrieren habe, hatte vor Carnap schon Russell vertreten, cf. [RoSt]:145-147, 155-158). Carnap hat sich vom Reduktionismus in Raten verabschiedet. In [PSaU] forderte er nicht länger, dass sich jeder physikalische Satz in einen Satz der Protokollsprache *umformen* lassen müsse; er begnügte sich mit protokollsprachlichen *Implikationen* (hinreichend vieler) physikalischer Sätze, cf. [PSaU]:457. (Er vertrat allerdings einen durchgängigen definitorischen Reduktionismus aller Sätze auf Sätze der Physik ([PSaU]:448)). Ich halte diese Abschwächung für viel bedeutsamer als die in der Literatur (z.B. von Stegmüller [HG]/I:461/2) so oft hervorgehobene spätere Abwendung Carnaps von expliziten Definitionen zugunsten „bedingter Definitionen" (mithilfe von „Reduktionssätzen", cf. Carnap [TM]:441ff. und [LFoU]:50-52): Denn Carnap sah sich zu diesem zweiten Manöver nur genötigt, weil er keinen Weg wusste, Dispositionsbegriffe in Termen direkt beobachtbarer Begriffe zu definieren ([TM]:440). Das dahintersteckende Problem modaler Begriffe hat er durch den Übergang von expliziten (eliminativen) Definitionen zu Reduktionssätzen nur verschoben; aus heutiger Sicht würden wir weniger schnell davor zurückschrecken, einen Dispositionsbegriff wie ‚wasserlöslich' mithilfe des modalen Arsenals kontrafaktischer Konditionale definitorisch auf Beobachtungsbegriffe zurückzuführen (‚x ist genau dann wasserlöslich, wenn sich x auflösen *würde*, würfe man x in Wasser'). Ich möchte dies Thema (einschliesslich der Frage nach den Wahrheitsbedingungen kontrafaktischer Konditionale) nicht erörtern. Carnap selbst hat später eingestanden, dass sich die Schwierigkeiten des Reduktionismus nicht im Problem der Dispositionsbegriffe erschöpfen ([MCoT]:62-69). Die eigentliche Schwierigkeit liegt im holistischen Charakter wissenschaftlicher Theorien (den Carnap schon in [PSaU]:457 antizipiert zu haben scheint): Einzelne theoretische Sätze können nicht isoliert getestet werden, sondern nur im Verbund einer ganzen Theorie. Dies brachte Carnap dazu, den Reduktionismus aufzugeben: Theoretische Terme werden „partiell interpretiert", indem sie ihre Bedeutung statt aus einer expliziten Definition (die die isolierte Anwendbarkeit des einzelnen Terms sicherstellen könnte) bloss indirekt aus den Axiomen (Postulaten) der Theorie und Korrespondenzregeln beziehen ([MCoT]:42-49 *et passim*; [OLTL]:79). Dass der Reduktionismus überholt ist, wird spätestens seit Quines [TDoE] allgemein angenommen – s.u. Kapitel 7. David Lewis hat demgegenüber in [HTDT] ein einflussreiches Plädoyer zugunsten der Definierbarkeit theoretischer Terme abgegeben. In [RI]:335 deutet Lewis an, wie sich dies seiner Ansicht nach auf die Definierbarkeit der semantischen Begriffe auswirkt.

11 Um die Parallele zur Physik zu wahren, müsste dabei streng darauf geachtet werden, dass die axiomatische Semantik wirklich Beobachtungssätze nach sich zieht, damit sie nicht ohne Bodenhaftung in der Luft herumschwebt. Zusätzlich zu den Axiomen (die nur die semantischen Terme zueinander in Beziehung setzen würden) brauchte man also Brückengesetze oder Korrespondenzregeln, mit deren Hilfe sich aus den Theoremen der Theorie die gewünschten Beobachtungssätze (etwa über das verbale Verhalten von Sprechern) ableiten liessen. Carnap schwebt ein solches Verfahren hinsichtlich einiger Begriffe der angewandten Semantik („Pragmatik") in [oSCo]:248 vor. –

neuer theoretischer Terme ist immer nur die zweitbeste Lösung. Aus Gründen begrifflicher Sparsamkeit sollte man die Zahl der unerklärten theoretischen Terme möglichst klein halten. Jeder theoretischer Term ist den Versuch seiner Elimination wert. Nur wenn man die Elimination versucht hat und dabei gescheitert ist, hat man gute Gründe für die Beibehaltung eines unerklärten theoretischen Terms. Wieder sollte man unserem Ziel, die semantischen Terme in aussersemantischen Termen zu erklären, Priorität einräumen – selbst wenn mit der Möglichkeit gerechnet werden muss, dass sich die Elimination letztlich nicht erreichen lässt.

Alternative (iv): Wittgenstein

§ 2.9. Die vierte Alternative zum eliminativen Erklärungsprogramm, das ich in dieser Arbeit vorwärtszutreiben beabsichtige, geht auf den späten Wittgenstein zurück und ist die radikalste unter den hier zur Sprache kommenden Alternativen. Sie ist durch eine äusserst pessimistische Haltung gegenüber Angemessenheit und Erfolgschancen von Versuchen motiviert, einen Begriff durch Angabe notwendiger und hinreichender Bedingungen (und isoliert von jeglicher Praxis) zu erklären. Schon ausserhalb der Philosophie – bei solch harmlosen Wörtern wie ‚Spiel' oder ‚Werkzeug' – scheinen solche Versuche an der Offenheit unseres Sprachgebrauchs scheitern zu müssen.[12]

Was folgt daraus für die Erklärung philosophisch problematischer Wörter? Wittgenstein hat es sorgfältig vermieden, eine eigene *Theorie*

Statt sich bei der axiomatischen Behandlung der Semantik an der *Physik* zu orientieren, könnte man dem Vorbild der *reinen Mathematik* nachzueifern suchen. Es entstünde eine *reine* oder *formale* Semantik. (Zum Unterschied zwischen reiner und angewandter Semantik s.u. § 3.14). In diesem Falle brauchten die Axiome nicht durch Brückengesetze oder Korrespondenzregeln ergänzt zu werden: Die Theoreme einer solchen Theorie liessen sich genauso wenig empirisch überprüfen wie die Theoreme aus Hilberts axiomatischer Geometrie. Und wie in der Geometrie könnte man die reine Semantik sogar mit durch die Axiome „implizit definierten" semantischen Grundbegriffen aufbauen. (Zur „impliziten Definition" vergl. Hilbert [GG]:4, 11; Schlick [AE]:30-37). Schon Tarski hat eine solche Möglichkeit gesehen, zog aber – falls erreichbar – eine (reine) Semantik mit explizit definierten (eliminativ erklärten) Grundbegriffen vor. U.a. aus folgendem Grund ist Tarski zu dieser Präferenz gelangt: Wenn sich die semantischen Begriffe eliminieren lassen, dann können durch die Semantik keine neuen Antinomien entstehen. (Jede semantische Antinomie müsste ein aussersemantisches Gegenstück haben. Die Semantik könnte also höchstens so widerspruchsvoll sein wie unsere aussersemantischen Auffassungen). Im Gegensatz hierzu kann man sich der Widerspruchsfreiheit einer axiomatisch betriebenen Semantik nicht sicher sein. (Tarskis Ansichten über axiomatisch betriebene Semantik finden sich in [WiFS]:59, 171-183, 184, 192/3; [GWS]:265/6 und [SCOT]:676).

[12] Cf. Wittgenstein [PU]:243 (§ 11), 244 (§ 14), 277ff. (§§ 66ff.)

oder *Methode* der Erklärung vorzuschlagen. Doch lässt sich aus seinem Umgang z.B. mit dem Wissensbegriff (in [üG]) ungefähr ablesen, welche Weise des Erklärens er für erhellender hält: Man sollte die typischen Verwendungsweisen des fraglichen Wortes in den einschlägigen (nicht philosophischen!) Sprachspielen *beschreiben* und dabei ihren Zusammenhang mit der Verwendung verwandter Wörter (im Beispiel von Wissen etwa: ‚Zweifel' oder ‚Gewissheit') herausstellen, so dass die Rollen deutlich werden, die diese Wörter im Sprachspiel je einnehmen. Eine solche Beschreibung von Sprachspielen darf sich nicht in der Angabe der *verbalen* Interaktionen erschöpfen; vielmehr ist darauf zu achten, wie die verbalen Sprachspielzüge mit aussersprachlichen Handlungen der Sprecher verknüpft sind. Worin die Pointe der Verwendung von Wörtern wie ‚Wissen' besteht, mag sich möglicherweise nur dem eröffnen, der die Lebensform mit den Benutzern dieser Wörter teilt. (Und dies wäre der tiefere Grund dafür, warum man ohne Voraussetzung einer gemeinsamen Praxis – sozusagen vom freischwebenden philosophischen Katheder herab – nicht hoffen darf, dem Adressaten der Erklärung nur durch Verlautbarung notwendiger und hinreichender Bedingungen ein wirkliches Verständnis zu übermitteln).

Ich will hier nicht erörtern, wie Erklärungen des semantischen Vokabulars auszusehen hätten, wollten wir diesen Empfehlungen Wittgensteins folgen. Dass man dabei eine Menge über unsere semantischen Begriffe lernen würde, gebe ich bereitwillig zu. Ich habe nichts gegen ein Erklärungsprojekt à la Wittgenstein einzuwenden. Ich protestiere erst dann, wenn man von uns verlangt, beim Erklären *nur* in Wittgensteins Fussstapfen zu wandeln. Dass wir Begriffe nicht anders als durch Beschreibung von Sprachspielen erklären können, hat meiner Ansicht nach niemand gezeigt. Statt das Für und Wider in dieser Angelegenheit abstrakt zu erörtern, möchte ich im folgenden lieber konkret ausprobieren, wie weit man mit eliminativen Erklärungen (wie sie Wittgenstein abgelehnt hätte) kommen kann. Ich werde voraussetzen, dass eliminative Erklärungen nicht von vornherein zum Bankrott verurteilt sind. Und ich hoffe, dass auch Anhänger des späten Wittgenstein Interesse für Details eines Unternehmens aufbringen mögen, über dem sie die Pleitegeier kreisen sehen.

Eliminationen: am stärksten

§ 2.10. Bei diesem Appell muss ich es bewenden lassen. Nach der Behandlung eines methodologischen Zweifels werde ich in § 2.13 dazu übergehen, mein Unternehmen der eliminativen Erklärung

positiv zu charakterisieren. Zuvor möchte ich die skizzenhafte Abgrenzung von möglichen Alternativen dadurch abschliessen, dass ich kurz zusammenfasse, inwiefern sich die eliminative Erklärung strikteren Standards unterwirft als ihre vier erörterten Alternativen. Erstens: Selbst wenn wir das semantische Vokabular ostensiv erklären könnten, würden wir dadurch weniger Einsicht (z.B. in die logischen Beziehungen innerhalb der semantischen Familie) gewinnen als durch ihre explizite Definition. Zweitens: Da Freges Erläuterungen von Zeichen für Logischeinfaches nur funktionieren, wenn ihr Adressat ihnen verständnisvoll entgegenkommt und richtig rät, hat man mit solchen Erläuterungen weniger erreicht als mit eliminativen Erklärungen. Drittens: Irgendwelche Terme gar nicht oder nur partiell zu interpretieren, verhilft uns *eo ipso* zu weniger Verständnis dieser Terme als ihre vollständige Interpretation, wie sie durch eliminative Erklärungen ermöglicht wird. Viertens: Während Wittgensteins Sprachspielbeschreibungen nur den Teilhabern der jeweils beschriebenen Lebensform wirkliches Verständnis bringen, ist der Adressatenkreis erfolgreicher eliminativer Erklärungen weniger lokal begrenzt: er ist weltläufiger.

Ein methodologischer Zweifel

§ 2.11. Ich habe es in den letzten Paragraphen so hingestellt, als hätten wir vor Beginn der Untersuchung nur ein paar unschuldige Vorentscheidungen darüber zu treffen, welcher Methode wir uns beim Erklären der semantischen Vokabeln bedienen möchten. Sind diese Vorentscheidungen für und gegen gewisse Erklärungsmethoden wirklich so harmlos? Es hat sich immerhin um genuin sprachphilosophische Vorentscheidungen gehandelt. In einer Arbeit zur Sprachphilosophie drohen sie, das eigentliche sprachphilosophische Ergebnis vorwegzunehmen. Wer sich für oder gegen bestimmte Erklärungsmethoden entscheidet, akzeptiert damit *eo ipso* einen bestimmten Bedeutungsbegriff. Denn mit Erklärungen erklärt man Bedeutungen; ein bestimmter Erklärungsbegriff zieht – so könnte man also meinen – einen bestimmten Bedeutungsbegriff nach sich. Ist damit nicht der Ausgang des semantischen Spiels vorgegeben?

Dieser methodologische Zweifel an der Unschuld unserer bisherigen Überlegungen tritt deutlicher hervor, wenn wir zum Kontrast einen ähnlichen Fall heranziehen, der weniger verdächtig wirkt. Nehmen wir an, wir hätten ökonomische Vokabeln zu erklären. Dann wäre eine sprachphilosophische Vorüberlegung zum Erklärungsbegriff harmlos. Denn zwar würde das Ergebnis einer solchen Vorüberlegung die *Form* beeinflussen, die eine Erklärung der ökonomischen Vokabeln anzunehmen hätte. Aber der ökonomische *Gehalt* der Erklärung würde hiervon nicht berührt. Auch nach der sprachphilosophischen Vorentscheidung stünden dem Erklärenden alle begrifflichen Optionen innerhalb der Ökonomik offen. Sprachphilosophische Vorentscheidungen sind ökonomisch unschuldig; *sprachphilosophisch* unschuldig sind sie nicht.[13]

Es fragt sich also, ob nicht das Thema dieser Arbeit die Methodologie des Erklärens sein sollte. Natürlich könnte man eine solche Arbeit schreiben. Aber wer wie ich das semantische Vokabular erklären möchte, braucht meiner Ansicht nach keine solche methodologische Arbeit zu schreiben. Statt abstrakt über den Erklärungsbegriff zu philosophieren, sollten wir besser einzelne Erklärungen in den Blick nehmen und ihre Vor- und Nachteile erwägen. Bevor wir damit anfangen, müssen wir zugegebenermassen eine intuitive Vorentscheidung darüber treffen, wie gelungene Erklärungen auszusehen haben. (Das ist das Thema dieses Kapitels). Im voraus endgültig rechtfertigen können wir diese Entscheidung nicht. Denn in der Tat hängt der Erklärungsbegriff mit dem Bedeutungsbegriff zusammen, der im Lauf der Untersuchung allererst erklärt werden soll.[14]

Versuchen wir also, uns wie Münchhausen an den eigenen Haaren aus dem semantischen Sumpf zu ziehen? So mag es scheinen, und ein solcher Anschein lässt sich nicht vermeiden. Selbst wer als erstes den Erklärungsbegriff selber durch und durch zu *erklären* sucht, braucht ein intuitives Vorverständnis dessen, was er erklären möchte: Er muss sich für eine Methode zur Erklärung des Erklärungsbegriffs entscheiden.

Erfolg heiligt die Methode

§ 2.12. Lässt sich also gar nichts Definitives zugunsten einer bestimmten Erklärungsmethode vorbringen? Doch; denn abgesehen von den Überlegungen aus diesem Kapitel habe ich einen weiteren Pfeil im Köcher: Der Erfolg rechtfertigt die Methode. Wir werden im Lauf dieser Arbeit sehen, wie weit wir mit der eliminativen Erklärung der

[13] Sven Rosenkranz hat mich auf diesen methodologischen Zweifel aufmerksam gemacht.

[14] Um nicht zuviel Verwirrung zu stiften, habe ich in der Liste der zu erklärenden semantischen Vokabeln (§ 1.1) das Wort ‚Erklärung' stillschweigend übergangen. Auch die Wörter ‚Definition' und ‚Verstehen' habe ich mit Absicht ausgeklammert. Abgesehen von ‚Definition' werde ich diese Wörter im folgenden weiterhin nicht als Explicanda betrachten. (Was Definitionen sind, werde ich am Ende dieser Arbeit – im Kapitel 10 – explizieren).

semantischen Vokabeln vorankommen. Es spricht für unsere Methode, dass sich unter ihren Vorgaben zwei besonders heikle semantische Begriffe werden erklären lassen. Ein solcher Erfolg ist uns nicht von Anbeginn garantiert; er ist eine positive Überraschung.[15]

Es mag sich herausstellen, dass die eliminative Erklärung nicht als einzige Methode diesen Test besteht: Vielleicht könnten wir die wichtigsten semantischen Vokabeln auch unter einer der diskutierten Erklärungsalternativen einholen. In diesem Fall wäre der Streit um Erklärungsmethoden nicht ausgestanden; wir müssten die konkurrierenden Erklärungen einander gegenüberstellen und unter Kriterien der philosophischen Fruchtbarkeit gegeneinander abwägen.

Wer also andere Weisen der Erklärung starkmachen möchte, sollte nicht allgemein über Erklärungsmethoden philosophieren, sondern es uns gleichtun und konkret vorführen, wie Erklärungen der präferierten Sorte im Fall des semantischen Vokabulars aussehen. Denn wenn wir den Wert konkurrierender Erklärungen miteinander vergleichen wollen, müssen wir die Erklärungen vor Augen haben. Die vorliegende Arbeit versucht dies mit der Methode der eliminativen Erklärung. Auf andere Arten, das semantische Vokabular zu erklären, können wir unterdessen in aller Ruhe warten. Einen Grund für die Erwartung, dass unsere eliminativen Erklärungen im philosophischen Vergleich gut abschneiden werden, haben wir in § 2.10 kennengelernt: eliminative Erklärungen genügen strengeren Anforderungen als ihre vier Konkurrentinnen.

Explicans, Explicandum

§ 2.13. Es ist an der Zeit, die mit so viel Vorschusslorbeeren bedachte Elimination etwas genauer unter die Lupe zu nehmen. Wie sieht sie aus und was leistet sie? Zunächst zur ersten Frage. Die eliminativen Erklärungen sollen in Form von Bikonditionalen gegeben werden. Linkerhand wird die zu erklärende Vokabel (das *Explicandum*) in einem typischen Kontext aufgeführt, während rechts im Bikonditional die eigentliche Erklärung (das *Explicans*[16]) steht.

[15] *Prima facie* spricht immer der Erfolg einer Erklärungsmethode für diese Methode und ihr Misserfolg gegen sie. Dies hat Quine zu spüren bekommen: Als er (angeblich) gezeigt hatte, dass die semantischen Begriffe nicht auf – aus seiner Sicht – akzeptable Weise erklärt werden könnten, sprach dies in den Augen vieler Kommentatoren eher gegen Quines methodologische Anforderungen als gegen die semantischen Begriffe. (Auf derartige Versuche, Quine von den Füssen auf den Kopf zu stellen, verweist Harman in [ItTM]:22/3).

[16] Carnap verwendet stattdessen den Term „Explicatum“ ([MN]:8), der aber wegen seiner grammatischen Form („das Explizierte“) in die Irre führt (so auch Reichenbach [VToM]:93).

Die gesamte Explikation nimmt demzufolge z.B. solch eine Form an:

(*) Ein Satz ist genau dann analytisch wahr[17], wenn ... –

worin man sich als Explicans anstelle der drei Punkte eine notwendige und hinreichende Bedingung für analytische Wahrheit ausgeschrieben denken möge (die wir im Augenblick noch nicht kennen). Mithilfe dieser Bedingung kann man aus Behauptungen über analytische Sätze den Begriff der analytischen Wahrheit eliminieren.

Die fragliche Bedingung kann als Ersatz für Analytizitäts-Behauptungen verwendet werden. Da wir die restlose Elimination des semantischen Vokabulars anstreben, müssen wir zusätzlich fordern, dass in der Bedingung kein semantischer Term vorkommt (oder jedenfalls keiner, der nicht schon selber erklärt worden ist). Zudem haben wir zu verlangen, dass sich zumindest in den klaren Fällen[18] durch die Elimination an der Richtigkeit (bzw. Falschheit) einer ehedem semantischen Aussage nichts ändert. Wir fordern nicht irgendwelche Eliminationen – sondern (dem Explicandum) *angemessene* Eliminationen.

Zirkularität?

§ 2.14. Es versteht sich von selbst, dass man ein Bikonditional der Form (*) nur dann zur Elimination ausnutzen kann, wenn man die Bedeutung seiner rechten Seite bereits kennt. Handeln wir uns mit dieser Voraussetzung irgendeine verborgene Zirkularität ein? Wir müssen ja beim Adressaten der Erklärung verbale Fähigkeiten voraussetzen, deren Ausübung nur mithilfe der zu erklärenden semantischen Vokabeln beschrieben werden kann.

Um diesen Verdacht zu erörtern, möchte ich die Fähigkeit des Sprechens und die Erklärung des semantischen Vokabulars auf vier Ebenen mit zwei ähnlich gelagerten Fällen vergleichen: Mit der Fähigkeit des Hörens in Verbindung mit der Erklärung des otologischen Vokabulars einerseits und andererseits mit der Fähigkeit, Walzer zu tanzen, in Verbindung mit der Erklärung des choreographischen Vokabulars. (Ich werde nicht immer beide Vergleichsobjekte

---

17 Typographische Verabredung: In jeder Explikation wird das Explicandum unterstrichen werden.

18 In Grenz- und Zweifelsfällen der richtigen Anwendung einer semantischen Vokabel bleiben Abweichungen erlaubt. Die Explikation darf Grenzen schärfen, die im ursprünglichen Sprachgebrauch allzu verschwommen und schwankend sind. So auch Carnap [MN]:7/8. (Ich werde diese Qualifikation im folgenden nicht immer eigens erwähnen).

– otologisches bzw. choreographisches Vokabular – heranziehen, sondern je nach Interesse mal das eine, mal das andere).

Durch diesen vierfachen Vergleich soll deutlich werden, über welche Fähigkeiten der Adressat unserer Erklärungen vermutlich verfügt, welche davon wir jeweils beim Erklären voraussetzen müssen, welchen philosophischen Sinn die Erklärung im Fall des semantischen Vokabulars haben soll und wieso in alledem kein Zirkel steckt. Herauskommen wird bei dem Vergleich, dass unsere Explikationen als theoretische Repräsentationen derjenigen praktischen Fähigkeit angesehen werden können, über die ein Sprecher verfügt, der das semantische Vokabular richtig zu verwenden weiss. Die Erklärungen machen also explizit, was man normalerweise immer nur implizit beherrscht: eine typisch philosophische Übung.

§ 2.15. Beginnen wir mit der ersten Vergleichsebene: Man kann über Fähigkeiten verfügen, ohne das Vokabular zu kennen, mithilfe dessen die fraglichen Fähigkeiten beschrieben werden können. Wer hören kann, muss das Wort ‚Gehör' nicht kennen, und wer Walzer tanzen kann, braucht dazu kein Wort für Walzer oder Dreivierteltakt. Die Erklärung dieser Wörter kann auch Personen mit Gehör bzw. Tänzern einen Erkenntnisgewinn bringen, indem sie deren Wortschatz erweitert.

Ebene 1: Worterklärungen

Erweiterungen des Wortschatzes sind eine schöne Sache. Der Walzertänzer wird doppelt Eindruck machen, wenn er sein Publikum nicht immer nur tanzend beeindrucken muss, sondern plötzlich auch verbal glänzen kann (indem er im rechten Moment: ‚Dreivierteltakt!' sagt).

Philosophisch hat er durch das Erlernen des neuen Wortes nichts gewonnen, und wir wollen fragen: Bringt es einem *Sprecher* mehr philosophischen Gewinn als einem *Tänzer*, wenn wir ihm die Vokabeln für die Beschreibung seiner Tätigkeit erklären? Auf den allerersten Blick mag es scheinen, als brächte die Worterklärung dem Sprecher sogar weniger Gewinn als dem Tänzer: Wer z.B. Deutsch sprechen kann, kennt die wichtigsten deutschen Wörter, darunter die Wörter ‚Wahrheit' und ‚Bedeutung'. Die Erklärung des semantischen Vokabulars scheint also nicht einmal seinen Wortschatz erweitern zu können.

Um die Analogie zum Walzertänzer, der kein Wort für Dreivierteltakt gekannt hat, in Gang zu bringen, müssen wir uns einen „minusdeutschen" Sprecher vorstellen: das ist ein Sprecher, der alle deutschen Wörter kennt und richtig benutzen kann – *mit Ausnahme des semantischen Vokabulars.*

Es fragt sich: *Kann* man sich einen solchen Sprecher überhaupt vorstellen? Ist es beispielsweise möglich, sprechen zu lernen, ohne das semantische Vokabular mitzulernen? Müsste nicht der Spracherwerb ins Stocken geraten, wenn nicht rechtzeitig die semantischen Vokabeln klar sind und damit für Korrekturen durch kompetente Sprecher zur Verfügung stehen? („Du gebrauchst das Wort ‚Ente' immer noch in der *falschen Bedeutung*, denn auf Gänse *trifft* das Wort nun einmal nicht *zu*").

Eine minusdeutsche Engländerin

§ 2.16. Um diese Vermutungen zu entkräften, möchte ich zwei Überlegungen ins Feld führen. Erste Überlegung: Selbst wenn der normale Weg zur Beherrschung des Deutschen mit semantischen Vokabeln gepflastert sein sollte, kann man sich andere Wege in die deutsche Sprachkompetenz ausmalen, auf denen kein einziges deutsches semantisches Wort berührt wird. Denken wir nur an eine Engländerin, die ihre Muttersprache perfekt beherrscht und die in der Tat beim Erwerb *ihrer* Sprache das englische semantische Vokabular hat mitlernen müssen (‚truth', ‚reference', etc.) Sie besucht einen Deutschkurs mit altertümlichen Lehrmethoden. Die deutsche Grammatik wird ihr in englischer Metasprache erläutert; und sie bekommt ein englisch/deutsches Wörterbuch, dessen Einträge sie in alphabetischer Reihenfolge auswendig lernen muss. Das Wörterbuch ist zensiert: Geschwärzt sind alle deutschen Übersetzungen des englischen semantischen Vokabulars. Mit einem solchen Wörterbuch kann unsere Engländerin nicht die *gesamte* deutsche Sprache lernen; aber ich sehe keinen Grund gegen die Annahme, dass sie bis zur minusdeutschen Sprachkompetenz vordringen kann (sofern sie sich nur fleissig genug bemüht). Und selbst wenn hierbei Korrekturen durch einen Sprachlehrer didaktisch unverzichtbar sein sollten, könnten sie auf Englisch erfolgen und würden ohne Verwendung *deutscher* semantischer Vokabeln funktionieren.

Die obigen Vermutungen über die Notwendigkeit der semantischen Vokabeln einer Sprache fürs Erlernen eben dieser Sprache treffen also allenfalls auf den Erwerb der *ersten* Sprache zu. Zweitsprachen lassen sich ohne zweitsprachiges semantisches Vokabular lernen; kurz – Minusdeutsch ist als Zweitsprache denkbar. Nicht beantwortet haben wir damit die Frage, worin der *philosophische* Gewinn besteht, wenn wir einer Sprecherin des Minusdeutschen die deutschen semantischen Vokabeln beigebracht haben. Sie beherrscht dann ein paar deutsche Wörter mehr; ist dadurch nicht einfach *nur* ihr Wortschatz erweitert worden, genau wie vorhin im Falle des sprachlich minderbemittelten Walzertänzers?[19] Geben wir es zu: Nicht um der zusätzlichen Wörter willen ist die Erklärung des deutschen semantischen Vokabulars philosophisch wichtig. Wichtig ist die *Möglichkeit* einer solchen Erklärung. Warum aber? Einfach: Sie widerlegt die semantischen Skeptiker.

Minusdeutsche semantische Skeptiker

§ 2.17. Damit sind wir bei der zweiten Überlegung, mit der ich plausibel machen will, dass wir uns semantikfreie Sprachen wie das Minusdeutsche zumindest *vorzustellen* bereit sein sollten: Wer bei dieser Vorstellung nicht mitmachen möchte, gibt den semantischen Skeptikern von vornherein unrecht. Die semantischen Skeptiker finden das semantische Vokabular unverständlich. Da sie trotzdem mit uns diskutieren, beherrschen sie einen Teil des Deutschen: jenen Teil, den wir Minusdeutsch genannt haben. Wer diese Sprache für unvorstellbar erklärt, nimmt die semantischen Skeptiker nicht ernst. Er weicht ihrer Frage nur aus.[20]

Bislang haben wir die Frage nach dem philosophischen Wert einer Erklärung des semantischen Vokabulars trotzdem noch nicht beantwortet. Wir haben nur den Wert der *Möglichkeit* einer solchen Erklärung hervorgehoben (nämlich als Argument gegen den semantische Skeptiker); welchen Wert es hat zu wissen, *wie* das semantische Vokabular erklärt werden kann, ist offengeblieben. Dies soll

---

[19] Wie wenig philosophisch allein durch die Erweiterung des Wortschatzes gewonnen ist, kann man sich auch durch folgenden Gedankengang klarmachen: der Engländerin aus unserem Beispiel würde man das deutsche semantische Vokabular am einfachsten auf Englisch erklären:

'Wahr' means the same as 'true'.

Durch Erklärungen wie diese lernt sie nichts über (den Begriff der) Wahrheit, was sie nicht sowieso schon gewusst hat. Sie lernt nichts über Philosophie. Sie lernt *nur* ein neues *Wort*, zuwenig.

[20] Selbstverständlich könnten sich die semantischen Skeptiker irren, wenn sie behaupten, bloss Minusdeutsch zu verstehen; möglicherweise verstehen sie das semantische Vokabular und geben es nur nicht zu? – Eine solche Vermutung hilft nicht viel, solange sie nicht durch gute Gründe abgestützt wird. Nichtsdestoweniger werden die oben im Text folgenden Argumente nicht länger davon abhängen, dass das Minusdeutsche als eigenständige Sprache existieren kann. Wir werden nur noch annehmen, dass es minusdeutsche *Sätze* geben kann (also deutsche Sätze ohne semantische Vokabeln); nur mithilfe solcher Sätze hat das semantische Vokabular erklärt zu werden: so lautet unsere eliminative Forderung.

auf der zweiten Ebene des Vergleichs zwischen Walzertanzen und Sprechen deutlich werden.

Ebene 2: Begriffsexplikation

§ 2.18. Nachdem sich auf der ersten Vergleichsebene herausgestellt hat, dass blosse Erweiterungen des Wortschatzes nicht um der neuen Wörter willen von philosophischem Interesse sind, können wir uns fragen: Was bringt eine Worterklärung dem, der das erklärte Wort schon kennt? Betrachten wir also auf der zweiten Vergleichsebene einen Walzertänzer, der die Wörter ‚Walzer' und ‚Dreivierteltakt' richtig benutzen kann. Dass er diese Wörter richtig benutzen kann, bedeutet aber noch lange nicht, dass er sie zu *erklären* weiss. Nehmen wir an, er sei dazu nicht imstande. Diesem Mangel könnten wir durch eine gute Erklärung der beiden Wörter abhelfen. Dadurch machen wir explizit, was er zuvor nur implizit beherrscht hat – nämlich den Gebrauch zweier Wörter. Anders gewendet: Wir geben eine (ihm vorher unbekannte) theoretische Repräsentation seiner praktischen Fähigkeit, die Wörter ‚Walzer' und ‚Dreivierteltakt' zu benutzen.[21]

Vergleichen wir diese Situation mit der eines deutschen Sprechers, dessen Sprachkompetenz in zwei Komponenten zerlegt werden kann: einerseits in seine Beherrschung des (semantikfreien) Minusdeutschen (entspricht der Fähigkeit, Walzer zu tanzen), andererseits in seine Beherrschung des semantischen Vokabulars (entspricht der Kenntnis der Wörter ‚Walzer' und ‚Dreivierteltakt').[22] Nehmen wir an, dass der Sprecher das semantische Vokabular nicht zu erklären

[21] Diese Rede von theoretischen Repräsentationen praktischer Fähigkeiten geht auf Carnap zurück ([LFoU]:49) und ist von Dummett ([WITo]/II:69/70) aufgegriffen worden. (Dummett redet nicht vom choreographischen Vokabular, sondern bezieht sich auf *alle* Wörter einer Sprache. Wir nähern uns dieser erweiterten Sicht erst auf der dritten Ebene unseres Vergleichs).

[22] Wie versprochen, brauchen wir (anders als auf der ersten Vergleichsebene) nicht länger vorauszusetzen, dass das Minusdeutsche als eigenständige Sprache überleben könnte. Von nun an verwenden wir das Minusdeutsche nur noch, um ein komplexes Ganzes (das Deutsche) begrifflich zu zerlegen, und zwar nach folgender Formel:

Kenntnis des Deutschen = Kenntnis des deutschen semantischen Vokabulars + Kenntnis des minusdeutschen Vokabulars + Kenntnis allgemeiner Regeln.

Der letzte Summand in dieser Formel ist nötig, weil die Kenntnis irgendwelcher Vokabeln alleine nicht zum Sprechen reicht. Man braucht zusätzliche grammatische Regeln, aber beispielsweise auch die Regel, dass es darauf *ankommt*, die Wahrheit zu sagen. (Dummetts Punkt: vergl. [T]:3ff. und [LBoM]:52). Fasst man die beiden letzten Summanden zusammen, so erhält man das, was ich die Kenntnis des Minusdeutschen nennen möchte. Ob jemand über diese Kenntnis isoliert verfügen weiss, obwohl er es richtig benutzt. Dann können wir ihm durch die Erklärung des semantischen Vokabulars sein implizites Wissen um dessen richtige Benutzung explizit machen.

In den beiden verglichenen Fällen geht es nicht um die Erklärung eines neuen Wortes; es geht darum, das Verständnis eines altbekannten Wortes zu vertiefen. Man könnte sagen: Nicht Wörter, sondern *Begriffe* sollen erklärt werden.[23]

Worin besteht der philosophische Sinn einer solchen Begriffsexplikation? Da sich die Begriffe des Walzers und des Dreivierteltakts nicht auf sonderlich vielen Gebieten verwenden lassen, hat sich an ihrer Explikation bislang kein philosophisches Interesse entzündet. (Zu ausserphilosophischen Zwecken mag ihre Explikation gleichwohl von Interesse sein). Anders im Fall der semantischen Begriffe: Wahrheit und Referenz beispielsweise kommen ins Spiel, sobald wir nur zu reden anfangen (einerlei, ob über Walzer, Ohren oder Philosophie). Zudem sind diese Begriffe grundlegend für das Verständnis unserer selbst und unserer Wissenschaft. Und schliesslich haben sie sich durch die Jahrtausende hindurch hartnäckiger als die choreographischen Begriffe den Explikationsversuchen der Philosophen entzogen. Dass wir sie auf Anhieb immer und überall benutzen können, ohne sie erklären zu können: dieser eigenartige Kontrast macht den philosophischen Wert ihrer Explikation aus. Insofern ähneln sie den Begriffen der Zeit, der Ursache, der Anzahl und des Wissens.

Auf der zweiten Ebene des Vergleichs zwischen dem choreographischen und dem semantischen Vokabular hoffe ich – zusammengenommen – zwei Punkte deutlich gemacht zu haben. *Erstens*, Begriffe zu explizieren, heisst: explizit zu machen, was jemand

---

könnte, ohne das deutsche semantische Vokabular (oder allgemeiner: *irgendein* semantisches Vokabular) zu beherrschen, kann ich offenlassen. Die begriffliche Trennung, auf die ich es abgesehen habe, kann selbst im heikelsten Fall verständlich gemacht werden: selbst im Fall von Regeln nämlich, die nur mithilfe *semantischer Vokabeln* theoretisch repräsentiert werden können (wie die Regel, dass es darauf ankommt, die *Wahrheit* zu sagen). Die Bedingungen zu kennen, unter denen das Wort ‚wahr' richtig verwendet wird, ist eine Sache; eine andere Sache ist es, zu wissen, dass es darauf ankommt, Wahres zu sagen. Begrifflich überschneiden sich der erste und dritte Summand in unserer Formel nicht.

[23] Natürlich unterscheidet sich eine Begriffsexplikation nicht in ihrer Gestalt von der eliminativen Erklärung eines neuen Wortes: Beide müssen verbal formuliert sein. (Und man kann Begriffe sprachlich nun einmal nur mithilfe von Wörtern fassen). Begriffsexplikation und Worterklärung unterscheiden sich vielmehr hinsichtlich des Adressaten, an den sie gerichtet sind: Begriffsexplikationen richten sich an Erfahrene im Gebrauch des fraglichen Wortes, Worterklärungen an Novizen.

implizit weiss, der Wörter für die fraglichen Begriffe richtig zu verwenden versteht. Und *zweitens*, im Falle der semantischen Begriffe bringt die Explikation einen philosophischen Gewinn an Einsicht, deren Wert über eine blosse Erweiterung des Wortschatzes hinausgeht.

Ebene 3: Regelexplikation

§ 2.19. Auf der dritten Vergleichsebene möchte ich herausarbeiten, inwiefern meine Ambition, die semantischen Begriffe zu explizieren, weniger weit reicht als gewisse andere explikatorische Ambitionen, die man hinsichtlich der Fähigkeit zu sprechen hegen könnte. Beginnen wir wieder mit dem Walzertänzer. Er hat *zwei* praktische Fähigkeiten: einerseits kann er Walzer tanzen, andererseits kann er die Wörter ‚Walzer' und ‚Dreivierteltakt' richtig verwenden. Auf diese letzte Fähigkeit zielt die Explikation der choreographischen Begriffe, wie wir gesehen haben. Wie steht es aber mit seiner Fähigkeit, Walzer zu tanzen? Wieder wollen wir uns vorstellen, dass der Tänzer diese Fähigkeit praktisch beherrscht, ohne sie theoretisch darstellen zu können, ohne also die Regeln *benennen* zu können, denen er beim Walzertanzen so vorbildlich folgt. Und wieder könnte man nach Explikationen diesmal der Walzerregeln fragen: Wie lauten explizit, so könnte man fragen, die Regeln, die der Walzertänzer implizit beherrschen muss? Die auf der zweiten Vergleichsebene beleuchtete Explikation der choreographischen Begriffe liefert auf diese weitergehende Frage keine Antwort. Gewiss, wer die Walzerregeln explizit nennen will, muss bei ihrer Formulierung choreographische Vokabeln verwenden, und deren vertiefte Kenntnis wird durch die Explikation der choreographischen Begriffe vermittelt. D.h. die Begriffsexplikation mag bei der Explikation der Walzerregeln gute Dienste leisten. Doch garantiert die gelungene Explikation eines Begriffs keine Kenntnis aller Regeln, in denen der Begriff eine Rolle spielt.[24]

Genauso steht es mit den semantischen Begriffen. Es ist *eine* Sache, die semantischen Begriffe zu explizieren; eine andere Sache ist es, die Regeln auszubuchstabieren, denen ein Sprecher implizit folgt, wenn er spricht. Der Unterschied zwischen Begriffs- und Regelexplikation kann hier leichter aus den Augen verloren werden

[24] Das war Freges bittere Erfahrung: Tadellos vermochte er den Begriff der Anzahl (in rein logischen Begriffen) zu explizieren; und trotzdem konnte er die logischen Regeln (Axiome), denen die Arithmetik folgt, nicht nennen.

als im Fall des Walzertanzens. Im Fall des Walzertanzens musste einerseits eine *nonverbale* praktische Fähigkeit (Tanzen) theoretisch repräsentiert werden – andererseits eine *verbale* praktische Fähigkeit (nämlich die Beherrschung des choreographischen Vokabulars). Im Fall der Semantik geht es hingegen *beidemal* um eine *verbale* praktische Fähigkeit: Einerseits soll die praktische Fähigkeit zu sprechen theoretisch repräsentiert werden, andererseits die praktische Fähigkeit, das semantische Vokabular zu verwenden.

So gewendet, ist freilich die eine der beiden praktischen Fähigkeiten als Teil in der andern enthalten: Wer sprechen kann, beherrscht normalerweise auch das semantische Vokabular. Es könnte daher der Eindruck entstehen, als liessen sich die beiden Explikationsprojekte nicht scharf trennen. Aber der Eindruck trügt. So wie man ein menschliches Körperteil (etwa das Herz) begrifflich (und notfalls auch chirurgisch) vom Gesamtkörper trennen kann, so kann man die Fähigkeit, einen Teil des Deutschen (das semantische Vokabular) zu verwenden, von der Fähigkeit unterscheiden, die gesamte deutsche Sprache zu verwenden. Und wer – wie ich in der vorliegenden Arbeit – die erstgenannte praktische Fähigkeit theoretisch repräsentieren möchte, hat einfach weniger zu tun als jener, der die zweite, umfassendere Fähigkeit repräsentieren will. Die beiden Explikationsprojekte schliessen einander nicht aus – im Gegenteil: Ohne Erfolg im bescheidenen Projekt kann das umfassendere Projekt nicht gelingen.

Doch mag man umgekehrt fragen: Kann das bescheidene Projekt ohne Erfolg des umfassenderen Projekts gelingen? Hängen nicht die beiden Projekte auf Gedeih und Verderb zusammen? (Dann wäre meine Behauptung hinfällig, dass uns mein Projekt weniger Arbeit aufbürdet).

Michael Dummett hat verwickelte Argumente zugunsten dieser Vermutung vorgetragen. Aus Platzgründen kann ich seine Argumente nicht erörtern. Ich werde in dieser Arbeit den Versuch unternehmen, die semantischen Begriffe zu explizieren, ohne auch nur anzudeuten, wie sich der ganze Rest (das Minusdeutsche) explizieren lassen soll.[25]

[25] Wer die Fähigkeit, die deutsche Sprache zu verwenden, theoretisch repräsentieren möchte, müsste auch die minusdeutschen Begriffe explizieren. Mir geht es im Vergleich zu einer solchen „fullblooded theory" (Dummett [WITo]/I:102) *nur* darum, die semantischen Begriffe zu explizieren. Allerdings möchte ich sie wirklich erklärt haben; nicht begnügen möchte ich mich mit „Erklärungen" wie: „The German word 'wahr' means the same as 'true' in English." Man könnte – Dummetts Phrase missbrauchend – sagen: Ich suche nach einer vollblütigen Theorie der Bedeutung des semantischen Vokabulars und (anders als Dummett) *nur* des semantischen Vokabulars.

Ob und wo mein Versuch von Dummetts Argumenten getroffen wird, muss ich offenlassen.[26]

Ebene 4: Zirkularität?

§ 2.20. Auf der vierten und letzten Vergleichsebene möchte ich fragen: Müssen wir voraussetzen, dass der Adressat unserer Begriffsexplikationen jene Tätigkeit beherrscht, zu deren Beschreibung die fraglichen Begriffe verwendet werden können? Und wenn ja, ver-

---

Noch in einer anderen Hinsicht werde ich hinter Dummetts Anforderungen zurückbleiben: Während ich mich damit begnüge, die semantischen Vokabeln so zu erklären, dass ihre richtige Verwendung geregelt wird, möchte Dummett zusätzlich erörtert wissen, worin die Pointe der Verwendung des semantischen Vokabulars liegt. So genügt es Dummett nicht zu erfahren, unter welchen Bedingungen Sätze wahr sind; sondern er will auch noch wissen, zu welchem Zweck wir zwischen *wahr* und *falsch* unterscheiden. (Vergl. [T]:3ff. und [LBoM]:52).
Ich muss zugeben, dass diese Frage wichtig ist. Aber es ist eine andere Frage als die, die ich in dieser Arbeit beantworten möchte. Wie hängen die beiden Fragen zusammen? Wer – wie ich – nur die Grenze zwischen Wahr und Falsch an der richtigen Stelle zu ziehen verlangt, muss nicht fragen, wozu diese Grenze da ist. Umgekehrt aber muss man wissen, wo die Grenze verläuft, wenn man Sinn und Zweck der Grenzziehung erörtern möchte. Das Thema dieser Arbeit scheint also auf der philosophischen Tagesordnung weiter vorn zu stehen. Doch wie gesagt, ist auch der spätere Tagesordnungspunkt Dummetts von Interesse. (In der Redeweise der Fussnote 22 zu § 2.18 gehört Dummetts Tagesordnungspunkt unter die Überschrift: *Explikation der allgemeinen Regeln des Deutschen* – er zählt zur Explikation des Minusdeutschen).

[26] Folgendes scheint ein zentraler Punkt aus Dummetts Überlegungen zu sein: Die semantischen Begriffe sollen so expliziert werden, dass man *mit ihrer Hilfe* explizit machen kann, was einer implizit weiss, wenn er sprechen kann. Wenn wir aber schon beim Explizieren der semantischen Begriffe (etwa des Wahrheitsbegriffs) die aussersemantischen Begriffe grosszügig verwenden, dann können wir diese aussersemantischen Begriffe nicht hinterher mithilfe der explizierten semantischen Begriffe explizieren, ohne uns in einen Explikationszirkel zu verstricken (cf. Dummett [WITo]/II:77/8 und [TOE]:xx-xxiii).
Ob die Explikation der semantischen Begriffe, die ich liefern werde, Dummetts Forderung genügt, kann ich hier – wie gesagt – nicht erörtern. Genügten sie ihr nicht, so könnte mein Projekt nicht als bescheidener Teil des ambitionierteren Projekts von Dummett verstanden werden. Vielmehr liefen die beiden Projekte dann auf getrennten Pfaden. An welcher Stelle hätten sich in diesem Fall die Wege gegabelt? Ohne auf Details einzugehen (die der Punkt gewiss verdiente), deute ich nur eine Stelle für eine mögliche Verzweigung an. Um die praktische Fähigkeit zu sprechen, über die *ein anderer* verfügt, theoretisch zu repräsentieren, darf ich ohne Zirkelgefahr semantische Begriffe verwenden, für deren Explikation ich an *meine eigenen* aussersemantischen Begriffe habe appellieren müssen. Ein explikatorischer Zirkel droht mir erst dann, wenn ich im selben Stil auch noch genau meine eigene Sprachfähigkeit explizieren möchte. Läge ich mit dieser Diagnose richtig, so wäre der Unterschied zwischen Dummett und mir auf eine unterschiedliche Perspektive zurückzuführen: Mich interessieren Sprecher in erster Linie als Personen, die ich *von aussen* (als Objekt der Forschung) betrachten kann. Dummett ginge es meiner Diagnose zufolge immer um die eigene Sprache: er nähme die Innenperspektive ein. (Vergl. Dummett [LBoM]:67-72).

stricken wir uns dann nicht in einen Zirkel? Beginnen wir wieder mit dem choreographischen Fall: Klarerweise können nicht nur Walzertänzer eine gelungene Explikation der Begriffe des Walzers und des Dreivierteltakts mit Gewinn zur Kenntnis nehmen. Selbst der Tanzmuffel kann einer solchen Explikation folgen (vorausgesetzt, sie ist verständlich – was aber nichts mit der mangelnden Tanzbegeisterung ihres Adressaten zu tun hat).

Anders im Fall der Semantik: Um die semantischen Begriffe zu explizieren, müssen wir reden, also die Tätigkeit ausüben, für deren Beschreibung jene Wörter da sind. Und wir müssen voraussetzen, dass der Adressat die Sprache unserer Explikation versteht (also ebenfalls die Tätigkeit ausüben kann, zu deren Beschreibung die zu explizierenden Begriffe da sind).

Schleicht sich dadurch in unsere Explikation irgendein gefährlicher Zirkel ein? Nein. Sonst müsste derselbe Zirkel in jeder mündlich gegebenen Explikation des Gehörbegriffs lauern: Wem wir den Begriff des Gehörs mündlich erklären wollen, der muss Ohren haben zum Hören – sonst dringen wir nicht durch. Das heisst, er muss ebenfalls die Tätigkeit auszuüben imstande sein, für deren Beschreibung der zu erklärende Begriff verwendet werden kann. Dass der Adressat irgendeiner mündlichen Erklärung hören können muss: diese Bedingung muss beim mündlichen Erklären eines jeden Begriffs vorausgesetzt werden. Sie betrifft nur zufälligerweise *auch* den Begriff des Gehörs.[27] Genauso muss bei einer jeden Explikation (einerlei, auf welche Begriffe sie zielen mag) vorausgesetzt werden, dass der Adressat die Sprache

[27] Man könnte der vermeinten Zirkelgefahr im Fall des Gehörbegriffs entgehen, indem man auf *schriftliche* Erklärungen ausweicht. Dann braucht der Adressat kein Gehör, um die Erklärung entgegenzunehmen. Nur: Bislang ist kein Mensch der Idee verfallen, dass in mündlichen Erklärungen des Gehörbegriffs ein gefährlicher Zirkel lauerte und dass man sie daher sicherheitshalber schriftlich abgeben sollte. (Es dürfte dann keine otologischen Vorlesungen oder Vorträge geben, sondern nur otologische Aufsätze und Bücher). Im Fall der Otologie haben wir keine Angst vor der fraglichen Zirkularität. Man mag immer noch einwenden, wir brauchten diese Angst deshalb nicht zu haben, weil wir notfalls in die Schriftform ausweichen *könnten* (selbst wenn wir es nicht täten). Dies zwingt mich dazu, meinen Punkt auszudehnen. Statt nach irgendwelchen Zirkeln beim Erklären des *akustischen* Wahrnehmungsapparates zu suchen, geht es nun um derartige Zirkel beim Erklären des *gesamten* Wahrnehmungsapparates: Hier wäre der Zirkel wirklich tödlich, denn immer beim Erklären müssen wir uns irgendwelcher Sinneskanäle bedienen, also die Existenz des Explicandums (des Wahrnehmungsapparates) voraussetzen. Aber wir können offenbar den Begriff des Wahrnehmungsapparates erklären; oder jedenfalls – vorsichtiger ausgedrückt – scheitern unsere Erklärungen dieses Begriffs nicht an der vermeintlichen Zirkularität. Und das heisst, die befürchteten Zirkel sind harmlos.

versteht, in der die Explikation formuliert ist. Diese Bedingung betrifft die semantischen Begriffe nur deshalb, weil sie *alle* Begriffe betrifft. Sie ist harmlos.

Kapitel 3

Tarskis Versuch und sein Scheitern

§ 3.1. Es ist an der Zeit, die abstrakten Überlegungen zum Geschäft des Explizierens aus dem vorigen Kapitel mit konkretem Gehalt zu füllen. Der früheste ernstzunehmende Versuch, das semantische Vokabular in einer Art und Weise eliminativ zu explizieren, wie wir sie soeben abgesteckt haben, stammt von Alfred Tarski. Tarskis Versuch ist verblüffend einfach: allzu einfach, wie die meisten Kommentatoren meinen, ohne allerdings übereinzustimmen, woran genau Tarskis Eliminationsversuch scheitert. Ich werde ein paar verbreitete Kritikpunkte an Tarskis Vorgehen zurückweisen und dann eine eigene Diagnose vorschlagen, der zufolge Tarskis Definitionen in gewissen Kontexten zu Fehlparaphrasen führen: Original und Paraphrase haben nicht immer denselben Wahrheitswert. Tarskis Definitionen verstossen also schon gegen unsere Forderung der angemessenen Elimination (s.o. § 2.13). Umgekehrt bedeutet dies, dass wir keine zusätzlichen Forderungen erheben müssen, um Tarskis Scheitern einsichtig zu machen. Um etwas aus Tarskis Fall zu lernen, werden wir nur fragen müssen, woran es liegt, dass seine Definitionen in gewissen Kontexten nicht einmal zur angemessenen Elimination taugen.[1] Tarski

Aber sehen wir uns zunächst sein Verfahren genauer an. Tarski hat eine Wahrheitsdefinition vorgeschlagen, durch deren Entfaltung sich zusätzlich der Referenzbegriff (für singuläre und generelle Terme) aufklärt. Selbst im Fall eines Erfolgs dieser Erklärungen wäre damit nur die erste – und wie viele meinen: *bessere* – Hälfte des semantischen Vokabulars auf der sicheren Seite. Gerettet wären nur jene Vokabeln, die zur sogenannten „Theorie der Referenz“ gehören. In diesem Teilbereich der Semantik unterscheidet man nicht

[1] Quine ist demgegenüber von Tarskis Explikationen überzeugt. Hier liegt die schärfste der Divergenzen zwischen Quine und mir, die ich in der Fussnote 1 zu § 2.1 angekündigt habe. Wollte ich mich stärker an Quine anlehnen, so hätte ich anstelle Tarskis Carnap zu kritisieren. Um nicht langweilig zu werden und abermals Quines Argumente gegen Carnap herunterzubeten, habe ich mich entschlossen, oben im Text Quines Argumente gegen Tarski zu wenden und nur in den Fussnoten den Bezug zu Carnap herzustellen.

zwischen sprachlichen Ausdrücken wie ‚Lebewesen mit Herz' und ‚Lebewesen mit Niere', die (trotz unterschiedlicher Bedeutung) in unserer Welt zufällig auf dieselben Objekte zutreffen. Die zu ihrer Unterscheidung nötigen feineren Begriffe (wie Synonymie und Analytizität) stellt erst der zweite Zweig der Semantik bereit: die „Theorie der Bedeutung".[2] Deren Begriffe beansprucht Tarski nicht zu erklären[3] – was uns einstweilen nicht zu stören braucht, da wir durch Erfolg auf dem Gebiet der Referenztheorie ein gutes Stück vorankommen würden.

Auf welche Weise – und vor allem: wie überraschend einfach – Tarski die Begriffe aus der Theorie der Referenz erklärt, lässt sich am Beispiel endlicher Sprachen sehen, d.h. anhand von Sprachen mit endlich vielen Sätzen. Um die für den endlichen Fall funktionierenden Definitionen für den unendlichen Fall startklar zu machen, muss man nur zwei technische Feinheiten ins Spiel bringen, die für den augenblicklichen Zusammenhang unwichtig sind und die Untersuchung behindern würden: Ihre Erörterung führt leicht dazu,

---

[2] Ich übernehme diese Terminologie von Quine ([NoTo]:130). Carnap nennt die beiden Theorien „theory of extension" bzw. „theory of intension" ([MSiN]:233). Ich vermeide Carnaps Bezeichnungsweise, da sie leicht zu der irrigen Annahme verleitet, dass die Begriffe aus der Theorie der Extension (Referenz und Wahrheit) nur als extensionale Begriffe gegeben sein müssten. Dass dem (schon unter Tarskis Definitionen) nicht so ist, zeigt sich unten in § 3.6. – Die Unterscheidung zwischen Referenz und Bedeutung geht auf Freges Unterscheidung aus [üSB] zwischen „Bedeutung" und Sinn zurück, dessen idiosynkratische Verwendung des Worts „Bedeutung" sich nicht recht einbürgern wollte.

[3] Ursprünglich glaubte Tarski, alle semantischen Begriffe durch sein Verfahren erklären zu können ([WiFS]:105, 184 und [SCOT]:669-670, 678, 697n20). Später dann in mündlichen Debatten (cf. Carnap [IA]:64/5) hat Tarski mit Quine gemeinsame Sache gegen Carnaps Versuch gemacht, auch den bedeutungstheoretischen Unterschied zwischen faktischer und logisch/analytischer Wahrheit durch Methoden à la Tarski zu erklären (vergl. Carnaps Verweise auf Tarski in [MP]:222/3 und [IA]:62, 64). Vielleicht ist diese gemeinsame Stossrichtung Tarskis und Quines der Grund dafür, dass Quine an Tarskis Definitionen weniger auszusetzen fand als an Carnaps. Doch zogen Quine und Tarski aus unterschiedlichen Gründen am selben anti-analytischen Strang. Tarski bezweifelte nur, dass man ohne Willkür eine scharfe Grenze zwischen den logischen und den ausserlogischen Konstanten ziehen könne (cf. Tarski [üBLF]:280/1). Den gesamten Rest der bedeutungstheoretischen Begriffe hat er akzeptiert (Tarski [SCOT]:678 und 697n20). Quines Argumente richten sich hingegen ausdrücklich gegen die gesamte bedeutungstheoretische Begrifflichkeit Carnaps. Nun betreffen meiner Ansicht nach einige dieser Argumente Quines den Bundesgenossen Tarski genauso wie den offiziellen Gegner Carnap. Um also zu zeigen, dass selbst der gestrenge Quine in seinem semantischen Skeptizismus nicht ganz konsequent war, konzentriere ich mich in diesem Kapitel auf Argumente gegen Tarski. Da sich aus ihnen am Ende dieselben naturalistischen Standards ergeben, die Quine hinsichtlich der Erklärung des bedeutungstheoretischen Vokabulars erhoben hat, kann diese Abweichung von Quines positiven Meinungen über Tarski nicht schaden.

dass man den semantischen Wald vor lauter Rekursionen und Erfüllungsbedingungen nicht mehr sieht.[4]

§ 3.2. Geben wir uns also mit einer endlichen Sprache zufrieden und nehmen wir an, dass sich unsere Schlussfolgerungen durch gehörigen technischen Aufwand auf Sprachen mit unendlich vielen Sätzen übertragen lassen. Wir betrachten ein Fragment L des Deutschen mit den vier Eigennamen: Eine kleine Sprache

Prinz Charles, Ligeti, Händel, Rosa Luxemburg,

und den drei einstelligen Prädikaten:

lacht, lebt, ist Junggeselle.

Damit in L Negatives gesagt werden kann, enthält unser kleines Fragment zusätzlich den Negationsoperator:

Nicht der Fall ist: –.

Wir wollen (zur Vermeidung technischer Komplikationen) nicht zulassen, dass der Negationsoperator in L iteriert verwendet werden darf.

§ 3.3. Worauf referiert der Eigenname ‚Prinz Charles'? Einfach: auf Prinz Charles. Diese Banalität muss eine adäquate Definition der Referenz nach sich ziehen. Folgende Definition tut's: Tarskis Definitionen

D3.1 Eine Individuenkonstante α aus L[5] referiert genau dann auf ein Objekt x, wenn gilt:

[4] Rekursionen sind das elegante Wundermittel, um eine unendlich grosse Menge von Sätzen semantisch in den Griff zu bekommen, sofern sich beispielsweise die Wahrheit längerer Sätze funktional aus der Wahrheit kürzerer Sätze ergibt (wie im Fall aussagenlogisch komplexer Sätze). Um prädikatenlogisch komplexe Sätze einzubeziehen (also Sätze mit All- und Existenzquantoren), kann man dann anstelle rekursiver *Wahrheits*klauseln rekursive *Erfüllungs*klauseln aufstellen. (Der Erfüllungsbegriff ist eine Verallgemeinerung des Wahrheitsbegriffs auf Satzfunktionen mit freien Variablen). Die trickreichen Details dieses Verfahrens lassen sich in [WiFS] nachlesen, vergl. insbes. pp.100-106.
Dass man Tarskis Grundidee auch ohne diese Details nachvollziehen kann, ist oft begründet worden. Vergl. z.B. Etchemendy [ToTL]:55/6.

[5] Durch den Zusatz „aus L" soll einstweilen nur der Anwendungsbereich der Definition beschränkt werden. Dass man den Referenzbegriff (und den Wahrheitsbegriff) auf Sprachen relativieren muss, ist dadurch noch nicht berücksichtigt. Ich komme auf dies Thema erst in § 3.9 zurück, wenn mehr Sprachen im Spiel sind.

α = ‚Prinz Charles', und x = Prinz Charles; oder
α = ‚Ligeti', und x = Ligeti; oder
α = ‚Händel', und x = Händel; oder
α = ‚Rosa Luxemburg', und x = Rosa Luxemburg.[6]

Offensichtlich folgen aus der Definition diese vier (auf die Sprache L zutreffenden) Feststellungen:

(i) ‚Prinz Charles' referiert auf Prinz Charles.
(ii) ‚Ligeti' referiert auf Ligeti.
(iii) ‚Händel' referiert auf Händel.
(iv) ‚Rosa Luxemburg' referiert auf Rosa Luxemburg.

Dass kein weiterer Satz derselben Form aus D3.1 folgt, macht man sich leicht klar; und natürlich sollte kein weiterer Satz dieser Form aus einer angemessenen Definition der Referenz von Eigennamen aus L folgen, weil L nur vier Namen enthält und weil deren Referenz durch (i) bis (iv) richtig beschrieben wird.[7]

Kann man, wie wir verlangt hatten, mithilfe der Definition das Wort ‚Referenz' (individueller Konstanten) aus allen Kontexten eliminieren, in denen L semantisch charakterisiert wird? Ja, denn die Definition ist in Form eines Bikonditionals gegeben, auf dessen rechter Seite (im Definiens) kein einziger semantischer Term vorkommt.[8]

Was es heisst, dass eine Prädikatskonstante aus L auf ein Objekt referiert (zutrifft), lässt sich ebenso leicht erklären:

D3.2 Eine Prädikatskonstante Φ aus L <u>referiert</u> auf ein Objekt x genau dann, wenn gilt:
Φ = ‚lacht', und x lacht; oder
Φ = ‚ist Junggeselle', und x ist Junggeselle; oder
Φ = ‚lebt', und x lebt.[9]

---

6 Strenggenommen findet sich eine derartige Definition bei Tarski nicht. (Die von ihm betrachteten Sprachen haben keine Individuenkonstanten). Aber Tarski führt in [WiFS]:105n42 aus, wie sich mithilfe seines Erfüllungsbegriffs die Referenz von Namen definieren lässt. Field hat gezeigt, dass sich auf diesem Weg am Ende genau eine Definition wie D3.1 ergeben würde ([TToT]:364/5).

7 Wie Field in [TToT]:365 zu Recht ausgeführt hat, erfüllen somit Definitionen wie D3.1 ein Analogon zu Tarskis Konvention W (cf. Tarski [WiFS]:98/99).

8 Die angekündigten Fehlparaphrasen, zu denen Tarskis Definitionen führen, werden erst später in den Blick geraten, wenn wir mehr Sprachen als L betrachten, s.u. § 3.11.

9 Auch D3.2 findet sich bei Tarski in dieser Form nicht. Sie ergibt sich aber unmittelbar aus Tarskis Erfüllungsbegriff: Eine Prädikatskonstante Φ referiert auf y genau dann, wenn jede mit dem Objekt y beginnende Folge von Objekten den offenen Satz Φξ erfüllt (Referenz von Prädikatskonstanten kann also als Spezialfall der Erfüllung offener Sätze verstanden werden). – In [WiFS] brauchte Tarski die

Unter welchen Bedingungen ist ein Satz aus L wahr? Da L nicht nur (wie alle Sprachen) endlich viele Prädikats- und Individuenkonstanten enthält, sondern (anders als die realexistierenden Sprachen) auch nur endlich viele Sätze, lässt sich wieder durch schiere Aufzählung erklären, wann ein Satz wahr ist:

D3.3 Ein Satz p aus L ist genau dann wahr, wenn gilt:
p = ‚Prinz Charles lacht', und Prinz Charles lacht; oder
p = ‚Prinz Charles ist Junggeselle', und Prinz Charles ist Junggeselle; oder
p = ‚Prinz Charles lebt', und Prinz Charles lebt; oder
... ; oder
p = ‚Nicht der Fall ist: Rosa Luxemburg lebt', und Rosa Luxemburg lebt nicht.[10]

Die hierin fehlenden Klauseln für die übrigen zwanzig Sätze aus L liessen sich leicht ergänzen. Da wir Tinte sparen wollen und da wir die Referenz singulärer und genereller Terme aus L schon erklärt haben, unterziehen wir uns dieser Mühe nicht und formulieren kürzer:

D3.4 Ein Satz p aus L ist genau dann wahr, wenn gilt:
p hat die Form ‚$\Phi\alpha$', und es gibt ein Objekt x, auf das sowohl Φ als auch α referieren; oder
p hat die Form ‚Nicht der Fall ist: $\Phi\alpha$', und es gibt kein Objekt x, auf das sowohl Φ als auch α referieren.[11]

Und schon haben wir – anhand einer endlichen Sprache – alle Begriffe aus der Theorie der Referenz erklärt. Es war einfacher, als man hätte denken können! Gerade weil wir mit grösseren Komplikatio-

Prädikatskonstanten übrigens allein deshalb nicht per Disjunktion aufzuzählen, weil in der von ihm betrachteten Objektsprache nur eine einzige Prädikatskonstante vorkam (die Mengeninklusion, cf. [WiFS]:76): So genügte ihm in der Klausel (α) der Definition 22 ([WiFS]:104) eine *eingliedrige* Disjunktion, die oberflächlich nicht mehr wie eine Disjunktion aussieht.
Zugegebenermassen sind wir mit D3.1 und und D3.2 recht weit von Tarskis Formulierungen abgewichen. Lässt sich dies exegetisch rechtfertigen? Ich meine ja. Denn Tarski hat hinsichtlich der Wahrheit im Falle endlicher Sprachen genau eine analoge Definition verteidigt ([TP]:406), s.u. D3.3.
Auch Putnam beispielsweise bezieht sich ausdrücklich auf Tarski, wenn er in [RR]/A:62 eine Definition diskutiert, die D3.1 und D3.2 in sich vereinigt.

10 Analog Tarski in [TP]:406.

11 Ich habe mir in D3.4 einen laxen Gebrauch der Anführungszeichen genehmigt, der mir den Vorwurf einbringen könnte, ich hätte Erwähnung und Verwendung verwechselt. (Denn ich habe Variable zwischen Anführungszeichen geschrieben). Daher für Kenner die Korrektur: Man lese die Anführungszeichen in D3.4 als *Quine-Quotes*.

nen gerechnet hatten, beschleicht uns der Verdacht, dass an den Erklärungen irgendetwas nicht stimmen kann. Aber was? Das ist nicht leicht zu sagen. Die Philosophen diskutieren hierüber seit Jahrzehnten; ich möchte eine Auswahl der von ihnen vorgebrachten Diagnosen darlegen und zurückweisen. Der Sinn dieses Manövers besteht nicht darin, gewisse Destruktionen meinerseits zu destruieren. Vielmehr möchte ich jene Einwände entkräften, denen später auch meine eigenen Erklärungsvorschläge ausgesetzt sein könnten.

Kritik: Kein Kriterium

§ 3.4. Eine häufig geäusserte Kritik an Tarskis Definitionen besteht in dem Vorwurf, dass sie das Wahrheitsproblem nicht lösen, sondern nur verschieben. Wer nach Wahrheit strebt, findet bei Tarski wenig Hilfe. Die Definitionen verraten uns nicht, wie wir *herausfinden* sollen, welche Sätze wahr sind. Die Vertreter dieser Kritik erwarten von einer befriedigenden Wahrheitsdefinition nicht nur die Eliminierbarkeit des Wahrheitsprädikates, sondern ein handfestes Kriterium, mit dessen Hilfe sich alle Wahrheiten effektiv feststellen lassen.[12] Diese Forderung ist überzogen. Wer sie befriedigen wollte, müsste überhaupt alle wissenschaftlichen Erkenntnisverfahren mit einbeziehen: ein Ding der Unmöglichkeit. Selbst wenn wir Tarskis Definitionen allzu einfach finden, sollten wir nicht ins entgegengesetzte Extrem verfallen und von einer befriedigenden Erklärung des Wortes ‚wahr' die Lösung sämtlicher wissenschaftlicher Probleme verlangen.

Beim Erklären von Wörtern[13] sind wir auch ausserhalb der Semantik bescheidener. Wer irgendeine Vokabel erklären will, muss nicht unbedingt ein Testverfahren mitliefern, das über ihre richtige Anwendung entscheidet.[14] Dazu ein Beispiel:

---

12 So bezeichnet Tugendhat das Verifikationsproblem als „das eigentliche Wahrheitsproblem" ([TSDW]:216/7) und fordert, schon bei der Erklärung des Wahrheitsbegriffs zu berücksichtigen, wie wir Wahrheiten erkennen ([TSDW]:196). (Tugendhat will das Wahrheitsprädikat allerdings in erster Linie auf Urteile – nicht auf Sätze – angewendet wissen, cf. [TSDW]:193ff.)

13 Im letzten Kapitel mussten wir sorgfältig zwischen Worterklärungen (zum Zwecke der Erweiterung des Wortschatzes) und Begriffsexplikationen (zur Vertiefung des Verständnisses eines bekannten Wortes) unterscheiden (s.o. § 2.18). Von nun an brauchen wir diese Unterscheidung nicht dauernd im Auge zu behalten. Selbst wo im folgenden von *Wort*-Erklärungen die Rede ist, geht es fast immer um die Explikation von *Begriffen*. Ich gönne uns diese terminologische Freizügigkeit, um abwechslungsreicher formulieren zu können.

14 So die Mehrheitsmeinung. Dieser Meinung ist vehement widersprochen worden, nämlich von verifikationistischer Seite (z.B. von Schlick [MV]:341), vom Operationalismus (desser Urheber Bridgman sich in [OA] moderat gibt, indem er die Bedeutung von Termen nicht nur an physische Operationen im Labor anbindet,

(3.1) x ist genau dann Grossmutter von y, wenn x die Mutter von y's Vater oder von y's Mutter ist.

Dies ist eine befriedigende Erklärung einer familienrechtlichen Vokabel, die uns dennoch kein Testverfahren an die Hand gibt, um festzustellen, ob die Passantin da drüben die Grossmutter ihres jugendlichen Begleiters ist.[15]

Wer einzelne Wahrheiten oder Grossmütter sucht, ist nicht in erster Linie auf Begriffserklärungen erpicht; er interessiert sich für andere Fragen als die, die in dieser Arbeit beantwortet werden sollen. Damit möchte ich nicht behauptet haben, es sei *überflüssig*, nach Wahrheitskriterien zu fragen. Im Gegenteil, die Frage nach Kriterien ist wichtig. Es ist eben nur eine *andere* Frage als die Frage nach der Explikation des Wahrheitsbegriffs.[16]

Explikation versus Explanation

§ 3.5. Die zweite Kritik an Tarski, die hier zur Sprache kommen und entkräftet werden soll, stammt von Hartry Field. Der wirft Tarski vor, dass dessen Definitionen so wenig wert sind wie folgende „Reduktion“ der Valenz chemischer Elemente ([TToT]:363):

(3.2) Ein Element x hat genau dann die Valenz y, wenn gilt:
x = Kalium, und y = 1; oder
x = Schwefel, und y = -2; oder
...

---

sondern liberaler auch an *verbale* Operationen, cf. 128-130) und schliesslich in neuerer Zeit von Dummett (der argumentiert hat: man könne einem Sprecher nur dann das Verständnis eines Satzes zuschreiben, wenn er sein Verständnis unter Beweis stellen könne, indem er die Verifikation des Satzes als solche erkenne, cf. [WITo]/II:81-3, 110/1 *et passim*).

15 Aber Tarskis Definitionen können sogar dann verteidigt werden, wenn jemand (wie beispielsweise Schlick [MV]:341) verlangte, dass sich jeder sinnvolle Satz verifizieren oder falsifizieren können lassen soll. Denn nehmen wir einmal an, diese Forderung würde vom Minusdeutschen erfüllt. Da sich die Wahrheit irgendeines minusdeutschen Satzes p über Definitionen wie D3.3 oder D3.4 auf p selbst reduziert und da p (laut Annahme) verifiziert oder falsifiziert werden kann, muss *a fortiori* auch folgender Satz verifizierbar oder falsifizierbar sein: ‚p ist wahr'. Tarskis Wahrheitsbegriff lässt sich also sogar mit einer radikal verifikationistischen Bedeutungslehre vereinbaren! (So auch Carnap [TC]:123).

16 So auch Carnap [TC]:120, 126; Rescher [CToT]:1/2; Etchemendy [ToTL]:54/5. – Selbstverständlich hat es ernstzunehmende Versuche gegeben, sich schon bei der Wahrheitsdefinition stärker an Verifikation oder rationaler Akzeptierbarkeit (evtl. im idealen Limit) zu orientieren als Tarski. *Eine* der Wuzeln dieser Tradition liegt im amerikanischen Pragmatismus. (Vergl. z.B. Peirce [PP]:268, 390/1, 394/5; James [PCoT]:201ff. und [MoT]). In neuerer Zeit hat sich zeitweilig Putnam an eine solche Position angenähert, cf. [RTH]:55/6. Ich kann diese Versuche hier nicht erörtern.

Field bemerkt zu Recht, dass eine solche Liste kein gutes Stück Wissenschaft darstellen würde; zweifellos ist ihr unsere tatsächliche Theorie der Valenz (die auf die Zahl der Aussenelektronen von Atomen des fraglichen Elements zurückgreift) vorzuziehen. Doch geht es in der Theorie der Valenz darum, physikalische Mikrostrukturen aufzudecken, die den chemischen Prozessen zugrundeliegen: ein *explanatorisches* Projekt.[17] Tarski verfolgt kein vergleichbar ambitioniertes Projekt hinsichtlich sprachlicher Phänomene. Er wollte *explizieren*, keine Explanationen liefern.[18]

Machen wir uns den Unterschied zwischen Explikation und Explanation an einem Beispiel klar, das wir schon im letzten Kapitel mehrmals zum Vergleich herangezogen haben: nämlich anhand der Otologie. Auch in der Theorie des Gehörs gibt es wichtigere Themen als die Erklärung des Gehörbegriffs. Man kann nach Physiolo-

[17] Zur Terminologie: Das deutsche Wort ‚Erklärung' kann sowohl für Wort- bzw. Begriffserklärungen (Explikationen) als auch für (explanatorische) Erklärungen irgendwelcher Sachverhalte oder Ereignisse stehen. Bisher war in unseren Überlegungen immer nur von Erklärungen im ersten (explikatorischen) Sinn die Rede. In Kontexten, aus denen das Gemeinte nicht sowieso klar hervorgeht, werde ich die beiden Fremdwörter verwenden. Unglücklicherweise gibt es kein passendes Verb zum Substantiv ‚Explanation'. (Dagegen: ‚explizieren' zu ‚Explikation'). Deshalb kann ich auf das Verb ‚erklären' im explanatorischen Sinn nicht verzichten. Das heisst aber nicht, dass ich dies Verb *immer* im explanatorischen Sinn verwende. In eindeutigen Kontexten (wie: ‚ein Wort / einen Begriff erklären') ist es im Sinne von ‚explizieren' gemeint.

[18] Hier unterscheide ich mich von Fields Tarski-Interpretation, cf. [TToT]:356ff. Field nennt folgenden Grund dafür, dass Tarski keine Worterklärungen zu geben beabsichtigt haben kann: Tarskis Definitionen funktionieren immer nur für eine einzige Sprache; gäbe aber Tarskis Definition die Bedeutung des Wortes ‚wahr' an, so würde sich die Bedeutung dieses Wortes je nach Objektsprache ändern (weil für jede Objektsprache eine eigene Definition konstruiert werden müsste). Dieser Einwand gegen den explikatorischen Wert von Tarskis Definitionen weist zwar in die Richtung, aus der später meine Tarski-Kritik kommen wird; aber er reicht nicht weit genug (s.u. § 3.10). Und weil sich Tarskis Explikationen gegen Fields etwas zu oberflächlichen Einwand verteidigen lassen (cf. D3.7-D3.9 in § 3.10), besteht kein Grund, Tarskis Intentionen aus reinem Wohlwollen umzudeuten. Zudem ist nicht klar, was bei der Umdeutung positiv herauskäme. Denn Field macht in seinem Aufsatz nicht wirklich deutlich, welche explanatorische Funktion genau seiner Ansicht nach Tarskis Definitionen hätten übernehmen sollen. Möglicherweise ist der Grund für diese Unklarheit darin zu suchen, dass die Wörter „explication" und „explanation" im Englischen näher beieinander liegen als ihre deutschen Gegenstücke. (Sie *können* im englischen Philosophie-Jargon synonym verwendet werden, cf. Lacey [DoP]:73). – Tarski jedenfalls wollte Begriffe explizieren, keine Explanationen geben. Auch Kirkham argumentiert, dass der Physikalismus, den Tarski in [GWS]:266 im Auge hatte, kein explanatorischer Physikalismus gewesen ist (Kirkham [TP], insbes. p. 295). Hier zog Tarski also am selben Strang wie Carnap, der sich zu dieser Frage deutlich ausführlicher geäussert hat als Tarski, vergl. Carnap [PSaU]:449 und [LFoU]:60/1.

gie und Funktionsweise des Ohrs fragen, nach seiner Entstehung im Lauf der Evolution usw. Aber alle diese Fragen haben keinen Sinn, solange keine Einigkeit über die Terminologie herrscht, in der sie gestellt sind, und insbesondere keine Einigkeit darüber, was ‚Ohr' genannt zu werden verdient. Glücklicherweise konnten die Otologen den Streit darüber vermeiden.

In der Theorie der Sprache mag es gleichfalls wichtigere Aufgaben geben als die Erklärung des semantischen Vokabulars. Man kann nach den neurophysiologischen Prozessen fragen, die sich im Hirn von Sprechern abspielen; man kann Spracherwerb untersuchen oder darüber spekulieren, wie sich die Sprache im Tier/Mensch-Übergangsfeld entwickelt haben mag. Aber diese Fragen lassen sich nur diskutieren, wenn man sich geeinigt hat, welche semantischen Vokabeln sinnvoll sind und wie sie erklärt werden können. Anders als in der Otologie ist ein solcher Streit um Worte beileibe nicht ausgestanden. Und wir wollen mit unseren Erklärungen nur in diesen Streit um das semantische Vokabular eingreifen: Wir wollen gewisse Begriffe erklären, nicht das Phänomen der Sprache.

Darum sollte man Tarskis Definitionen D3.1-D3.4 nicht schon deshalb verwerfen, weil sie genau wie (3.2) nur als Liste formuliert sind. Wer zu *explanatorischen* Zwecken reduzieren will, sollte sich zwar mit schieren Aufzählungen wie in (3.2) nicht zufrieden geben. Aber beim *Explizieren* von Wörtern kommt man nicht immer ohne Aufzählungen aus.[19] Wir wollen das semantische Vokabular explizieren; also brauchen uns die Listen in D3.1-D3.4 nicht zu bekümmern.

Liefern Listen immer nur Extensionen?

§ 3.6. Hiergegen mag man – dritter Kritikpunkt an Tarski – einwenden, dass auch beim Explizieren Listen vermieden werden sollten, da durch sie das Explicandum immer nur extensional charakterisiert werden könne. Das Explicans tauge als Ersatz für das Explicandum bestenfalls zum Reden über unsere Welt, so wie sie ist

[19] Da es zwei Sorten von Grossmüttern gibt, brauchten wir beispielsweise vorhin in § 3.4 eine zweielementige Liste für die Explikation des Wortes ‚Grossmutter'. Wer kompliziertere Verwandtschaftsverhältnisse ausbuchstabieren möchte, bedarf längerer Listen, wie man sich anhand von Cousinen dritten Grades leicht klarmachen kann.
Ohne zwischen Explikation und Explanation zu unterscheiden, macht Fodor in [SS] einen ähnlichen Punkt. Ihm zufolge müssen die Entitäten, die von irgendeiner Spezialwissenschaft zu einer natürlichen Art zusammengefasst werden, nicht notwendigerweise zu ein und derselben *physikalischen* Art gehören ([SS]:145). Vielmehr könnten den Begriffen der Spezialwissenschaften auf der Ebene der Physik vielgliedrige disjunktive Prädikate entsprechen ([SS]:139).

– und nicht für die Rede über kontrafaktische Fälle.[20] Um diesen Punkt zu illustrieren, nehmen wir an, dass es in unserem Universum nur ein einziges Planetensystem gibt (nämlich unseres). Dann könnten wir versucht sein, das Wort ‚Planet' durch diese Liste zu explizieren:

(3.3) x ist genau dann ein Planet, wenn
x = Merkur; oder
x = Venus; oder
x = Erde; oder
x = Mars; oder
x = Iupiter; oder
x = Saturn; oder
x = Uranus; oder
x = Neptun; oder
x = Pluto.

Solange wir nur über unser aktuales Universum reden wollen, so wie es ist, können wir zwar mithilfe von (3.3) alle Behauptungen über Planeten paraphrasieren, ohne dadurch etwas am Wahrheitswert dieser Behauptungen zu ändern. Doch für die Paraphrase folgender korrekten Feststellung ist (3.3) nicht zu gebrauchen:

(3.4) Es hätte mehr als neun Planeten geben können.

Denn wenn das Wort ‚Planet' durch die Liste aus (3.3) expliziert ist, kann es nur höchstens neun Planeten geben, so dass (3.4) gegen unsere Intuition falsch herauskäme.[21]

Versagen auch Tarskis Definitionen hinsichtlich kontrafaktischer Feststellungen? Das kommt darauf an, welche Fakten zur kontra-

---

[20] Diesem Punkt begegnet man häufiger in mündlicher Diskussion als in Veröffentlichungen. Er zeigt sich jedoch beispielsweise in Tugendhats Tarski-Kritik:

> Da der Wahrheitsbegriff als Klassenbegriff verstanden ist, hat „Definition" hier die in der Mathematik übliche extensionale Bedeutung ([TSDW]:199).

Der Vergleich zur Mathematik führt in die Irre. Da ein und dieselbe Klasse aus der Mathematik in allen möglichen Welten immer mit genau denselben Entitäten bevölkert ist, fallen in der Mathematik extensionale und intensionale Bestimmungen stets zusammen. Dass dies im Falle von Wahrheitsdefinitionen im Stil Tarskis nicht so sein muss, scheint Tugendhat übersehen zu haben.

[21] Ich sage vorsichtshalber: „*höchstens* neun" und nicht etwa „*genau* neun Planeten", weil ich dem Problem aus dem Weg gehen möchte, dass in gewissen möglichen Welten einer unserer Planeten *fehlen* könnte. Für diesen Fall brauchten wir eine Entscheidung darüber, wie Sätze mit nicht-referierenden Namen auszuwerten sind: ein Thema, das ich hier nicht erörtern möchte.

faktischen Variation freigegeben werden. Drehen wir zunächst an den Fakten, *über* die man in L reden kann. ‚Prinz Charles lebt': ein wahrer Satz aus L, so wie die Dinge stehen; was aber, wenn zum Zeitpunkt seiner legendären Hochzeit die Westminster Abbey von IRA-Terroristen in die Luft gesprengt worden wäre? Im vorphilosophischen Alltag halten wir folgende metasprachliche Behauptung für korrekt:

(3.5) Wenn am Tag der Märchenhochzeit die Westminster Abbey mitsamt dem Traumpaar in die Luft gesprengt worden wäre, dann wäre der Satz ‚Prinz Charles lebt' nicht wahr.

Anders als im Fall der Planeten unterstützen Tarskis listenreiche Definitionen eine solche kontrafaktische Feststellung. Denn ihnen zufolge ist (3.5) so zu paraphrasieren:

(3.6) Wenn am Tag der Märchenhochzeit die Westminster Abbey mitsamt dem Traumpaar in die Luft gesprengt worden wäre, dann lebte Prinz Charles nicht.

Und diese Feststellung ist genauso korrekt wie (3.5). Wie kommt dieser Unterschied zwischen der Planetenliste in (3.3) und den Listen in D3.1-D3.4 zustande? Die Planetenliste zählt jeden Planeten auf und legt dadurch alles weitere starr fest. Hingegen zählen D3.3 bzw. D3.4 nicht einfach alle Wahrheiten auf. Vielmehr verknüpfen sie jeden Satz aus L (unmittelbar wie D3.3 oder aber wie D3.4 mittelbar über D3.1 und D3.2) mit einer Wahrheits*bedingung*. Ob diese Wahrheitsbedingung erfüllt ist, lassen die Definitionen offen. Und genau diese Offenheit lässt uns den nötigen Freiraum für kontrafaktische Variationen.[22]

---

[22] Am wenigsten offen ist in dieser Hinsicht die Definition D3.1: Sie erlaubt bestenfalls kontrafaktische Variationen darüber, ob Prinz Charles, Händel usw. existieren. Was bei solchen Variationen herauskommt, hängt wieder davon ab, welchen Wahrheitswert man Sätzen mit nichtreferierenden Namen zuweist. (Vergl. vorige Fussnote).
D3.2 hingegen unterstützt kontrafaktische Variationen deutlicher. Denn die Definition zählt nicht einzeln die Referenzobjekte der drei Prädikatskonstanten auf, sondern sie nennt für jede Prädikatskonstante eine Referenz*bedingung*. So lautet ihre erste Klausel:

D3.2 Eine Prädikatskonstante Φ referiert auf ein Objekt x genau dann, wenn gilt:
Φ = ‚lacht', und x lacht; oder...

und nicht etwa:

D3.2* Eine Prädikatskonstante Φ referiert auf ein Objekt x genau dann, wenn gilt:
Φ = ‚lacht', und x = Prinz Charles oder x = Ligeti...; oder...

Kurz und gut, entgegen einem weit verbreiteten Vorurteil fixieren Tarskis Definitionen nicht bloss die *Extension* des Wahrheitsprädikates in unserer aktualen Welt,[23] sondern auch seine Extension in gewissen anderen möglichen Welten.[24] Man kann mit Fug und Recht von einer *intensionalen* Bestimmung des Wahrheitsbegriffs sprechen.

Variation sprachlicher Fakten

§ 3.7. Bislang haben wir allerdings nur kontrafaktische Variationen derjenigen Fakten zugelassen, die *mithilfe von L* beschrieben werden können. Wie steht es mit kontrafaktischen Variationen von Fakten *über L selber*? Was wäre, wenn die Terme aus L auf andere Entitäten referierten, als sie es tun?

Geben wir es zu: So wie wir Referenz (und Wahrheit) definiert haben, bleibt kein Freiraum für solche Variationen.[25] Schon aus D3.1 beispielsweise *folgt*, dass ‚Ligeti' auf Ligeti referiert. Also gibt es der Definition zufolge keine mögliche Welt, in der jemand anders den illustren Namen trägt, etwa Lutoslawski. Diese Schlussfolgerung widerspricht unseren vorphilosophischen Intuitionen. Denn stellen wir uns nur vor, dass Lutoslawskis Mutter in den Wirren um die Jahrhundertwende mit gefälschten Papieren nach Transylvanien eingereist ist, das Pseudonym aus Bequemlichkeit beibehalten und ihrem Sohn einen anderen Vornamen gegeben hat, als sie es hätte, wäre sie in Polen geblieben. Und nehmen wir zweitens an, dass Ligetis Eltern sich nie getroffen haben, so dass „unser" Ligeti nicht geboren wurde. Diese Geschichte zeigt, dass wir folgende Feststellung korrekt finden:

---

[23] Die Wurzel dieses Vorurteils scheint mir darin zu liegen, dass die Theorie der Referenz, zu der das Wahrheitsprädikat gehört, oft als Theorie der Extension bezeichnet wird (z.B. in Carnap [MSiN]:233).

[24] Spätestens gegen die Verwendung der verdächtigen Wörter „mögliche Welt" würde sich Quine verwahren. Vermutlich hätte sich sein Protest schon an früheren modalen Formulierungen entzündet (cf. z.B. Quine [RM], insbes. p.156, [TDoE]:29/30 und [Q]:139/40). Ich möchte mich nicht darüber streiten, wie die Modalitäten zu analysieren sind. Notfalls verstehe man sie als *façon de parler*, mit deren Hilfe letzten Endes Aussagen über unsere aktuale Welt getroffen werden. (Vergl. Quines Vorschlag, Sätze mit Dispositionsprädikaten so zu analysieren, dass sie nur von inneren Strukturen unserer aktualen Welt handeln, cf. [WO]:224). Bei aller Toleranz hinsichtlich der philosophischen Analyse modalisierter Sätze muss ich aber auf dem Wahrheitswert bestehen, den unsere Intuitionen solchen Sätzen zuweisen. – Auch der im nächsten Satz oben verwendete Begriff der Intension (verstanden als Abbildung der möglichen Welten auf die jeweilige Extension) soll ohne grössere metaphysische Implikation verstanden werden.

[25] So auch Etchemendy [ToTL]:60/61.

(3.7) Der Name ‚Ligeti' hätte auf Lutoslawski referieren können.

Dass D3.1 eine solche modale Behauptung nicht unterstützt, ist ein echter Makel der Definition. Wir haben anscheinend einen Kontext gefunden, dessen Wahrheitswert die durch D3.1 gelieferte Paraphrase nicht übersteht. Und das bedeutet, dass es D3.1 nicht erlaubt, das Referenzprädikat aus allen Kontexten zu eliminieren.

§ 3.8. Auf diesen Einwand (der sich gegen die Definitionen D3.2-D3.4 genauso wiederholen lässt) gibt es eine wohlfeile Erwiderung, die den Definitionen vorübergehend hilft. Die Erwiderung lautet: Die kontrafaktische Geschichte hätte sich zwar so ereignen können wie ausgemalt; dann gehörte der Name ‚Ligeti' aber nicht zur Sprache L, von der bislang immer die Rede gewesen ist, sondern zu irgendeiner *anderen* Sprache L*. In L referiert ‚Ligeti' *notwendig* auf Ligeti, genau wie es die Definition D3.1 sagt. Sprachen: Abstrakta?

Dieser Erwiderung zufolge sind Sprachen abstrakte Objekte, die über ihre semantischen Eigenschaften (d.h. in unserem Fall: über die Referenzbeziehungen ihrer Ausdrücke) individuiert sind und die diese Eigenschaften mit Notwendigkeit tragen.[26] Ein solches Manöver beschwört eine Reihe von Schwierigkeiten herauf.

§ 3.9. Zunächst: Die „semantischen Eigenschaften" sind bislang nur für die Sprache L erklärt. In der Erwiderung auf den Einwand ist aber implizit an einen Referenzbegriff für L* appelliert worden.[27] Entweder muss also die Explikation eines für L* tauglichen Referenzbegriffes nachgeschoben werden – oder man muss eingestehen, letztlich doch auf einen unexplizierbaren Referenzbegriff angewiesen zu sein. Da die zweite Alternative ein frühes Ende unserer explikativen Ambitionen bedeutete, verfolgen wir sie nicht. Andere Sprachen

Wie könnte man im Stil Tarskis Referenz für L* erklären? Wenn sich L* von L nur hinsichtlich der Referenz des Namens ‚Ligeti' unterscheidet, bietet sich folgende Definition an:

---

[26] So Putnam zufolge Carnap in mündlicher Diskussion (cf. [RR]/A:63). In neuerer Zeit hat Soames [WITo]:425ff. eine solche Position eingenommen.

[27] Auch Putnam argumentiert, dass man die in Rede stehende Erwiderung nicht mit den nur für L definierten semantischen Begriffen durchhalten kann ([RR]/A:64-66).

D3.5 Eine Individuenkonstante α aus L* referiert genau dann auf ein Objekt x, wenn gilt:
α = ‚Prinz Charles', und x = Prinz Charles; oder
α = ‚Ligeti', und x = *Lutoslawski*; oder
α = ‚Händel', und x = Händel; oder
α = ‚Rosa Luxemburg', und x = Rosa Luxemburg.

Doch bringt uns diese Definition in eine unangenehme Lage. Sie tritt ja nicht an die Stelle der Definition D3.1 (durch die auch schon ein Begriff der Referenz von Eigennamen erklärt worden ist). Vielmehr brauchen wir D3.1 und D3.5 *zusammen*. Und das bedeutet, dass wir kein einheitliches Referenzprädikat definiert haben, sondern zwei Prädikate – die man besser auseinanderhalten sollte, etwa durch die Schreibweisen ‚Referenz-in-L' und ‚Referenz-in-L*'.[28] Mithilfe der Bindestriche soll angedeutet werden, dass die Bezeichnungen ‚L' bzw. ‚L*' der jeweiligen Objektsprachen unabtrennbar zum jeweiligen Referenzprädikat dazugehören. Dass beide Prädikate mit der Buchstabenfolge ‚Referenz' beginnen, scheint damit genauso wenig zu besagen wie andere Launen unserer Sprache, etwa die zufällige Tatsache, dass im Wort ‚Giraffe' die Tierbezeichnung ‚Affe' enthalten ist. Giraffen haben mit Affen keine grossen Gemeinsamkeiten; warum sollte Referenz-in-L irgendetwas mit Referenz-in-L* zu tun haben?

Tarski für variable Sprachen

§ 3.10. Es scheint uns nicht gelungen zu sein, einen einheitlichen Begriff der Referenz zu definieren, unter den Referenz-in-L und Referenz-in-L* als Spezialfälle subsumiert werden können. Wer dies als Einwand gegen die Definitionen D3.1 und D3.5 vorbringt, verlangt von uns offenbar, ein Prädikat ‚Referenz in X' (*ohne* Bindestriche) zu definieren, für dessen Variable X man je nach Bedarf die Bezeichnungen verschiedener Objektsprachen einsetzen darf.[29] Dieser Forderung

[28] Ohne diese Unterscheidung drohen Widersprüche. Denn unter der Voraussetzung, dass Lutoslawski nicht Ligeti ist, folgt aus D3.5: ‚Ligeti' referiert nicht auf Ligeti. Der Definition D3.1 haben wir aber vorhin entnommen, dass ‚Ligeti' auf Ligeti referiert (§ 3.3, (ii)). Um diese Kontradiktion zu vermeiden, *müssen* wir die Referenzprädikate auseinanderhalten.

[29] Analog möchte sich Quine nicht mit einem Bindestrich-Begriff ‚analytisch-in-L' zufrieden geben; er fordert von Carnap die Definition des analytischen Satzes für *variables* L ([TDoE]:33/4). Dass sich Quine hinsichtlich der Wahrheit weniger anspruchsvoll gibt, finde ich überraschend. Vergl. z.B.:

> In Tarski's technical construction, moreover, we have an explicit general routine for defining truth-in-L for individual languages [...] We have indeed nosimilar

lässt sich schneller nachkommen, als man auf den ersten Blick meinen möchte. Ganz im Stile Tarskis zählen wir auch die Objektsprachen der Reihe nach auf:

D3.6 Eine Individuenkonstante α referiert genau dann in X auf ein Objekt x, wenn gilt:

---

single definition of 'true-in-L' for variable 'L'; but what we do have suffices to endow 'true-in-L', even for variable 'L', with a high enough degree of intelligibility so that we are not likely to be averse to using the idiom. [...] See how unfavorably the notion of analyticity-in-L, characteristic of the theory of meaning, compares with that of truth-in-L. For the former we have no clue comparable in value to (7) ([NoTo]:138).

Der „clue", auf den Quine zurückverweist, besteht in dem Disquotationsschema

(7) '–' is true-in-L if and only if – ([NoTo]:135).

Und dies Schema funktioniert nur für konstantes L, nämlich für die Sprache, in der das Schema formuliert ist (wie Quine in [NoTo]:135 selbst eingesteht). Hat Quine also eine „systematic routine" ([NoTo]:138) zum Definieren eines Wahrheitsprädikates für andere Sprachen als das Englische? Nein, denn dann müsste er erst eine systematische Routine zur *Übersetzung* solcher Sprachen ins Englische gefunden haben: Und den Begriff der Übersetzung verwirft Quine mit seiner berühmten Unbestimmtheitsthese. (Er gehört genau wie der Begriff des Analytischen zur suspekten Theorie der Bedeutung). Kurz, die Begriffe des Analytischen und der Wahrheit stehen zunächst einmal beide gleich schlecht da, wenn sie für variable Sprachen flottgemacht werden sollen.

Quine mag an dieser Stelle einwenden, dass wir nicht ohne einen Wahrheitsbegriff à la Tarski für unsere eigene Sprache auskommen könnten; der Begriff des Analytischen sei dagegen überflüssig. Aber wozu sollten wir im Deutschen Tarskis Wahrheitsprädikat brauchen? Eine mittlerweile klassische Antwort hierauf lautet wie folgt. Zwar besagt ein Satz wie

(i) ‚Ligeti lacht' ist wahr,

nicht mehr und nicht weniger als

(ii) Ligeti lacht.

Käme das Wahrheitsprädikat also nur in Sätzen wie (i) vor, so wäre es in der Tat überflüssig (redundant). Doch verwenden wir es auch für die Rede über Sätze, die uns nicht zwischen Anführungszeichen gegeben sind:

(iii) Alles, was Rosa Luxemburg gesagt hat, ist wahr.

Mithilfe des von Quine zitierten Disquotationschemas (7) allein können wir das Wahrheitsprädikat aus (iii) nicht entfernen (cf. z.B. Davidson [iDoC]:65 und Quine [PoT]:80). Nun bietet Tarskis Theorie eine explizite Wahrheitsdefinition (auch in ihrer rekursiven Version, cf. Tarski [WiFS]:104/5n41). Mit ihrer Hilfe kann man das Wahrheitsprädikat aus (iii) entfernen. Wer mithin auf Sätze wie (iii) nicht verzichten will (wie etwa Quine, cf. [PoT]:80), braucht eine so leistungsstarke Konstruktion, wie sie Tarski erfunden hat.

Dies alles gestehe ich zu: Tarski gibt uns mehr als die Redundanztheorie. Aber, so mein Punkt, er gibt uns nicht genug. Denn wenn wir an Kontexten wie (iii) interessiert sind, dann müssen wir gerechtigkeitshalber auch Sätze der folgenden Form in den Blick nehmen dürfen:

(iv) Alles, was Prinz Charles gesagt hat, ist wahr.

Und weil Prinz Charles immer Englisch redet, hilft uns hier Tarskis Wahrheitsbegriff nicht weiter – es sei denn, wir verfügten über einen Übersetzungbegriff. Wieder also steht der (referenztheoretische) Wahrheitsbegriff nicht schlechter und nicht besser da als der (bedeutungstheoretische) Begriff der Übersetzung.

(i) X = L, und α referiert-in-L auf x; oder
(ii) X = L*, und α referiert-in-L* auf x.[30]

Die vorhin kritisierten Bindestrichprädikate lassen sich aus dem Definiens durch gehörigen Schreibaufwand entfernen (indem man D3.1 bzw. D3.5 anwendet):

D3.7 Eine Individuenkonstante α referiert genau dann in X auf ein Objekt x, wenn gilt:
(i) X = L und
α = ‚Prinz Charles', und x = Prinz Charles; oder
α = ‚Ligeti', und x = Ligeti; oder
α = ‚Händel', und x = Händel; oder
α = ‚Rosa Luxemburg', und x = Rosa Luxemburg; oder
(ii) X = L* und
α = ‚Prinz Charles', und x = Prinz Charles; oder
α = ‚Ligeti', und x = Lutoslawski; oder
α = ‚Händel', und x = Händel; oder
α = ‚Rosa Luxemburg', und x = Rosa Luxemburg.

Die bisherigen Betrachtungen bezogen sich zwar nur auf Referenz von Individuenkonstanten. Sie lassen sich aber leicht auf Referenz genereller Terme und schliesslich auf Wahrheit übertragen. Alle diese Begriffe können nach demselben Verfahren für variable Sprachen X definiert werden:

D3.8 Eine Prädikatskonstante Φ referiert genau dann in X auf ein Objekt x, wenn gilt:
X = L, und Φ referiert-in-L auf x; oder
X = L*, und Φ referiert-in-L* auf x.

D3.9 Ein Satz p ist genau dann wahr in X, wenn gilt:
p hat die Form ‚Φα', und es gibt ein Objekt x, auf das sowohl Φ als auch α in X referieren; oder
p hat die Form ‚Nicht der Fall ist: Φα', und es gibt kein Objekt x, auf das sowohl Φ als auch α in X referieren.

[30] Obwohl ich D3.6 in einem Zusammenhang vorschlage, in dem es um einen abstrakten Sprachbegriff geht (§ 3.8), kann man die Definition auch in anderen Diskussionen verwenden. Sie hilft *immer* gegen den Vorwurf, dass uns Tarskis Verfahren keinen Weg weist, die semantischen Begriffe für variable Objektsprachen zu erklären. Anders als viele Autoren ohne längere Debatte meinen (cf. z.B. Field [TToT]:356), versetzt das Problem der variablen Sprachen alleine dem Verfahren Tarskis noch nicht den Todesstoss.

§ *3.11.* Es ist klar, wie diese Definitionen für weitere Objektsprachen L**, L*** usw. verlängert werden müssten. Wie weit auch immer wir die Liste verlängern mögen: unsere Definitionen können immer nur *endlich* viele Objektsprachen umgreifen. Zwar hat es bislang *de facto* in unserer Welt nur endlich viele Sprachen gegeben, die sich im Prinzip allesamt aufzählen lassen. Aber wir hatten unser semantisches Vokabular auch für Behauptungen über Sprachen flottmachen wollen, die es *hätte* geben können. Und es hätte unendlich viele Objektsprachen geben können. Einerlei also, wieviele Sprachen wir in einer verlängerten (aber immer noch endlichen) Version von z.B. D3.7 aufzählen würden: stets wird man sich eine (möglicherweise recht lange) Buchstabenfolge xyz ausdenken können, die auch in der verlängerten Definition noch nicht vorkommt. Der Definition zufolge müsste folgende Feststellung falsch herauskommen, die – intuitiv betrachtet – völlig einwandfrei ist: Falsch paraphrasiert!

(3.8) Es hätte eine Sprache geben können, in der xyz auf Ligeti referiert.

Angesichts modaler Kontexte dieser Art versagt am Ende jeder Versuch, semantische Begriffe durch schiere Aufzählung zu definieren.[31]

---

[31] Nun beruht anscheinend mein ganzes Argument gegen Tarski auf der Voraussetzung, dass modalisierte Sätze wie (3.8) sinnvoll sind. Könnte man deshalb Quines mangelnde Vorbehalte gegen Tarski auf seine modale Skepsis zurückführen? (Vergl. Fussnote 24 in § 3.6). Dies würde die dialektische Lage zur Abwechslung auf den Kopf stellen: Normalerweise führt modale Skepsis zur semantischen Skepsis, vergl. Quine [TDoE]:29-31 und Goodman [oLoM]:68. (Die beiden skeptischen Positionen sind oft miteinander identifiziert worden, wohl weil etwa für Carnap der – metaphysische? – Begriff der Notwendigkeit und der semantische Begriff des Analytischen – „L-Wahrheit" – zusammenfielen, siehe [MN]:174). Nun aber ergäbe Quines modale Skepsis ein Argument zur Verteidigung gewisser semantischer Begriffe, während meine modale Freigebigkeit den gegenteiligen Effekt hätte, da sie modale Kontexte zu formulieren erlaubt, in denen Tarskis Paraphrasen versagen. Hierzu drei Kommentare:
(i) Ich erlaube mir die modale Freizügigkeit, um auch Quine-Gegner mit modalen Vorlieben für mein Projekt zu interessieren. (Wie Modalitäten analysiert werden sollen, lasse ich mit Absicht offen).
(ii) Unabhängig von dem taktischen Motiv unter (i) glaube ich nicht, dass man bei der Explikation der semantischen Vokabeln auf Modalitäten verzichten kann. (Man braucht Dispositionen, die auf den ersten Blick Modalitäten ins Spiel bringen – vergl. aber [WO]:224). Dass die modalen Kontexte Tarskis Paraphrasen ausschalten, heisst nicht, dass sie eine jede Explikation der semantischen Begriffe ausser Gefecht setzen. Sogar gilt umgekehrt: Gerade *weil* Tarskis Definitionen keinen Gebrauch von den Modalitäten machen, versagen sie in modalen Kontexten.
(iii) Um auch die modalen Skeptiker ins Lager der Tarski-Gegner herüberzuziehen, werde ich in der Fussnote 39 in § 3.16 eine epistemische Fassung meines Arguments gegen Tarski geben.

Und das bedeutet: Wir müssen uns etwas völlig Neues einfallen lassen.

Ein weiteres Argument

§ 3.12. Aus welcher Richtung dürfen wir frischen Wind für bessere Erklärungen des semantischen Vokabulars erhoffen? Die Antwort wird, wie ich zeigen möchte, deutlicher, wenn wir uns einen weiteren Grund dafür vor Augen führen, dass Definitionen wie D3.7-D3.9 unseren semantischen Bedürfnissen nicht entsprechen können. Ich bringe diesen zusätzlichen Grund gegen D3.7-D3.9 nicht deshalb zur Sprache, weil ich etwa meinte, das Gegenargument aus dem vorigen Paragraphen müsse noch ergänzt werden. Im Gegenteil: Ich halte das Argument für durchschlagend. Doch lohnt es sich, Argumente, die ein bisschen technisch sind (indem sie z.B. wie oben an potentiell unendlich viele Sprachen appellieren), genauer unter die Lupe zu nehmen und zu überlegen, worin der tiefere philosophische Grund für ihre Durchschlagskraft liegt. Deshalb werde ich zuerst den angekündigten zusätzlichen – weniger technischen – Grund für das Scheitern von D3.7-D3.9 dartun, um dann herauszuarbeiten, dass der technische und der weniger technische Grund gegen D3.7-D3.9 so eng zusammenhängen wie die zwei Seiten einer Medaille. Anders gewendet, beleuchtet der angekündigte Zusatzgrund den schon herausgearbeiteten grundsätzlichen Konstruktionsfehler von D3.7-D3.9 aus einer neuen Perspektive: und zwar aus einer *epistemischen* Perspektive. (Bislang haben wir den Konstruktionsfehler aus einer *modalen* Perspektive betrachtet). Durch folgende Überlegung werden wir die modale in die epistemische Perspektive überführen: Die Wahrheit von Behauptungen, in denen semantische Vokabeln vorkommen, muss von kontingenten Fakten des Sprachgebrauchs abhängen (§ 3.13 – § 3.15); solche Behauptungen sind als *empirische* Aussagen über den Sprachgebrauch zu konstruieren (§ 3.16).

Kontingente Fakten

§ 3.13. Beginnen wir mit ihrer Abhängigkeit von kontingenten Fakten. Wenn einer sagt: ‚Ligeti lacht', dann möchten wir wissen, unter welchen Bedingungen der Satz wahr ist und ob dies eher von Ligetis oder eher von Lutoslawskis Mienenspiel abhängt. D3.7-D3.9 sagen hierüber nichts, zumindest nicht genug. Denn wir können den Definitionen nur entnehmen, dass der Satz durch Ligetis Gelächter wahr gemacht wird, *wenn* der Satz zur Sprache L gehört,

und dass er durch Lutoslawskis Gelächter wahr gemacht wird, *wenn* der Satz zu L* gehört. Zu welcher Sprache gehört denn aber der Satz? Wir wissen es nicht. Der Grund für unser Nichtwissen: Solange wir Sprachen nur als abstrakte Objekte auffassen (denen durch Definitionen wie D3.7 und D3.8 irgendwelche semantischen Eigenschaften – etwa hinsichtlich der Referenz – verliehen werden), fehlt es an einer Verbindung zwischen diesen abstrakten Objekten einerseits und den handgreiflichen sprachlichen Äusserungen konkreter Sprecher andererseits. Worin müsste diese Verbindung bestehen? Wenn wir unsere Definition in der Praxis benutzen wollen, brauchen wir zusätzlich zu D3.7-D3.9 eine Erklärung von Aussagen wie dieser:

(3.9) Die Äusserungen des Sprechers A zur Zeit t gehören der Sprache L an.

Welchen Status müsste eine solche Aussage in einem konkreten Fall haben? Es dürfte keine notwendige Aussage sein, deren Wahrheit sich allein aus Definitionen ergibt. Denn wir wollen der Möglichkeit Rechnung tragen, dass der Sprecher eine andere Sprache als L hätte gelernt haben können, z.B. L*. Ob der Sprecher L oder L* spricht, hängt offensichtlich von kontingenten Fakten über den Sprecher ab, z.B. von Fakten darüber, unter welchen äusseren Umständen er das Wort ‚Ligeti' zu *gebrauchen* pflegt.

An keiner Stelle unserer bisherigen definitorischen Konstruktionen im Fahrwasser Tarskis ist von kontingenten Fakten dieser Art die Rede gewesen. Tarski bietet solchen Fakten keinen Angriffspunkt; er ignoriert sie vollständig.

Nun konstituieren gerade diese Fakten das Phänomen der Sprache. Gäbe es keine Wesen, die irgendwelche Zeichen auf ganz bestimmte Weise zu gebrauchen pflegen, so gäbe es keine Sprache und folglich nichts, was semantisch zu charakterisieren wäre. Die Folgerungen aus Tarskis Definitionen würden aber auch in einer solchen sprachlosen Welt gelten (sie würden in *allen* möglichen Welten gelten); und das zeigt, dass Tarskis Definitionen mit dem Phänomen der Sprache nicht viel zu tun haben können.[32]

[32] Was soll es heissen, dass gewisse Folgerungen aus Tarskis Definitionen auch in Welten ohne Sprecher gelten? Immerhin handeln diese Folgerungen von sprachlichen Entitäten, z.B. von Sätzen. Wie können Behauptungen über Sätze in Welten gelten, in denen es keine Sprecher gibt? Die Antwort klingt paradox: Nach Tarski müssen Sätze nicht unbedingt von Sprechern erzeugt werden; sie könnten durch blanken Zufall entstehen. (Bei Tarski kommt es allein auf die syntaktische Struktur der Sätze an, nicht auf die Geschichte ihrer Entstehung). Nehmen wir also an, in

Was wir bislang herausgefunden haben, verbietet es zwar, das gesamte semantische Vokabular im Stile Tarskis zu erklären (zumindest Sätze wie (3.9) müssen anders erklärt werden); doch ist die hieraus zu ziehende Moral so schwach, dass sie – hoffe ich – auf breite Zustimmung stossen wird. Sie lautet: Die semantischen Vokabeln müssen so erklärt werden, dass ihre richtige Anwendung auf konkrete sprachliche Äusserungen echter Sprecher *auch* von (kontingenten) Fakten darüber abhängt, unter welchen Umständen die Sprecher dazu disponiert sind, die fraglichen Äusserungen zu gebrauchen.[33]

Formale Semantik?

§ 3.14. Bevor ich genauer darlege, in welchem Rahmen diese Forderung meiner Ansicht nach am besten eingelöst werden kann, möchte ich fragen: Könnte ihr ein Tarskianer nicht dadurch entgehen, dass er eine Arbeitsteilung zwischen formaler (oder: reiner) Semantik und angewandter Semantik vorschlägt? Reine Semantiker würden diesem Vorschlag zufolge von den Sprachbenutzern abstrahieren und stattdessen nur zweistellige Beziehungen zwischen Ausdrücken einer Sprache und den ihnen korrespondierenden aussersprachlichen Entitäten untersuchen; angewandte Semantiker

---

einer Welt ohne Sprecher bildete sich rein zufällig an irgendeiner Schieferwand eine Kreidekonfiguration der Form:

(i) Es gibt neun Planeten.

Wäre dieser Satz in jener Welt ohne Sprecher wahr? Tarskis Definitionen (erweitert auf eine Objektsprache, in der man über Planeten reden kann) sagen uns:

(ii) Der Satz ‚Es gibt neun Planeten' ist genau dann wahr, wenn es neun Planeten gibt.

Dass dieser semantische Sachverhalt in jener vorgestellten Welt ohne Sprecher von niemandem konstatiert werden kann, tut nichts zur Sache. *Wir* nämlich können den Sachverhalt (von unserer Welt ausgehend und in unserer Sprache) konstatieren. Trotzdem bleibt es ein Sachverhalt, der in jener Welt ohne Sprecher gilt. Zum Vergleich: In einer Welt, in der es zu heiss ist, als dass in ihr Sprecher existieren könnten, besteht folgender Sachverhalt:

(iii) Es gibt keine Sprecher.

Auch in einer solchen Welt kann keiner (ii) konstatieren.

33 Ich habe mit Bedacht gesagt: „*auch* von solchen Fakten abhängt"; natürlich hängt die richtige Anwendung semantischer Vokabeln nicht immer *nur* von Fakten über den Sprachgebrauch ab. Ob der Satz ‚Ligeti lacht' im Augenblick wahr ist, hängt nicht nur davon ab, wie wir die in ihm vorkommenden Wörter zu verwenden pflegen, sondern auch von Ligetis augenblicklichem Gemütszustand. Wie wir oben in § 3.6 gesehen haben, hängt schon die richtige Anwendung der Begriffe Tarskis von kontingenten aussersprachlichen Fakten ab. (So hängt Tarskis Definitionen zufolge im Beispiel aus der vorigen Fussnote die Wahrheit des Satzes (i) vom aussersprachlichen Faktum der Planetenzahl ab). – Ich werde im folgenden das einschränkende „auch" nicht überallhin mitführen; man denke es sich gegebenenfalls dazu.

würden demgegenüber nach dreistelligen Beziehungen fragen, die zwischen einem Sprecher, den Ausdrücken seiner Sprache und Aussersprachlichem bestehen.[34]

Gegen Arbeitsteilung ist nichts einzuwenden. Doch empfiehlt es sich nur dann, einen Teil der Arbeit aus einem umfassenderen Projekt zu übernehmen, wenn man damit rechnen kann, dass auch die anderen Teile des Projekts realisiert werden oder realisiert werden können. Es lohnt sich nicht, den Pizzateig zu kneten, wenn meine Kollegen keine Tomaten für den Belag auftreiben können. Wer reine oder formale Semantik treiben will, läuft gleichfalls Gefahr, Arbeiten zu erledigen, aus denen am Ende kein (Erkenntnis-) Gewinn gezogen werden kann. Denn wenn sich schon die Begriffe der ange-

[34] Achtung: Formale Semantik im oben erklärten Sinn ist nicht mit der Semantik formaler Sprachen gleichzusetzen! Insofern formale Sprachen von echten Sprechern benutzt werden (z.B. von Logikern), lassen sie sich in Termen der angewandten Semantik beschreiben. Dies geschieht allerdings nicht oft. Für die Zwecke dieser Arbeit wird es zuweilen nützlich sein, so zu tun, als wären die untersuchten Sprachen formale Sprachen, also Sprachen mit eindeutiger Struktur und frei von Ambiguitäten. Solange ich die *Sprecher* solcher Sprachen im Blick behalte, bleibe ich der angewandten Semantik treu. Ich abstrahiere dann lediglich von der Komplexität der realexistierenden Sprachen: eine harmlose Idealisierung. Dass Carnap die formale Semantik mit der Semantik formaler Sprachen identifiziert hat (cf. [MSiN]:233), ist meiner Ansicht nach einer der Hauptgründe dafür, dass er Quines Kritik nicht richtig hat einordnen können. Quine kritisiert nicht in erster Linie, dass sich Carnaps Begriffe nicht auf die verwirrend chaotischen natürlichen Sprachen anwenden lassen (vergl. Quine [TDoE]:32/3).
Doch lässt sich, wie ich oben im Haupttext zeige, Quines Kritik an Carnap genauso als Kritik an Tarski wiederholen. Dass Quine diesen zusätzlichen Schritt in den semantischen Skeptizismus nicht gegangen ist, sondern stattdessen Tarskis Wahrheitsdefinition verteidigt hat ([NoTo]:136-38), ist ein zweiter Hauptgrund für Carnaps Weigerung, Quines Kritik zu akzeptieren. Denn Carnap berief sich mit vollem Recht auf die Ähnlichkeit zwischen Tarskis Wahrheitsdefinition und seinem eigenen Verfahren, z.B. analytische Wahrheit zu definieren:

> Our explication [...] will refer to semantical language systems, not to natural languages. It shares this character with most of the explications of philosophically important concepts given in the modern logic, e.g., Tarski's explication of truth. It seems to me that the problems of explicating concepts of this kind for natural languages are of an entirely different nature ([MP]:222/3).

In der Tat funktionieren sowohl Tarskis als auch Carnaps Begriffe nur für formale Sprachen. Aber darauf kommt es, wie gesagt, nicht an. Eine andere Ähnlichkeit zwischen Tarskis und Carnaps Ansatz ist viel entscheidender: Ihre semantischen Begriffe gehören gleichermassen nicht zur angewandten, sondern zur reinen Semantik. Genau diese Parallele zwischen dem Gegner Carnap und dem Bundesgenossen Tarski hat Quine nicht hinreichend gewürdigt, wie sich in [TDoE]:33/4 zeigt. Alle Argumente, die Quine dort gegen Carnaps Definitionsvorschläge des Analytischen vorbringt, lassen sich genauso gegen Tarskis Wahrheitsdefinition erheben! Kurz, unsere Tarski-Kritik oben im Text folgt zwar nicht den Buchstaben Quines. Doch sie folgt dem Geiste der Kritik Quines an Carnap.

wandten Semantik als unexplizierbar und sinnlos erweisen sollten (wie die semantischen Skeptiker meinen), verlöre auch die formale Semantik ihren Sinn. Es wäre nicht mehr klar, wieso diese Disziplin unter der Überschrift „Semantik" laufen soll, inwiefern sie gerade von Sprachen handelt und warum die von ihr studierten Begriffe ausgerechnet „Wahrheit", „Referenz" usw. heissen. Denn wenn die von ihr behandelten abstrakten Objekte L, L* usw. nicht im entferntesten mit dem Verhalten sprechender Wesen in Zusammenhang gebracht werden könnten, wäre es höchst irreführend, so zu tun, als ob L, L* usw. Sprachen wären. Um keine falschen Assoziationen zu wecken, sollte man besser irgendein Kunstwort für ihre Bezeichnung finden. Dasselbe gilt für die von dieser formalen Disziplin verwendeten angeblich semantischen Begriffe: Wer auf irgendwelche Flaschen nur das Etikett „Wahrheit" oder „Referenz" klebt, hat damit noch nicht den richtigen Inhalt in die Flaschen gefüllt. Erst wenn wir die Begriffe der reinen „Semantik" neutral umbenannt haben, können wir sicher sein, dass wir in sie keinen Gehalt hineinlesen, der nicht in ihnen steckt.[35] Würden diese Vorsichtmassnahmen beachtet, so verlöre die reine „Semantik" viel von ihrem Interesse.[36]

Zur Verteidigung der semantischen Begriffe gegen die semantischen Skeptiker taugt sie nicht. Deren Angriffe müssen auf dem Gebiet der angewandten Semantik pariert werden. Ein Verteidigungserfolg auf diesem Gebiet würde uns Begriffe bescheren, in deren Erklärung auch an kontingente Fakten über den Sprachgebrauch appelliert würde. Falls diese Begriffe vernünftig erklärt werden können, lassen sich aus ihnen nachträglich (durch Abstraktion von den jeweiligen Sprechern) auch irgendwelche Begriffe der

[35] Dieser Punkt ist der referenztheoretische Zwillingbruder der Kritik Quines an Carnaps bedeutungstheoretischem Versuch, die Klasse der analytischen Wahrheiten durch Rekursion und Aufzählung zu spezifizieren, vergl. [TDoE]: 33:

> [W]e may, indeed, view the so-called rule as a conventional definition of a new simple symbol 'analytic-for-L_0', which might better be written untendentiously as 'K' so as not to seem to throw light on the interesting word 'analytic'.

[36] Dass die reine Semantik ihren Verzicht, Sätze wie (3.9) zu erklären, zu teuer bezahlt, kann man sich auch folgendermassen klarmachen. Wenn Sätze wie (3.9) nicht benutzt werden dürfen, können die verschiedenen Sprachen L, L* usw. nur über Definitionen wie D3.7 und D3.8 identifiziert werden. Wer aber die Erklärungsrichtung der Definitionen umdreht, darf diese Definitionen natürlich nicht auch noch zur Erklärung des Referenzbegriffs heranziehen. So wird die reine Semantik zu einem Gleichungssystem mit mehr Variablen (semantischen Begriffen) als Gleichungen (Definitionen). Auf definite Lösungen (definit erklärte Begriffe) braucht man dann nicht zu hoffen. Und es ist klar, dass man unerklärte Begriffe nicht mit Wörtern belegen sollte, die einen definiten Sinn vorgaukeln.

reinen Semantik bilden. Aber abstrahieren kann man nur, wenn schon etwas da ist, aus dem abstrahiert werden soll. Und deshalb müssen wir zuallererst die Begriffe der angewandten Semantik erklären, bevor wir uns einer erfolgversprechenden reinen Semantik zuwenden können.

§ 3.15. Es müssen also kontingente Fakten über den Sprachgebrauch einbezogen werden. Diese kontingenten Fakten könnten wir entweder dadurch ins Spiel bringen, dass wir zu unseren bisherigen Definitionen à la Tarski eine geeignete Erklärung für Sätze der Form (3.9) hinzufügen: Wie weiter?

(3.9) Die Äusserungen des Sprechers A zur Zeit t gehören der Sprache L an –

wobei wir nicht abermals im Stile Tarskis auf blosse Aufzählungen ausweichen dürften.[37] Oder wir könnten Tarskis Definitionen verwerfen und durch Definitionen ersetzen, in denen von vornherein auf kontingente Fakten über den Sprachgebrauch zurückgegriffen wird. Ich möchte darlegen, dass uns der erste Weg am Ende zu denselben Ergebnissen führt, zu denen wir auf dem zweiten Weg schneller kommen.

Ob die sprachlichen Äusserungen eines Sprechers ausgerechnet zur Sprache L oder zu L* gehören, hängt u.a. davon ab, ob der Sprecher eher Ligeti oder eher Lutoslawski mit dem Namen ‚Ligeti' anzureden pflegt. Nehmen wir an, es wäre Lutoslawski. Dann könnten wir zwar aus diesem Faktum und aus einer geeigneten Erklärung von Sätzen wie (3.9) entnehmen, dass seine Äusserungen zu L* gehören. Zusammen mit D3.7 ergibt sich hieraus völlig richtig, dass ‚Ligeti'-Äusserungen des Sprechers auf Lutoslawski referieren. Aber wozu überhaupt der Umweg über L*? Wir könnten doch von vornherein die Referenz von Namen im Sprachgebrauch eines Sprechers so definieren, dass sich aus seinem (möglicherweise idiosynkratischen) Umgang mit dem Namen ‚Ligeti' und aus der Referenzdefinition *direkt* ergibt, dass ‚Ligeti'-Äusserungen des Sprechers auf Lutoslawski referieren. Mir leuchtet es stärker ein, den Appell an Fakten, die letztlich die Referenz von Namen festlegen, schon in der Referenzdefinition zu plazieren. Zugegebenermassen ist dies

[37] Dies schlägt Soames in [WITo]:426ff. vor.

eine Frage des Geschmacks: Ich plädiere dafür, zuerst die semantischen Begriffe zu klären und dann mit ihrer Hilfe – wenn man unbedingt will – Bedingungen für die Zugehörigkeit einzelner sprachlicher Äusserungen zu ganzen Sprachen (verstanden als abstrakte Objekte) zu spezifizieren. Wer umgekehrt mit diesen Zugehörigkeitsbedingungen anfangen will und erst aus ihnen die einzelnen semantischen Begriffe erklären möchte, zäumt meiner Ansicht nach das Pferd von hinten auf. Und er macht sich das Leben unnötig schwer. Denn in die Zugehörigkeitsbedingungen müssten nicht nur jene Fakten eingehen, die ausgerechnet die Referenz festlegen, sondern alle Fakten, die irgendeinen der semantischen Begriffe betreffen. Ob ein Ausdruck zu einer gegebenen Sprache gehört, kann ja auch von Fakten abhängen, die seine bedeutungstheoretischen Charakteristika bestimmen. Das aber heisst: Wer das Pferd (aus meiner Sicht) von hinten aufzäumen möchte, indem er zuerst klärt, unter welchen Bedingungen Ausdrücke zu einer gegebenen Sprache gehören, muss alle semantisch interessanten Fragen simultan lösen. Schritt für Schritt vorzugehen, ist einfacher.

Empirie!

§ 3.16. Damit verlassen wir den Umweg, auf den wir in § 3.8 dadurch geraten sind, dass wir Sprachen als abstrakte Objekte auffassen wollten. Von nun an werden wir Sprachen nicht länger abstrakt über ihre semantischen Eigenschaften (die ihnen mit Notwendigkeit zukommen) zu identifizieren suchen, sondern über ihren *Verwender* – und notfalls zusätzlich über den *Zeitpunkt* ihrer Verwendung (um der Tatsache Rechnung zu tragen, dass der Sprecher seine verbalen Gewohnheiten im Lauf der Zeit ändern kann). Wir werden also Aussagen folgender Form zu analysieren haben:

(3.10) Im Sprachgebrauch des Sprechers A zur Zeit t referiert α auf y;

oder (als Beispiel aus der Theorie der Bedeutung):

(3.11) Im Sprachgebrauch des Sprechers A zur Zeit t ist p analytisch wahr.

Wir haben die semantischen Aussagen bislang nur modal charakterisiert, indem wir gefordert haben, dass sie von *kontingenten* Fakten über den Sprecher abhängen sollen. Hieraus ergibt sich ein epistemisches Charakteristikum der semantischen Aussagen: Sie müssen als *empirische* Aussagen über den Sprachgebrauch des jeweiligen Sprechers konstruiert werden. Denn die semantischen Sätze sollen so erklärt werden, dass sich ihre Wahrheit (zumindest im Prinzip) ermitteln lässt. Und die Wahrheit kontingenter Sätze lässt sich nun einmal nur empirisch herausfinden.

Diese Konsequenz ist willkommen. Sie hilft uns, mit der potentiell unendlichen Vielfalt der möglichen Sprachen fertigzuwerden, an der Tarskis Verfahren gescheitert ist. Erinnern wir uns: Zwar konnten wir im Fahrwasser Tarskis sogar für variable Sprachen Wahrheit und Referenz definieren (cf. D3.7-D3.9), doch funktionierte dies nur durch Aufzählung verschiedener Sprachen, so dass uns der Sprung in die Unendlichkeit versagt bleiben musste (§ 3.11). In einer Hinsicht haben wir also mit Definitionen wie D3.7 zuwenig gewonnen (nämlich zuwenig Sprachen); dafür verschaffte uns D3.7 in einer anderen Hinsicht *zuviel* semantische Information. Denn D3.7 liefert uns – für die von ihr erfassten Sprachen – alles, was es über die Referenz singulärer Terme zu wissen gibt, und zwar sogar *a priori*. Diese unnötige Macht der Definition haben wir mit ihrer Schwäche hinsichtlich der Anzahl der erfassten Sprachen bezahlt. Wenn wir stattdessen alle überhaupt denkbaren Sprachen einbeziehen möchten, müssen wir zum Ausgleich unsere Ansprüche an die epistemische Leistungskraft der Definition herunterschrauben und uns damit abfinden, dass semantische Charakterisierungen sprachlicher Ausdrücke nicht *a priori* aus unseren Definitionen des semantischen Vokabulars folgen werden. Wer die sprachlichen Ausdrücke eines Sprechers semantisch charakterisieren möchte, muss vielmehr dessen verbales Verhalten empirisch untersuchen.[38] Und die Definitionen des semantischen Vokabulars werden ihm nur sagen, wie sich die empirisch gewonnenen Aussagen über das verbale Verhalten in semantische Aussagen ummünzen lassen.

Dass nach einem solchen epistemischen Verzicht in der Tat potentiell unendlich viele Sprachen erfasst werden können, liegt auf der Hand. Wenn die Definitionen nur sagen, welche empirischen Untersuchungen zur semantischen Charakterisierung irgendeiner Sprache angestellt werden müssen, dann können sie offenlassen, auf

---

[38] Hinsichtlich der Begriffe der angewandten Semantik (also in Carnaps Terminologie: hinsichtlich der Begriffe der Pragmatik) hat Carnap dieser Behauptung zunächst zugestimmt (cf. [MSiN]:235, 237). Später wurde er bescheidener und wollte diese Begriffe nur noch als theoretische Begriffe verstanden wissen (cf. [oSCo]:248). Entgegen meiner Argumentation oben in § 3.14 hat Carnap aber nicht gemeint, dass die Begriffe der reinen Semantik nur sinnvoll sind, wenn zuvor die ihnen korrespondierenden Begriffe der angewandten Semantik hatten erklärt werden können ([MSiN]:235).

welche Sprache sie angewandt werden. In dieser Offenheit der Definitionen besteht genau ihre Anwendbarkeit auf potentiell unendlich viele Sprachen.[39]

[39] Ich habe in diesem Kapitel meine epistemische Kritik an Tarskis Konstruktion der semantischen Aussagen aus einer modalen Kritik an Tarski hervorgehen lassen (§ 3.11ff.) Nun hatte ich in § 3.12 angekündigt, dass aus der modalen und aus der epistemischen Perspektive jedesmal *derselbe* Fehler Tarskis sichtbar wird. Und ich hatte (unter (iii) in der Fussnote 31 zu § 3.11) versprochen, auch den modalen Skeptikern den Fehler bei Tarski einsichtig zu machen.
Dies Versprechen will ich in dieser Fussnote einlösen. Hierzu verwandle ich das modale Argument von vorhin (§ 3.11) in ein epistemisches Argument. Ich werde also keinen modalen, sondern einen epistemischen Kontext angeben, in dem Tarskis Definitionen zu Fehlparaphrasen führen. Betrachten wir den Satz:

(i) ‚Ligeti lacht' ist genau dann wahr, wenn Ligeti lacht,

und untersuchen wir folgende metametasprachliche Feststellung:

(ii) Der Satz (i) gilt *a priori*.

Diese Feststellung ist nach Tarski richtig, weil (i) schon aus der Wahrheitsdefinition folgt. Frage: Welchen epistemischen Status weisen unsere Intuitionen dem Satz (i) zu? Man mag meinen, der Satz solle in der Tat *a priori* gelten, da sich das Disquotationsschema direkt aus unserem Gebrauch der Anführungszeichen und des Wahrheitsprädikats ergebe: Wer das Wahrheitsprädikat und die Anführungszeichen verstanden habe, wisse automatisch, dass (i) zutrifft. Diesem Gedanken zufolge würde (ii) unter Tarskis Definitionen genau richtig ausgewertet.
Doch gilt der Gedankengang – wenn überhaupt – nur für Objektsprachen, die in der Metasprache enthalten sind. Betrachten wir also anstelle von (i) folgenden Satz:

(iii) Der Satz ‚Ligeti is laughing' ist genau dann im Englischen wahr, wenn Ligeti lacht.

Wenn Tarskis Definitionen überhaupt für diesen Fall funktionieren sollen, müssen sie zunächst für variable Objektsprachen formuliert werden, wie in D3.7-D3.9 (§ 3.10) vorgeführt. Aus den solcherart erweiterten Definitionen *folgt* (iii); im Widerspruch zu unseren epistemischen Intuitionen, denen zufolge die folgende Feststellung falsch ist:

(iv) Der Satz (iii) gilt *a priori*.

Unsere Intuitionen sperren sich gegen (iv), weil es eine Frage *empirischer* Linguistik ist, ob das Bikonditional (iii) zutrifft oder nicht. Nicht jeder kompetente deutsche Sprecher braucht den Satz (iii) *a priori* zu wissen: Wer Wahrheitsprädikat und Anführungszeichen verstanden hat, weiss dadurch noch lange nicht, ob (iii) zutrifft. Damit haben wir mit (iv) einen epistemischen Kontext aufgetan, in dem Tarskis Definitionen versagen. Und – wie versprochen – brauchten wir für dies Argument nicht auf modale Kontexte zurückzugreifen.

Kapitel 4

Radikale Übersetzung und Naturalismus

Reise in den Urwald

§ 4.1. Im vorigen Kapitel haben wir aus dem Scheitern einer aufzählenden Erklärung semantischer Begriffe à la Tarski folgendes gelernt: Die semantischen Begriffe müssen sich zur Beschreibung jeder erdenklichen Sprache verwenden lassen; sie müssen so erklärt sein, dass die semantischen Eigenschaften irgendwelcher Ausdrücke nicht schon von den Definitionen *a priori* vorgegeben sind; vielmehr müssen sie offen sein für beliebigen empirischen Input (über welche Sprache auch immer).

Endlich ist die Zeit für die Reise in den Urwald gekommen. Wenn unsere gesuchten Definitionen des semantischen Vokabulars offen sein sollen für die Charakterisierung *beliebiger* Sprachen, dann müssen sie ihren Anwender in den Stand setzen, auch solche Sprachen semantisch zu charakterisieren, die er nicht versteht. Versetzen wir uns also in die Lage einer Feldlinguistin, die als erste Weisse auf ein bislang unberührtes Urwaldvolk trifft und die dessen Sprache semantisch beschreiben möchte. Da die Eingeborenen tief im Urwald leben, kann die Linguistin nicht auf Wörterbücher oder Dolmetscher zurückgreifen; sie muss die Übersetzung in ihre Muttersprache ohne jedes Hilfsmittel bewerkstelligen.

Dies Gedankenexperiment hat Quine unter dem Titel „radikale Übersetzung" berühmt gemacht. Doch führt Quines Bezeichnung in die Irre, denn sie scheint zu implizieren, dass nur der (bedeutungstheoretische) Begriff der *Übersetzung* von dem Gedankenexperiment betroffen ist. Die extreme Lage, in die wir unsere Linguistin haben geraten lassen, wirft aber nicht nur Probleme der Übersetzung auf (obschon diese für ihr Überleben besonders dringlich sind). *Alle* semantischen Begriffe (einerlei, ob sie zur Theorie der Referenz oder zur Theorie der Bedeutung gehören) müssen für die noch unbekannte Urwaldsprache funktionsfähig gemacht werden.[1] Nur dann – so mein Argument – können wir sicher sein, dass

[1] Quine scheint im Gegensatz hierzu das Gedankenexperiment der radikalen Übersetzung in erster Linie für seine Überlegungen zum Bedeutungsbegriff ausbeuten zu wollen (also für seine Überlegungen zu den Begriffen der Synonymie, der Übersetzung und des Analytischen – vergl. [WO]:26-79). Darum fällt seine Einladung in

die fraglichen Begriffe für beliebige Sprachen definiert sind, wie wir es ja gefordert hatten (s.o. § 3.11). Damit ist die Bedingung auf dem Tisch, der sich gelungene Erklärungen des semantischen Vokabulars zu beugen haben: Das semantische Vokabular muss so erklärt sein, dass sich über seine richtige Anwendung auf vollständig unbekannte Urwaldsprachen – jedenfalls im Prinzip – empirisch entscheiden lässt.[2] Die Bedingung stellt hohe Anforderungen, denn im Urwald lässt sich nicht leicht Semantik treiben. Sie kann als *inhaltlich* verschärfte Konkretisierung unserer zunächst nur *formal* scharfen Forderung aus dem Kapitel 2 verstanden werden, der zufolge die semantischen Vokabeln eliminativ zu erklären sind. Uns blieb nichts anderes übrig, als die Forderung so zu konkretisieren – sofern die Überlegungen aus dem Kapitel 3 stimmen. Denn dort haben wir gesehen, dass nicht jede eliminative Erklärung in allen Kontexten funktioniert. Die modalen bzw. epistemischen Kontexte, in denen Tarskis Ansatz versagt, haben uns mit einer Art Adäquatheitsbedingung versehen, der die Explikationen zu genügen haben. Sie zwingen uns das Projekt der radikalen Übersetzung geradezu auf.

Naturalismus

§ 4.2. Meine These in diesem Kapitel lautet: Wer die semantischen Begriffe so erklären kann, dass sie unter den Bedingungen der radikalen Übersetzung anwendbar sind, erfüllt dadurch automatisch *naturalisti-*

---

den Urwald im Vergleich zu meiner so knapp aus. Wenn es Bedeutungen gibt, so sein Punkt, muss es auch Bedeutungsgleichheit (Synonymie) geben, also auch Übersetzung (Synonymie quersprachein), also auch radikale Übersetzung (Übersetzung einer noch unverstandenen Sprache), vergl. [PoT]:37. Aber auch hinter diesem Gedankengang verbirgt sich meiner Ansicht nach eine Forderung, die alle semantischen Begriffe gleichermassen betreffen sollte. Denn fragen wir uns nur, wieso sich Quine nicht mit dem Begriff der Übersetzung schon verstandener Sprachen zufrieden gibt. (Dieser Begriff lässt sich durch Aufzählung und Rekursion im Stile Tarskis erklären). Antwort: Quine will den Übersetzungsbegriff für *alle* Sprachen offenhalten, also auch für die noch unverstandenen Sprachen. Ich vermag nicht einzusehen, warum dann nicht genauso z.B. der Wahrheitsbegriff für alle Sprachen offengehalten werden soll. Aber eigenartigerweise begnügt sich Quine bei der Wahrheit mit Tarskis Definition (cf. z.B. [NoTo], insbes. 136-138 und [PoT]:77-94). Hinsichtlich des Referenzbegriffs gibt sich Quine wiederum *nicht* mit Tarskis Vorschlag zufrieden; vielmehr führen ihn dort die Schwierigkeiten bei der radikalen Übersetzung zur These der Unerforschlichkeit der Referenz ([WO]:51-57). Konsequent ist dies alles nicht.

2 Diese Forderung ist von den unterschiedlichsten Autoren und oft ohne eigene Begründung erhoben worden, z.B. von Carnap (allerdings nur hinsichtlich der Begriffe der angewandten Semantik, cf. [MSiN]:235) und von Quine zuerst in [PoMi]:49. Vergl. auch Quine [WO]:28 oder Davidson [RI]:125/6. Der erste Appell an unbekannte Urwaldsprachen in diesem Zusammenhang stammt meines Wissens von White [AS]:282/3.

sche Standards. Ein Erfolg des Projekts könnte also „das" naturalistische Weltbild stützen; umgekehrt sprechen naturalistische Erwägungen dafür, das explikatorische Projekt ausgerechnet im Urwald voranzutreiben. Zur Beruhigung derer, die den Naturalismus ablehnen: Man kann die Explikationen, die ich vorschlagen werde, akzeptieren, ohne zum Naturalismus zu konvertieren. Es hingen ja auch die bisherigen Argumente für die Reise in den Urwald nicht von genuin naturalistischen Voraussetzungen ab. Mein Projekt kann also unabhängig vom Pro und Contra um den Naturalismus durchgeführt werden. Ich möchte im vorliegenden Kapitel trotzdem einige Verbindungslinien zum Naturalismus ziehen, die sich aus meiner Sicht aufdrängen. Damit umreisse ich *einen* Rahmen, in dem das dann folgende stehen könnte; andere Rahmen wären denkbar, und vielleicht könnte man auf die Rahmung ganz verzichten (mit allen Licht- und Schattenseiten, die reine Detailuntersuchungen nun einmal haben). Anders gewendet, möchte ich in diesem Kapitel die naturalistischen Motive offenlegen, die das Stück später hinter den Kulissen begleiten werden. Man kann das Stück verfolgen, ohne die Motive zu teilen.

Die Philosophen stellen sich unter Naturalismus viel Verschiedenes vor. Es gibt nicht so etwas wie „die" (eine) naturalistische Weltsicht.[3] Ebensowenig vertreten typische Naturalisten jeweils nur eine einzige naturalistische These; sie vertreten ganze Thesenbündel. Manche ihrer Thesen beziehen sich auf epistemische bzw. methodische Fragen; andere auf ontologische Fragen. Quer zu dieser Einteilung (auf die wir später zurückkommen werden) verläuft eine andere Klassifikation naturalistischer Positionen: ihre Klassifikation hinsichtlich des *Bereichs* an Phänomenen, denen die naturalistische Aufmerksamkeit je zugewandt ist. Zugegeben: Naturalisten müssen die Natürlichkeit *aller* Phänomene vertreten. Je nachdem, welche Phänomene für besonders wichtig oder für besonders problematisch gehalten werden, betreffen naturalistische Argumente die unterschiedlichsten Bereiche. Dies legt es nahe, den Naturalismus in verschiedene Einzelpositionen aufzufächern:

Naturalismus mit Blick auf das Mentale;
Naturalismus mit Blick auf die Ethik;

[3] Wer das Ausmass der diachronen Divergenzen dessen ermessen möchte, was sich selber „Naturalismus" nennt, der vergleiche die Beiträge aus dem von Krikorian herausgegebenen Sammelband [NHS] aus dem Jahr 1944 mit Kitchers Überblicksartikel [NR] von 1992. Die synchronen Divergenzen springen beim Vergleich zwischen Kitchers Papier und z.B. Vollmers Aufsatz [WIN] ins Auge. Vergl. auch Cordero [EICN]. Zu Quines Naturalismus-Begriff vergl. unten Fussnote 7 in § 4.4.

Naturalismus mit Blick auf das Leben;
Naturalismus mit Blick auf die Religion;
Naturalismus mit Blick auf die Geisteswissenschaften;
Naturalismus mit Blick auf das Phänomen des Wissens;
Naturalismus mit Blick auf die Sprache.

Erst zusammengenommen bilden diese Einzelpositionen eine umfassende Weltsicht, die unter dem Schlagwort „Naturalismus" beanspruchen könnte, eine These über die gesamte Natur zu formulieren. Aber auch wer die umfassende naturalistische Weltsicht nicht teilen möchte, kann die Argumente für eine der aufgezählten Einzelpositionen schlüssig finden. So kann man Naturalist mit Blick auf die Sprache sein und zugleich den Naturalismus mit Blick auf die Religion verwerfen (indem man etwa bei dem unerschütterlichen Glauben bleibt, es geschähen in Gotteshäusern Zeichen und Wunder). In meiner Redeweise kann man „Naturalist mit Blick auf X" sein, ohne durch und durch Naturalist zu sein.

Naturalismus mit Blick auf X

§ 4.3. Nun scheint die umfassende naturalistische Weltsicht den aufgezählten Einzelpositionen logisch vorauszugehen. Denn es ist nicht leicht einzusehen, wie etwa ein „Naturalismus mit Blick auf die Sprache" zu verstehen sein soll, wenn er nicht auch andere als sprachliche Phänomene im Blick hat. („Naturalismus mit Blick auf *einen einzigen* Phänomenbereich X" scheint ein widersinniger Begriff zu sein. Erst wenn man den Bereich X mit anderen Bereichen in Beziehung setzt, entsteht überhaupt eine naturalistische Position[4]).

Was wäre dann unter einem „Naturalismus mit Blick auf X" zu verstehen? Präzisiert werden muss die oben zur Motivation der Auffächerung herangezogene Rede davon, dass sich die naturalistische „Aufmerksamkeit" auf den fraglichen Phänomenbereich konzentriert. Wenn man die Sache so formuliert, mag es scheinen, als käme es nur auf den jeweiligen Akzent an, auf Emphase oder Beleuchtung. Dann liesse sich die angepeilte Auffächerung in definite Einzelpositionen nicht sonderlich scharf durchführen. Dagegen schlage ich vor, die Rede von einzelnen Naturalismen so zu normieren, dass klar unterscheidbare Einzelpositionen herauskommen. Zu

---

[4] Die Rede vom „Naturalismus mit Blick auf X" lehnt sich an Dummetts Rede vom „Realismus mit Bezug auf X" an ([R]:230). Anders als im Fall des Naturalismus scheinen die einzelnen realistischen Positionen in der Tat isoliert bestehen zu können.

diesem Zweck wollen wir annehmen, dass die allumfassende naturalistische Weltsicht bereits inhaltlich gefüllt sei.[5] Dann legen wir fest:

(4.1) Ein Naturalismus mit Blick auf den Phänomenbereich X besteht in der These, dass sich jedenfalls nicht die Phänomene aus X einer allumfassenden naturalistischen Weltsicht in den Weg stellen.

Anders gewendet, sagt ein Naturalismus mit Blick auf X:

(4.2) Wenn die umfassende naturalistische Weltsicht scheitert, dann nicht aufgrund der Widerspenstigkeit von Phänomenen aus X, sondern aufgrund von Phänomenen aus irgendeinem anderen Bereich.

Wenn wir den Naturalismus auf diese Weise in Einzelpositionen auffächern, dann können wir einzelne naturalistische Argumente in aller Ruhe isoliert diskutieren. So möchte ich in dieser Arbeit *(höchstens)* für einen Naturalismus mit Blick auf die Sprache argumentieren. Dass sich meine Argumente nicht automatisch z.B. auf mentale Phänomene übertragen lassen, wird diese Argumente nicht treffen. Denn es versteht sich von selbst, dass andere Phänomenbereiche neue naturalistische Argumente verlangen. So dient denn die vorgeschlagene Aufffächerung der Arbeitsteilung im naturalistischen Lager: eine Massnahme zur Erhöhung der Effizienz. Und obwohl ich zugeben muss, das gesamte naturalistische Projekt im Hinterkopf mit mir herumzutragen, richten sich die Ambitionen dieser Studie, im Namen der Arbeitsteilung, allenfalls auf einen Naturalismus mit Blick auf die Sprache.[6]

§ 4.4. Was besagt ein solcher Naturalismus inhaltlich? Ich möchte zunächst die epistemologische oder methodologische Facette der naturalistischen Position herausarbeiten, der wir uns (mit Blick auf die Sprache) unter den Bedingungen der radikalen Übersetzung fast von allein und ohne naturalistische Hintergedanken unterworfen

Eine eigene Erkenntnisquelle?

[5] Wie dies geschieht, spielt für den augenblicklichen Gedankengang keine Rolle. Man stelle sich *irgendeine* typisch naturalistische Weltsicht vor. Z.B: „Es geht überall mit rechten Dingen zu!“ Diese Formulierung als Kurzformel für die naturalistische Grundüberzeugung findet sich bei vielen Autoren, vergl. z.B. Vollmer [WIN]:202, Kanitscheider [NWW]:184/5, Franzen [GN]:72.

[6] Ich werde den Zusatz „mit Blick auf die Sprache“ von nun an oft weglassen.

haben: Wer semantisches Wissen über sprachliche Phänomene erlangen will, muss sich grundsätzlich derselben Methoden bedienen, denen die empirischen Wissenschaften in anderen Bereichen folgen. Eine spezielle Erkenntnisquelle nur für semantische Fakten gibt es nicht.

Wogegen grenzt sich der Naturalist mit dieser Forderung ab? Anhänger einer extremen Gegenposition würden beispielsweise extra für das semantische Wissen eine eigene Erkenntnisquelle postulieren, die sie „semantische Intuition" nennen könnten. Was müsste die „semantische Intuition" leisten? Es wäre die Fähigkeit, die semantischen Eigenschaften verbaler Verlautbarungen *direkt* wahrzunehmen (also ohne Vermittlung von Wissen, das aus längeren Beobachtungen erst zu erschliessen wäre). Eine solche Fähigkeit ist nicht unvorstellbar. Es könnte ein eigenes Sinnesorgan zur Wahrnehmung von Bedeutungen geben; oder auch könnten uns fest verdrahtete Hirnstrukturen angeboren sein, die den entsprechenden akustischen Input automatisch semantisch entschlüsseln. Alles dies ist möglich. Aber es ist nicht der Fall, wie wir spätestens seit dem Turmbau zu Babel wissen.

Gleichwohl fällt es immer wieder schwer, die babylonische Lektion ernstzunehmen. Wir haben uns in unserer Muttersprache so sehr an die Verbindung von Klang und Bedeutung gewöhnt, dass wir deutsche Geräusche nicht einfach nur als Geräusche wahrzunehmen imstande sind (um etwa nachzufühlen, wie unsere Reden für jemanden klingen mögen, der ihre Bedeutung nicht kennt). Aus dem vertrauten Umgang mit unserer Sprache erklärt sich die Tendenz, unterschwellig anzunehmen, dass wir Bedeutungen unmittelbar wahrnehmen könnten. Der Semantiker muss sich gegen diese Tendenz wehren, wenn er keinen Illusionen nachhängen will. Denn, wie gesagt, es gibt keine eigene Erkenntnisquelle für semantische Tatsachen. Wenn sich der Semantiker nun in Gedanken an der Seite unserer Linguistin in den Urwald begibt, kann er sich besonders leicht von der irrigen Annahme einer eigenen semantischen Erkenntnisquelle befreien. Der Eingeborene stösst irgendwelche melodischen Laute aus, denen in den Ohren der Linguistin zunächst jede Bedeutung fehlt.

Was kann die Linguistin tun, um diese Geräusche trotzdem zu entschlüsseln? Sie wird sorgfältig *beobachten*, unter welchen Bedingungen der Eingeborene welches Geräusch verlauten lässt. Sie kann sogar *experimentieren*, indem sie in das Geschehen eingreift und etwa die äusseren Umstände manipuliert, um herauszufinden, wie die verbale Reaktion von diesen Umständen abhängt. Zudem könnte sie *kausale Strukturanalysen* vornehmen und das Hirn des Eingeborenen neurophysiologisch untersuchen.

Genau welche Untersuchungen die Linguistin zweckmässigerweise anzustellen hat, können wir später überlegen. Hier genügt es festzuhalten, dass sie prinzipiell nichts anderes tun wird, als was Wissenschaftler sonst zu tun pflegen, wenn sie irgendein Phänomen erforschen. Das heisst: Gerade im Urwald (unter den Bedingungen der radikalen Übersetzung) ist die Linguistin gezwungen, die naturalistische Forderung zu beachten, dass sich alle (nichtformalen) Wissenschaften ungeachtet ihres Gegenstandes einer einheitlichen Erkenntnisquelle zu bedienen haben: der sinnlichen Erfahrung.[7]

§ 4.5. Mehrere Male schon haben wir die Forderung empirischer Überprüfbarkeit der semantischen Aussagen durch die Phrase „im Prinzip" abgeschwächt. Um den Verdacht zu zerstreuen, dass die Forderung hierdurch völlig leer wird, sollte ich dartun, woran die prinzipielle empirische Überprüfbarkeit gemessen werden soll. Idealisierung

Wozu ist die Abschwächung gut? Wir möchten das Projekt der Erklärung des semantischen Vokabulars nicht beerdigen müssen,

---

[7] Quine selbst bringt die Reise in den Urwald nicht direkt mit seinem Naturalismus in Verbindung. Und er hat nicht detailliert ausgearbeitet, was er unter Naturalismus versteht. Den über seine Texte verstreuten knappen Bemerkungen hierzu lässt sich folgende epistemologische Grundüberzeugung entnehmen: Es gibt keine *prima philosophia*; die Wissenschaften können für sich selber sorgen ([TTPi]:21; [FMoE]:67, 72; [ROD]:85).
Besonders in seinen naturalistischen Ausführungen mit Blick auf das Phänomen des Wissens (in seiner naturalisierten Epistemologie also) kommt ein weiteres Element hinzu: Quine lagert die Kontrollinstanzen für Theorien aus dem Subjekt aus, so dass der naturalistische Epistemologe nicht länger *Sinneserfahrungen* zu betrachten hat, sondern intersubjektiv zugängliche Ereignisse in der äusseren Welt wie Stimulationen an den Sinnesorganen (cf. z.B. [EC]:24; mit Quines Naturalismus liesse sich sogar eine noch extremere Externalisierung vereinbaren, cf. [PoT]:41/2).
Quines Naturalismus mit Blick auf die Sprache scheint nur auf die Feststellung hinauszulaufen, dass Wissen über Sprachen empirisch gewonnen werden muss (so auch Gibson [EE]:1/2). Dadurch ist es insbesondere ausgeschlossen, Bedeutungen *introspektiv* zu ermitteln (für eine harmlose Ausnahme vergl. aber den zweisprachigen Linguisten in [WO]:47, 71); anders als in der traditionellen Semantik sollen Bedeutungen daher nicht mit Vorstellungen des Subjekts in Verbindung gebracht werden (cf. z.B. [PPiL]:3-5; [MVD]:83/4 – vergl. auch unten § 4.7). Daraus ergibt sich: Man sollte nicht die eigene Sprache in den Blick nehmen, sondern die eines anderen Sprechers und am besten eine völlig unverstandene Sprache. Vom Naturalismus scheint also ein direkter Weg in den Urwald (in die Situation der radikalen Übersetzung) zu führen: ein Weg, den Quine selber meines Wissens nirgends ausdrücklich weist.

bloss weil die Linguistin möglicherweise nicht alle relevanten aussersemantischen Fakten über das verbale Verhalten der Eingeborenen zu sammeln vermag. Ob die Linguistin überhaupt etwas über die Aussenwelt herausfinden kann; ob ihre induktiven Verallgemeinerungen durch Beobachtung einer endlichen Zahl von Instanzen hinreichend sicher sind; ob sie gut gestützte kausale Hypothesen bilden kann; ob sie zu kontrafaktischen Konditionalen und naturgesetzlichen Zusammenhängen vorstossen kann; und ob sie nicht den Überblick über eine unüberschaubare Fülle von Einzelbeobachtungen verliert: alle diese Fragen sind für eine Ehrenrettung des semantischen Vokabulars belanglos. Es sind Fragen, die von Erkenntnis- und Wissenschaftstheorie hinsichtlich *jeder* empirischen Wissenschaft gestellt werden können.[8] Ihre negative Beantwortung würde mithin nicht nur die semantische Beschreibung von Sprachverhalten verbieten oder behindern, sondern jede empirische Erkenntnis überhaupt. Ich werde diese Probleme im folgenden ausblenden, also annehmen, dass unsere Linguistin *alle* empirisch-wissenschaftlichen Fragen, die nicht zur Semantik zählen (oder auf ihr aufbauen, s.u. § *4.6*), beantworten kann.[9] Obwohl ich mit dieser Annahme ihre Erkenntnismöglichkeiten masslos idealisiere, hat es im Zusammenhang meines semantischen Projekts guten Sinn, der Linguistin alles erdenkliche, im Prinzip empirisch zugängliche Wissen zuzugestehen. Ich möchte mit dieser Arbeit die Semantik gegen solche Argumente verteidigen, die diese Disziplin im Kontrast zu den anderen empirischen Wissenschaften abzuwerten suchen. Wer wie ich genuin anti-semantische Argumente diskutieren möchte, darf den ganzen Rest der Wissenschaft unangetastet lassen. Selbst wenn andere philosophische Argumente allen empirischen Wissenschaften die Grundlage sollten entziehen können, hätte der Verteidiger der Semantik gewonnen. Denn wenn die Semantik zusammen mit allen anderen empirischen Wissenschaften zum Untergang verdammt ist, dann sitzt sie mit ihnen im selben sinkenden Boot. Und nur auf die Gemeinsamkeit des Boots kommt es an.

Welche Wissenschaften zulassen?

§ *4.6.* Ich habe immer ein bisschen vage von „den“ empirischen Wissenschaften geredet, deren Erkenntnisse die Linguistin in beliebigem Umfang auswerten darf. Als einzige Einschränkung haben

[8] Ähnlich argumentiert insbesondere hinsichtlich induktiver Generalisierungen Carnap in [MSiN]:236.

[9] So z.B. auch David Lewis in [RI]:331-334.

wir bislang nur verboten, semantische Erkenntnisse vorauszusetzen. Durch dieses Verbot sollen zirkuläre Erklärungen ausgeschlossen werden. Doch werden wir weitere Verbote aussprechen müssen, um die Gefahr nicht so offensichtlicher Zirkel abzuwehren. Wir haben all jene wissenschaftlichen Disziplinen auszugrenzen, die ohne vorausgesetztes Wissen um semantische Fakten nicht betrieben werden können. Es wäre beispielsweise kein kluger Schachzug, der Linguistin Erkenntnisse aus der Urwald-Literaturwissenschaft zuzubilligen, da diese Wissenschaft von der Übersetzung der Urwaldklassiker abhängt und mithin ohne semantisches Vorwissen nicht in Gang kommen kann. Aus ähnlichen Gründen sind Soziologie, Geschichts- und Politikwissenschaft auszuschliessen, während Physik, Chemie und Biologie einschliesslich der Neurophysiologie im Spiel bleiben dürfen, weil sie sich auch auf Personen anwenden lassen, deren Sprache noch nicht durchschaut ist.

Ich möchte nicht missverstanden werden. Ich habe nichts gegen die wissenschaftliche Dignität von Literaturwissenschaft, Soziologie, Politik- und Geschichtswissenschaft sagen wollen. Es sind respektable Disziplinen, deren Daseinsberechtigung ich nie in Frage stellen würde. Doch auch wenn ich zugebe, dass all diese Disziplinen wertvolle Erkenntnisse liefern können, brauche ich ihnen nicht die Lösung einer *jeden* interessanten Frage aufzubürden. Sie taugen beispielsweise nicht zur Wettervorhersage: Eine triviale Feststellung, die keinen Soziologen, Politologen, Historiker oder Literaturwissenschaftler beunruhigen dürfte. Genauso wenig sollten sie sich von dem Punkt beunruhigen lassen, um den es hier geht: Die genannten Disziplinen beruhen auf dem Verständnis der Sprache jener Personen, deren Literatur, Politik usw. sie beschreiben; somit setzen sie die Kenntnis dessen voraus, was unsere Linguistin allererst herausfinden soll. Nur deshalb wäre es misslich, wenn die Linguistin die Erkenntnisse jener Disziplinen verwenden wollte.

Sogar könnte man sagen, dass die vier Disziplinen auf einem festeren Fundament ruhen würden, wenn es gelänge, die semantischen Tatsachen sauber zu explizieren, auf die sie angewiesen sind. (Vertreter der Disziplinen könnten also ein Interesse an der Explikation der semantischen Vokabeln haben). Damit sage ich nicht, dass die Disziplinen erst nach der Explikation der semantischen Vokabeln vernünftig betrieben werden könnten. Im Gegenteil, sie werden seit langem mit Gewinn betrieben, obwohl die semantischen Begriffe nicht expliziert sind. Das muss uns nicht wundern: Vertreter dieser Disziplinen haben – wie wir alle – die praktische Fähigkeit, mit den semantischen Vokabeln umzugehen, ohne diese Fähigkeit theoretisch repräsentieren zu können.[10]

Psychologie

§ 4.7. Mit Bedacht habe ich die heikelste Frage bislang ausgeklammert: Wie steht es mit der Psychologie? Da Psychologie auf verschiedenerlei Arten betrieben werden kann, muss es auf diese Frage keine pauschale Antwort geben. (Ich möchte von nun an immer einen sehr weit gefassten Begriff von Psychologie unterstellen). Aber folgende Frage sollten wir auf jeden Fall beantworten, bevor wir beginnen, das semantische Vokabular zu erklären: Darf bei dieser Erklärung auf mentale Fakten zurückgegriffen werden? Schon allein weil manche Philosophen (z.B. Quine [PPiL]:3-5; [MVD]:83/4) so vehement für die negative Antwort eingetreten sind, wäre es aus pragmatischen Gründen besser, wenn wir auf mentale Fakten so weit wie möglich verzichten könnten. Da wir uns aber nicht dogmatisch auf irgendwelche Extrempositionen festlegen lassen sollten, werden wir lieber verschiedene Arten mentaler Fakten durchmustern und von Fall zu Fall entscheiden.

Zunächst: Man kann *einige* mentale Prädikate auch auf solche Personen hinreichend treffsicher anwenden, deren Sprache man nicht versteht. Angst, Freude, Trauer und Wut sind gute Beispiele dafür. Wer das semantische Vokabular *komplett* mentalistisch erklären möchte, bleibt aber üblicherweise bei solch einfachen Fällen nicht stehen. Spätestens wenn für jedes Wort eine eigene Vorstellung im Kopf des Sprechers postuliert werden muss (Kaninchenvorstellungen, Regenvorstellungen usw.), sind die Proteste der Antimentalisten berechtigt. Die Linguistin ist keine Gedankenleserin, und deshalb kann sie ohne semantische Vorkenntnisse nicht einmal „im Prinzip“ herausfinden, wann sich ihr Gewährsmann an der

[10] Dennoch mag man fragen: Lassen sich die Argumente, die für die eliminative Erklärung der semantischen Vokabeln sprechen, nicht genauso dafür verwenden, eine eliminative Erklärung der literaturwissenschaftlichen, historischen usw. Begriffe zu fordern? Ich habe auf diese Frage keine Antwort. Gelungene Begriffsexplikationen sind stets eine feine Sache. Doch scheinen sie im Fall der semantischen Begriffe wichtiger zu sein als im Fall von Begriffen aus den vier genannten Disziplinen. Ein Grund dafür scheint zu sein, dass man die semantischen Begriffe zum Philosophieren braucht, für eine Aktivität also, bei der es besonders auf Klarheit ankommt. – Die Frage nach einer naturalistischen Explikation der literaturwissenschaftlichen Begriffe scheint sich weniger stark aufzudrängen. Lauter andere Fragen im Umkreis der Literaturwissenschaft fordern unsere Neugier viel stärker heraus.

Vorstellung von Kaninchen im Regen erfreut. Verzichten wir besser bei der Erklärung des semantischen Vokabulars auf den leichtfertigen Appell an Vorstellungen.

§ 4.8. Wer darauf verzichtet, an irgendwelche obskuren Vorstellungen zu appellieren, hat damit längst nicht der gesamten Psychologie abgeschworen. Am interessantesten in unserem Zusammenhang ist der psychologische Begriff der *Intention.* Gewiss, es wäre im Namen begrifflicher Sparsamkeit vorzuziehen, ohne diesen Begriff auszukommen. Nur: Ist das möglich? Muss die Linguistin den Eingeborenen nicht gewisse minimale Intentionen unterstellen, bevor sie mit ihrer eigentlichen Arbeit anfangen kann? Intentionen

Bevor wir diese Frage erörtern, müssen Begriffe geschärft werden: Zu schwankend und ungenau gehen die Philosophen mit dem Begriff der Intention um. Zuallererst muss zwischen Intention und *Intension* unterschieden werden. Intensionen sind von Carnap als bedeutungstheoretisches Gegenstück zu den (referenztheoretischen) Extensionen in die Sprachphilosophie eingeführt worden; sie spielen eine ähnliche Rolle wie der „Sinn“ bei Frege als Gegenstück zur „Bedeutung“.[11] Damit steht fest: Fakten über Intensionen darf die Linguistin keinesfalls voraussetzen, denn intensionale Fakten sind semantische Fakten und sollen allererst ermittelt werden.

Zweitens sollte man Intentionen nicht mit *Intentionalität* verwechseln. (Die Verwechslung droht besonders beim Adjektiv „intentional“, das entweder von „Intention“ oder von „Intentionalität“ abgeleitet sein kann). „Intentionalität“ ist ein philosophischer *terminus technicus*, dessen gegenwärtiger Gebrauch auf Brentano zurückgeht (cf. [PvES]:124-128) und der mittlerweile in einem äusserst vagen Sinn verwendet wird: immer wenn irgendetwas (ein Gefühl, ein Gedanke, ein Zeichen, ein Wort, ein Satz etc.) auf etwas anderes *bezogen* oder *gerichtet* ist, es irgendwie *repräsentiert*, wird von „Intentionalität“ gesprochen (cf. Searle [I]:1/2).

[11] Cf. Carnap [MN]:1ff, der sich trotz der Unterschiede zwischen seinem und Freges Begriffspaar (cf. [MN]:124ff.) auf Frege beruft:

> [I]t was, indeed, Frege's pair of concepts that first suggested to me the concepts of extension and intension as applied to designators in general ([MN]:118).

Mittlerweile wird der Begriff der Intension in vielerlei Weise gebraucht; am weitesten verbreitet ist es, Intensionen als Funktionen aufzufassen, die angeben, welche Extension einem Ausdruck in der jeweiligen möglichen Welt zukommt (cf. z.B. Putnam [RTH]:27). Auch für diesen Intensionsbegriff trifft mein Argument oben im Text zu.

Ohne nähere Qualifikation ist das Intentionale in diesem Sinn zu unbestimmt, um unserem Projekt nutzen zu können. Wollten wir der Linguistin von Anbeginn Wissen über jedes beliebige intentionale Faktum zugestehen, so brauchte sie im Urwald keine weiteren Untersuchungen anzustellen. Denn es bilden die semantischen Repräsentationsverhältnisse (die eigentlich hatten erklärt werden sollen) nur einen speziellen Fall von Intentionalität: Wer alle intentionalen Fakten kennt, kennt *eo ipso* auch alle semantischen Fakten. Das Problem der radikalen Übersetzung hätte sich von selbst erledigt.

Also können semantische Begriffe bestenfalls in Termen *ganz bestimmter* intentionaler Begriffe erklärt werden, nämlich in Termen nichtsprachlicher Intentionalität.[12]

Absichten

§ 4.9. Die besten Kandidaten hierfür sind Intentionen im guten Sinne der Alltagssprache: Intentionen sind *Absichten.* Es fragt sich: Darf die Feldlinguistin bei ihrer Arbeit annehmen, dass sie die Absichten ihrer eingeborenen Gewährsleute kennt?[13]

Das kommt darauf an. Betrachten wir zwei extreme Fälle. *Fall 1:* Ein eingeborener Revoluzzer plant eine kleine Hüttenrevolte und beabsichtigt, seine Landsleute mit einer improvisierten Rede auf die undemokratischen Missstände im Dorf aufmerksam zu machen.

Fall 2: Derselbe Eingeborene säbelt dem bisherigen Oberindianer den Kopf ab.

Im zweiten Fall haben wir zunächst eine *absichtsvolle Körperbewegung*: Dies kann die Linguistin herausfinden, indem sie untersucht, ob der Attentäter unter Drogeneinfluss gehandelt hat, ob er hypnotisiert war, ob ein anderer seinen Arm geführt hat, ohne dass er sich hätte wehren können usw. Kann die Linguistin diese und ähnliche Möglichkeiten ausschliessen, so darf sie die Hypothese wagen, dass der Eingeborene die fragliche Armbewegung mit Absicht vollzogen hat.

---

12 So auch Searle ([I]:160), der Bedeutungsphänomene in Termen von Intentionalem explizieren möchte, das nicht *intrinsisch* sprachlich ist (etwa in Termen von Absichten; dazu mehr in den nächsten Paragraphen). Ich ziehe es vor, noch restriktiver zu sein und nur solche intentionalen Phänomene bei der Explikation zuzulassen, die sich ohne Voraussetzung einer gemeinsamen Sprache identifizieren lassen.

13 Die folgende Diskussion gilt *mutatis mutandis* für einen anderen Fall von Intentionalität, an den man in unserem Zusammenhang denken könnte: für Meinungen. Ich komme auf Meinungen in der Fussnote 16 am Ende von § 4.10 zurück.

Über den revolutionären Hintergrund der Bluttat weiss sie dadurch nichts. Womit wir beim ersten Fall wären: Klarerweise kann die Linguistin zu Beginn ihrer Feldstudien nichts über die genauen Absichten wissen, die der Revolutionär mit seiner aufrührerischen Rede verfolgt (nämlich auf die undemokratischen Misstände aufmerksam zu machen). Erst wenn sie die Sprache des Eingeborenen versteht, wird sie solch hochstufige Intentionen ermitteln können.[14]

Darf also die Linguistin Wissen um die Intentionen ihrer Gewährsleute voraussetzen? Unsere zwei Fälle zeigen uns, dass die Frage differenziert zu beantworten ist. Weder müssen alle Intentionen von vornherein ausgegrenzt werden (wie man dem zweiten Fall entnimmt); noch dürfen alle Intentionen einbezogen sein (wie man im ersten Fall sieht).

Intentionen mit propositionaler Konstituente

§ 4.10. Wo, genau, sollte die Grenze gezogen werden? Auszuschliessen sind all jene Intentionen, die sich nur identifizieren lassen, wenn man die Sprache des Intendierenden kennt. Denken wir etwa an Intentionen, deren Identifikation auch von der Identität irgendwelcher *Propositionen* abhängt; unter den Konstituenten solcher Intentionen kommen Propositionen vor, wie z.B. in folgendem Fall:

(*) Der Eingeborene beabsichtigt, darauf aufmerksam zu machen, *dass alle Junggesellen unverheiratet sind.*

Vorkenntnisse über derartige Intentionen dürfen wir der Linguistin nicht zugestehen.[15] Sonst könnte mit ihrer Hilfe der Bedeutungsbegriff allzu trivial „erklärt" werden:

[14] Ich habe mit Bedacht eine Intention herausgegriffen, die unmittelbar mit verbalem Verhalten zusammenhängt (nämlich mit der revolutionären Ansprache). Man sollte sie nicht mit der Intention eines Machtwechsels durcheinanderbringen: Diese liegt zwischen den beiden Extremfällen (und ist in beiden Geschichten im Spiel). Dass jemand beabsichtigt, die Macht an sich zu reissen, wird der Linguistin auch ohne Kenntnis der Sprache des Umstürzlers auffallen. Kämpfe zwischen Rivalen um die Macht findet man schon im sprachlosen Tierreich.

[15] Genauso wendet sich Davidson nicht gegen die Explikation in Termen von Intention überhaupt, sondern gegen Explikation durch intentionale Zustände mit propositionalen Objekten (die er „intensional states" nennt – [SCoT]:323). Zugegeben, genau wie Davidson habe ich nicht erklärt, was *Propositionen* sind und woran sich *Konstituenten* oder *Objekte* von Intentionen erkennen lassen. Ich benutze beide Terme propädeutisch. Folgende Warnung ist angebracht: Intentionen mit propositionalen Konstituenten lassen sich nicht etwa allein daran erkennen, dass in ihrer sprachlichen Repräsentation ein Dass-Satz vorkommt. Hier ist ein Fall, der als Gegenbeispiel angesehen werden könnte:

D4.1 Ein Satz p im Idiolekt eines Sprechers bedeutet genau dann, dass q, wenn gilt: in den meisten Fällen, in denen der Sprecher p äussert, will er darauf aufmerksam machen, dass q.

Mit einem solchen Bedeutungsbegriff wäre nichts gewonnen. Denn wie soll die Linguistin herausfinden, für welches q genau der Eingeborene die fragliche Intention hegt?[16]

(**) Mit seinem Gebell beabsichtigte der Hund darauf aufmerksam zu machen, *dass sich das Kaninchen unterm Ginsterbusch versteckt hielt.*

Diese Intention des Hundes lässt sich identifizieren, ohne dass man irgendeine Proposition identifizieren können muss, die der Hund angeblich ausdrücken wollte. (Ich möchte mich auf keine positive Doktrin über Propositionen und Hunde festlegen lassen. Wer (**) als Gegenbeispiel halten möchte, könnte folgendermassen weiterargumentieren. Selbst *wenn* man das Gebell als sprachliche Artikulation auffassen wollte, weil es Zeichencharakter hat, sollte man ihm keinen *propositionalen* Charakter zuschreiben. Hundegebell ist zu wenig differenziert, um die feinen Unterschiede zwischen verschiedenen Propositionen auszudrücken. Oder zumindest nehmen wir diese feinen Unterschiede nicht wahr. Und trotzdem dürfen wir (**) behaupten).

[16] D4.1 gibt einen Vorschlag wieder, den Grice (wenn auch in oberflächlich etwas anderer Gestalt) erörtert und erheblich verfeinert hat ([M]:217-223). Drei Unterschiede zwischen D4.1 und Grice' Vorschlag verdienen hervorgehoben zu werden: Erstens fängt Grice nicht mit „zeitloser" Bedeutung an, sondern mit der Bedeutung, die die Äusserung eines Sprechers jeweils im Einzelfall trägt ([M]:217). (Hierdurch erübrigt sich zunächst die vage Phrase: „in den meisten Fällen", die in D4.1 nötig war). Zweitens greift Grice nicht auf die Intention, auf etwas aufmerksam zu machen, zurück, sondern auf die Intention, im Hörer eine gewisse Meinung zu erzeugen ([M]:217). Und drittens verfeinert er die Analyse u.a. durch die zusätzliche reflexive Forderung, dass der Sprecher intendieren muss, dass seine Intentionen vom Hörer als solche erkannt werden ([M]:219). Durch diese Verfeinerungen schaltet Grice zwar gewisse Gegenbeispiele aus, an denen Explikationen wie D4.1 scheitern. Der Preis hierfür ist hoch: Je komplizierter die involvierten Sprecherintentionen werden, desto schwerer dürfte der Linguistin deren freihändige Identifikation fallen. Mein Argument oben im Text gegen D4.1 würde sich verstärken.

Nun mag man vielleicht zugeben, dass die Linguistin die benötigten Sprecherintentionen nicht durch blosses Hinsehen identifizieren kann. Aber man könnte immer noch meine Behauptung oben im Text zurückweisen, der zufolge die fraglichen Intentionen nur mithilfe semantischer Vorkenntnisse entschlüsselt werden können: Könnte die Linguistin sie nicht auch ohne semantische Vorkenntnisse dingfest machen? In eine solche Richtung hat David Lewis argumentiert; er plädierte dafür, zuerst die Intentionen (und Meinungen) des Eingeborenen herauszufinden und sich erst dann der Entschlüsslung seiner Sprache zuzuwenden ([RI]:341/2). Im Rahmen einer solchen Methode wäre gegen D4.1 (oder gegen eine verfeinerte Version dieser Definition) nichts einzuwenden. Denn D4.1 müsste dann nicht gleich nach Ankunft im Urwald angewendet werden, sondern erst nach beträchtlicher nicht-linguistischer Vorarbeit hinsichtlich der Intentionen (und Meinungen) des Eingeborenen. Unglücklicherweise führt Lewis nicht mit der wünschenswerten Ausführlichkeit aus, wie er sich die nicht-linguistische Ermittlung von Intentionen (und Meinungen) im Urwald vorstellt. Ob die Linguistin wirklich

Sprachabhängige Intentionen

§ *4.11.* Soviel zu Intentionen mit propositionalen Konstituenten. Eine andere problematische Gruppe bilden jene Intentionen, die der Intendierende nur bilden kann, wenn er über eine Sprache verfügt. Insofern diese Gruppe die soeben zurückgewiesenen Intentionen umfasst, wirft sie keine neuen Fragen auf. Aber sie scheint weitere Intentionen zu enthalten. Wie steht es beispielsweise mit der Intention, einem Satze zuzustimmen? Diese Frage drängt sich auf, da Zustimmung und Ablehnung in unseren späteren Explikationen eine Schlüsselrolle spielen werden.

Wer einem Satze zustimmt oder widerspricht, tut dies normalerweise mit Absicht. (Und nur der Normalfall hat uns zu interessieren). Dabei kommt es nicht allein darauf an, gewisse Mundbewegungen zu beabsichtigen (die dann etwa ‚Ja'-Schallwellen erzeugen): Derartige Absichten hegt jeder wohlerzogene Papagei. Sondern es kommt auch auf die Absicht an, mithilfe dieser Schallwellen genau *Zustimmung* zu signalisieren. Nur wer eine Sprache beherrscht, kann diese Absicht hegen.

Dürfen wir der Linguistin die Kenntnis solcher Eingeborenen-Absichten von Anbeginn zugestehen? Oder müssen wir Kriterien nennen, anhand derer sie sich entschlüsseln lassen? Eine heikle Frage. Wenn die Linguistin ohne Vorkenntnisse über zustimmende bzw. ablehnende Absichten auskommen könnte, wären wir im Namen der Sparsamkeit sehr zufrieden. Deshalb werde ich im nächsten Kapitel einen Vorschlag zur Diskussion stellen, wie sogar Zustimmung und Ablehnung in kausalen (nicht-intentionalen) Termen verstanden werden könnten. Doch weil ich selbst zuweilen an dem Vorschlag zweifle, lege ich mich lieber nicht auf ein rigoroses Verbot des Vorwissens um zustimmende bzw. ablehnende Absichten

---

alle Intentionen (und Meinungen) ermitteln kann, die sie braucht, um im Stil von D4.1 zu Bedeutungen vorzudringen, kann weiter bezweifelt werden. Realistischer scheint es zu sein, unsere differenzierte Position oben im Text beizubehalten und einige Intentionen im Spiel zu lassen, andere auszuschliessen.
Aber nehmen wir zum Zweck des Arguments einmal an, Lewis könnte seine optimistische Sicht durch überzeugende Gründe stützen. Dann müsste er die Begriffe der Intention und der Meinung in unverdächtigem Vokabular eliminativ erklären können (Hinweise in diese Richtung gibt Lewis in [RI]:335). Er müsste sie also letzlich aus D4.1 (oder verfeinerten Versionen von D4.1) entfernen können. Die solcherart bereinigte Variante von D4.1 wäre nicht länger trivial, sondern im Gegenteil selbst im Urwald ausserordentlich hilfreich (obschon vielleicht schwer zu verwenden – aber praktische Probleme dieser Art brauchen uns nicht zu beunruhigen). Da man also notfalls aus Lewis' Methode – wenn sie denn funktioniert – den Verweis auf Intentionen und Meinungen entfernen kann, besteht letztlich keine Meinungsverschiedenheit zwischen ihm und mir. Wir suchen nach ein und derselben Sache, wenn auch auf verschiedenen Pfaden.

fest. Diese Freizügigkeit schadet dem Rest meines explikativen Unternehmens nicht. Mein Gegner Quine behauptet, dass sich die bedeutungstheoretischen Begriffe selbst dann nicht eindeutig mit urwaldsprachlichem Gehalt füllen lassen, *wenn* Zustimmung und Ablehnung eindeutig identifiziert werden können.[17] Diesem Konditional kann (und werde) ich widersprechen – und zwar ohne mich auf die Wahrheit des Antecedens festnageln lassen zu müssen. Ob das Antecedens in kausalen Termen eingelöst werden kann, entscheidet allenfalls darüber, wieviel für den Naturalismus mit meiner Explikation der semantischen Vokabeln gewonnen ist. Da mein Projekt notfalls ohne Naturalismus bestehen kann (und nicht von naturalistischen Extrempositionen abhängt), kann ich der endgültigen Antwort auf die Frage, ob und wie Zustimmung und Ablehnung zu identifizieren sind, gelassen entgegenblicken.

Absichtliche Körperbewegungen

§ 4.12. Ganz ohne Wissen um Intentionen wird die Linguistin ohnehin nicht auskommen. Sie muss annehmen, dass die Eingeborenen jene Geräusche, die sie semantisch charakterisieren will, *absichtlich* verlauten lassen. Und hier habe ich nicht etwa minimale kommunikative Absichten im Auge wie die Absicht, etwas zu verstehen zu geben. (Auf derartige Absichten treffen dieselben Überlegungen zu, die wir hinsichtlich der Absicht zuzustimmen angestellt haben). Sondern ich rede von absichtlichen Zungenbewegungen (im Gegensatz zu versehentlichen Zungenbewegungen oder zu durch Hypnose oder Drogen ausgelösten): Es geht um einen speziellen Fall absichtlicher Körperbewegungen. Über derartig grundlegende Intentionen brauchen wir uns nicht den Kopf zu zerbrechen. Es handelt sich um einen psychologischen Begriff, der (im Gegensatz zu den zuvor diskutierten Intentionen) überhaupt nicht mit semantischer Begrifflichkeit verwoben ist. Einen solchen Begriff müssen wir in einer Studie zum „Naturalismus mit Blick auf die Sprache" nicht erörtern. Wir wollen der Philosophie der Psychologie nicht *jede* Aufgabe abnehmen.

Fazit. Wieviel psychologisches Vorwissen haben wir der Linguistin zugestanden? Quer durch die Psychologie scheint ein Riss zu laufen: Es gibt von semantischen Fakten durchsetzte psychologische Fakten; es gibt aber auch semantikfreie psychologische Fakten. Die

[17] Quine argumentiert im zweiten Kapitel von [WO] für seine bedeutungsskeptischen Thesen, *ohne* zu bestreiten, dass die Linguistin im Urwald Zustimmung und Ablehnung erkennen kann. Mehr dazu im nächsten Kapitel.

Psychologie steht weder „oberhalb“ noch „unterhalb“ der Semantik. Vielmehr ist sie mit ihr auf komplizierte Weise verschränkt. Damit verschwimmt die Grenze zwischen dem Wissen um Mentales, das wir der Linguistin von Anbeginn zuzubilligen haben, und dem, worauf sie im Urwald nicht unmittelbar zurückgreifen darf. Aber es gibt klare Fälle: Die eindeutig semantikfreien psychologischen Fakten über absichtliche Körperbewegungen stehen der Linguistin zur freien Verfügung. (Da sich solche Fakten auch im Tierreich identifizieren lassen, möchte ich vorschlagen, sie zur Biologie zu rechnen. Biologie soll hier also in einem etwas ausgeweiteten Sinn verstanden werden).

Die ontologische Facette

§ 4.13. Gehen wir einen Schritt weiter und fragen wir, welche ontologischen Implikationen unsere bisherigen Überlegungen nach sich ziehen. Wir haben die ontologische Facette des Naturalismus noch nicht ausdrücklich behandelt. Bislang haben wir von der Erklärung des semantischen Vokabulars gefordert:

(4.3) Wenn die Linguistin alles prinzipiell empirisch zugängliche (aussersemantische) *Wissen* hätte, dann lieferten ihr die Erklärungen des semantischen Vokabulars komplettes *Wissen* über die semantischen Fakten.

Eine epistemische Forderung. Doch können wir dieselbe Forderung ebensogut formulieren, ohne an einen Wissensbegriff zu appellieren:

(4.4) Die semantischen Terme sollen in Termen der (aussersemantischen) empirischen Wissenschaften erklärt werden.

Mit einer solchen Formulierung brauchen wir uns nicht länger der unrealistischen Idealisierung schuldig zu fühlen, wie sie sich hinter der Annahme aussersemantisch allwissender Linguistinnen verbirgt (s.o. § 4.5). Aber nichts gibt es umsonst. Anstelle der epistemischen Idealisierung haben wir uns Ontologie eingehandelt. Denn nun klingt es so, als *bestünden* die semantischen *Fakten* nur und ausschliesslich aus Fakten, wie sie die anderen empirischen Wissenschaften beschreiben.[18]

Wie naturalistisch ist die Ontologie, die bei dieser ontologischen Einlösung der epistemischen Idealisierung herausgekommen ist?

[18] Einen ähnlichen Zusammenhang zwischen der Rede von idealisiertem Wissen und der Rede von Fakten stellt David Lewis in [RI]:333/4 her.

Das kommt darauf an. Vorhin haben wir uns nicht endgültig festgelegt, wie stark die Intentionen semantisch kontaminiert sein dürfen, deren Vorkenntnis wir der Linguistin zuzugestehen haben. Um der epistemisch-methodologischen Facette des Naturalismus zu genügen, konnten wir uns die freizügigere Position erlauben, der zufolge minimale kommunikative Intentionen wie z.B. die der Zustimmung und Ablehnung zuzulassen sind. Wenn die Linguistin derartige Intentionen (ohne reduktionistische Kriterien) erkennen kann, dann nur auf empirische Weise: Die naturalistische *Methodologie* bliebe gewahrt.

Mit einer naturalistischen *Ontologie* scheint sich jedoch eine solche Freizügigkeit nicht vereinbaren zu lassen. Denn die ontologische Facette eines Naturalismus mit Blick auf den Phänomenbereich X besagt: *Phänomene aus X lassen sich als Spezialfälle in einem umfassenderen Phänomenbereich Y auffassen. („Sie sind in Wirklichkeit nichts anderes als Y-Phänomene").* Wenn wir nun die semantischen Phänomene nur mithilfe irreduzibel sprachlicher Intentionen explizieren können (nämlich mithilfe minimaler kommunikativer Intentionen), dann haben wir keinen umfassenderen Phänomenbereich angegeben, der die Sprache als Spezialfall enthielte. Sprache bildete dann einen eigenen Bereich, der vom Rest der Natur gänzlich geschieden wäre. Mit dem naturalistischen Streben nach Einheitlichkeit vertrüge sich dies nicht.[19]

[19] An dieser Stelle sollten wir uns an die Unterscheidung zwischen Explikation und Explanation erinnern, die wir in § 3.5 getroffen haben. Die Einheitlichkeit, um die es dem Naturalisten oben im Text zu tun ist, ist eine Einheit der Beschreibung: Die sprachlichen Phänomene sind in Termen zu beschreiben, in denen der ganze Rest beschrieben wird. Diese explikatorische Forderung impliziert noch lange nicht, dass für sprachliche Phänomene dieselbe Art von Explanation gegeben werden kann wie für physikalische Phänomene. In eine ähnliche Richtung argumentiert Vollmer (ohne sich auf das Phänomen der Sprache zu beschränken):

> [Es ist] denkbar, dass sich die Idee einer Einheit der Natur [die sich also einheitlich beschreiben lässt – O.M.] als erfolgreich erweist, wir eine Einheit der Wissenschaft aber aus eher pragmatischen Gründen doch nicht erreichen ([WIN]:217).

Demgegenüber versteht z.B. Kanitscheider den Naturalismus als eine ontologische These, der zufolge „die Realität eine bestimmte Verfassung besitzt derart, dass zu ihrer Erklärung keine spirituellen, transzendenten, unstofflichen Entitäten eingesetzt werden müssen, sondern ausschliesslich konkrete Dinge, die gesetzesartig strukturiert und der Erkenntnis grundsätzlich zugänglich sind" ([NWW]:185). Ob sich dies hinsichtlich des Phänomens der Sprache einlösen lässt, hängt auch davon ab, was genau die gesuchte Explanation erklären soll: Die Entstehung der Sprache im Tier/Mensch-Übergangsfeld? Den Spracherwerb des Individuums? Oder jede einzelne sprachliche Äusserung des Individuums? – Falls die Explanation einzelner sprachlicher Äusserungen verlangt würde, müssten wir Handlungstheorie treiben. (Sprachliche Äusserungen sind Handlungen). Wie könnten die Rationalitätsannahmen, die bei derartigen Erklärungen unvermeidlich ins Spiel kommen, natu-

Im Namen der naturalistischen Vorliebe für Vereinheitlichung werde ich, wie gesagt, im nächsten Kapitel ein Verfahren zur Diskussion stellen, das es überflüssig macht, an minimale kommunikative Intentionen zu appellieren. Wen mein Vorschlag überzeugt, der mag die ganze Arbeit auch als Plädoyer für eine naturalistische Ontologie (mit Blick auf die Sprache) verstehen. Wer dagegen derartige Vorschläge für undurchführbar hält, den möchte ich nicht mit den Ambitionen der ontologischen Facette des Naturalismus belasten: Der Rest dieser Arbeit hängt nicht von ihnen ab. Es blieben dann immer noch die methodologisch-epistemischen Ambitionen, die wir zu Beginn dieses Kapitels erörtert haben. Aber selbst ohne sie zu teilen, kann man meine Explikationen der semantischen Begriffe brauchbar finden. Ich hoffe zu zeigen, dass sie auch dann von philosophischem Interesse sind, wenn man sie im eigenen Recht betrachtet.

ralisiert werden? Ob der Naturalismus dieser Herausforderung begegnen kann, scheint fraglich. An dem Problem hängt aber nichts, da ich in dieser Arbeit – wie gesagt – nur explikatorische Ziele verfolge.

KAPITEL 5

EINSCHRÄNKUNG DES UNTERSUCHUNGSGEGENSTANDS UND DIE ERSTEN SCHRITTE IM URWALD

Warum wir den Blick beschränken müssen

§ 5.1. Unsere bisherigen Überlegungen bezogen sich auf das gesamte semantische Vokabular. Wir haben in Kapitel 2 gesehen, warum und inwiefern die semantischen Vokabeln eliminativ erklärt werden sollten. In Kapitel 3 haben wir eine bestimmte Art und Weise der eliminativen Explikation betrachtet und verworfen. Zwar haben wir die Überlegungen dort anhand der referenztheoretischen Begriffe von Wahrheit und Referenz durchgeführt. Doch gelten die Ergebnisse aus Kapitel 3 allgemein: Ausschliesslich durch aufzählende Listen im Stile Tarskis lässt sich kein einziger semantischer Begriff befriedigend erklären, einerlei, ob der fragliche Begriff zur Bedeutungs- oder zur Referenztheorie zählt. Im Kapitel 4 hat sich gezeigt, dass die semantischen Begriffe, statt durch Listen, unter den Bedingungen der radikalen Übersetzung erklärt werden sollten, also in einer Weise, die es erlaubt, die semantischen Begriffe auf beliebige Sprachen anzuwenden (d.h. insbesondere auf Urwaldsprachen, die noch unbekannt sind).

In der besten aller möglichen philosophischen Welten sollte ich mich Schritt um Schritt daranmachen, alle semantischen Begriffe so zu erklären, wie ich es in den Kapiteln 2 bis 4 verlangt habe. In der aktualen Welt dürfen philosophische Bücher keine fünfhundert Seiten umfassen. Wie sich herausgestellt hat, benötigte ich aber soviel Papier, um die zentralen Probleme, die hinsichtlich der verschiedenen semantischen Begriffe aufgeworfen sind, darzustellen und zu lösen. Der Grund dafür liegt darin, dass es ziemlich viele semantische Begriffe gibt, deren befriedigender Erklärung sich ganz unterschiedliche Arten von Schwierigkeiten in den Weg stellen. Schon wer sich damit begnügen wollte, diese Schwierigkeiten aufzuwerfen, könnte ein gewichtiges Buch über semantischen Skeptizismus schreiben. Und es wäre nicht verwunderlich, wenn die konstruktive Überwindung dieser Schwierigkeiten noch einmal so viel Platz kostete wie ihre Erzeugung.

Ich kann hier also den semantischen Skeptizismus nicht vollständig widerlegen. Stattdessen werde ich allein die am härtesten attackierten semantischen Begriffe verteidigen und mich dabei darauf beschränken, nur die Zweifel zu entkräften, die meiner Ansicht nach am tiefsten greifen. Unser Blickwinkel wird sich radikal einengen müssen.

Im vorliegenden Kapitel möchte ich zunächst (§ 5.2 – § 5.7) die im folgenden auszublendenden Begriffe kurz streifen, um zu begründen, warum sie weniger dringlich sind als die Begriffe, auf die ich mich in dieser Arbeit konzentrieren will: Synonymie und Analytizität.

Der zweite Teil dieses Kapitels (§ 5.8 – § 5.23) ist den Problemen gewidmet, denen sich die Linguistin konfrontiert sieht, wenn sie mit ihren Feldstudien beginnen möchte: Erstens, welche Urwaldgeräusche werden von den Eingeborenen zur Kommunikation verwendet? Und zweitens, welche der wohlgeformten Ausdrücke werden zum Zwecke der gegenseitigen Information verwendet, d.h. welche urwaldsprachlichen Ausdrücke stehen für Behauptungssatz, Satzfrage, Zustimmung und Ablehnung?

Warum Bedeutungstheorie?

§ 5.2. Beginnen wir mit meinen Gründen dafür, dem semantischen Skeptiker ausgerechnet hinsichtlich der Begriffe der Synonymie und des analytischen Satzes zu widersprechen. Beide Begriffe gehören in die Theorie der Bedeutung, also in jenen Zweig der Semantik, dessen Respektabilität viel stärker in Zweifel gezogen worden ist als ihr anderer Zweig: die Theorie der Referenz.[1] Damit liegt der erste Grund für meine Wahl auf der Hand. Wenn ich plausibel machen will, dass sich die gesamte semantische Familie verteidigen lässt, sollte ich zuallererst den Zweig der Familie in Schutz nehmen, der den schlechtesten Ruf geniesst.

Hierbei kann man zwei verschiedene Strategien einschlagen: eine relativistische und eine absolutistische. Die *relativistische* Strategie zielt darauf zu zeigen, dass der bedeutungstheoretische Zweig der semantischen Familie *im Vergleich* zum Rest (dem referenztheoretischen Zweig) gar nicht so schlecht dasteht. Solch eine relativistische Strategie lag unausgesprochen meinen Überlegungen aus Kapitel 3 zugrunde: Dort habe ich Quines Kritik an Carnaps Versuch, die bedeutunsgtheoretischen Begriffe zu explizieren, in eine analoge Kritik an Tarskis Versuch übersetzt, die referenztheoretischen Begriffe zu explizieren. Das Ergebnis dieser Übung klingt nicht ermutigend. Referenz- und Bedeutungstheorie stehen dann zwar gleich

[1] Vergl. Quine [NoTo]:130: „[T]he theory of meaning is in a worse state than the theory of reference".

da – aber gleich *schlecht*. Damit wäre der Ruf des bedeutungstheoretischen Zweigs der semantischen Familie nur in den Augen jener Philosophen gerettet, die sich so wie Quine in ihrem guten Glauben an die Theorie der Referenz nicht irre machen lassen wollen. In ihren Augen wertet mein Manöver aus Kapitel 3 die Respektabilität des bedeutungstheoretischen Familienzweigs auf.

Aber der Schuss könnte genauso gut nach hinten losgehen. In den Augen überzeugter Bedeutungsskeptiker würde dann auch die Theorie der Referenz abgewertet: Ein totaler semantischer Skeptizismus wäre die Folge – im Widerstreit zu den optimistischen Intentionen dieser Arbeit.

Daher genügen die Argumente aus Kapitel 3 alleine nicht, um die semantische Skepsis abzuwehren. Der Gleichstellung der beiden Familienzweige muss eine Ehrenrettumg eines der beiden Zweige folgen. In dieser Arbeit werde ich den ursprünglich schlechter gestellten Zweig als in sich respektabel zu erweisen suchen: Das ist die *absolutistische* Strategie, der ich in den kommenden Kapiteln folgen werde. Ich möchte zeigen, dass die beiden wichtigsten bedeutungstheoretischen Begriffe in respektablem Vokabular expliziert werden können.

Wäre damit das gesamte semantische Vokabular definitiv gerettet? Zugegebenermassen – nein. Denn ein skeptischer Geist könnte den Spiess umdrehen und plötzlich behaupten, die referenztheoretischen Begriffe stünden *schlechter* da als ihre (geretteten) bedeutungstheoretischen Geschwister.

Wer den semantischen Skeptizismus auf ganzer Linie abwehren möchte, müsste auch diese Möglichkeit ausschliessen. Und er müsste wahrscheinlich ein dickeres Buch schreiben, als mir erlaubt ist. Trotzdem lässt sich, wie ich meine, die Unvollständigkeit meiner Überlegungen verschmerzen. Denn erstens werden die referenztheoretischen Begriffe seltener kritisiert als ihre bedeutungstheoretischen Geschwister. Und zweitens ist mir die skeptische Kombination, die am Ende übrig bleiben wird (falls der Rest meiner Argumente stimmt), nie begegnet. Noch niemand hat meines Wissens versucht, referenztheoretischen Skeptizismus mit bedeutungstheoretischem Optimismus zu verheiraten. Wir können es uns erlauben, derartige Mesalliancen zu ignorieren.

Signifikanz

§ 5.3. Abermals aus Platzgründen werde ich nicht einmal den gesamten bedeutungstheoretischen Zweig der semantischen Familie verteidigen können. Abgesehen von der Unterscheidung zwischen

analytischen und synthetischen Sätzen und abgesehen vom Synonymiebegriff, werden diesem Zweig zwei weitere Mitglieder zugerechnet: Signifikanz und Bedeutung.

Warum ich das Problem der Signifikanz nicht erörtern werde, ist schnell gesagt. Ich halte das Thema für zweitrangig. Entweder lässt es sich schon ausserhalb jeder Semantik abhandeln, und zwar im Rahmen einer syntaktischen Theorie über die Ausdrücke, die in einer Sprache gebraucht werden oder gebraucht werden können. In dieser Form werden wir das Thema unten kurz streifen.

Oder man bauscht die Frage, wie zwischen signifikanten und sinnlosen Ausdrücken zu unterscheiden ist, philosophisch auf. Dann muss man sich beispielsweise den Kopf darüber zerbrechen, warum und wie man Russells Satz

(5.1) Quadruplicity drinks procrastination (zitiert nach Quine [fStS]:48),

aus der Menge der wohlgeformten Ausdrücke verbannen kann. Ein Problem, das in der semantischen Theorie an irgendeiner Stelle behandelt werden sollte – aber doch nicht mit oberster Priorität! (Notfalls könnten wir (5.1) samt all seiner kranken Verwandten für signifikant *und falsch* erklären).

§ 5.4. Obwohl sie uns also nicht bedrängen, lauern hinter der Vokabel „Signifikanz" echte philosophische Probleme. Dasselbe kann man von der Vokabel „Bedeutung" nicht sagen. Gewiss, die Vokabel kommt in allerlei wichtigen bedeutungstheoretischen Phrasen vor: „Bedeutung"

bedeutungsgleich (synonym);
wahr allein aufgrund der Bedeutung (analytisch);
bedeutungstragend (signifikant).

Dies sind Begriffe, an denen sich knifflige philosophische Probleme entzünden. Aber welches *eigene* philosphische Problem nehmen wir in den Blick, wenn wir zusätzlich „die Frage nach der Bedeutung" aufwerfen?[2] Stellen wir uns zur Verdeutlichung vor, jemand fragte:

(5.2) Was bedeutet das Wort ‚Cousine'?
(5.3) Was bedeutet der englische Satz ‚It snows'?

[2] So auch Quine [MVD]:86/7.

Dann könnten wir antworten:

(5.4') ‚Cousine' bedeutet: Base.
(5.5') Der Satz ‚It snows' bedeutet, dass es schneit.

Und damit hätten wir nicht mehr und nicht weniger gesagt als mit folgenden Antworten:

(5.4) ‚Cousine' bedeutet dasselbe wie ‚Base'.
(5.5) Der Satz ‚It snows' bedeutet dasselbe wie ‚Es schneit'.

An diesen letzten beiden Antworten sieht man es deutlich: Die Fragen (5.2) und (5.3) verlangen nicht danach, dass irgendwelche „Bedeutungen" direkt aufgewiesen werden; wer die Fragen beantworten will, kann Bedeutungen sprachlich aufweisen, d.h. in Form sprachlicher Ausdrücke, die dieselbe Bedeutung haben wie jene Ausdrücke, nach deren Bedeutung gefragt wurde.[3] Wenn man weiss, dass irgendein bislang unbekannter Ausdruck dasselbe bedeutet wie dieser oder jener Ausdruck, den man schon versteht, dann bleibt nichts mehr zu fragen übrig.[4] Insbesondere braucht man dann nicht mehr zu fragen, *was* dieses Etwas ist, das von einem Ausdruck „bedeutet" wird. Man braucht nicht nach eigenständigen Entitäten Ausschau zu halten, nach irgendwelchen geheimnisvollen Bindegliedern zwischen Sprache und Welt.[5]

Kurz, es schadet nicht, wenn wir im folgenden weder auf Signifikanz noch auf Bedeutung pur eingehen. Auf den Synonymiebegriff können wir natürlich nicht auch noch verzichten; nur mit seiner Hilfe lassen sich Bedeutungsfragen beantworten.

---

[3] Soweit ich weiss, ist es immer noch ein technisch ungelöstes Problem in der Bedeutungstheorie, wie man den Übergang von Sätzen der Form (5.5) zu (5.5') allgemein bewerkstelligen soll. Der folgende naheliegende Versuch scheitert, weil in ihm Gebrauch und Erwähnung verwechselt werden:

(*) Für alle Sätze p und alle Sachverhalte q: p bedeutet genau dann, dass q, wenn die Sätze p und ‚q' synonym sind.

[4] Aus dieser Formulierung schimmert ein weiteres philosophisches Problem hervor, das mit dem Bedeutungsbegriff verbunden ist und Priorität vor ihm hat: das Problem des Verstehens, des Wissens um die Bedeutung. Aus Platzgründen kann ich dies Problem nicht erörtern. Ich kann nur anmerken, dass die Antworten (5.4') und (5.5') dem Fragenden auch nur dann weiterhelfen, wenn er die Wörter ‚Base', ‚es' und ‚schneit' kennt. (5.4') und (5.5') sind also auch vor dem Hintergrund des Wunsches nach einer Theorie des Verstehens nicht besser als ihre blutarmen Verwandten (5.4) bzw. (5.5).

[5] Natürlich kann man sich solche Entitäten herkonstruieren, wenn man sie unbedingt haben möchte. Man wird sich den Bedeutungsbegriff dann tunlichst so einrichten, das synonymen Ausdrücken dieselbe Bedeutung zugewiesen wird. Da Synonymie eine Äquivalenzrelation ist, lässt sich dies leicht bewerkstelligen. Die Bedeutung eines Ausdrucks x ist dann die Menge aller zu x synonymen Ausdrücke.

Bedeutungstheorie ohne Analytizität?

§ 5.5. Warum müssen wir zusätzlich über die Unterscheidung zwischen analytischen und synthetischen Sätzen nachdenken? Der Begriff des analytischen Satzes ist – neben dem Synonymiebegriff – der zweite Schlüsselbegriff in der Theorie der Bedeutung. Ohne die Unterscheidung zwischen Synthetischem und Analytischem bliebe von der Bedeutungstheorie nicht viel übrig (dazu gleich mehr). Zudem ist die Unterscheidung auch ausserhalb der Sprachphilosophie von Interesse: nämlich in Metaphysik, Erkenntnis- und Wissenschaftstheorie (dazu s.u. Kapitel 9). Und das bedeutet: Ob der bedeutungsskeptische Angriff auf den Begriff des analytischen Satzes abgewehrt werden kann, entscheidet mit darüber, wie wir eine ganze Reihe anderer philosophischer Fragen beantworten.

Seit Quine die analytischen Sätze mit solcher Macht attackiert hat, liessen sich viele Philosophen so sehr davon beeindrucken, dass sie versucht haben, in der Bedeutungstheorie ohne analytische Sätze auszukommen. Diese Philosophen wollen nicht die volle bedeutungstheoretische Zeche zahlen, die Quine ihnen abverlangt. Sie möchten nur die analytischen Sätze preisgeben, ohne die – wie sie meinen – weitergehende These Quines von der *Unbestimmtheit der Übersetzung* unterschreiben zu müssen.[6]

Was ist von einer solchen halbierten Theorie der Bedeutung zu halten? Sie beruht auf einer Fehleinschätzung der logischen Ordnung in Quines Thesen. Denn eine solche halbierte Theorie der Bedeutung setzt voraus, dass man an der Bestimmtheit der Übersetzung festhalten kann, ohne dem Unterschied zwischen Synthetischem und Analytischem Sinn zuzuschreiben. Dieser Sicht zufolge hätte der Quine aus den Sechziger Jahren, der in [WO] für die Unbestimmtheit der Übersetzung plädiert hat, den früheren Quine an Radikalität überboten, der in den drei klassischen Aufsätzen [TbC], [TDoE] und [CLT] „nur" die Unterscheidung zwischen Analytischem und Synthetischem attackiert hat, ohne den Übersetzungsbegriff in Zweifel zu ziehen.

Wie wir sehen werden, verhält es sich genau umgekehrt.[7] Der frühere Quine ist der radikalere. Wer ihm folgt und die Dichotomie zwischen analytischen und synthetischen Sätzen verwirft, muss ihm *eo ipso* auch die Unbestimmtheit der Übersetzung abkaufen. Umgekehrt aber kann man an der Dichotomie festhalten und immer noch

[6] So beschreibt auch Lycan [DiQW]:111/2 die vorherrschende Reaktion auf Quines Thesen.

[7] So auch Boghossian [A], allerdings mit anderen Argumenten als denen, die ich am Ende von Kapitel 8 in § 8.29 – § 8.31 vorbringen werde.

meinen, dass Quine mit seiner These von der Übersetzungsunbestimmtheit recht hat. Woran liegt das?

Wer an definite Übersetzung glaubt, braucht dafür einen Synonymiebegriff, der quersprachein – interlinguistisch – funktioniert. Ein Spezialfall dieses interlinguistischen Synonymiebegriffs ist der intralinguistische Synonymiebegriff, mit dessen Hilfe Sätze ein und derselben Sprache verglichen werden können. Nun kann man in Termen intralinguistischer Synonymie sofort einen Begriff des analytischen Satzes definieren (s.u. § 10.5 – § 10.8). Die Gegner von Quines Unbestimmtheitsthese können die analytischen Sätze nicht loswerden. Sie akzeptieren begriffliche Ressourcen, die stark genug sind, die ungeliebte Dichotomie einzuführen. Kurz, die halbierte Theorie der Bedeutung ist in sich widersinnig.

Wenn man die Bedeutungstheorie halbieren will, muss man es andersherum versuchen. Dann muss man zunächst die analytischen Sätze zulassen. Zwar kann man mit ihrer Hilfe einen Synonymiebegriff definieren – aber er funktioniert nur innerhalb ein und derselben Sprache: intralinguistisch. Seine Anwendung braucht nicht auf den interlinguistischen Fall ausgedehnt werden zu können.

Aus alledem ergibt sich: Die Bedeutungstheorie steht und fällt mit den analytischen Sätzen. Wer dem Bedeutungsskeptizismus entgehen möchte, muss zuallererst der Unterscheidung zwischen Analytischem und Synthetischem – oder, was auf das Gleiche hinausläuft: dem innersprachlichen Synonymiebegriff – Sinn abgewinnen.

Übersetzung

§ 5.6. Dadurch wäre die totale Bedeutungsskepsis abgewehrt. Doch bliebe immer noch Raum für eine partielle bedeutungstheoretische Skepsis, nämlich gegenüber dem Begriff der Übersetzung. Ich muss gestehen, dass ich diese Skepsis nicht ausräumen werde. Ich werde keinen völlig allgemeinen Synonymiebegriff explizieren, der auch zwischen verschiedenen Sprachen funktioniert.[8] Im Namen der Vollständigkeit mag man das bedauern; eine bedeutungstheoretische Katastrophe entsteht dadurch nicht.

---

8 Dies klingt pessimistischer, als der Stand der Dinge erfordert. Der im nächsten Kapitel einzuführende Begriff der Reizsynonymie erlaubt den interlinguistischen Vergleich gewisser Sätze. Aber der Begriff funktioniert nicht für *alle* Sätze. Die Hauptschwierigkeit, von der ich nicht weiss, wie sie aufgelöst werden kann, rührt daher, dass man offenbar die theoretischen Sätze nicht quersprachein auf Synonymie hin überprüfen kann.

Denn wie wichtig ist der Übersetzungsbegriff in der Philosophie? Bevor Quine sein Szenarium der radikalen Übersetzung berühmt gemacht hat, haben sich die Philosophen nicht viel um Übersetzung gekümmert. Und auch seitdem die radikale Übersetzung ins Zentrum des Interesses gerückt ist, gibt es keinen guten Grund, alle bedeutungstheoretischen Hoffnungen ausgerechnet auf den Übersetzungsbegriff zu konzentrieren. Dies mag paradox klingen: Wie kann man radikale Übersetzung fordern, ohne sich gross um den Übersetzungsbegriff zu kümmern?

Die Antwort ergibt sich aus dem, was wir im letzten Kapitel herausgefunden haben: *Alle* semantischen Begriffe – Wahrheit, Referenz, Synonymie, Analytizität – müssen unter den Bedingungen der radikalen Übersetzung startklar gemacht werden, wenn sie sinnvoll sein sollen. „Radikale Übersetzung" ist also ein Sammelname für ein bestimmtes Explikationsprojekt: Der Name zeigt nicht an, dass *ein* bestimmter bedeutungstheoretischer Begriff (der Übersetzungsbegriff) im Zentrum unserer Aufmerksamkeit stehen sollte – sondern er zeigt, dass jeder semantische Begriff, der im Zentrum des Interesses steht und nach Explikation heischt, so zu explizieren ist, dass er auf variable Objektsprachen angewandt werden kann (also im Extremfall auf unbekannte Urwaldsprachen).

So ist der Begriff des analytischen Satzes tadellos erklärt, wenn wir die analytischen Sätze beliebiger Sprachen identifizieren können. Dass wir auch imstande sein müssen, diese Sätze zu übersetzen, ist damit nicht verlangt. Selbst wenn wir uns also auf Quines Forderung einlassen, das Szenarium der radikalen Übersetzung beim Explizieren bedeutungstheoretischer Vokabeln heranzuziehen, müssen wir uns dadurch noch lange nicht darauf festlegen, ausgerechnet am Schicksal des Übersetzungsbegriffs besonderen Anteil zu nehmen. Es müssten eigene Gründe vorgebracht werden, warum Wohl und Wehe der Bedeutungstheorie ausgerechnet vom Begriff der Übersetzung abhängen soll.

Ich für mein Teil bin fürs erste mit einer Theorie der Bedeutung zufrieden, in der innersprachliche Synonymien und analytische Sätze ihren Platz finden. Damit möchte ich nicht gesagt haben, dass ich mich nicht freuen würde, wenn es gelänge, einen definiten Übersetzungsbegriff zu explizieren. Im Gegenteil, ich halte das für wünschenswert. Fest steht jedenfalls, dass dies Ziel schwieriger zu erreichen ist, als nur die Begriffe der intralinguistischen Synonymie und des analytischen Satzes zu explizieren. Und es empfiehlt sich immer, die einfachereren Aufgaben vor den schwierigeren zu erledigen. So plädiere ich denn dafür, dass wir uns zuallererst um intralinguistische Synonymie und um analytische Sätze kümmern: Das ist das Thema dieser Arbeit. Ein Erfolg auf diesem Gebiet (den wir im Lauf dieser Arbeit tatsächlich erreichen werden) mag als Beweis dafür gewertet werden, dass man Bedeutungstheorie treiben kann, dass also der bedeutungstheoretische Totalskeptizismus unbegründet ist. Erst, wenn wir soweit gekommen sind, lohnt sich meiner Ansicht nach die weitergehende, interessante Frage, ob wir sogar bis zu einem definiten Übersetzungsbegriff vorstossen können und wieviel wir verloren haben werden, falls wir es nicht können.

Drei Sorten Synonymie

§ 5.7. Nachdem ich dargetan habe, warum in den nächsten Kapiteln nur der innersprachliche Synonymiebegriff zur Debatte stehen wird, sollte ich andeuten, auf *welchen* innersprachlichen Synonymiebegriff ich es abgesehen habe. Es gibt mindestens drei verschiedene – innersprachliche[9] – Synonymiebegriffe: einerseits einen Synonymiebegriff, der es erlaubt, Ausdrücke unterhalb der Satzebene zu vergleichen (wie z.B. ‚Base' mit ‚Cousine' und ‚Junggeselle' mit ‚unverheirateter Mann im heiratsfähigen Alter'), und andererseits zwei verschieden starke Synonymiebegriffe, die auf komplette Sätze angewandt werden können – zum Vergleich kompletter Sätze kann man nämlich entweder einen laxen oder einen strikten Synonymiebegriff verwenden. Ein paar Beispiele werden den Unterschied, um den es geht, schnell erhellen:

(5.6) Prinz Charles' jüngste Cousine hat Sommersprossen.
(5.7) Prinz Charles' jüngste Base hat Sommersprossen.
(5.8) Prinz Charles' jüngste Base hat Sommersprossen, und wenn es regnet, dann regnet's.

Im laxen Sinne sind diese drei Sätze allesamt synonym. Denn intuitiv gesprochen, besagen sie dasselbe über die Welt: Ihr Mitteilungswert ist identisch; sie haben denselben Informationsgehalt.[10]

Im strikten Sinn dagegen sind nur die ersten zwei Sätze synonym. Sie sind nicht strikt synonym zum dritten Satz (5.8), weil dieser Satz nicht nur von der königlichen Familie handelt, sondern

[9] Diesen Zusatz werde ich von nun an, wo immer möglich, weglassen.

[10] Wenn ich vom „Informationsgehalt" eines Satzes rede oder von dem, was ein Satz „besagt", so soll das im folgenden immer als intuitive Redeweise zu verstehen sein, die es zu erhellen gilt: Es handelt sich um Explicanda.

auch vom Wetter: ein Thema, über das sich (5.6) und (5.7) unisono ausschweigen.

Von den drei Synonymiebegriffen werde ich nur den grundlegendsten behandeln: das ist der laxe Synonymiebegriff, der – wie gesagt – dem Vergleich des Informationsgehalts ganzer Sätze dient.[11] Ich beschränke mich auf diesen Begriff, weil sich die anderen beiden Synonymiebegriffe mit seiner Hilfe erklären lassen. Termsynonymie lässt sich durch Austauschbarkeit in lax synonymen Sätzen und strikte Satzsynonymie durch analogen Aufbau aus synonymen Bestandteilen explizieren (mehr dazu in § 10.7). Die komplette Erklärung aller drei Synonymiebegriffe gleicht also dem Auf und Ab in einer Achterbahn. Wir beginnen oben auf der Ebene des ganzen Satzes, fahren dann mit viel Schwung auf die Termebene hinunter, um schliesslich durch die erreichte Geschwindigkeit wiederum bergauf zu rasen. In dieser Arbeit werden wir uns damit begnügen, das bedeutungstheoretische Gefährt hoch genug in die Startposition zu setzen. Den Rest der Fahrt sparen wir uns, weil schon feststeht, wohin sie uns führen würde.

Zur Zusammenfassung könnte man die Begriffe, die in den nächsten Teilen dieser Arbeit expliziert werden sollen, wie folgt auf einen Nenner bringen: Erstens sind es *bedeutungstheoretische* (und keine referenztheoretischen) Begriffe; zweitens sind es Begriffe, die zwar für variable Sprachen (also im Extremfall: für Urwaldsprachen) erklärt werden sollen, die aber trotzdem nur *innerhalb ein und derselben Sprache* funktionieren und nicht quer über Sprachgrenzen hinweg; und drittens sind es Begriffe zur bedeutungstheoretischen Charakterisierung *ganzer Sätze*: Begriffe also, bei deren Anwendung man auf die Binnenstruktur von Sätzen keine Rücksicht zu nehmen braucht.

Ich habe diese Einschränkung des Blickwinkels bislang nur abstrakt und unter strategischen Gesichtspunkten motiviert. Ihr Sinn wird, wie ich hoffe, im nächsten Kapitel deutlicher zutage treten, nachdem wir uns erst einmal an der Seite der Feldlinguistin in den Urwald begeben und uns angesehen haben, womit sie ihre Arbeit beginnen mag.

§ 5.8. Vorab eine Warnung. Wir führen unter hoch idealisierten Bedingungen ein Gedankenexperiment durch und haben uns darauf Schall oder Rauch?

[11] Vereinbarung: Wenn ich im folgenden von „Synonymie“ ohne weitere Qualifikation rede, so soll darunter immer der laxe Synonymiebegriff zu verstehen sein.

geeinigt, der Linguistin beliebig viel aussersemantisches Wissen über die Eingeborenen zuzugestehen. Deshalb mögen sich Feldstudien, wie sie in real existierenden Urwäldern durchgeführt werden, stark von dem unterscheiden, was wir uns hier im Lehnstuhl ausmalen werden. Die dadurch entstehende Realitätsferne braucht den Wert unserer Überlegungen nicht zu schmälern. Denn wir haben es nicht auf Vorschriften oder Ratschläge für echte Feldforscherinnen abgesehen: Wir treiben keine Theorie der empirischen Linguistik, sondern versuchen, sprachphilosophische Begriffe zu explizieren.

Bevor unsere idealisierte Feldforscherin anfangen kann, irgendwelche Urwald-Bedeutungen herauszufinden, muss sie die urwaldsprachlichen Bedeutungsträger identifizieren. Zuallererst muss sie wissen, welche *Sorte* physikalischer Objekte oder Ereignissse die Eingeborenen benutzen, um sich miteinander zu verständigen: Schallwellen? Rauchzeichen? Kreidemuster? Druckerschwärzekonfigurationen? Elektrische Impulse im Urwald-Net?

In dieser Arbeit steht der *semantische* Skeptizismus zur Debatte, nicht etwa irgendein *syntaktischer* Skeptizismus. Daher wollen wir ohne Zaudern annehmen, dass die Linguistin herausfinden kann, welches „Medium“ die Eingeborenen bevorzugt zur Verständigung verwenden.[12] Grob gesprochen, muss sie nach einer Sorte physikalischer Ereignisse oder Objekte Ausschau halten, die von den Eingeborenen massenhaft produziert und mit Leichtigkeit von einem zum nächsten übertragen werden, und zwar so, dass diese Ereignisse oder Objekte eine wichtige kausale Rolle beim Koordinieren gemeinsamer Urwaldaktivitäten spielen.

Tokens und Typen

§ 5.9. Nachdem das Urwald-„Medium“ der Kommunikation feststeht (also die *Art* der Entitäten, die zur Kommunikation verwendet werden), kann die Linguistin die einzelnen, zur Kommunikation verwendeten „Tokens“ sammeln oder aufzeichnen und nach Gesichtspunkten der Ähnlichkeit klassifizieren. Die Ähnlichkeitsstandards bei der Klassifikation sprachlicher Ausdrücke mögen zwar von Kultur zu Kultur auseinandergehen – wie jedem, der z.B.

[12] Da man Semantik nicht ohne Syntax treiben kann, liesse sich zwar der semantische Skeptizismus dadurch begründen, dass man einem syntaktischen Skeptizismus das Wort redet. Ein solcher Weg in die semantische Skepsis ist meines Wissens nie versucht worden und bietet keine philosophisch interessante Reiseroute. (Dass Quine keine syntaktische Unbestimmtheitsthese vertritt oder vertreten hat, ergibt sich aus [PoT]:49/50).

den Singsang der vier „Töne" des Chinesischen nachzuahmen versucht, schnell schmerzlich bewusst wird. Doch da die Linguistin beliebig viele Daten erheben kann, sollte es ihr prinzipiell möglich sein, die Ähnlichkeitsstandards der Eingeborenen zu entschlüsseln. Sie kann hierfür beispielsweise den Spracherwerb von Kindern studieren, denen die Kriterien der Typ-Identität sprachlicher Tokens mit Zuckerbrot und Peitsche nahegebracht werden. Weil diese Kriterien von Sprachgemeinschaft zu Sprachgemeinschaft variieren, kann ihre Kenntnis nicht angeboren sein; jedes Kind, das sie lernen will, ist auf Schlüsselreize aus seiner verbalen Umgebung angewiesen, und die – so die These – kann auch die Linguistin identifizieren. Am Ende dieser Untersuchungen dürfte sie wissen, auf welche lautlichen Unterschiede es den Eingeborenen ankommt. Da hier, wie gesagt, nicht der syntaktische Skeptizismus zur Debatte steht, möchte ich dies Thema nicht weiter vertiefen. Nehmen wir idealisierend an, dass sich die Tokens der Eingeborenen hinreichend deutlich auf verschiedene Klassen (auf *Typen*) verteilen – so wie es z.B. in der (gedruckten) Schriftsprache verwirklicht ist.[13]

§ 5.10. Durch Verkettung dürften auch im Urwald längere sprachliche Ausdrücke aus kürzeren Ausdrücken zusammengesetzt werden.[14] Aber nicht alle aus kürzeren Ausdrücken zusammengesetzten Ausdrücke müssen syntaktisch einwandfrei sein. Die Linguistin interessiert sich nur für die *wohlgeformten* Ausdrücke der Urwaldsprache. Wie kann sie die Regeln entdecken, die hierfür einschlägig sind? Sie wird zunächst *alle* sprachlichen Ausdrücke sammeln, die die Eingeborenen tatsächlich verwenden oder disponiert sein könnten zu verwenden. (Vergessen wir nicht: Die Linguistin kann beliebig viele Daten erheben!) Um das Chaos dieser verbalen Masse zu bändigen, wird sich die Linguistin eine (vermutlich rekursive) Theorie zurechtlegen, die zeigt, nach welchen Regeln sich wohlge- Syntax

[13] Dass man im naturalistischen Geiste *geschriebene* Zeichen nach genau denselben Kriterien typisieren kann wie alle anderen Objekte, die uns so in der Welt begegnen, begründe ich ausführlicher in [ZZ], Abschnitt III. Dort verteidige ich die Ansicht, dass uns das Verhältnis von Tokens zu Typen keine anderen Geheimnisse aufgibt als das Verhältnis von Elementen zu Klassen.

[14] Ich kann offenlassen, ob die ersten Tokens, die unsere Linguistin sammelt, Buchstaben-, Wort- oder Satz-Tokens sind. Wenn die Linguistin nicht auf der Ebene der kleinsten Einheiten anfängt (bei den „Buchstaben"), dann mag sie sie durch Abstraktion aus den grösseren Einheiten gewinnen: ein Detail, das im folgenden keine Rolle spielen wird.

formte komplexe Ausdrücke aus atomaren Bestandteilen formen lassen. Wie kann sie diese Theorie testen? Einfach: Sie legt ihren Gewährsleuten nie dagewesene Ausdrücke vor, die der Theorie zufolge wohlgeformt sein sollten, und wartet die Reaktion ab. Sie könnte den fraglichen Ausdruck beispielsweise aus dem Munde eines Neugeborenen verlauten lassen; wenn die begeisterten Eltern mit Zuckerbrot reagieren, darf sich die Linguistin in ihrer syntaktischen Theorie bestätigt fühlen.[15] Man könnte das Thema vertiefen; ich möchte es bei diesen wenigen, groben Pinselstrichen bewenden lassen.

Das assertorische Sprachspiel

§ 5.11. Denn die Probleme fangen erst an. Beim augenblicklichen Stand der Dinge kann die Linguistin nicht einmal Urwald-Befehle von Urwald-Behauptungen unterscheiden! Ich werde gleich ein Kriterium vorschlagen, von dem ich hoffe, dass es der Liniguistin ermöglicht, die uns interessierenden assertorischen Sprachverwendungen zu erkennen. Mithilfe des Kriteriums sollen sich zunächst allein aufgrund syntaktisch-struktureller Merkmale drei Sorten von Spielzügen im assertorischen Sprachspiel[16] feststellen lassen: (i) Behauptungssatz, (ii) Satzfrage und (iii) Zustimmung bzw. Ablehnung.[17]

Bevor ich das Kriterium formuliere, möchte ich erklären, warum ich mich vorsichtig ausgedrückt und gesagt habe, dass ich *hoffe*, dass das Kriterium funktioniert. Mein erster Grund liegt darin, dass das Kriterium nur zu funktionieren scheint, wenn bestimmte Annahmen darüber zutreffen, was Sprachgemeinschaften in erster Linie mit ihren sprachlichen Verlautbarungen zu tun pflegen; wer das Kriterium kritisieren möchte, braucht also nur diese Annahmen zu

---

[15] Es kommt mir hier nicht darauf an, ob es nur eine, „richtige" syntaktische Theorie der Eingeborenensprache gibt: Im Innern mögen sich verschiedene solche Theorien stark unterscheiden, indem sie etwa andere Arten von Ausdrücken unterhalb der Ebene der kompletten wohlgeformten Äusserung postulieren (so auch Quine [PoT]:49). Diese Unterschiede können wir vernachlässigen; uns geht es nur um den richtigen Output der syntaktischen Theorie, so dass die wohlgeformten sprachlichen Ausdrücke vom sinnlosen Kauderwelsch getrennt werden können. Wie die Trennung zustandekommen mag, braucht uns nicht zu interessieren.

[16] Ich leihe mir Wittgensteins *Wort*, ohne mich auf alle Details von Wittgensteins *Begriff* des Sprachspiels verpflichtet zu fühlen.

[17] Wenn überhaupt, kümmert sich die einschlägige Literatur nur um die Identifikation von Zustimmung und Ablehnung; wie sich unter den Bedingungen der radikalen Übersetzung Behauptungs- und Fragesätze erkennen lassen, ist eine weitgehend unbehandelte Frage.

hinterfragen. Und da ich nicht allein die existierenden Sprachgemeinschaften im Blick haben möchte, sondern auch denkbare Sprachgemeinschaften, lässt sich ein solcher Streit nicht empirisch schlichten. Obwohl ich glaube, dass ich mit den fraglichen Annahmen recht habe, sind sie nicht leicht zu begründen – daher die Vorsicht. Das wird mich sogar dazu bewegen, meine syntaktischen Kriterien um eine semantische *ex-post*-Betrachtung zu ergänzen (s.u. § 5.19).

Der zweite Grund für meine Vorsicht hängt damit zusammen, dass mein Explikationsprojekt keinen Schaden zu nehmen braucht, falls das Kriterium nicht funktioniert. Falls es nicht funktioniert, kann ich immer noch Philosophen wie Donald Davidson folgen und mich darauf zurückziehen, dass die Linguistin die urwaldsprachlichen Zeichen zumindest so weit versteht, dass sie weiss, welche Äusserungen als Zeichen für Zustimmung bzw. Ablehnung, Behauptung und Satzfrage verwendet werden.[18] Ihr stünde damit der Weg zu empirischem Wissen über minimale kommunikative Intentionen der Eingeborenen offen: zu psychologischem Beobachtungswissen, dessen Voraussetzung nicht unbedingt mit der naturalistischen Methodologie in Konflikt geraten muss, für die ich im letzten Kapitel plädiert habe. Wenn wir der Linguistin solches Wissen zugestehen, setzen wir keine genuin *semantischen* Vorkenntnisse voraus (zumindest keine vollblütig semantischen Vorkenntnisse). Denn das Wissen um minimale kommunikative Intentionen umfasst keine Kenntnis des propositionalen Gehalts von urwaldsprachlichen Äusserungen, d.h. keine Kenntnisse dessen, was die Eingeborenen *meinen*, wenn sie irgendwelche Geräusche zum Zweck der Kommunikation von sich geben. Falls wir der Linguistin also notfalls Beobachtungswissen hinsichtlich der Kommunikationsintentionen zugestehen, sind wir damit die Last der Erklärung des semantischen Vokabulars nicht losgeworden (§ 4.10 – § 4.11). Unsere Erklärungen werden selbst unter der ins Auge gefassten Voraussetzung nicht trivial oder zirkulär ausfallen. Aus der Sicht der Linguistin stellt sich die Lage nämlich wie folgt dar: Ohne zunächst irgendwelche Inhalte zu verstehen, beobachtet die Linguistin das sprachliche Verhalten der Eingeborenen, denen sie nur minimale kommunikative Intentionen zuschreiben kann – sie weiss nur, *dass* die Eingeborenen ihr et-

---

[18] Cf. Davidson [RI]:135. Davidson redet dort zwar nur über Zustimmung und Ablehnung, aber sein gesamtes Projekt zeigt, dass er ebenfalls die Vorkenntnis jener urwaldsprachlichen Äusserungen voraussetzen muss, auf die der Sprecher sinnvollerweise zustimmend oder ablehnend reagieren kann.

was zu verstehen geben möchten, ohne zu wissen: was. Und unsere Erklärungen des semantischen Vokabulars werden ihr zu diesem zusätzlichen Wissen verhelfen, sofern sie genug (aussersemantische) Beobachtungen sammelt.

Man sieht also, dass unsere naturalistische *Methodologie* gewahrt bliebe, wenn die Linguistin von Anbeginn die minimalen kommunikativen Intentionen der Eingeborenen als solche erkennen könnte: ihr Projekt bliebe ein nicht-triviales, empirisches Unterfangen.

Mit den weitergehenden *ontologischen* Ambitionen, die ein Naturalist hegen könnte, verträgt sich ein solches Zugeständnis allerdings nicht. Denn die Linguistin müsste ja einen irreduziblen Begriff der Intention zur Kommunikation voraussetzen: und damit könnte Sprache nicht mehr als Teil von etwas Umfassenderem, Aussersprachlichem verstanden werden (§ 4.13).

Daher lohnt es sich, ein funktionierendes Kriterium zur Identifikation von assertorischen Sprachspielzügen aufzutun. Nur dann können die später folgenden Explikationen auch die ontologischen Hoffnungen von Naturalisten befriedigen. Wohlgemerkt, mein Projekt hängt von der Befriedigung dieser Hoffnungen nicht ab – gleichwohl wäre es ein schönes Ergebnis, wenn sie erfüllt werden könnten.

Überblick

§ 5.12. Es ist an der Zeit, das versprochene Kriterium endlich vorzuführen. Hierzu werde ich in drei Schritten vorgehen. Zuallererst werde ich eine notwendige Bedingung dafür formulieren, dass gewisse Sorten von Urwaldäusserungen überhaupt als Behauptung, Satzfrage, Zustimmung oder Ablehnung infrage kommen (§ 5.13 – § 5.14). Diese Bedingung wird rein strukturell sein und auch auf Gruppen von Sprachspielzügen zutreffen, die nichts mit der Aktivität des Behauptens, Fragens, Zustimmens und Ablehnens zu tun haben (§ 5.15 – § 5.16). Daher werde ich im zweiten Schritt genau eine Gruppe der noch im Spiel befindlichen Urwaldäusserungen aussondern (§ 5.17). *Wenn* eine bestimmte Annahme darüber zutrifft, wozu Sprachgemeinschaften ihre Verlautbarungen in erster Linie benutzen, dann ergibt diese zweite Bedingung (zusammen mit der ersten) eine hinreichende Bedingung für das Vorliegen des assertorischen Sprachspiels. Im dritten Schritt (§ 5.19 – § 5.20) wird das Erreichte durch eine *ex-post*-Betrachtung abgesichert. Die Linguistin wird nämlich – *relativ* zu der Hypothese, dass sie das assertorische Sprachspiel entdeckt hat – mit ihrem eigentlichen linguisti-

schen Projekt anfangen. Wenn sie mit passablen semantischen Untersuchungsergebnissen aufwarten kann, so bestätigt dies *nachträglich* ihre Hypothese; wenn sie dagegen keine stabilen semantischen Eigenschaften an den Äusserungen der Eingeborenen zu entdecken vermag, dann muss sie ihre ursprüngliche Hypothese verwerfen und erneut nach dem assertorischen Sprachspiel suchen. Erst wenn sie auch im dritten Schritt Erfolg hat – so meine endgültige Definition –, können die nach dem zweiten Schritt in den Blick genommenen Urwaldäusserungen wirklich als assertorische Sprachspielzüge angesehen werden.

Bevor wir uns den Details zuwenden, möchte ich eine Vorbemerkung machen. Das Kriterium wird zunächst nur für Behauptungen bzw. Fragen über *beobachtbare* Sachverhalte funktionieren. Das liegt daran, dass im ersten Schritt ein *kausaler* Zusammenhang zwischen der Wahrnehmung des Sprechers und seiner Reaktion auf die Satzfrage gefordert wird. Dieser kausale Zusammenhang fehlt bei Behauptungen bzw. Fragen, die sich nicht auf beobachtbare Sachverhalte beziehen. Dass wir zu Anfang nur eine Teilmenge all jener urwaldsprachlichen Äusserungen bekommen werden, auf die wir es abgesehen haben, schadet nicht. Die Beschränkung der Allgemeinheit lässt sich später leicht beheben.[19]

§ 5.13 Zu den Details. Beginnen wir – erster Schritt – mit der notwendigen strukturellen Bedingung. Es gebe unter den syntaktisch einwandfreien Urwaldäusserungen eine Teilmenge B (deren Elemente als Behauptungssätze vermutet werden) und eine Teilmenge F (deren Elemente als Satzfragen vermutet werden). Ausserdem gebe es eine (vermutlich recht kurze) Urwaldäusserung z (das vermutete Zeichen für Zustimmung) und eine Urwaldäusserung a (das vermutete Zeichen für Ablehnung). z und a seien verschieden. Für die vermuteten Fragen f aus F gelte folgendes: Satzfragen

(i) Wenn dem Eingeborenen in einer bestimmten Wahrnehmungssituation die Äusserung f vorgelegt würde, so wäre er – aufgrund dessen, was er wahrnimmt – dazu disponiert, entweder auf f mit a (dem vermuteten Zeichen für Ablehnung) oder mit z (dem vermuteten Zeichen für Zustimmung) zu reagieren – oder aber er wäre zum Schwei-

[19] S.u. Fussnoten 32 und 34 in § 5.20.

gen disponiert (was als Zeichen für Urteilsenthaltung vermutet wird).

Dies soll als reine Kausalaussage verstanden werden! Wahrnehmung plus Präsentation von f *verursachen* entweder die Reaktion a oder die Reaktion z (oder die schweigende Reaktion[20]). Solche Kausalaussagen können – im Prinzip – von einem allwissenden neurophysiologischen Assistenten unserer Linguistin überprüft werden.

Das Kriterium lässt zwei Fragen offen. Erstens: Woher wissen wir, dass die Urwaldäusserungen f aus F wirklich Satzfragen sind? Und zweitens: Woher wissen wir, welche der beiden Reaktionen a bzw. z für Zustimmung und welche für Ablehnung steht? Denn bislang ist unsere Charakterisierung für a und z symmetrisch. Wie sich zeigen wird, ist dies Problem – im Vergleich zur ersten Frage – harmlos. Denn nehmen wir einmal an, wir hätten die Satzfragen identifiziert. Dann können wir folgendermassen weitergehen. Satzfragen stehen, so ist zu vermuten, in einer festen syntaktischen Beziehung zu den Behauptungssätzen, denen sie korrespondieren. Wenn die Linguistin also zusätzlich weiss, wie sich Urwaldbehauptungen und Urwaldsatzfragen ineinander umwandeln lassen, dann braucht sie nur irgendeine spontane Behauptung ihres Gewährsmanns abzuwarten und kann ihm sogleich die korrespondierende Satzfrage vorsetzen. Sie kann darauf rechnen, dass der Eingeborene die Behauptung, die er selber soeben ausgesprochen hat, auf Nachfrage *bejahen* wird. Und dann ist die beobachtete Reaktion des Eingeborenen, die vor diesem Experiment entweder als Zustimmung oder Ablehnung hatte verstanden werden können, eindeutig als Zeichen der Zustimmung dechiffriert.[21]

Vorausgesetzt ist hierfür zweierlei. Erstens musste die Linguistin die vermuteten Behauptungssätze und Satzfragen syntaktisch ineinander überführen können;[22] zweitens musste sie wissen, dass die Elemente f aus F tatsächlich Satzfragen sind und dass die Elemente

[20] Ich werde diesen Zusatz von nun an nur erwähnen, wenn er wichtig wird.

[21] So auch Quine [WO]:29 und [IoTA]:6.

[22] Insbesondere ist vorausgesetzt, dass beim syntaktischen Übergang von Behauptungssätzen zu Satzfragen nicht etwa systematisch ein Negationszeichen eingeschmuggelt wird. (Sonst würden Zustimmung und Ablehnung genau vertauscht). Eine der Pointen meiner Überlegungen besteht darin, dass wir diese Voraussetzung später gefahrlos vergessen können. Unsere Definitionen der semantischen Begriffe werden ihr gegenüber invariant sein. D.h. sie werden genau denselben Gehalt bekommen, den sie bekommen hätten, falls beim syntaktischen Übergang ein Negationszeichen eingeschmuggelt würde. Wenn ich damit recht habe, brauchen wir nicht

b aus B wirklich Behauptungssätze sind. (Es könnten ja auch Spielzüge in un-assertorischen Sprachspielen sein).

Vom Satz zur Frage

§ 5.14. Woher soll die Linguistin diese beiden Voraussetzungen nehmen? Beginnen wir mit der ersten Voraussetzung, um uns noch eine Weile in den ruhigen Gewässern der Syntax aufzuhalten. Die Elemente b aus der Menge der vermuteten Urwaldbehauptungen sollten in einer festen syntaktischen Beziehung τ zu den vermuteten Satzfragen f aus F stehen.[23] Die gesuchte Beziehung τ kann nun nicht einfach nur *irgendeine* Bijektion von B nach F sein (d.h. sie kann nicht einfach irgendeine Abbildung sein, die in beiden Richtungen eindeutige Zuordnungen herstellt). Denn eine solche Bijektion wird man immer finden können.[24] Vielmehr muss die gesuchte Bijektion eine Zuordnung mit besonderen Eigenschaften sein. τ sollte ein *syntaktischer Operator* sein, d.h. in unserem Fall: Die einer Behauptung b korrespondierende Satzfrage f = τ(b) soll sich immer durch ein und dieselbe Abfolge syntaktischer Umformungen aus b ergeben. Ein etwas künstliches Beispiel für eine solche Abfolge von Schritten könnte so aussehen:

1. Beseitige das erste Zeichen von b.[25]
2. Schreibe ans Ende der so entstandenen Zeichenkette ein Fragezeichen.[26]

so pessimistisch zu sein wie zuweilen Quine und zu behaupten, dass schon die Möglichkeit der „dualen" Identifikation von Zustimmung und Ablehnung eine „analytische Hypothese" einführe (so Quine in [oRfI]:181n2) und uns dadurch geradewegs in die Unbestimmtheit der Übersetzung leite (und dann wohl auch in eine Unbestimmtheit aller anderen semantischer Begriffe). Denn meinem Verfahren zufolge führen die beiden konkurrierenden Möglichkeiten zu ein und derselben Übersetzung. So kann Masseys duales Alternativ-Manual d aus [IIOR]:50-52 durch mein Verfahren ausgeschlossen werden. Mehr dazu s.u. in der Fussnote 2 zu § 6.2.

23 In [WO] setzt der sonst so strenge Quine überraschenderweise voraus, dass die Linguistin diesen syntaktischen Übergang problemlos meistern kann. (Cf. [WO]:29).

24 B und F sind vermutlich abzählbar unendlich gross, also gleich mächtig.

25 Wir wollen annehmen, dass alle b aus B mit ein und demselben Zeichen anfangen: mit einem Urwald-Urteilsstrich.

26 Es ist klar, dass beide Schritte nur für eine formale Sprache funktionieren, die man sich leicht ausdenken kann. Wir wären der deutschen Syntax nähergekommen, wenn wir die komplizierteren Regeln angegeben hätten, nach denen sich Verbposition und Tonfall verändern, wenn man im gesprochenen Deutschen von einem Behauptungssatz zur korrespondierenden Satzfrage übergeht.

Nach dieser – zugegebenermassen: – intuitiven Erläuterung dessen, was syntaktische Operatoren leisten, können wir von assertorischen Sprachspielen die Erfüllung folgender strukturellen Bedingung verlangen:

(5.9) Ein Quadrupel <B, F, a, z> aus zwei Mengen urwaldsprachlicher Äusserungen B und F und zwei verschiedenen, kurzen Äusserungen a und z kann nur dann ein assertorisches Sprachspiel mit Behauptungen b aus B, Satzfragen f aus F, Ablehnung a und Zustimmung z sein, wenn gilt:

(i) Für alle f aus F gilt: Wenn dem Eingeborenen in einer bestimmten Wahrnehmungssituation die Äusserung f vorgelegt würde, so wäre er – aufgrund dessen, was er wahrnimmt – dazu disponiert, entweder auf f mit a oder mit z zu reagieren.

(ii) Es gibt einen syntaktische Operator τ, der die Elemente b aus B eindeutig in Elemente f aus F überführt.

(iii) Wann immer der Eingeborene unter gewissen Wahrnehmungsbedingungen ein b aus B verlauten lässt, ist er disponiert, die korrespondierende Äusserung f = τ(b) aufgrund derselben Wahrnehmung mit der Reaktion z zu quittieren.

Das Gewinn-Sprachspiel

§ 5.15 Damit haben wir den angekündigten ersten Schritt zur Identifikation des assertorischen Sprachspiels vollzogen. Zwei weitere Schritte werden folgen müssen. Denn die drei Bedingungen (i)-(iii) reichen allein nicht hin, um sicherzustellen, dass die Linguistin ein assertorisches Sprachspiel entdeckt hat. Um dies zu zeigen, werde ich ein deutsches Konkurrenz-Sprachspiel angeben, das die strukturellen Bedingungen (i) bis (iii) erfüllt und trotzdem nichts mit dem Austausch von Fragen und Behauptungen zu tun hat: das Gewinn-Sprachspiel irgendwelcher Spielshows im Fernsehen.

In diesem alternativen Sprachspiel stehe z für den erfreuten Ausruf:

Oh, wie schön!

Das Zeichen a drücke Enttäuschung aus:

Ach, wie schade!

Hier sind ein paar Beispiele für Sprachspielzüge f aus F:

(5.10) Sie haben folgenden Preis gewonnen: Ihnen gehört alles, was sich hier auf der Bühne befindet und rosarot ist.

(5.11) Sie haben folgenden Preis gewonnen: Ihnen gehören alle Stofftiger, die Sie soeben sehen können.

(5.12) Sie haben folgenden Preis gewonnen: Ihnen gehören alle Musikinstrumente, die Sie im Augenblick hören können.

Kein Zweifel: Wenn ein deutscher Sprecher die Äusserung (5.10) vernimmt, wird er entweder enttäuscht mit a (‚Ach, wie schade!') oder erfreut mit z (‚Oh, wie schön!') reagieren – und zwar in Abhängigkeit davon, was er gerade auf der Bühne wahrnimmt: Sieht er einen rosaroten Rolls-Royce, wird er sich freuen und *aufgrund* dieser Wahrnehmung ‚Oh, wie schön' sagen. Sieht der Kandidat dagegen nur neunundneunzig rosarote Luftballons, wird er enttäuscht sein und entsprechend reagieren. Analog steht es im Fall der Äusserungen (5.11) und (5.12).

Damit ist in allen drei Fällen die Bedingung (i) (die erste unserer drei notwendigen Bedingungen aus (5.9)) erfüllt. Die anderen beiden Bedingungen verlangen die Existenz passender b aus B, die den f aus F vermöge eines Operators τ syntaktisch korrespondieren. Hier sind drei Sätze, aus denen unsere ursprünglichen Sätze (5.10)-(5.12) auf ersichtliche Weise (durch ein und denselben syntaktischen Algorithmus) hervorgegangen sind:

(5.10*) Ich würde mich freuen, wenn ich alles gewinnen würde, was sich hier auf der Bühne befindet und rosarot ist.

(5.11*) Ich würde mich freuen, wenn ich alle Stofftiger gewinnen würde, die ich soeben sehen kann.

(5.12*) Ich würde mich freuen, wenn ich alle Musikinstrumente gewinnen würde, die ich im Augenblick hören kann.

Man überzeugt sich leicht, dass mit dieser Wahl für B beide Bedingungen (ii) und (iii) aus (5.9) erfüllt sind.

Aus diesem Beispiel ergibt sich: Die drei Bedingungen (i)-(iii) in (5.9) mögen notwendig dafür sein, dass eine entsprechend strukturierte Gruppe von Äusserungen <B, F, z, a> ein assertorisches Sprachspiel bildet; hinreichend sind sie dafür nicht.

§ 5.16. Welche Bedingung müssen wir hinzufügen, um das assertorische Sprachspiel eindeutig herauszugreifen? Man könnte hoffen, das ausgemalte Alternativ-Sprachspiel durch Beobachtung des Nachspiels der jeweiligen Äusserungen auszuschalten. Wenn die Äusserungen f aus F Spielgewinne verkünden sollen, dann dürfte sich am Ende der Show die Auszahlung der Preise beobachten lassen.

Selbst wenn wir das Gewinnsprachspiel loswerden könnten, wäre nicht viel erreicht. Weitere unerwünschte Alternativen sind schnell zur Hand. Vielleicht sind z und a Zeichen der Billigung bzw. Missbilligung, die von den Urwaldregeln der Höflichkeit diktiert werden. Das Zeichen a bedeutete dann soviel wie:

(5.13) Unter diesen Beobachtungsumständen zu sagen, was Du gesagt hast, schickt sich nicht!

Und z wäre Ausdruck von Lob dafür, dass die Regeln der Etikette akkurat beachtet worden sind. Es liegt auf der Hand, wie man im Deutschen B und F wählen muss, um wiederum alle Bedingungen (i)-(iii) aus (5.9) zu erfüllen. Und es wäre ein leichtes, sich weitere Alternativen zum assertorischen Sprachspiel auszudenken, die den Bedingungen genügen. Wenn wir nun *alle* denkbaren Alternativen ausschalten möchten, müssen wir uns demnach stärkere Mittel einfallen lassen, als sie von irgendwelchen Spezialkriterien gegen das Gewinn-Sprachspiel geboten werden. Am schönsten wäre es, wenn wir unser Kriterium so formulieren könnten, dass es in jeder Sprachgemeinschaft automatisch auf genau (oder doch höchstens:) *ein* Quadrupel <B, F, a, z> zutrifft.

Das meist-gespielte Sprachspiel

§ 5.17. Wir suchen mithin eine Kennzeichnung. Wer je sein Hirn nach treffenden Beispielen für Kennzeichnungen durchforstet hat, dem ist bestimmt aufgefallen, wie gut sich Superlative dazu eignen, genau ein Objekt herauszugreifen. Hier sind drei Beispiele für dies Phänomen:

Der schwerste Tiger.
Die meistbenutze Kreditkarte Deutschlands.
Der hellste Stern am Nachthimmel.

Versuchen wir es auch in unserem Fall mit einem Superlativ. Welches Charakteristikum kommt dem assertorischen Sprachspiel im Vergleich mit Konkurrenz-Sprachspielen am stärksten zu?

Ich behaupte: Verglichen mit irgendwelchen anderen Sprachspielen, die unsere drei strukturellen Bedingungen (i)-(iii) aus (5.9) gleichfalls erfüllen, wird das assertorische Sprachspiel mit Abstand *am häufigsten* gespielt.[27] Wir bejahen bzw. verneinen Satzfragen häufiger, als dass wir uns über Spielgewinne erfreut bzw. enttäuscht zeigen oder dass wir das Gesagte unter dem Aspekt der Höflichkeit kommentieren. Im Vergleich mit irgendwelchen denkbaren Alternativ-Sprachspielen ist das assertorische Sprachspiel universell: Es durchzieht all unsere Lebensbereiche; jedes Thema kann zum Gegenstand von Behauptung, Satzfrage, Zustimmung oder Widerspruch werden; und die assertorischen Sprechakte sind zur Koordination unserer sonstigen Aktivitäten bei weitem am wichtigsten.

Wenn ich damit recht habe, dürfte es unserer aussersemantisch allwissenden Linguistin leichtfallen, das assertorische Sprachspiel im Urwald zu entdecken. Zuerst erstellt sie eine Liste all jener Sprachspiele, die unsere Bedingungen (i)-(iii) aus (5.9) erfüllen. Dann verfolgt sie die urwaldsprachliche Kommunikation unter rein quantitativem Aspekt: Sie zählt alle Verlautbarungen der Eingeborenen. Und dann gewinnt das Sprachspiel mit den meisten beobachteten Sprachspielzügen. Diese quantitative Bedingung stellt den zweiten Schritt in Richtung auf die Explikation des Begriffs vom assertorischen Sprachspiel dar.

Zwar meine ich, dass es gute Gründe für die Hoffnung gibt, dass die Linguistin mit dem ins Auge gefassten Verfahren das assertorische Urwald-Sprachspiel zu entdecken vermag. Denn es gibt gute Gründe für die Annahme, die dieser Hoffnung zugrundeliegt: also Gründe dafür, anzunehmen, dass das assertorische Sprachspiel von den Eingeborenen am allerhäufigsten gespielt wird.[28]

Überlegungen zur kulturellen Evolution beispielsweise sprechen für diese Annahme. Gruppen von Menschen, die mithilfe des assertorischen Sprachspiels Informationen auszutauschen wissen und einander an Beobachtungen teilhaben lassen können, die nicht jedes einzelne Gruppenmitglied neu zu eruieren hat, dürften besser für den „Kampf ums Dasein“ gerüstet gewesen sein als ihre sprachlosen Konkurrenten oder auch als jene Konkurrenten, die – anstelle von

[27] Auch Quine greift (in [WO]:29) *en passant* auf Überlegungen zur Häufigkeit der Zeichen für Zustimmung und Ablehnung zurück.

[28] Man beachte, dass durch die Häufigkeitsüberlegung willkürlich zwischen den beiden (in der Fussnote 22 oben in § 5.13 erwogenen) dualen Möglichkeiten entschieden wird, welches der beiden Zeichen a und z als Zeichen für Zustimmung und welches als Zeichen für Ablehnung aufzufassen ist. Dass diese Willkür nicht schadet, da die umgekehrte Zuordnung von Zustimmung und Ablehnung zu genau derselben semantischen Charakterisierung urwaldsprachlicher Behauptungssätze führt, werden wir unten in der Fussnote 2 zu § 6.2 sehen.

Behauptungen – in erster Linie Kommentare zur Etikette oder über Spielgewinne austauschen. Zumindest im Tier/Mensch-Übergangsfeld sollte das assertorische Sprachspiel (oder eine Vorform davon) am häufigsten vorgekommen sein. Auch für spätere Phasen der kulturellen Entwicklung dürfte die Annahme der Universalität des assertorischen Sprachspiels zutreffen: Je differenzierter eine Gruppe von Menschen ihr gemeinsames Leben organisiert, desto stärker ist sie auf den Austausch von Informationen angewiesen, wie ihn nur das assertorische Sprachspiel ermöglicht.

Keine Definition

§ 5.18. Selbst wenn also viel dafür spricht, dass das vorgeschlagene Kriterium *de facto* gut funktionieren wird, haben wir nicht erklärt, was es *heissen* soll, dass eine gegebene Äusserung einen Zug im assertorischen Sprachspiel darstellt. Wir haben ein Kriterium gegeben, keine Definition. Und wir dürfen unser Kriterium nicht zur Definition des Begriffs des assertorischen Sprachspiels verwenden. Wenn wir es dafür verwendeten, dann legten wir uns nicht nur darauf fest, dass die meisten Äusserungen *tatsächlich* zum assertorischen Sprachspiel gehören; wir legten uns zusätzlich darauf fest, dass dies notwendigerweise – *per definitionem* – so sein muss. Denn eine solche Definition führte zu folgender Folgerung:

(5.14) Es ist nicht möglich, dass in einer Sprachgemeinschaft irgendein anderes Sprachspiel häufiger gespielt wird als das assertorische Sprachspiel.

Und diese Behauptung geht zu weit. Wieso sollte es beispielsweise nicht möglich sein, dass der Eingeborenenstamm die Nahrungsmittelproduktion automatisiert hat, also keinerlei lebensnotwendige Aktivität koordinieren muss und sich stattdessen ausschliesslich der Freude an Spiel-Shows hingibt? Ein Volk, das sein Leben im kollektiven Freizeitpark verbringt, muss nicht sonderlich viele assertorische Sprachspielzüge verlautbaren lassen. Enttäuschung bzw. Freude über Spielgewinne könnten die langweiligeren Zeichen für Zustimmung und Ablehnung verdrängt haben.

Wo es also Brot und Spiele fürs Volk gibt, muss unsere Annahme nicht zutreffen. Und damit können wir unser Kriterium nicht als *Definition* dessen heranziehen, was Behauptung, Satzfrage, Zustimmung bzw. Ablehnung sind. Was mit diesen vier Begriffen gemeint ist, haben wir bislang nicht explizieren können. Damit wird der angekündigte dritte Schritt in Richtung auf die gesuchte Explikation nötig.

Übersetzungserfolg

§ 5.19. Meiner Ansicht nach führt uns folgende Überlegung doch noch zum Erfolg. Gesetzt, die Linguistin findet das meistgespielte Sprachspiel mit assertorischer Struktur (wie in (i)-(iii) definiert). Dies berechtigt sie zunächst einmal zur Annahme, das assertorische Sprachspiel entdeckt zu haben. Unter dieser Annahme wird sie versuchen, urwaldsprachliche Behauptungen und Satzfragen in ihre eigene Sprache zu übertragen.[29] (Wie dies im Fall von Sätzen über beobachtbare Sachverhalte geschehen könnte, werden wir im nächsten Kapitel überlegen).

Zwei Fälle können eintreten: *Entweder* findet die Linguistin plausible metasprachliche Übersetzungen der meisten urwaldsprachlichen Behauptungen und Satzfragen – also Übersetzungen, die es ihr *verständlich* machen, warum die Eingeborenen so handeln und reden, wie sie es tun.[30] Dann gibt es keinen Grund gegen die Annahme, dass die übersetzten verbalen Verlautbarungen dem assertorischen Sprachspiel angehören.

Oder aber – zweiter Fall – es gelingt der Linguistin nicht, in die vermuteten Behauptungen und Satzfragen Sinn hineinzulesen. Dann sollte sie die Hypothese verwerfen, dass sie das assertorische Urwaldsprachspiel schon entdeckt hat.[31] Sie muss ihr Übersetzungsprojekt noch lange nicht aufgeben. Vielmehr sollte sie sich die zweitgrösste Gruppe von Äusserungen mit assertorischer Struktur vornehmen und zu übersetzen suchen. Hat sie diesmal Erfolg und

[29] Oder sie wird – falls sie es nicht auf den Übersetzungsbegriff abgesehen hat, sondern auf irgendwelche anderen semantischen Begriffe – diese anderen semantischen Begriffe stabil auf die Äusserungen ihrer Gewährsleute anzuwenden suchen. Ich werde oben im Text in diesem Zusammenhang allein um der Anschaulichkeit willen immer von erfolgreicher Übersetzung reden. Die richtigere Formulierung „stabile Anwendung irgendwelcher semantischer Begriffe auf die urwaldsprachlichen Äusserungen" ist zu allgemein, als dass sie das Verständnis des Punktes erhellen würde. – Die Rede von Übersetzung oben im Text verträgt sich übrigens gut mit meiner in § 5.6 verkündeten Zurückhaltung gegenüber dem Wunsch, einen allgemeinen Übersetzungsbegriff einzuführen. Denn im Augenblick geht es nur um solche Sätze, die von Beobachtbarem handeln. Dass man für solche Sätze einen Übersetzungsbegriff angeben kann, habe ich oben nicht in Abrede gestellt.

[30] Auch diese Formulierung geht um der Anschaulichkeit willen zu weit; sie appelliert an einen semantisch vorbelasteten Begriff von „Verständlichkeit". Wie lässt sich das vermeiden? Im allgemeinen Falle anderer Begriffe als des Übersetzungsbegriffs (siehe vorige Fussnote) muss nicht von Verständlichkeit geredet werden. (Z.B. könnte die Linguistin die urwaldsprachlichen analytischen Sätze ermitteln, ohne sie zu verstehen). Am Ende geht es nur darum, ob die später zu definierenden semantischen Begriffe stabil angewendet werden können, ob sie also das verbale Verhalten der Eingeborenen überhaupt zu beschreiben erlauben.

[31] So auch Quine [WO]:30, allerdings nur hinsichtlich der Identifikation von Zustimmung und Ablehnung.

vermag sie den nun betrachteten Äusserungen assertorischen Sinn abzugewinnen, der ihr einleuchtet, so spricht nichts gegen die Annahme, dass sie das assertorische Sprachspiel doch noch entdeckt hat. Im Fall eines erneuten Fehlschlages sollte sie das dritthäufigste Sprachspiel mit assertorischer Struktur in den Blick nehmen, danach das vierthäufigste usw. Entweder endet dieser Prozess mit einer befriedigenden assertorischen Übersetzung urwaldsprachlicher Äusserungen. Dann hat die Linguistin das assertorische Sprachspiel ausfindig gemacht. Oder der Prozess bricht erfolglos ab: Dann wird sich die Lingusitin fragen, ob die Eingeborenen wirklich miteinander *sprechen*, wenn sie die fraglichen Geräusche verlauten lassen? Vielleicht produzieren die Eingeborenen jene Geräusche zufällig, oder aus ästhetischer Freude am Schall – oder um die Linguistin zu irritieren. Es gibt dann keinen Grund, hinter den Geräuschen irgendwelche Satzfragen oder Behauptungen zu vermuten.

Die endgültige Definition

§ 5.20. Fassen wir das Gesagte in einer eigenen Definition zusammen:

D5.1 Ein Quadrupel <B, F, a, z> aus zwei Mengen urwaldsprachlicher Äusserungen B und F und zwei verschiedenen, kurzen Äusserungen a und z ist genau dann ein <u>assertorisches Sprachspiel</u> [hinsichtlich beobachtbarer Sachverhalte[32]] mit <u>Behauptungen</u> b aus B, <u>Satzfragen</u> f aus F, <u>Ablehnung</u> a und <u>Zustimmung</u> z, wenn gilt:

(i) Für alle f aus F gilt: Wenn dem Eingeborenem in einer bestimmten Wahrnehmungssituation die Äusserung f vorgelegt würde, so wäre er – aufgrund dessen, was er wahrnimmt – dazu disponiert, entweder auf f mit a oder mit z (oder mit Schweigen) zu reagieren.

(ii) Es gibt einen syntaktischen Operator τ, der die Elemente b aus B eindeutig in Elemente f aus F überführt.

(iii) Wann immer der Eingeborene unter gewissen Wahrnehmungsbedingungen ein b aus B verlauten lässt, ist er disponiert, die Äusserung $f = \tau(b)$ aufgrund derselben Wahrnehmung mit der Reaktion z zu quittieren.

(iv) Die Linguistin kann ihren eigenen Satzfragen bzw. Behauptungssätzen die Äusserungen f aus F bzw. b aus B zuordnen.[33]

[32] Siehe übernächste Fussnote.

[33] Die im Lichte der beiden Fussnoten 29 und 30 in § 5.19 angemessene Formulierung dieser Bedingung lautet:

(v) <B, F, a, z> ist das meistgespielte Sprachspiel der betrachteten Sprache mit den Eigenschaften (i) bis (iv).[34]

Das ist mein endgültiger Vorschlag zur naturalistischen Reduktion der Begriffe von Zustimmung, Ablehnung, Behauptung und Satzfrage. Um den Stellenwert dieses Vorschlags für den weiteren Verlauf unseres Explikationsprojekts ins rechte Licht zu rücken, möchte ich ihn unter drei Aspekten kommentieren.

§ 5.21. Der *erste Kommentar* betrifft einen naheliegenden Einwand gegen D5.1: Bevor wir zusätzlich zu den drei strukturellen Bedingungen (i)-(iii) und zusätzlich zur Häufigkeitsbedingung (v) den Übersetzungserfolg gefordert haben, hatten wir ein Kriterium, dessen faktische Tauglichkeit zur Identifikation des assertorischen Sprachspiels ich nicht bestritten habe; ich habe lediglich bestritten, dass das Kriterium zum Zweck der Definition taugt. Und begründet habe ich dies damit, dass eine solche Definition gewisse, auf den ersten Blick denkbare Sprachgemeinschaften verbietet – was selbst dann unplausibel ist, wenn das Kriterium *de facto* immer einwandfrei funktioniert (§ 5.18).

Ein Einwand

Lässt sich dieser Punkt nicht genauso gegen unsere neue Definition D5.1 vorbringen? Schliesst also D5.1 die Möglichkeit von Sprachgemeinschaften aus, die wir uns gleichwohl glauben vorstellen zu können?

(iv*) Die Linguistin kann ihr (im Lauf dieser Arbeit zu explizierendes) Arsenal der semantischen Begriffe erfolgreich zur stabilen Charakterisierung des Verbalverhaltens der Eingeborenen verwenden.

Die oben mit (iv) geforderte Übersetzbarkeit ist trotzdem eine gute Näherung an dies allgemeinere Kriterium (iv*), insbesondere deshalb, weil die betrachteten Satzfragen bzw. Behauptungssätze sich nur auf Beobachtbares beziehen, wie an (i) und (iii) deutlich wird.

34 Wie soll diese Definition auf den allgemeinen Fall erweitert werden, so dass auch Behauptungssätze bzw. Satzfragen ins Spiel geraten, die sich nicht auf Beobachtbares beziehen? Einfach: Man rechnet alle Äusserungen, die sich (auch ohne kausale Anbindung an Wahrnehmungen) der Form nach so verhalten wie die Elemente aus B bzw. F, zum assertorischen Sprachspiel hinzu. Das heisst genauer: *Nachdem* mithilfe der Definition D5.1 vorläufig B, F, a, z und τ ermittelt worden sind, erweitert man die Mengen B und F folgendermassen. Eine sprachliche Äusserung b*, die noch nicht in B enthalten ist, ist genau dann ein Behauptungssatz, wenn die Anwendung von τ auf b* eine wohlgeformte Äusserung τ(b*) liefert, so dass gilt:

(i*) Der Sprecher ist disponiert, auf τ(b*) entweder mit a oder mit z (oder schweigend) zu reagieren.

(iii*) Wenn der Sprecher spontan b* äussert, ist er disponiert, die Äusserung τ(b*) mit z zu beantworten.

In diesem Fall ist τ(b*) zu den Satzfragen hinzuzurechnen.

Ich meine: nein. Denn meiner Ansicht nach drückt die Hypothese, dass die und die fremdsprachigen Äusserungen einem assertorischen Sprachspiel angehören, genau die Erwartung aus, dass sich die fraglichen Äusserungen in meine Sprache übersetzen lassen. Der Begriff prinzipiell unübersetzbarer (also prinzipiell unverständlicher) Behauptungen hat keinen Sinn.[35]

In zweierlei Hinsicht sollte ich diese These präzisieren. Erstens bezieht sie sich nicht auf einzelne Behauptungen, sondern auf ganze Gruppen von Behauptungen. Ein einzelner Behauptungssatz irgendeines Sprechers mag durchaus wild paradox sein, also unverständlich und unübersetzbar. Aber nicht *alle* Behauptungen aus dem assertorischen Sprachspiel dürfen vom Bazillus der Unverständlichkeit befallen werden. Ein *komplett* unverständliches Sprachspiel aus Behauptungen und Satzfragen, Zustimmung und Ablehnung kann es aus begrifflichen Gründen nicht geben.

Zweitens bezieht sich die These auf Sätze über Beobachtbares. Sogar ganze Ansammlungen theoretischer Sätze (d.h. ganze Theorien) fremder Sprecher könnten sich unserem Verständnis entziehen, wenn uns das theoretische Vokabular fehlt, in dem sie formuliert sind. Diese Möglichkeit schadet meinem Punkt deshalb nicht, weil die Sätze, die sich nicht auf Beobachtbares beziehen, von der Linguistin auf andere Weise in das assertorische Sprachspiel einbezogen werden als Sätze über Wahrnehmbares.[36]

Mit diesen beiden Einschränkungen ist die Übersetzbarkeit eine notwendige Bedingung dafür, dass fremdsprachige Äusserungen als Satzfragen oder Behauptungssätze angesehen werden können.[37] Reicht diese Bedingung (zusammen mit den anderen Bedingungen)

---

[35] Man mag einwenden, dass die notorische Unzulänglichkeit literarischer Übersetzungen ein Gegenbeispiel gegen meine Behauptung biete. Dieser Einwand überzeugt nicht, da es mir oben im Text nur um Übersetzungen zu tun ist, die dem *kognitiven Gehalt* des Originals gerecht werden – emotionale und ästhetische Qualitäten stehen nicht zur Debatte. Ebensowenig braucht uns die Möglichkeit zu stören, dass der Zielsprache irgendein passendes Wort fehlen mag, welches irgendein objektsprachliches Wort selbst im kognitiven Gehalt genau trifft. Denn für die Zwecke oben im Text können wir uns mit solchen Übersetzungen zufrieden geben, die nicht einmal die Struktur des Originals richtig wiedergeben: So kann man ein isoliert unübersetzbares Wort der Objektsprache getrost durch irgendeine längliche Zusammenstellung mehrerer zielsprachlicher Wörter übersetzen.

[36] Siehe Fussnote 34 in § 5.20: Anders als die Klauseln (i) und (iii) der Definition wird die Bedingung (iv) auch im allgemeineren Fall nicht verändert. Sie gilt weiterhin nur für Sätze über Beobachtbares.

[37] Ich erinnere abermals daran, dass ich oben im Text um der Anschaulichleit willen von „Übersetzbarkeit" rede, statt von „stabiler semantischer Charakterisierbarkeit" – s.o. Fussnote 29 in § 5.19.

aber auch aus? Ich wüsste nicht, warum man das bestreiten sollte. Denn *wenn* sich eine Gruppe fremdprachiger Äusserungen als Behauptungen oder Satzfragen übersetzen lässt, ist nicht einzusehen, warum sie nicht als Behauptungen bzw. Satzfragen identifiziert werden sollten. Wenn wir können, lesen wir in die Geräusche unserer Mitmenschen Sinn hinein; und dann hat die Frage, ob diese Geräusche *wirklich* Sinn haben, keinen Witz.

Man mag fragen, ob den fraglichen Äusserungen nicht vielleicht ein *anderer* Sinn unterlegt werden könnte als der Sinn einer Behauptung oder Satzfrage. Meine Antwort: Da *wir* uns am allermeisten für das assertorische Sprachspiel interessieren, interpretieren wir die Äusserungen anderer unter der Hypothese, dass auch sie sich am allermeisten für das assertorische Sprachspiel interessieren. Wir unterstellen ihnen also unser eigenes Kommunikationsinteresse – wir interpretieren sie *wohlwollend.*

Ich gebe bereitwillig zu, dass diese Anwendung des *principle of charity* gewagt, spekulativ und un-naturalistisch wirken mag. Daher werde ich die folgenden Überlegungen *nicht* davon abhängen lassen, dass ich mit meiner Antwort auf den Einwand recht habe und dass meine Definition D5.1 funktioniert, wie sie soll. Die noch ausstehenden beiden Kommentare dienen dazu, deutlich zu machen, inwiefern mein weiteres Explikationsprojekt ohne eine Entscheidung über den Wert der Definition D5.1 auskommt.

§ 5.22. Zweiter Kommentar zu D5.1. Die Definition ist so formuliert, dass erst *ex post* – nach dem Versuch der Übersetzung – feststeht, ob irgendwelche Urwaldäusserungen wirklich als Zeichen für Behauptung, Satzfrage, Zustimmung oder Ablehnung verwendet werden. Die Definition zielt also holistisch auf die Totalität der zu interpretierenden Äusserungen. Anders, als man auf den ersten Blick erwarten möchte, kann die Linguistin erst endgültig herausfinden, ob sie das assertorische Sprachspiel entdeckt hat, *nachdem* sie zu übersetzen versucht hat. Ihr Übersetzungsprojekt kommt also nur relativ zu gewissen Vorannahmen hinsichtlich der Äusserungen aus <B, F, a, z> in Gang. Und das bedeutet: Der Übersetzungsbegriff und all die anderen semantischen Begriffe müssen so eingerichtet werden, dass sie zunächst tentativ mit Gehalt gefüllt werden können, ohne dass schon darüber entschieden wäre, ob die Urwaldäusserungen, die semantisch charakterisiert werden sollen, überhaupt für eine solche Charakterisierung infrage kommen.

Alles ist relativ

Anders gewendet: Wir werden zunächst die semantischen Begriffe *relativ zu* einer Klasse B von (vermuteten) Behauptungssätzen, zu einer Klasse F von (vermuteten) Satzfragen und relativ zu einem Zeichen z für (vermutete) Zustimmung bzw. a für (vermutete) Ablehnung definieren. Diese relativen Definitionen selbst werden blind dafür sein, ob sie auf Behauptungen bzw. Satzfragen angewendet werden oder auf Spielzüge aus Alternativ-Sprachspielen, die nur zufällig dieselben strukturellen Bedingungen erfüllen wie B bzw. F.

Wenn bei der Anwendung dieser Definitionen alles gut geht, d.h. wenn sich mit ihrer Hilfe stabile semantische Sachverhalte ermitteln lassen (und wenn es der Linguistin insbesondere gelingt, urwaldsprachliche Äusserungen mit Äusserungen ihrer eigenen Sprache gleichzusetzen), dann spricht das erstens dafür, dass das assertorische Sprachspiel entdeckt ist – und dies legitimiert die Linguistin zweitens, die erzielten semantische Ergebnisse wörtlich zu nehmen: Erst nach Vollzug des ersten Schrittes ist die Voraussetzung eingelöst, unter der die semantischen Begriffe sinnvoll auf die ins Auge gefassten Urwaldäusserungen angewendet werden können.

An die Gegner der Definition

§ 5.23. Das bringt mich zum *letzten Kommentar*, den ich der Definition mit auf den Weg geben möchte. Die Definition nötigt uns, wie wir eben gesehen haben, unsere semantischen Begriffe zunächst nur relativ zu der Hypothese einzuführen, dass ein assertorisches Sprachspiel vorliegt. Das bedeutet: Wer meinem Vorschlag nicht folgt und die Definition unplausibel findet, kann im folgenden aus genau denselben Gründen genau dieselben sprachphilosophischen Manöver durchführen wie die Befürworter der Definition. Man kann die Definition ablehnen und durch eine genehmere Variante ersetzen oder dafür plädieren, dass eine solche Definition deshalb überflüssig ist, weil im Urwald auch ohne sie die Zeichen für Zustimmung, Ablehnung, Satzfrage und Behauptungssatz identifiziert werden können. Die im folgenden aufzustellenden Definitionen der semantischen Begriffe hängen nicht davon ab, für welche dieser Optionen wir uns entscheiden. Sie hängen nur davon ab, *dass* das assertorische Sprachspiel irgendwie identifiziert wird – und nicht davon, *wie* es identifiziert wird.[38] Was in dieser Arbeit folgt, würde keinen Schaden nehmen, wenn mein Vorschlag aus D5.1 zur Identifikation

[38] Der semantische Skeptiker könnte darauf beharren, dass sich das assertorische Sprachspiel nicht eindeutig identifizieren lässt. Dies wäre ein Totschläger-Argument, das jede weitere Diskussion um den semantischen Skeptizismus beendete. Daher ist

des assertorischen Sprachspiels scheiterte. Alles weitere wird unabhängig vom Erfolg der Definition sein. Nehmen wir daher für das folgende an, dass der Linguistin die urwaldsprachlichen Behauptungssätze, Satzfragen, Zustimmungs- und Ablehnungszeichen gegeben sind. Was wird sie unter dieser Vorgabe tun? Das ist das Thema des nächsten Kapitels.

es von Quine niemals als *einziges* Argument für die semantische Skepsis vorgebracht worden, und nicht einmal als Hauptargument. Quines zentrale Argumente für die semantische Skepsis kommen erst in Gang, wenn den Begriffen der Zustimmung und Ablehnung, der Satzfrage und des Behauptungssatzes Sinn abgewonnen werden kann. Da mich Quines zentrale Argumente interessieren, brauche ich von der genauen Art und Weise der Identifikation von Zustimmung, Ablehnung usw. nicht alles abhängen zu lassen.

Kapitel 6

Der Begriff der Reizsynonymie und Gründe für sein Scheitern

Übersicht

§ 6.1. Nachdem wir uns im vorigen Kapitel ohne Berücksichtigung der „Bedeutung" überlegt haben, welche sprachlichen Äusserungen die Linguistin als Behauptungssätze bzw. Satzfragen anzusehen hat, wollen wir allmählich auf eine inhaltliche Charakterisierung der fraglichen Äusserungen zusteuern. Hierzu werde ich Quines Begriffe der Reizbedeutung und Reizsynonymie einführen (§ 6.10 – § 6.11). Wie sich zeigen wird, bleiben diese Begriffe weit hinter dem zurück, was unsere Intuitionen von einem befriedigenden Bedeutungs- bzw. Synonymiebegriff verlangen würden. Ich werde die verschiedenen Gründe für diesen Mangel vorstellen und kurz dartun, wie ihnen zu begegnen ist (§ 6.12 – § 6.26). Am Ende dieses Kapitels (§ 6.27 – § 6.30) möchte ich den Grund für das Scheitern des Begriffs der Reizsynonymie benennen, der mit besonders zentral erscheint und den ich in den folgenden Kapiteln ausführlich zu behandeln gedenke. Der Begriff scheitert, so die These am Ende dieses Kapitels, wenn er auf theoretische Sätze angewendet werden soll. Eine der Aufgaben dieses Kapitels besteht darin, diesen Punkt von den weniger zentralen Kritikpunkten Quines an der explikatorischen Angemessenheit des Begriffs der Reizsynonymie abzugrenzen.

Beginnen wir mit der Beschreibung der Beobachtungen, die unsere Linguistin durchführen muss, um die Reizbedeutung urwaldsprachlicher Sätze zu ermitteln (§ 6.2 – § 6.9). Was wird sie tun, nachdem sie die urwaldsprachlichen Zeichen für Zustimmung und Ablehnung, Satzfrage und Behauptungssatz entdeckt hat?

Das semantische Experiment

§ 6.2. Vermutlich greift sie sich einen eingeborenen Gewährsmann und stellt mit ihm das folgende semantische Experiment an: Zunächst präsentiert sie ihm einen Sinneseindruck einer gewissen Dauer (indem sie ihm z.B. ein Kaninchen zeigt), dann legt sie ihm eine Satzfrage der Eingeborenensprache vor (z.B.: ‚Gavagai?') und

hält schliesslich fest, ob der eingeborene Gewährsmann der Satzfrage zustimmt (‚evet'), sie ablehnt (‚yok') oder sich (schweigend) des Urteils über sie enthält.[1]

Nehmen wir an, der Eingeborene stimmt dem Satz zu.[2] Diese Reaktion gibt Hinweise darüber, wie der gefragte Satz im Urwald *verwendet* wird. Nun besteht ein altbekannter Schachzug der Sprachphilosophen darin, die Verwendung eines sprachlichen Ausdrucks mit seiner Bedeutung in Verbindung zu bringen:

Meaning *is* use[3],

---

[1] Bis an diese Stelle, und nicht weiter, habe ich in der Beschreibung des Versuchsaufbaus sorgfältig zwischen vorgelegten *Fragen* und den ihnen korrespondierenden *Aussagesätzen* unterschieden; aus Bequemlichkeit werden wir diesen Unterschied von nun an ignorieren. Zwar werden wir weiterhin annehmen, dass die Linguistin den Eingeborenen *fragt*; doch statt umständlicherweise zu sagen, der Eingeborene stimme der Satzfrage ‚Gavagai?' zu, werden wir sagen: er stimme dem korreponierenden Aussagesatz ‚Gavagai' zu. Ein Vorteil dieser abgekürzten Redeweise wird in der nächsten Fussnote zutagetreten.

[2] Im Lichte der vorigen Fussnote und unserer Definition D5.1 ist die Annahme:

(i) Der Eingeborene stimmt dem Behauptungssatze b zu,

eine Kurzform für folgenden Sachverhalt:

(ii) Der Eingeborene reagiert auf die Satzfrage $\tau(b)$ mit dem Zeichen z.

Endlich sind wir in der Lage, wie in den Fussnoten 22 und 28 zu § 5.13 und § 5.17 versprochen, die Befürchtung zu entkräften, dass die willkürliche Entscheidung zwischen zwei dualen Möglichkeiten für den syntaktischen Operator τ irgendwelche Unbestimmtheiten nach sich zieht. Denn nehmen wir an, wir hätten anstelle von τ den dualen Operator τ' verwendet, der beim Übergang von Behauptungen zu Satzfragen ein Negationszeichen einschmuggelt:

(*) $\tau'(x) = \tau(\neg x)$.

Dann wäre als Zeichen für Zustimmung ein anderes Zeichen z' aufgefasst worden (nämlich das ursprünglich für Ablehnung gehaltene Zeichen a, d.h. wir haben z' = a). Damit bekommen wir für die Annahme (i) folgende Langform:

(ii') Der Eingeborene reagiert auf die Satzfrage $\tau'(b)$ mit dem Zeichen z' (= a).

Wenn sich nun τ und τ' nur durch ein Negationszeichen unterscheiden, gilt folgender Zusammenhang:

(**) Der Sprecher würde auf $\tau(x)$ genau dann mit z reagieren, wenn er auf $\tau'(x)$ mit a reagieren würde.

Also sind (ii) und (ii') äquivalent. Die Feststellung (i), dass der Sprecher dem Behauptungssatze b zustimmt, ist also invariant gegenüber der Entscheidung zwischen τ und τ'. (Griffig gesprochen, spielt es keine Rolle, ob die Linguistin diese Feststellung dadurch verifiziert, dass sie den Eingeborenen auf ‚b?' zustimmen sieht oder ob sie ihn auf ‚nicht b?' widersprechen sieht). Da alle Beobachtungsdaten, die unsere Linguistin erheben wird, in Form der Annahme (i) formuliert sein werden, ist die aus diesen Daten gewonnene semantische Information invariant gegenüber dem Unterschied zwischen τ und τ', wie versprochen.

[3] Der Slogan geht auf Wittgenstein zurück, der sich vorsichtiger ausgedrückt hat:

43. Man kann für eine *grosse* Klasse von Fällen der Benützung des Wortes „Bedeutung" – wenn auch nicht für *alle* Fälle seiner Benützung – dieses Wort so erklären: Die Bedeutung eines Wortes ist sein Gebrauch in der Sprache ([PU]:262, Wittgensteins Hervorhebungen).

so lautet ein seit einigen Dekaden einflussreicher Slogan. Wie sich dieser Slogan in ein konkretes sprachphilosophisches Programm ummünzen lässt, ist umstritten geblieben. Ich werde den Slogan in seiner ganzen Radikalität nicht mitmachen; wollte man Gebrauch und Bedeutung gleichsetzen, so ginge man zu weit. Trotzdem steht fest, dass der Satz ‚Gavagai' etwas anderes bedeuten müsste, als er bedeutet, wenn ihm der Eingeborene nach der Präsentation von Kaninchen nie zustimmt, sondern immer widerspricht. Die Linguistin kann mithin durch die Beobachtung seiner Reaktion *irgendetwas* über die „Bedeutung" des gefragten Satzes herausfinden: dies ist die dem zitierten Slogan zugrundeliegende Intuition, an der wir festhalten sollten.

Wider den Mentalismus

§ 6.3. Bevor wir diese Intuition ausschlachten, um die ersten Begriffe der Reizsemantik Quines zu definieren, müssen wir den Versuchsaufbau präzisier beschreiben.

Präzisiert werden muss die achtlose Rede von „Sinneseindrücken" und „Wahrnehmungen", die wir uns bislang ein bisschen zu leichtsinnig haben zuschulden kommen lassen. Wir werden an die Stelle dieser schillernden Begriffe von nun an den Begriff der Reizmusterfolge setzen. Durch diese Umbenennung stellen wir klar, dass die Linguistin für ihr Experiment nicht etwa „Vorstellungen" oder „Ideen" „im Erfahrungsfeld" des Eingeborenen identifizieren können muss. Was sich also „phänomenalistisch" im „Bewusstsein" des Eingeborenen abspielt, kann und sollte die Linguistin offenlassen. Sie sollte es offenlassen, weil das „Mentale" (um noch eine andere Bezeichnungsweise dessen zu wählen, worum es im folgenden *nicht* geht) mit naturalistischen Methoden schwer oder gar nicht greifbar ist.[4] Und sie kann es offenlassen, weil die Identifikation von Sinnesreizungen an der Sensorik genügt, um dem Versuchsausgang interessante semantische Informationen über die Urwaldsprache zu entnehmen. Was ein urwäldlerisches Farbwort bedeutet, steht fest, sobald man weiss, wie der Eingeborene auf Sätze, die dies Wort enthalten, reagiert, wenn Lichtstrahlen eines gewissen Spektrums seine Netzhaut reizen. Reagiert er bei Stimulation durch Lichtwellen mit geringer Frequenz (innerhalb des sichtbaren Spektrums) auf das fragliche Farbwort zustimmend, so darf die Linguistin vermuten, dass dessen Bedeutung mit der Bedeutung ihres Wortes ‚rot' zusammenhängt. Und diese Vermutung würde nicht angetastet werden,

[4] Cf. Quine [PPiL]:3-5 sowie [MVD]:83/4.

wenn sich plötzlich herausstellte, dass der stimulierte Eingeborene rote Lichtstrahlen „mental" anders wahrnimmt als die Linguistin, beispielsweise so, wie die Linguistin Lichtwellen aus dem höheren Frequenzbereich wahrnimmt. Denn stellen wir uns zur Verdeutlichung vor, alle Männer hätten von Geburt an ein im Vergleich zu Frauen invertiertes Farbspektrum, d.h. nehmen wir an, dass die beiden Geschlechter den Regenbogen jeweils entgegengesetzt gefärbt wahrnähmen. Dann würden trotzdem deutschsprachige Männer und Frauen gleichermassen die äussere Farbe im Regenbogen ‚rot' nennen und die innere ‚blau'. Die Farbwahrnehmungsunterschiede im „Erfahrungsfeld" von Männern und Frauen könnten weder die Verständigung zwischen den Geschlechtern behindern, noch müssten sich beim Spracherwerb Mädchen an ihren Müttern ortientieren oder Knaben an ihren Vätern.[5] „Language is a social art", sagt Quine ([WO]:ix).

Ergebnis: Die Linguistin braucht nicht im „Erfahrungsfeld" des Eingeborenen nachzusehen, welche Sinneseindrücke welche Reaktion auf die in Rede stehende Satzfrage der Eingeborenensprache nach sich ziehen.

Externalismus oder extremer Behaviorismus?

§ 6.4. Als ich – Quine folgend – vorschlug, über Reizmusterfolgen und nicht über Sinneseindrücke zu reden, habe ich mich aber nicht nur gegen eine phänomenalistische (oder: mentalistische) Beschreibung des Versuchs ausgesprochen, also dafür plädiert, statt mentaler Ereignisse *irgendwelche* physikalischen Ereignisse als das anzusehen, was der Eingeborenenreaktion auf eine Satzfrage vorausgeht. Ich habe darüber hinaus dafür plädiert, sich auf *ganz bestimmte* physikalische Ereignisse zu konzentrieren, nämlich auf Stimulationen an der Sensorik des Eingeborenen.[6]

Diese Entscheidung folgt nicht aus der Kritik am Mentalismus. Zwar sind Stimulationen an den Aussenflächen ein guter physikalistischer Ersatz für Sinneseindrücke. Doch braucht die Linguistin dem Eingeborenen vielleicht nicht so nahezutreten, um aus ihm interessante semantische Informationen herauszulocken. Sie könnte sich damit begnügen, zu untersuchen, auf welche *externen* Ereignisse der Eingeborene reagiert.[7] Externe Kaninchenereignisse veranlassen den Eingeborenen ebenso wie kaninchenartige visuelle Stimulationen zur

[5] Das antimentalistische Argument des invertierten Farbspektrums findet sich bei Quine in [MVD]:84.

[6] Zum Begriff der Reizmusterfolge vergl. Quine [WO]:31f.

[7] Dies schlägt Davidson vor, vergl. [BBoM]:144 und [IoR]:230.

Zustimmung zum Satze ,Gavagai'. Also stellt sich die Frage: Welche Sorte von Ereignissen sollten wir *zweckmässigerweise* als Rohmaterial für den Aufbau unserer Semantik verwenden? Meine Antwort darauf mag überraschen: Wie wir uns zwischen den zwei Optionen entscheiden, spielt für den Fortgang der weiteren Überlegungen keine Rolle! Die Argumente, die wir noch zu erörtern haben, funktionieren allesamt unabhängig davon, ob wir mit Stimulationen an den Aussenflächen von Sprechern anfangen oder aber mit ihren externen Vorläufern. Ich werde mich im folgenden auf die Aussenflächen von Sprechern konzentrieren, um Quine möglichst eng auf den Fersen bleiben zu können. Wem die externalistische Sicht sympathischer ist als der hier verfolgte *extreme Behaviorismus,*[8] dem empfehle ich, die folgenden Überlegungen nicht wörtlich zu nehmen: Überall, wo ich – Quine folgend – das Wort „Reizmusterfolge" verwende, denke man sich stattdessen: „externes Ereignis (das eine Reizmusterfolge nach sich zieht)". Man wird feststellen, dass sich durch solche Umbenennungen an den Argumenten nichts wesentliches ändert.[9]

Typgleichheit

§ 6.5. Bevor wir den Streit zwischen Externalismus und extremem Behaviorismus wegen seiner Folgenlosigkeit für unser Projekt end-

[8] Zur Terminologie: Behavioristen lassen i. A. offen, ob sich ein Stimulus direkt an der Sensorik des untersuchten Lebewesen abspielt oder weiter von ihm entfernt. So spricht Watson in [B]:12 von richtigen externen Pistolenschüssen als Beispiel für einen Stimulus, wohingegen er in in [PfSo]:10 feststellt: „We use the term *stimulus* in psychology as it is used in physiology" (Watsons Kursivdruck); die unmittelbar im Anschluss an dieses Zitat gegebenen Beispiele für Stimuli scheinen denn auch allesamt direkt an der Sensorik angesiedelt zu sein: „the *effect* of ether waves of different lengths, the *effect* of sound waves" ([PfSo]:10 – mein Kursivdruck). Weiter unten externalisiert er diese Beispiele wiederum ein wenig: „rays of light of different wave lengths; sound waves differing in amplitude, length, phase, and combination" ([PfSo]:10).
Im folgenden werde werde ich die Terme „Stimulus" und „Reizmusterfolge" für Ereignisse reservieren, die sich direkt an der Sensorik des betrachteten Lebewesens abspielen; und „extrem-behavioristisch" heisst in meiner Redeweise eine Sicht der Dinge dann, wenn sie ausschliesslich auf Stimulationen bzw. Reizmusterfolgen im erklärten engeren Sinn rekurriert. Die Gegenspieler des extremen Behaviorismus könnte man „externalistische Behavioristen" nennen.

[9] Auch wenn es für die hier betrachteten Argumente nicht auf die Entscheidung zwischen den beiden Optionen ankommt, mag man fragen, ob nicht doch auschlaggebende Gründe den Streit entscheiden sollten. Wie mir scheint, sprechen allein pragmatische Gründe für die extrem-behavioristische Reizmuster-Semantik. Die dem Sprachverhalten vorausgehenden externen Kausalketten reichen beliebig tief in die Vergangenheit zurück, so dass nicht klar ist, an welcher Stelle die Linguistin einen Schnitt setzen soll. Die extrem-behavioristische Sichtweise gibt hierauf eine Antwort, die frei von Willkür ist: Jede extreme Kausalkette, die verbales Verhalten

gültig einschlafen lassen, möchte ich auf eine vermeintliche Überlegenheit der externalistischen Sichtweise eingehen: Wenn wir später die Dispositionen zu verbalem Verhalten *von Sprecher zu Sprecher vergleichen* wollen (weil wir z.B. übersetzen möchten), dann wäre es wünschenswert, die Ereignisse vergleichen zu können, die verschiedene Sprecher zu ihrer jeweiligen verbalen Reaktion bringen. Unter der externalistischen Sichtweise bereitet dies keine Schwierigkeiten: Das Kaninchenereignis, das den Eingeborenen bewegt, ‚Gavagai' zu bejahen, ist *dasselbe* Ereignis (im Sinne numerischer Identität) wie das Ereignis, das die Linguistin zur Zustimmung auf ‚Sieh da, ein Kaninchen' bewegt. (Die „beiden" Ereignisse nehmen dieselben raumzeitlichen Koordinaten ein, an ihnen ist ein und dasselbe Kaninchen beteiligt, usw.)

Unter der extrem-behavioristischen Sichtweise scheint sich solch eine einfache Antwort nicht geben zu lassen. Denn die Reizmusterfolgen, die den Eingeborenen zur Bejahung des Satzes bewegen, sind numerisch verschieden von denen, die die Reaktion der Linguistin auslösen: Die erstgenannten Reizmusterfolgen spielen sich an den Aussenflächen des Eingeborenen ab, also ganz woanders als die Reizmusterfolgen, die die Linguistin stimulieren.

Wenn uns der Appell an die *numerische Identität* der Reizmusterfolgen versagt bleibt, könnten wir unser Heil in ihrer *qualitativen Ähnlichkeit* suchen. Aber abgesehen davon, dass alle Versuche, Ähnlichkeiten dingfest zu machen, notorisch vage sind, erhebt sich in unserem Fall eine besondere Schwierigkeit: Die Sinnesrezeptoren können von Sprecher zu Sprecher so verschieden sein, dass die Rede von ähnlichen Ereignissen an diesen äusserst verschiedenen Rezeptoren unverständlich zu werden droht.[10]

Haben wir hier nicht doch einen echten Nachteil der extrem-behavioristischen Sichtweise aufgetan? Nein, denn der extreme Behaviorist hat bessere Trümpfe in der Hand als schwächliche Appelle an Ähnlichkeiten. Er kann eine Äquivalenzrelation auf der Menge der Reizmusterfolgen definieren, die das Gewünschte leistet. Hierzu muss er sich auf starke physikalische Prognose-Instrumente verlassen können. Dies ist im Kontext unserer Überlegungen kein Hindernis, weil wir uns gefragt haben, wie sich semantische Fakten

---

auslöst, muss zwangsläufig die „Aussenflächen" des Sprechers passieren (vorausgesetzt, es gibt keine aussersinnliche Wahrnehmung). Damit sind die sensuellen Aussenflächen des Sprechers *immer* im Spiel – was ihnen eine gewisse Sonderstellung verleiht.

[10] So ähnlich auch Quine [PoT]:40.

ermitteln lassen, wenn *alle* aussersemantischen Fakten bekannt sind. Tun wir also ruhigen Gewissens so, als wären alle physikalischen Fakten bekannt!

Beginnen wir mit der Summe aller physikalischen Ereignisse an den Aussenflächen des ersten Sprechers: dies ist unsere erste Reizmusterfolge σ_1. Wir verfolgen sämtliche Kausalketten, die zu σ_1 geführt haben, in die Vergangenheit zurück, und zwar solange, bis wir bei einer Summe physikalischer Ereignisse π ankommen, die weit genug vom ersten Sprecher entfernt sind. (Man könnte sich zur Verdeutlichung vorstellen, dass π über die Oberfläche einer gedachten Kugel verstreut ist, die den ersten Sprecher einhüllt). Nun entfernen wir den ersten Sprecher aus seiner Beobachterposition. An seine Stelle setzen wir Sprecher Nummer Zwei, wobei wir darauf achten, dass er dieselbe Körperhaltung einnimmt wie sein Vorgänger. (Das lässt sich durch normierte Stühle bewerkstelligen). Wenn wir nach diesem Personenwechsel die kausalen Wirkungen der physikalischen Ereignisse π durchrechnen, so gelangen wir zu einer Summe physikalischer Ereignisse σ_2 an den Aussenflächern des zweiten Sprechers. Da sich der Körper des zweiten Sprechers von dem seines Vorgängers unterscheiden kann, müssen σ_1 und σ_2 nicht identisch sein. Aber die Relation zwischen σ_1 und σ_2 ist immer noch so eng, dass wir sagen können:

(6.1) σ_1 ist vom selben Typ wie σ_2.

Natürlich ist die so definierte Relation reflexiv, symmetrisch – und transitiv.[11] Wir haben eine Äquivalenzrelation zwischen Reizmusterfolgen gewonnen und können von nun an jede Reizmusterfolge mit der *Klasse* der zu ihr typgleichen Reizmusterfolgen identifizieren. Dies hat zur Folge, dass wir mühelos Behauptungen aussprechen dürfen wie:

(6.2) Ein und dieselbe Reizmusterfolge wurde zwei verschiedenen Sprechern präsentiert.

Dies ist nur eine harmlose Abkürzung für die wortreichere Erklärung, dass die präsentierten physikalischen Ereignisse an den Aussenflächen der beiden Sprecher im erklärten Sinne typgleich sind.

[11] Zumindest im Idealfall; in der empirischen Realität müssen wir mit verschmierenden Ungenauigkeiten rechnen. Aber diese Schwierigkeit begegnet Experimentalphysikern genauso; und trotzdem reden die Physiker von transitiven Relationen. – Wenn zusätzlich erlaubt wird, die Summe physikalischer Ereignisse π zeitlich zu verschieben, so wird sogar die diachrone Typidentität von Reizmusterfolgen greifbar.

Behaviorismus oder Strukturanalyse?

§ 6.6. Soviel zur Verteidigung des extremen Behaviorismus hinsichtlich der Frage, wo sich die Ereignisse abspielen, von denen wir zweckmässigerweise sagen sollten, sie aktualisierten die verbalen Dispositionen eines Sprechers. Aber Quines Semantik trägt – zumindest in der Terminologie Carnaps – auch hinsichtlich einer anderen Frage behavioristische Züge: nämlich hinsichtlich der Frage, wie sich *testen* lässt, ob ein Sprecher disponiert ist, auf einen Stimulus an seinen Aussenflächen verbal so und so zu reagieren.

Ich werde zunächst nachzeichnen, wie Carnap behavioristische Tests für Dispositionen charakterisiert; dann werde ich zeigen, inwiefern Quine die verbalen Dispositionen nur auf die so charakterisierte behavioristische Weise zu testen erlaubt, um schliesslich dafür zu plädieren, an dieser Stelle den Behaviorismus aufzugeben und durch stärkere Testverfahren zu ersetzen.

Also zunächst zu Carnaps Unterscheidung (cf. [MSiN]:243/4). Er grenzt die behavioristische Methode zum Test einer Disposition von der Methode der strukturellen Analyse ab. Um herauszufinden, ob ein Gegenstand die Disposition hat, einen auslösenden Umstand U mit einer Reaktion R zu beantworten, kann man entweder – *behavioristische Methode* – Umstände der Art U produzieren und abwarten, ob eine Antwort vom Typ R folgt. Man kann aber Carnap zufolge stattdessen die *Methode der Strukturanalyse* verwenden. Dann untersucht man das *Innere* des vermuteten Trägers der Disposition und fragt: Befindet sich das Versuchsobjekt in einem Zustand, aus dessen (struktureller) Beschreibung sich mithilfe der bekannten Naturgesetze ableiten lässt, dass äussere Umstände der Art U mit einer Reaktion vom Typ R beantwortet würden?[12]

Natürlich bietet die Methode der Strukturanalyse ein stärkeres Verfahren zur Feststellung von Dispositionen als die voraussetzungs-

[12] Nicht alle Behavioristen (und wohl nicht einmal die meisten) hätten sich auf in Carnaps Sinne behavioristische Tests von Dispositionen verpflichten lassen. Der Behaviorismus vertritt nicht so sehr eine Auffassung darüber, wie man das Vorliegen von Dispositionen feststellen sollte; vielmehr plädiert er in erster Linie dafür, bei der Erklärung von Verhalten auf mentale Prädikate zu verzichten und stattdessen über Dispositionen zu beobachtbarem Verhalten zu reden. Ob diese Dispositionen behavioristisch im Sinne Carnaps getestet werden müssen, wird i.A. offengelassen. – Trotzdem ist Carnaps Terminologie nicht ganz irreführend. Wer einen behavioristischen Test in seinem Sinne durchführt, fasst den vermuteten Träger der Disposition als „schwarze Schachtel“ auf, von deren inneren Vorgängen man für den Test nichts wissen muss. Verwirrenderweise nennt Carnap dies Behaviorismus im *weitesten* Sinne; dabei handelt es sich um eine Methodologie, die so strikt ist, dass sie von fast keinem Behavioristen vertreten wird und also besser Behaviorismus im *engen* Sinne genannt werden sollte. Um Konfusion zu vermeiden, werde ich im folgenden immer von *Behaviorismus im Sinne Carnaps* sprechen.

ärmeren behavioristischen Tests im Sinne Carnaps – jedenfalls dann, wenn die herangezogenen Wissenschaften weit genug fortgeschritten sind, um die kausalen Gesetze bereitzustellen, mit deren Hilfe sich die Vorgänge im Innern des Versuchsobjekts durchrechnen lassen.

Datenerhebung im Urwald

§ 6.7. Quine ist kein Wissenschaftsskeptiker. Und sein semantischer Skeptizismus hängt nicht davon ab, wie weit die empirischen Wissenschaften zufälligerweise schon vorangekommen sind. Deshalb überrascht es, dass Quine der Linguistin im Urwald nur behavioristische Tests in Carnaps Sinn erlaubt, um die verbalen Dispositionen der Eingeborenen zu ermitteln. Quine zufolge soll die Linguistin ihrem eingeborenen Gewährsmann eine Reizmusterfolge vorlegen und abwarten, ob der Gewährsmann dem Satz zustimmt. Stimmt er zu, so kann die Linguistin festhalten:

(i) Der Eingeborene stimmt dem Satz p zu, nachdem ihm eine Reizmusterfolge vom Typ σ vorgelegt worden ist.

Durch mehrmalige Tests kann die Linguistin zur Formulierung einer echten Regularität vorstossen:

(ii) *Immer* nach der Präsentation einer Reizmusterfolge vom Typ σ stimmt der Eingeborene dem Satz p zu.

Den Schluss von einer endlichen Zahl an Beobachtungen, wie sie in (i) festgehalten werden, auf den allgemeinen Satz (ii) findet Quine nicht problematischer als in den empirischen Wissenschaften sonst. (Und mit Recht: Aus der überall gleichermassen drohenden Unsicherheit induktiver Schlüsse kann nicht gefolgert werden, dass ausgerechnet bei der Sammlung linguistischer Regularitäten grössere Vorsicht geboten ist als beispielsweise in der Physik; Quines semantische Skepsis ist keine generelle Skepsis gegenüber induktiven Schlüssen, denn sonst würde sie in eine allgemeine Wissenschaftsskepsis einmünden).

Es besteht aber immer noch eine grosse Kluft zwischen der blossen Feststellung einer Regularität wie in (ii) und folgender stärkerer Behauptung, auf die es die Linguistin eigentlich abgesehen hat:

(iii) Jede Reizmusterfolge vom Typ σ *veranlasst* den Sprecher, dem Satz p zuzustimmen.

Nur wenn eine echte kausale Beziehung zwischen der Reizmusterfolge und dem Verdikt des Sprechers vorliegt, gilt (iii). In diesem Fall heissen die Reizmusterfolgen vom fraglichen Typ *relevant* für den Satz. Fehlt es dagegen an der kausalen Verbindung zwischen Reiz und Reaktion, so nennen wir die Reizmusterfolge mit Quine *irrelevant* für den Satz ([WO]:30, 36).

Die Linguistin ist an der Feststellung relevanter Reizmusterfolgen deshalb interessiert, weil sie die Reizmusterfolgen sucht, die etwas mit dem affirmativen Verdikt des Sprechers auf p zu tun haben (cf. Quine [WO]:30). Und das sind längst nicht alle Reizmusterfolgen, auf die nur (ii) zutrifft. (D.h. (ii) impliziert nicht (iii)).

Dazu ein extremes Beispiel. *Immer nach* Präsentation heimischer Herd-Stimulationen wird der Eingeborene dem Satz

(6.3) In Tokyo regnet es oder regnet es nicht,

zustimmen. Aber das heisst noch lange nicht, dass die heimischen Herdstimulationen den Eingeborenen *veranlassten*, dem Satz zuzustimmen. Was auch immer am heimischen Herd vor sich geht, hat mit der angemessenen Reaktion auf den Satz – und mit seiner „Bedeutung", intuitiv gesprochen – nichts zu tun. Dass einer gewissen Reizmusterfolge immer die Zustimmung zu einem bestimmten Satz *zeitlich* folgt, garantiert noch keinen kausalen Zusammenhang.

Wie kann die Linguistin feststellen, ob eine Reizmusterfolge für einen Satz relevant ist und nicht etwa nur dem beobachteten Verdikt vorausgeht, ohne es zu veranlassen?

§ 6.8 Quine zwingt die Linguistin, auf dem sparsamen Pfad behavioristischer Enthaltsamkeit (in Carnaps Sinn) weiterzuwandeln, indem er ihr nur zu ermitteln erlaubt, ob zusätzlich zu (ii) gilt:

Ein behavioristischer Test

(iv) Es gibt eine Reizmusterfolge, die nicht vom Typ σ ist und nach deren Präsentation der Eingeborene dem Satz p *nicht* zustimmt (cf. Quine [WO]:30, 32).

Wenn es eine solche Reizmusterfolge gibt, dann muss die ursprüngliche Zustimmung des Eingeborenen zu p von der Präsentation der Reizmusterfolge σ veranlasst worden sein, da diese Zustimmung nicht sowieso erfolgt wäre, wie das Gegenbeispiel aus (iv) zeigt. Und dann darf die Linguistin laut Quine von (ii) und (iv) auf (iii) schliessen.

Betrachten wir zunächst ein *positiven Fall* für eine relevante Reizmusterfolge. Hinsichtlich des Satzes

(6.4) Sieh da, ein Herd,

passieren die heimischen Herdstimulationen diesen Test. Denn erstens findet dieser Satz immer nach Stimulationen dieser Art Zustimmung (so dass (ii) gilt) und zweitens wird der Satz z.B. nach herdfreien Antarktis-Stimulationen abgelehnt (so dass (iv) gilt). Herdstimulationen sind relevant für (6.4).

Ein *Gegenbeispiel* liefern die Herdstimulationen wieder hinsichtlich des Satzes:

(6.3) In Tokyo regnet es oder regnet es nicht,

Denn es gibt keine Reizmusterfolge, nach deren Präsentation der Eingeborene dem Satz nicht zustimmt (so dass also (iv) nicht gilt). Alle erdenklichen Reizmusterfolgen sind irrelevant für (6.3).

Der neurophysiologische Assistent

§ 6.9. Soviel zu Quines rein behavioristischen Tests von Behauptungen wie (iii). Warum sperrt sich Quine dagegen, der Linguistin zu ihrer Überprüfung die viel stärkere Methode der strukturellen Analyse zu erlauben? Dass die Linguistin das falsche Fach studiert hat, sollte kein Hinderungsgrund sein. Denn der Linguistin könnte ein fiktiver Neurophysiologe als Assistent zur Seite gestellt werden. Der würde den augenblicklichen Zustand des ZNS des Eingeborenen (einschliesslich der Nervenverbindungen zu den sensuellen Ausssenflächen) gründlich analysieren und aufgrund seiner vollständigen Kenntnis der Arbeitsweise des menschlichen Gehirns prognostizieren, ob eine Reizmusterfolge vom Typ σ den Eingeborenen *veranlassen* würde, dem Satz p zuzustimmen. Für diese Prognose würde der Neurophysiologe die elektrischen (und chemischen) Wirkungen des elektrischen Sinnes-Inputs hypothetisch durch das Gewirr von 10^{13} Synapsen und 10^{10} Neuronen verfolgen, bis sich – vielleicht – an den Output-Zellen *als Konsequenz des verfolgten neuronalen Trommelfeuers* Zustimmung ergibt: In diesem Fall gilt (iii). Wenn dagegen die zu erwartende Zustimmung nicht mit der hypothetisch durchs Eingeborenenhirn verfolgten Kausalkette zusammenhängt, sondern aus anderen Schwingkreisen feuernder Neuronen hervorgeht, wenn also der Input nicht kausal mit dem verbalen Output verbunden ist, dann besteht nur eine Regularität wie (ii) und nicht der kausale Zusammenhang aus der weitergehenden Behauptung (iii).

Leider ist die Neurophysiologie längst nicht weit genug, um solch tiefgreifenden Kausalanalysen vorzunehmen.[13] Aber das tut nichts zur Sache. Denn Quines semantische Skepsis hängt nicht am augenblicklichen Stand der Wissenschaften. Sie sollte Quine zufolge auch

[13] Das sah auch Carnap und zog daraus die Konsequenz, anstelle von Sprechern aus Fleisch und Blut sprechende Computer zu betrachten ([MSiN]:244ff.), deren struk-

dann Bestand haben, wenn *alle* aussersemantischen Fakten (also auch alle neurophysiologischen Fakten) bekannt sind. Im Rahmen von Quines Naturalismus ist also der neurophysiologische Assistent unserer Linguistin eine erlaubte Fiktion. Daher plädiere ich dafür, beim Testen von Behauptungen über verbale Dispositionen den Behaviorismus Quines (im Sinne Carnaps) aufzugeben und die – freilich fiktiven – mächtigen Waffen der Neurophysiologie zur strukturellen Analyse zuzulassen.

Was ist dadurch gewonnen? Die Linguistin bekommt viel mehr Daten über die verbalen Dispositionen von Sprechern, als mit Quines behavioristischem Verfahren zu erwarten wäre. Ihr neurophysiologischer Assistent macht vom Gehirn des Eingeborenen eine detailgetreue Momentaufnahme und kann der Linguistin von *jeder* Reizmusterfolge sagen, welche Reaktion auf irgendeinen Satz p ihre hypothetische Präsentation nach sich gezogen hätte. Ohne ihren fiktiven Assistenten würde der Linguistin dagegen die Zeit unter den Fingern zerrinnen. Sie könnte nur die Reaktionen auf tatsächliche Stimulationen registrieren: Selbst wenn sie annehmen dürfte, dass sich der Idiolekt ihres Gewährsmanns während seines ganzen Lebens nicht änderte (was sie in Wirklichkeit nicht annehmen darf), könnte sie ihm (bei einer Lebensdauer von hundert Jahren) insgesamt höchstens 12 x 60 x 24 x 365 x 100 = 630.720.000 Reizmusterfolgen fünfsekündiger Dauer vorlegen – nicht genug.

Nein, eine solche Beschränkung der Datenmenge wollen wir der Linguistin nicht zumuten. Wir wollen annehmen, sie hätte *alle* aussersemantischen Fakten zur Hand, bevor sie sich an ihr immer noch hinreichend schwieriges Projekt der radikalen Übersetzung wagt. Von nun an werden wir ihren fiktiven neurophysiologischen Assistenten zwar wieder hinter den Kulissen verschwinden lassen. Wir sollten aber nicht vergessen, dass es die Linguistin ihm zu verdanken hat, wenn sie beliebig verschwenderisch mit Daten umgehen kann, die wie folgt festgehalten werden:

> Wenn man dem Eingeborenen eine Reizmusterfolge vom Typ σ vorlegen würde, dann würde sie ihn dazu veranlassen, dem Satze p zuzustimmen / zu widersprechen.[14]

turelle Analyse einfacher ist als die menschlicher Gehirne, da Computer Menschenwerk sind. Doch ist Carnaps sprechender Computer genauso eine Fiktion wie mein fiktiver (allwissender) Neurophysiologe. Wenn wir schon *science fiction* betreiben, dann richtig!

[14] Um es ganz genau zu formulieren: Reizmuster *plus* von der Linguistin gefragter Satz sind als zureichende *Ursache* der Reaktion des Eingeborenen aufzufassen; ein

Übrigens kann man dem gesamten zweiten Kapitel von [WO] ansehen, dass auch Quine der Feldlinguistin sämtliche Daten dieser Art zubilligt; umso erstaunlicher ist es, dass Quine offiziell nur behavioristische Tests (im Sinne Carnaps) erlaubt.

Reizbedeutung

§ 6.10. Wir haben alle Puzzlestücke beisammen, aus denen sich wie bei Quine die Definition der Reizsynonymie zusammenfügen lässt. Hierfür werden wir zunächst die beiden Begriffe der affirmativen bzw. negativen Reizbedeutung einführen, die eher von technischer Bedeutung sind und nicht viel von dem widerspiegeln, was wir intuitiv unter „Bedeutung" verstehen. Reizsynonymie wird dann wenig überraschend durch Gleichheit der Reizbedeutung definiert.

Beginnen wir mit der affirmativen Reizbedeutung. Wer all diejenigen Reizmusterfolgen kennt, deren Präsentation den Eingeborenen veranlassen würden, einem Satze zuzustimmen, verfügt über eine rudimentäre semantische Charakterisierung des fraglichen Satzes. Daher definieren wir:

D6.1 Die <u>affirmative Reizbedeutung</u> Σ^{+}p eines Satzes p ist die Menge aller Reizmusterfolgen σ, für die gilt:
Wenn dem Sprecher die Reizmusterfolge σ präsentiert würde, so würde σ ihn dazu veranlassen, dem Satz p zuzustimmen (Quine [WO]:32).

Bislang hatten wir immer nur zustimmende Eingeborene im Blick. Aber die vordergründige Harmonie täuscht; auch im Urwald gibt es Widerspruch. Und die Menge der Reizmusterfolgen, deren Präsentation einen Eingeborenen veranlassen würde, p zu widersprechen, bietet ebenfalls eine semantische Charakterisierung des Satzes p:

D6.2 Die <u>negative Reizbedeutung</u> Σ^{-}p eines Satzes p ist die Menge aller Reizmusterfolgen σ, für die gilt:
Wenn dem Sprecher die Reizmusterfolge σ präsentiert würde, so würde σ ihn dazu veranlassen, dem Satz p zu widersprechen (Quine [WO]:32).

---

und dieselbe Reizmusterfolge mag ja zusammen mit verschiedenen Sätzen auch unterschiedliche Reaktionen auslösen („to elicit"). Der Terminus „veranlassen" („to prompt") soll im Gegensatz zu „auslösen" stets den kausalen Anteil der Reizmusterfolge anzeigen: Eine Reizmusterfolge veranlasst den Eingeborenen genau dann zu der und der Reaktion auf einen Satz, wenn Reizmusterfolge und Satz *zusammen* die fragliche Reaktion verursachen. Vergl. Quine [WO]:30.

Fassen wir die semantische Information aus affirmativer und negativer Reizbedeutung in einen Begriff zusammen:

> D6.3 Die Reizbedeutung Σp des Satzes p ist das geordnete Paar $\langle \Sigma^{+}p, \Sigma^{-}p \rangle$ aus seiner affirmativen und seiner negativen Reizbedeutung (Quine [WO]:33).

Für manche Zwecke wird sich ein geringfügig gehaltvollerer Begriff besser eignen als Quines Reizbedeutung: Die Linguistin kann zusätzliche semantische Information über einen Urwaldsatz auswerten, wenn sie beobachtet, welche Reizmusterfolgen den Eingeborenen zum Schweigen (dem Verdikt der Urteilsenthaltung) veranlassen: Verschiedene Sätze können verschiedene „Enthaltungsbedingungen" mit sich führen, die in ihrer jeweiligen *hemmenden Reizbedeutung* festgehalten werden:

> D6.4 Die hemmende Reizbedeutung $\Sigma^{o}p$ eines Satzes p ist die Menge aller Reizmusterfolgen σ, für die gilt:
> Wenn dem Sprecher die Reizmusterfolge σ präsentiert würde, so würde σ ihn dazu veranlassen, sich des Urteils über den Satz zu enthalten.

Analog zu Definition D6.3 formulieren wir damit:

> D6.5 Die erweiterte Reizbedeutung $\Sigma^{*}p$ des Satzes p ist das geordnete Tripel $\langle \Sigma^{+}p, \Sigma^{-}p, \Sigma^{o}p \rangle$ aus seiner affirmativen, negativen und hemmenden Reizbedeutung.

Wir werden es im folgenden oft offenlassen können, ob unsere Überlegungen die erweiterte Reizbedeutung betreffen oder die ursprüngliche („unerweiterte") Reizbedeutung à la Quine. Zu jedem in Termen der „unerweiterten" Reizbedeutung erklärten Begriff wird es einen Zwillingsbegriff geben, der analog in Termen der erweiterten Reizbedeutung erklärt ist. Dieser erweiterte Zwilling wird zumeist ein bisschen besser funktionieren als sein unerweiterter Bruder, was wir jedoch meist ignorieren können, da die Berücksichtigung des dritten Verdikts (der Urteilsenthaltung) oft nur unnötigen Ballast mit sich bringt.

Reizsynonymie

§ 6.11. Die Reizbedeutung drückt eine Beziehung zwischen Sprache und Welt aus: Verschiedenen Sätzen werden verschiedene Paare von Klassen von Reizmusterfolgen gegenübergestellt; und Reizmusterfolgen sind weltliche Entitäten, nämlich gewisse physikalische Ereignisse an der Aussenfläche des Sprechers.

Auch unser intuitives Gerede über „Bedeutung“ scheint auf eine Beziehung zwischen Sprache und Welt abzuzielen. Deshalb sollten wir uns klarmachen, warum die Reizbedeutungen unseren Intuitionen über „Bedeutung“ nicht gut gerecht werden. Die Bedeutung eines Satzes sollte – intuitiv betrachtet – etwas mit dessen Gegenstand zu tun haben, also damit, worüber der Satz etwas sagt. Der Satz

(6.5) Da ist ein Kaninchen,

beispielsweise handelt von Kaninchen. In die Reizbedeutung dieses Satzes ist aber kein einziges Kaninchen verwickelt; involviert sind nur kaninchenartige Reizmusterfolgen. Trotzdem wären keine Linguistin und kein Philosoph bereit zuzugeben, dass der Satz statt von Kaninchen von Kaninchenstimuli handelt. Die weltlichen Entitäten, mit denen die Reizbedeutung objektsprachliche Sätze verbindet, sitzen sozusagen an der falschen Stelle in der Welt. Fast nie wollen wir über das reden, was sich an unseren Körperoberflächen abspielt.[15]

Auch wenn die Reizbedeutung nicht die gesuchte Relation zwischen Sprache und Welt bietet, könnte sie dennoch als Startpunkt für die Definition gewisser anderer semantischer Begriffe taugen, die sich unseren Intuitionen zufolge in Termen der Bedeutung definieren lassen. Unseren Intuitionen zufolge gilt beispielsweise folgender Zusammenhang:

(6.6) Zwei Sätze sind genau dann synonym, wenn sie dasselbe bedeuten (d.h. wenn ihre Bedeutungen identisch sind).

Was passiert nun, wenn wir anstelle von „Bedeutung“ (die wir nicht definiert haben) den *terminus technicus* „Reizbedeutung“ einsetzen?

---

15 Sven Rosenkranz hat mich darauf aufmerksam gemacht, dass *dieser* Nachteil hätte vermieden werden können, wenn wir uns oben in § 6.4 für einen externalistischen Aufbau der Semantik entschieden hätten (statt für unsere extrem-behavioristische Version im Gefolge Quines). Denn in der externalisierten affirmativen „Reiz“-Bedeutung kommen richtige Kaninchenereignisse vor. – Aber genau wie der extrem-behavioristische Begriff der Reizsynonymie wäre auch dieser „Bedeutungs“-Begriff zu weit von unserem intuitiven Bedeutungsbegriff entfernt. Wir werden später sehen, dass auch auf seiner Grundlage kein befriedigender Begriff von Bedeutungsgleichheit definiert werden kann; alle noch folgenden Argumente gegen den extrem-behavioristischen Bedeutungsgleichheitsbegriff lassen sich mechanisch in Argumente gegen seinen externalistischen Zwilling übertragen (s.u. Fussnote 21 in § 6.19, Fussnote 25 in § 6.22, Fussnote 28 in § 6.25, Fussnote 30 in § 6.28).

Wir hatten zwar gesehen, dass dieser Begriff an die falsche Stelle in der Welt zielt (auf Körperoberflächen statt auf echte externe Ereignisse, weiter draussen in der Welt). Doch da in (6.6) nur die *Identität* der Bedeutungen gefordert wird, könnte sich dieser Makel beim Übergang zur Reizbedeutung auf beiden Seiten herausheben (weil die Reizbedeutung beider Sätze *systematisch* an die falsche Stelle zielt, so dass sich dieser Fehler vielleicht ausgleicht).

Es könnte also sein, dass wir auf der Grundlage einer für Zwecke der Semantik unbefriedigenden Sprache/Welt-Relation (der Reizbedeutung) dennoch eine semantisch befriedigende Sprache/Sprache-Relation erhalten, wenn wir definieren:

D6.6 Zwei Sätze p und q heissen genau dann <u>reizsynonym</u>, wenn ihre affirmativen bzw. negativen Reizbedeutungen identisch sind, d.h. wenn gilt:
$\Sigma^{+}p = \Sigma^{+}q$ und $\Sigma^{-}p = \Sigma^{-}q$ (Quine [WO]:46).

Da dieser Begriff keine Beziehung zwischen Sprache und Welt herstellt, kann er nicht an die falsche Stelle in der Welt zielen. Aber der Begriff kommt aus allerlei anderen Gründen nicht an das Explicandum heran, das wir im Alltag „Synonymie" nennen.

Nichts ist vollkommen

§ 6.12. Zwar funktioniert der Begriff (sogar quersprachein) einigermassen gut, wenn er auf Sätze über beobachtbare Sachverhalte angewendet wird wie z.B. auf den Satz:

(6.5) Da ist ein Kaninchen (cf. [WO]:32).

Doch gibt es eine ganze Reihe von Gründen dagegen, diese Definition der Reizsynonymie als gelungene Explikation des intuitiven Synonymiebegriffs anzuerkennen. Bevor ich, wie angekündigt, das Augenmerk auf den zentralen Grund richte, der Quine dazu bewogen hat, nicht nur den Begriff der Reizsynonymie zu verwerfen, sondern den intuitiven Synonymiebegriff für überhaupt unexplizierbar zu erklären, möchte ich die weniger zentralen Argumente gegen die Reizsynonymie benennen. Nicht all diese Argumente sind von Quine ausdrücklich vertreten worden. Aber obwohl sie allesamt nicht im Zentrum der Debatte um Quines semantischen Skeptizismus stehen, verdienten sie stärkere Aufmerksamkeit, als ich ihnen hier widmen kann. Platzmangel zwingt mich, all diese Nebenargumente in den späteren Teilen dieser Arbeit auszublenden: ein Manko, das ich anderswo wettzumachen hoffe.

Die erste Gruppe von Gründen dagegen, den Begriff der Reizsynonymie als gelungene Explikation unseres intuitiven Synonymiebegriffs anzusehen, hängt damit zusammen, dass die Definition D6.6 nur darauf Bezug nimmt, wie der stimulierte Eingeborene reagieren *würde* – und nicht darauf, wie er reagieren *sollte*. Wenn der Eingeborene Verdikte verlauten lässt, die zu seinem eigenen Sprachgebrauch nicht passen, dann verderben diese Verdikte die semantische Information, die unsere Linguistin aus deren Beobachtung ziehen wollte. Und wie soll die Linguistin solch irreführende Verdikte ausschalten, *bevor* sie die Bedeutung des falsch beurteilten Satzes kennt?

Der Eingeborene könnte den gefragten Satz aus zwei verschiedenen Gründen anders beurteilen, als er sollte. Entweder lügt er, oder er irrt sich. Behandeln wir die beiden Fälle nacheinander, und beginnen wir mit der Lüge.

Lug & Trug

§ 6.13. Ich behaupte: Lügnerische Verdikte haben eine kausale Vorgeschichte, die sich von der kausalen Vorgeschichte ehrlicher Verdikte drastisch unterscheidet. Im Fall eines ehrlichen Verdikts veranlasst das Beobachtete (bzw. der Stimulus) unmittelbar zur Reaktion auf den gefragten Satz. Im Fall eines lügnerischen Verdikts wird dagegen der normale Ablauf der kausalen Geschichte gestört: Die spontane Reaktion, zu der unser Gewährsmann eigentlich disponiert wäre, muss eigens unterdrückt werden; und hierbei spielen starke eigenständige Motive eine Rolle. Sie gehen üblicherweise mit einer emotionalen Angespanntheit einher, die so heftig ist, dass sie angeblich schon heutzutage mit Lügendetektoren gemessen werden kann. Über den augenblicklichen technischen Stand mag man geteilter Meinung sein; doch sollte unser allwissender neurophysiologischer Assistent imstande sein, festzustellen, ob sich im Hirn des Sprechers die üblichen kausalen Ketten abgespielt haben oder ob sie von irgendwelchen Störeinflüssen unterbrochen worden sind.

Mit dieser Auschaltung von Lug und Trug setze ich eine deutliche Asymmetrie zwischen Ehrlichkeit und Unehrlichkeit voraus. Ehrliche Verdikte, so die Voraussetzung, ergeben sich unmittelbar aus Sinnesreizung und gefragtem Satz; bei unehrlichen Verdikten kommt eine eigene Entscheidung des Sprechers hinzu (nämlich die Entscheidung gegen die Wahrhaftigkeit). Im Fall ehrlicher Verdikte, so meine Voraussetzung, braucht der Sprecher dagegen keine eigene

Entscheidung für die Ehrlichkeit zu treffen. Er reagiert spontan auf gefragten Satz und dargebotene Reizmusterfolge.[16]

Ohne diese Voraussetzung könnte der Neurophysiologe die unehrlichen Verdikte nicht durch Verweis auf die kompliziertere kausale Vorgeschichte ausschalten; denn dann wäre die kausale Vorgeschichte der ehrlichen Verdikte nicht minder kompliziert. (Ehrlichkeit müsste von Lug und Trug durch tiefer greifende Analysen geschieden werden als anhand der Komplexität der Vorgeschichte, die sich schon an deren Dauer feststellen lässt).

Ist diese Voraussetzung gerechtfertigt? Nicht immer. Ein Sprecher mag lange hin und her überlegen, ob er sein Gegenüber anlügen soll – und sich schliesslich zur Ehrlichkeit durchringen. Derartige Fälle wird die Linguistin verlieren, wenn sie die lügnerischen Verdikte anhand ihrer komplizierten kausalen Vorgeschichte ausschaltet. Schüttet die Linguistin also das Kind mit dem Bade aus? Nein: Im grossen und ganzen bleibt das Kind unversehrt. Die allermeisten ehrlichen Verdikte – wenn auch nicht alle – bleiben im Spiel. Denn anders als im Fall unehrlicher Verdikte resultieren ehrliche Verdikte normalerweise nicht aus längeren Überlegungen für oder wider die Ehrlichkeit. Im Normalfall reagieren wir spontan mit dem Verdikt, das wir für richtig halten. Selbst wer zum Lügen wild entschlossen ist, fällt diesem Mechanismus leicht zum Opfer: Davon leben Kreuzverhöre.

Wodurch kommt diese Asymmetrie zwischen Ehrlichkeit und Unehrlicheit zustande? Durch familären Druck beim Spracherwerb. Wir werden *gedrillt*, spontan die Wahrheit zu sagen.

Diese letzte Formulierung war mit Bedacht ein bisschen lax. Der Drill kann natürlich keine Wahrheit garantieren, sondern allenfalls das Bestreben nach Wahrheit (also Ehrlichkeit). Das schliesst spontane Anfälle von Unwahrheit nicht aus: Womit wir beim Thema des Irrtums sind.

Arten des Irrtums

§ 6.14. Drei Fragen stellen sich. Erstens: Was ist Irrtum? Zweitens: Welche Arten von Irrtum gibt es? Drittens: Welche irrtümlichen Verdikte könnten den explikatorischen Wert des Begriffs der Reizsynonymie verderben? Die ersten beiden Fragen werde ich ohne längere Debatte sehr knapp abhandeln. Hinsichtlich der dritten Fra-

[16] Mithilfe dieser Asymmetrie kann man Masseys „kretisches“ Alternativ-Manual e ausschalten, das dem Sprecher permanente Lüge unterstellt ([IIOR]:52/3).

ge werde ich etwas mehr Mühe aufwenden, um darzutun, warum wir die Möglichkeit des Irrtums für das hier verfolgte Projekt ruhigen Gewissens vernachlässigen können.

Zur ersten Frage: Was ist Irrtum? Jemand gibt ein irrtümliches Verdikt ab, wenn er – trotz ehrlicher Absichten – einem falschen Satz zustimmt oder einem wahren Satz widerspricht. Die Antwort ist wenig hilfreich, weil sie einen Wahrheitsbegriff voraussetzt, der hier nicht erklärt wurde und nicht erklärt werden wird. Wir hatten uns entschlossen, die Theorie der Referenz auszublenden; eins ihrer prominenten Themen ist die Wahrheitsfrage. Was Irrtum ist, können wir also im Rahmen dieser Arbeit nicht befriedigend explizieren.

Um das Thema des Irrtums trotzdem ein bisschen besser unter Kontrolle zu haben, werde ich die zweite Frage (nach den verschiedenen Arten von Irrtum) durch eine Aufzählung beantworten. Es gibt:

Logischen Kalkulationsirrtum:

> Der Sprecher beurteilt einen logisch komplexen Satz anders, als er im Lichte seiner Urteile über die Teilsätze sollte.

Erinnerungsirrtum:

> Trügerische Erinnerungen verleiten den Sprecher zu falschen Verdikten hinsichtlich von Sätzen über die Vergangenheit.

Theoretischen Irrtum:

> Der Sprecher beurteilt theoretische Sätze im Lichte einer falschen Theorie falsch.

Irrtum durch Sprachschnitzer:

> Der Sprecher begeht keinen kognitiven Fehler, sondern verwendet versehentlich falsche Wörter (wie im Fall Freudscher Fehlleistungen).

Beobachtungsirrtum:

> Der Sprecher hält z.B. eine gut gemachte Attrappe für das Original und stimmt daher versehentlich falschen Behauptungen zu.

Wo droht Gefahr?

§ 6.15. Wenden wir uns nach dieser Aufzählung unserer dritten Frage zu: Welche dieser Irrtumsarten bedrohen den Begriff der Reizsynonymie? Den Erinnerungsirrtum und den logischen Kalku-

lationsirrtum werde ich im folgenden ausblenden: Ich werde annehmen, dass das Gedächtnis der Eingeborenen lückenlos funktioniert und dass sie sich keiner logischen Schnitzer schuldig machen. Diese doppelt optimistische Annahme ist im Kontext der vorliegenden Arbeit unschuldig. Denn dass sich der Sprecher hinsichtlich Logik und Vergangenheit irren kann, bedroht nur den Teil des Projekts der Linguistin, in dem es um die Entschlüsselung der temporalen oder logischen Struktur von Sätzen geht: ein Thema, das ich unten nur kurz – und ohne jeden Vollständigkeitsanspruch – anreissen werde.[17]

Dass sich die Eingeborenen übrigens hinsichtlich der allereinfachsten logischen Gesetze nicht irren können, steht aus einem guten philosophischen Grund fest. Das oft angerufene *principle of charity* sorgt dafür: Bevor die Linguistin einem Sprecher dermassen gravierende Irrtümer unterstellt, revidiert sie besser ihre Hypothesen darüber, was dessen logische Konstanten angeblich bedeuten (Quine [WO]:58/9).

Anders als im Bereich von Logik und Erinnerung werde ich nicht annehmen, dass die Eingeborenen auch hinsichtlich ihrer Theorien unfehlbar sind, und zwar aus zwei Gründen nicht.

Erstens soll es in dieser Arbeit um die Probleme gehen, die der Bedeutungstheorie aus dem Holismus der Quine/Duhem-These erwachsen – aus einer These also, die sich genau am Problem der theoretischen Sätze entzündet. Da wäre es misslich, wenn ich von vornherein voraussetzte, dass die Eingeborenen alle theoretischen Sätze richtig beurteilten. Das gesamte Gebiet, in dem wir uns bewegen wollen, würde durch eine solche Annahme bis zur Unkennt-

---

[17] S.u. § 6.21 und § 6.26. – Anderswo werde ich zeigen, dass die Linguistin diese Gefahr sogar bei der Übersetzung des temporalen und logischen Arsenals der Urwaldsprache bannen kann und wie im Lichte einer solchen Übersetzung jene beiden Irrtumsarten erklärt werden können. Die Grundidee dafür will ich hier nur kurz andeuten: Die logischen und zeitlogischen Konstanten werden unter Rückgriff auf gewisse Konditionalsätze identifiziert, in deren Vordersatz Bedingungen genannt werden, die jeden Irrtum ausschliessen. Falls diese Bedingungen nicht erfüllt sind und sich der Sprecher tatsächlich irrt, bleibt immer noch Raum für die kontrafaktische Feststellung, wie sich der Sprecher verhalten hätte, wären die irrtumsfeindlichen Bedingungen erfüllt gewesen. Die normative Feststellung, dass er anders hätte reagieren *sollen*, wird also auf die kontrafaktische Feststellung zurückgeführt, der zufolge er unter günstigeren Bedingungen anders reagiert hätte.

Mit dieser Feststellung muss ich es bewenden lassen. Auch andere naturalistische Theoretiker des Irrtums haben darauf gebaut, dass die Kluft zwischen sprachlichem Sein und Sollen als Kluft zwischen Sein und kontrafaktischem Sein verstanden werden kann (cf. Fodor [P]:106/7).

lichkeit verzerrt: Theoretische Irrtümer sind in der Geschichte der Menschheit an der Tagesordnung gewesen.

Zweitens ist es alles andere als klar, wie der Begriff des Irrtums auf theoretische Sätze überhaupt soll angewendet werden können. Der Grund für diese Unklarheit rührt von der Schwierigkeit her, für theoretische Sätze einen Wahrheitsbegriff einzuführen. Wie wir später im Kapitel 7 sehen werden, dürfte es stets mehrere, untereinander unvereinbare Theorien geben, die mit den Beobachtungen allesamt gleich gut harmonieren. (Das ist die sog. Unterbestimmtheit der Theorie durch ihre Daten). Welche dieser konkurrierenden Theorien sollen wir ‚wahr' nennen? Erst wenn wir uns hierüber Klarheit verschafft haben, hat die Rede vom theoretischen Irrtum Sinn. Erst dann hat es Sinn, den Eingeborenen theoretische Unfehlbarkeit zu unterstellen (wobei eine solche Annahme auch dann noch reichlich unrealistisch wäre).

Wir werden uns also ohne irgendwelche Annahmen über theoretische Irrtümer der Eingeborenen behelfen müssen. Fügt dies dem explikatorischen Wert des Begriffs der Reizsynonymie einen eigenen Schaden zu? Nein. Denn wie wir im übernächsten Kapitel sehen werden, kann dieser Begriff ohnehin nicht vernünftig auf theoretische Sätze angewendet werden: und zwar aus demselben holistischen Grund, der dafür verantwortlich ist, dass sich die Rede vom theoretischen Irrtum unserem Verständnis entzieht. Dieser holistischen Niederlage der Reizsynonymie werde ich mit einem verfeinertem Synonymiebegriff begegnen. Es wird sich zeigen, dass wir bei diesem Rettungsmanöver keine Rücksicht auf etwaige theoretische Irrtümer der untersuchten Sprecher zu nehmen brauchen.

Bleiben Sinnestäuschungen und Sprachschnitzer. Schaden sie Quines Begriff der Reizsynonymie? Ich werde die Frage verneinen: Sprachschnitzer lassen sich mit hinreichender Sicherheit erkennen (also ausmerzen); Sinnestäuschungen schaden selbst dann nicht, wenn sie von der Linguistin nicht als Täuschung erkannt werden.

Sprachschnitzer

§ 6.16. Zuerst zu den Sprachschnitzern. Ich habe vorhin zur Verdeutlichung bereits den Fall Freudscher Fehlleistungen angeführt: Aus Versehen, scheint es, äussert jemand im Eifer des Gefechts andere Worte, als er eigentlich wollte und deren tieferer Bedeutung seine Psychoanalytikerin nachspürt. Halten wir uns nicht lange bei den tiefenpsychologischen Ursachen solcher und harmloserer Sprachschnitzer auf. Das linguistische Experiment unserer Feldfor-

scherin ist so angelegt, dass derartige Schnitzer so gut wie ausgeschlossen sind. Die Feldforscherin lässt den Eingeborenen fast nicht zu Wort kommen; seine Rede ist *jaja, neinnein*; alle anderen urwaldsprachlichen Wörter behält sich die Linguistin vor. Sie ist es, die die Fragen stellt.

Welche Sprachschnitzer könnten dem Eingeborenen in einem solchen wortkargen Experiment unterlaufen? Er könnte, erstens, im Eifer des Gefechts Zustimmung mit Ablehnung verwechseln. Diese Möglichkeit kann die Linguistin leicht ausschalten. Sie wiederholt ihre Frage einige Male bei Präsentation genau derselben Reizmusterfolge. Wenn der Eingeborene sein ursprüngliches Verdikt nicht revidiert, dann kann das Verdikt nicht auf einem Sprachschnitzer beruhen: Sprachschnitzer sind einmalige Ereignisse.

Genauso kann eine zweite Fehlerquelle ausgeschaltet werden, die darin besteht, dass sich der Eingeborene nicht *verspricht* – sondern *verhört*. Wenn die Linguistin ihre Frage unter gleichbleibender Stimulation mehrmals laut und deutlich wiederholt hat und dann immer ein und dasselbe Verdikt geerntet hat, dann kann sich die Linguistin sicher genug sein, dass die Antwort des Eingeborenen nicht durch falsches Zuhören entstanden ist.

Zugegeben: Irgendein wilder Zufall könnte der Linguistin immer noch einen Strich durch die Rechnung machen. Doch *das* tut nichts zur Sache. Die Linguistin treibt *Empirie*. Experimente können in allen empirischen Sparten durch wilde Zufälle verdorben werden. In dieser Hinsicht sitzt die empirische Erforschung fremder Sprachen im selben kippligen Boot wie alle Erfahrungswissenschaft; ein eigener Anlass zum semantischen Skeptizismus ergibt sich hieraus nicht.

Nehmen wir also für das folgende an, dass die Linguistin hinreichende Sorgfalt hat walten lassen, um die Gefahr von Sprachschnitzern mit genügend hoher Sicherheit auszuschalten.[18]

§ 6.17. Bleibt nur noch der Beobachtungsirrtum. Wie gefährlich können der Linguistin Kaninchen-Attrappen werden? Meine Ant- Attrappen

[18] Nicht behandelt habe ich Sprachschnitzer, die dem Sprecher unterlaufen, weil er nicht alle Regeln seiner Sprachgemeinschaft richtig beherrscht. Solange der einzelne Sprecher im Zentrum des Interesses steht wie in der vorliegenden Arbeit, schaden derartige Sprachschnitzer nicht: Der fragliche Sprecher spricht dann einfach einen anderen Idiolekt als die anderen Mitglieder seines Stammes. – Sobald wir dagegen ganzen Gemeinschaften Sprachen zuschreiben wollen, muss unsere Linguistin zu stärkeren Mitteln greifen. Sie muss dann auch beobachten, wie sich verschiedene Mitglieder der Gemeinschaft gegenseitig korrigieren. Das Thema führt zu weit ab.

wort mag überraschen: Je besser die Attrappen gemacht sind, desto weniger können sie dem Begriff der Reizsynonymie anhaben. Um dies einzusehen, sollten wir zuerst die Gefahr ins Auge fassen, die diesem Begriff durch Kaninchenattrappen zu drohen scheint. Sie lautet: Der Eingeborene wird dem Satze ‚Gavagai' nicht nur aufgrund von Reizmusterfolgen zustimmen, die von echten Kaninchen herrühren, sondern auch aufgrund von Reizmusterfolgen, die von Kaninchen-Attrappen herrühren. Der Satz scheint also reizsynonym zu folgender „Übersetzung" zu sein:

(6.7) Da ist ein Kaninchen oder eine Kaninchen-Attrappe –

und das selbst dann, wenn ‚Gavagai' im Urwald – intuitiv gesprochen – von Kaninchen handelt und nicht von Attrappen. Verleiten Attrappen die Linguistin also zu Fehlübersetzungen? Bei näherem Hinsehen relativiert sich diese Gefahr. Denn gut gemachte Attrappen würden auch die Linguistin veranlassen, dem Satze

(6.5) Da ist ein Kaninchen,

fälschlicherweise zuzustimmen. (Je besser die Attrappen sind, desto wahrscheinlicher wird dies so sein). ‚Gavagai' wird also zu seiner „richtigen" Übersetzung reizsynonym sein. Irrige Verdikte, die sich sowohl der Eingeborene als auch seine Übersetzerin zuschulden kommen lassen, werden auf *beiden* Seiten falsch einsortiert – und heben sich dadurch gegenseitig auf. Die korrekten Übersetzungen werden also auch von Attrappen nicht aus dem Rennen geworfen.

Aber, so mag man fragen, ist dadurch die Gefahr gebannt? Bleiben nicht ‚Gavagai' und (6.7) (bzw. auch (6.5) und (6.7)) trotzdem reizsynonym?

Das muss ich zugeben. Meine Überlegung hat nur gezeigt (und hat nur zeigen sollen), dass der Begriff der Reizsynonymie auch im Fall von Attrappen die richtigen Übersetzungen nicht verbietet: Der Begriff ist also nicht zu eng. Aber er scheint insofern zu weit zu sein, als auch die Sätze ‚Gavagai' und (6.7) unter ihn fallen. Doch hat dies Problem nichts mehr mit purer Sinnestäuschung zu tun. Denn damit ‚Gavagai' und (6.7) wirklich reizsynonym sind, muss in (6.7) von besseren Attrappen die Rede sein, als die Welt bislang gesehen hat. (Sonst *könnten* irgendwelche detaillierte Reizmusterfolgen, die sich aus einer eingehenden Untersuchung des angeblichen Kaninchens ergeben, zwischen ‚Gavagai' und (6.7) unterscheiden helfen). Der Unterschied zwischen dermassen guten Attrappen und echten Kaninchen ist aber keine Frage blosser Beobachtung: Es ist ein hochtheoretischer Unterschied (der mit der Feinstruktur der vorgelegten Objekte zu tun hat). Und dass der Begriff der Reizsynonymie für die Anwendung auf theoretische Sätze nicht eng genug ist, bestreite ich nicht. Im Gegenteil: Es ist das Thema, das ich in den nächsten Kapiteln ausführlich behandeln werde.

Damit schliesse ich die Diskussion möglicher Irrtümer der Eingeborenen ab. In Ermangelung eines Wahrheitsbegriffs konnte ich zwar den Begriff des Irrtums nicht explizieren. Aber ich konnte, so hoffe ich, zeigen, warum wir uns hier keine Sorgen um die verschiedenen Sorten von Irrtum zu machen brauchen.

Nun sind irreführende Verdikte (einerlei, ob sie auf Lüge oder Irrtum zurückgehen) nicht die einzigen Klippen, an denen der Begriff der Reizsynonymie zu scheitern droht. Auch wenn angenommen werden darf, dass die Verdikte der untersuchten Sprecher immer korrekt sind, verfehlt der Begriff der Reizsynonymie unseren intuitiven Synonymiebegriff. Wir wollen nun die verschiedenen Gründe für diesen Mangel auseinanderdividieren.

Drei Ebenen: Term, Satz, Theorie

§ 6.18. Quines vielfältige Kritik an der Reizsynonymie läuft immer auf denselben Vorwurf hinaus: Der Begriff ist nicht eng genug.[19] Er trifft nicht nur auf alle im intuitiven Sinn synonymen Satzpaare zu, sondern auch auf solche Satzpaare, die unseren Intuitionen zufolge genau nicht synonym sind. Die Kritik hat deshalb so viele verschiedene Gesichter, weil die im intuitiven Sinn nicht-synonymen Satzpaare aus ganz verschiedenen Gründen reizsynonym sein können. Ich möchte zum Abschluss dieses Kapitels drei unterschiedliche Gründe für solch unerwünschte Reizsynonymien vorführen und begründen, warum sie später allesamt nicht mehr im Zentrum des Interesses stehen werden. Sie alle haben damit zu tun, dass der Begriff der Reizsynonymie für die innere Struktur von Sätzen blind ist. Um Reizsynonymien festzustellen, vergleicht man immer die Reaktionen auf ganze Sätze. Da ist es kaum verwunderlich, dass sich irgendwelche feinen Unterschiede unterhalb der Satzebene nicht unmittelbar bemerkbar machen.

Um es vorwegzunehmen: Zwar gebe ich zu, dass sich eine befriedigende Theorie der Synonymie auch mit den Problemen herum-

[19] Nur der Vollständigkeit halber erwähne ich hier Quines entgegengesetzte Kritik an der Reizsynonymie, der zufolge dieser Begriff aufgrund kollateraler Information zu *eng* sei ([WO]:37/8). Diese Schwierigkeit scheint Quine selbst nicht sehr ernst zu nehmen, vergl. [WO]:40, 62/3.

schlagen muss, die sich aus der Diskrepanz zwischen solchen Eigenschaften, die ganzen Sätzen zukommen, und solchen Eigenschaften ergeben, die deren Binnenstruktur betreffen. Doch ist *diese* Diskrepanz nicht das gewichtigste Hindernis, das sich der Explikation bedeutungstheoretischer Begriffe in den Weg stellt. Gravierender ist eine verschärfte Diskrepanz derselben Art, die sich ein ganzes Stockwerk höher auftut: Ich rede von der Diskrepanz zwischen solchen Eigenschaften, die *ganzen Theorien* zukommen (also in einer ersten Näherung: Ansammlungen von Sätzen), und solchen Eigenschaften, die ihren Bestandteilen (den einzelnen Sätzen) zukommen. Wenn die holistische Doktrin von Quine und Duhem zutrifft (wofür ich im nächsten Kapitel plädieren werde), wenn also nicht der einzelne Satz mit der „empirischen Realität" konfrontiert werden kann, sondern nur die komplette Theorie, dann kommt dieser zweiten Diskrepanz (zwischen Eigenschaften von Theorien und Eigenschaften einzelner Sätze) eine Schlüsselrolle für die Bedeutungstheorie zu. Denn wenn wir diese Diskrepanz nicht auflösen können, wenn wir also schon den ganzen Satz nicht bedeutungstheoretisch charakterisieren können (weil wir für immer auf der Ebene kompletter Theorien festhängen), dann brauchen wir uns um die Diskrepanz zwischen ganzem Satz und seinen Satzteilen nicht länger zu sorgen. Die Bedeutungstheorie hätte Schiffbruch erlitten, bevor diese zweitrangige Diskrepanz ins Auge gefasst werden müsste.

Quine hat die Prioritäten genauso gesetzt. Er betonte den Vorrang des ganzen Satzes vor seinen Teilen *und* den Vorrang der kompletten Theorie vor ihren Teilsätzen (cf. [TDoE]:42; [FMoE]:68-71). Damit steht fest, in welcher Richtung man sich bei der bedeutungstheoretischen Charakterisierung irgendwelcher sprachlichen Einheiten bewegen muss: Man muss auf der Ebene kompletter Theorien beginnen und hoffen, trotz deren Priorität irgendwie zur bedeutungstheoretischen Charakterisierung einzelner Sätze vorzudringen. (Schon diese Hoffnung hält Quine für verfehlt[20]). Erst wenn dieser Schritt vollzogen ist, hat es Sinn, eine Ebene tiefer steigen zu wollen, um sogar Teile von Sätzen zu charakterisieren. Obwohl es für seine bedeutungstheoretische Skepsis nicht nötig gewesen wäre, hat Quine vorsorglich auch diesen zweiten Schritt für

[20] So seine radikale Position in [TDoE]. Später hat Quine diese Position abgeschwächt, indem er Gelegenheits- und Beobachtungssätze für semantisch charakterisierbar erklärt: nämlich durch den Begriff der Reizsynonymie, cf. [WO]:36/7, 41 (analog in [PoT]:51).

undurchführbar erklärt ([WO]:51ff.). Dass Quines bedeutungsskeptische Haltung trotzdem in erster Linie von seinen Zweifeln am Schritt von der Ebene der Theorie zur Ebene des einzelnen Satzes bestimmt ist, geht aus vielen Textstellen in seinen Schriften hervor (s. § 6.29). Es dürfte daher in Quines Sinn sein, wenn ich mich in den verbleibenden Kapiteln dieser Arbeit ausschliesslich auf diesen Schritt konzentriere. Bevor ich dies tue, möchte ich – wie angekündigt – die nicht so drängenden Probleme wenigstens kurz streifen: Probleme, die sich beim Sprung von der Satzebene auf die Termebene stellen.

Hierbei werden drei Sorten von Termen in den Blick geraten, deren Identifizierbarkeit und Übersetzbarkeit fragwürdig erscheint, wodurch sich die angekündigten drei Probleme für den Begriff der Reizsynonymie ergeben. Die drei Sorten von Termen sind:

referierende Terme (also singuläre Terme wie Namen oder generelle Terme wie Prädikatsausdrücke);
logische Operatoren (der Aussagen- und Prädikatenlogik);
Temporaloperatoren.

§ 6.19. Behandeln wir die drei Themen nacheinander, und beginnen wir mit den referierenden Termen. Quines Punkt ist sattsam bekannt. Der Satz ‚Gavagai' ist nicht nur zu seiner Standardübersetzung reizsynonym: Nichtabgetrennte Kaninchenteile

(6.5) Da ist ein Kaninchen,

sondern auch zu gewissen verschrobenen Alternativ-Übersetzungen wie z.B.:

(6.8) Da sind nichtabgetrennte Kaninchenteile ([WO]:52).

Auch (6.5) und (6.8) sind Quine zufolge reizsynonym – obwohl sie, intuitiv gesprochen, nicht dasselbe bedeuten. Hat Quine damit recht?

Sein Plädoyer zugunsten der Reizsynonymie von ‚Gavagai', (6.5) und (6.8) trifft zu. Wo auch immer ein komplettes Kaninchen ist, findet sich mindestens ein nichtabgetrenntes Kaninchenteil; umgekehrt hängt jedes nichtabgetrennte Kaninchenteil an einem kompletten Kaninchen. (So ist die Phrase: ‚nichtabgetrenntes Kaninchenteil' definiert). Wer als kompetenter Sprecher diesen notwendigen Zusammenhang einsieht, wird dem Satze (6.5) aufgrund genau derselben Reizmusterfolgen zustimmen (bzw. widersprechen) wie dem Satz (6.8). Kein Zweifel, (6.5) und (6.8) sind reizsynonym.[21]

Spricht dies gegen den explikatorischen Wert des Begriffs der Reizsynonymie? Das kommt darauf an, auf welches Explicandum wir es abgesehen haben. Im *strikten* Sinn sind die Sätze (6.5) und (6.8) nicht synonym; der erste Satz handelt von Kaninchen, der zweite von nichtabgetrennten Kaninchenteilen. Das sind verschiedene Arten von Dingen: *Ein* Kaninchen besteht aus unübersehbar vielen nichtabgetrennten Kaninchenteilen.

Im letzten Kapitel (in § 5.7) haben wir uns darauf geeinigt, dass wir einen laxen Begriff von Synonymie explizieren wollen (weil sich auf seiner Grundlage auch der strikte Synonymiebegriff definieren lässt). Und ich behaupte: Im *laxen* Sinne sind (6.5) und (6.8) sehr wohl synonym. Beide bieten genau dieselbe Information über die Welt. Wer (6.5) äussert, behauptet explizit die Anwesenheit eines Kaninchens und impliziert dadurch die Anwesenheit nichtabgetrennter Kaninchenteile. Umgekehrt informiert uns (6.8) über die Anwesenheit nichtabgetrennter Kaninchenteile, wodurch implizit die Anwesenheit eines kompletten Kaninchens ausgesagt ist. Die beiden Sätze bedingen einander; es ist ausgeschlossen, dass ihre Wahrheitswerte auseinandergehen; in jeder möglichen Welt, in der der eine Satz zutrifft, gilt auch der andere. Das alles heisst: Dem Informationsgehalte nach sind die beiden Sätze gleich – in einem schwachen Sinne besagen sie dasselbe über die Welt.

Damit bieten Quines Geschichten über nichtabgetrennte Kaninchenteile keinen Grund, die Angemessenheit des Begriffs der Reizsynonymie als Explicans unseres laxen Synonymiebegriffs in Zweifel zu ziehen.[22]

---

[21] Anders, als man vielleicht meinen mag, ändert sich an diesem Sachverhalt (und auch an meiner Entgegnung) nichts, wenn man wie Davidson Quines extrem-behavioristische Sicht externalisiert (s.o. § 6.4). Denn externe nichtabgetrennte Kaninchenteile veranlassen den Sprecher genauso zur Zustimmung wie externe komplette Kaninchen.

[22] Die nichtabgetrennten Kaninchenteile dienen bei Quine in erster Linie der Illustration eines anderen Punkts, den ich *nicht* attackieren möchte: Sie illustrieren Quines These von der *Unerforschlichkeit der Referenz* (cf. [OR]). Anders als die sonstigen Thesen Quines zugunsten der semantischen Skepsis halte ich diese These für korrekt. Meiner Ansicht nach ist diese These inzwischen zweifelsfrei *bewiesen* worden, und zwar nicht mithilfe von Alternativ-Übersetzungen, in denen von nichtabgetrennten Kaninchenteilen, Kaninchen-Zeitscheiben, Manifestationen der Kaninchenheit usw. die Rede ist (dazu [WO]:51/2) – sondern durch ein Permutationsargument mithilfe sogenannter Proxy-Funktionen (cf. [OR]:57, [PoT]:31-33, 50-52), die z.B. das Kaninchen auf sein kosmisches Komplement abbilden, das ist das gesamte Universum, vermindert um das Kaninchen ([PoT]:33). – Schadet

§ *6.20.* Gravierender sind im Gegensatz hierzu die Probleme, die sich für den explikatorischen Wert des Begriffs der Reizsynonymie daraus ergeben, dass dieser Begriff für die logische bzw. temporale Binnenstruktur von Sätzen zu grob ist. Hinsichtlich beider Phänomenbereiche – logischer bzw. temporaler Struktur – müssen wir zwei Fragen auseinanderhalten. Erstens: Lässt sich unter den Bedingungen der radikalen Übersetzung das logische bzw. temporale Vokabular der Urwaldsprache eindeutig identifizieren und übersetzen? Zweitens: Scheitert der Begriff der Reizsynonymie an geschickt gewählten Sätzen mit hinreichend trickreicher logischer bzw. temporaler Binnenstruktur? Logik, Zeit

Die Fragen sind voneinander unabhängig. Ich werde in der ersten Frage für Optimismus plädieren und behaupten, dass sich die logischen und temporalen Konstanten im Urwald eindeutig erkennen und übersetzen lassen. Dagegen werde ich die zweite Frage pessimistisch beantworten, indem ich reizsynonyme Sätze mit logischen bzw. temporalen Konstanten benenne, die im intuitiven Sinne nicht einmal lax synonym sind. Diesen pessimistischen Punkt werde ich in einem dritten Schritt aber nicht in eine allgemeine bedeutungstheoretische Skepsis einmünden lassen; denn aufgrund meiner optimistischen Antwort auf die erste Frage meine ich, dass wir einen raffinierteren Synonymiebegriff konstruieren können, der (i) alle Reizsynonymien wahrt und (ii) *darüber hinaus* die logische und temporale Binnenstruktur von Sätzen berücksichtigt. Ich meine also, dass die Linguistin unter (ii) mehr Daten über das verbale Verhalten der Eingeborenen erheben kann als die Daten, die sich in Reizbedeutung und Reizsynonymie widerspiegelen: Genau deshalb sind die beiden Fragen voneinander unabhängig.

Auch Quine scheint die beiden Fragen für unabhängig gehalten zu haben. Aber während ich diese Fragen hinsichtlich der logischen Binnenstruktur genauso beantworte wie hinsichtlich der Zeitstruktur, al-

---

diese Unerforschlichkeitsthese meinem Widerspruch gegen den semantischen Skeptizismus? Nein. Gerade weil sich die These von der Unerforschlichkeit der Referenz zweifelsfrei beweisen lässt, trägt sie sprachphilosophisch fast nichts aus. Ihre Konsequenzen richten selbst in der Theorie der Referenz (die ich hier aus Platzgründen ausblenden muss) keinen gravierenden Schaden an. Die Referenzrelation kann zwar nicht länger absolut verstanden werden; wir müssen sie auf Übersetzungsmanuale relativieren. (So auch Quine [PoT]:52). Da nun der Referenzbegriff meiner Ansicht nach im Dienste der Theorie der Wahrheit steht, brauchen wir uns nur darum zu sorgen, ob seine Relativierung etwa zu einem relativen Wahrheitsbegriff führt. Es ist mir gelungen zu zeigen, dass dem nicht so ist. Auch unter den Vorgaben einer manualrelativen Referenzrelation lässt sich ein absoluter Wahrheitsbegriff definieren. Ich werde diesen Punkt andernorts ausführen.

so die erste Frage (nach der Erkennbarkeit der jeweiligen Konstanten) *in beiden Bereichen* optimistisch und die zweite Frage (nach dem Scheitern der Reizsynonymie) *in beiden Bereichen* pessimistisch beantworte, scheint Quine mit mir hierin nur hinsichtlich der Zeitstruktur übereinzustimmen; seine Voten hinsichtlich der logischen Struktur kehren meine Voten genau um: Er bezweifelt die eindeutige Übersetzbarkeit der logischen Konstanten, scheint aber nicht zu behaupten, dass ausgerechnet die logischen Binnenstrukturen den Begriff der Reizsynonymie in Schwierigkeiten stürzen.

Übersetzung logischer Konstanten

§ 6.21. Wenden wir uns zunächst den logischen Konstanten zu. Ich beeile mich zuzugeben, dass ich Quines pessimistische Ansichten hinsichtlich ihrer Übersetzbarkeit soeben verkürzt wiedergegeben habe. Ursprünglich hat er gemeint, dass sich die *aussagenlogischen* Konstanten im Urwald eindeutig erkennen lassen. So ist laut [WO]:57/8 beispielsweise ein zweistelliger Satzoperator[23] genau dann ein Konjunktionszeichen, wenn der resultierende Satz (i) dann und nur dann Zustimmung erntet, wenn beiden Gliedsätzen auch allein zugestimmt würde, und (ii) dann und nur dann abgelehnt wird, wenn mindestens auch einem der Teilsätze widersprochen würde. Diese Identifikationsmethode mithilfe einer „Verdikttafel" hat Quine später nicht mehr überzeugend gefunden, da die Tafel den Umgang mit Konjunktionszeichen ungenau wiedergibt: So wird man einer Konjunktion wie (p & ¬p) widersprechen, ohne unbedingt genötigt zu sein, eins ihrer Glieder abzulehnen ([RoR]:76-78).

Dass der richtige Umgang mit der Konjunktion komplizierter ist, als die simplen Verdikttafeln aus [WO] nahelegen, meine ich auch. Aber anders als Quine ([PPiL]:12) stürzt mich dies nicht in Zweifel an der eindeutigen Übersetzbarkeit der Konjunktion. Dass ein Junktor nicht immer den Vorschriften irgendeiner Verdikttafel folgt, bietet ohne weiteres Argument keinen Grund dafür, irgendwelche Unbestimmtheitsthesen aufzustellen. Diese argumentative Lücke füllt Quine nirgends. Ebensowenig gelingt es ihm, auch nur eine einzige Übersetzungsalternative für das Konjunktionszeichen vorzuschlagen. Träfe die These von der Übersetzungsunbestimmtheit der Konjunktion zu, so sollten sich solche Übersetzungsalternativen aber konstruieren lassen. Die Beweislast liegt beim Skeptiker:

[23] Das ist ein urwaldsprachliches Zeichen, dass jedes Paar aus urwaldsprachlichen Behauptungen bzw. Satzfragen zu einer neuen Behauptung bzw. Satzfrage verknüpft.

Solange er keine Alternativen vorlegt, können wir ruhigen Gewissens daran festhalten zu glauben, dass sich fremdsprachige Konjunktionszeichen eindeutig identifizieren lassen.

Ohne weitere Diskussion (die das Thema verdient und die allein aus Platzgründen unterbleiben muss) möchte ich diesen Optimismus auf das gesamte logische Arsenal ausdehnen: Alle logischen Konstanten aus Aussagenlogik und Prädikatenlogik, so meine Behauptung, lassen sich im Urwald eindeutig identifizieren und übersetzen.[24]

Gemischte Quantoren

§ 6.22. Aber selbst, wenn ich damit recht habe, stürzen die logischen Konstanten den Begriff der Reizsynonymie in Schwierigkeiten, die der sonst so skeptische Quine überraschenderweise *nicht* aufwirft. Sie entstehen durch mehrfache Anwendung von Quantoren. Solange ein Satz nur einen einzigen Quantor enthält, kommen entweder in seiner affirmativen oder in seiner negativen Reizbedeutung irgendwelche signifikanten Reizmusterfolgen vor. Existenzsätze lassen sich durch eine einzige positive Beobachtung beweisen: ihre affirmative Reizbedeutung umfasst entsprechende Reizmusterfolgen. Empirisch widerlegen lassen sich solche Sätze nicht – ihre negative Reizbedeutung ist leer. Umgekehrt steht es im Fall von Allsätzen: Sie lassen sich nicht empirisch beweisen – daher ist ihre affirmative Reizbedeutung leer. Doch da sie sich durch Gegenbeispiele widerlegen lassen, kommen in ihrer negativen Reizbedeutung interessante Reizmusterfolgen vor.

Aber wenn wir Existenz- und Allquantor hintereinanderschalten, können wir die entstehenden Sätze weder empirisch beweisen noch empirisch widerlegen (Stegmüller [TE]/1:195). Dies zeigt folgendes Beispiel:

(6.9) In allen Heuhaufen sind Stecknadeln.

Keine Reizmusterfolge kann Zustimmung zu diesem Satz auslösen, weil zu seiner Bestätigung alle Heuhaufen durchgemustert werden müssten und weil keine Reizmusterfolge alle Heuhaufen widerspie-

[24] Hinsichtlich der Quantoren ist Quine von Anbeginn skeptischer gewesen als hinsichtlich der aussagenlogischen Junktoren ([WO]:61). Da die Quantoren viel mit Referenz zu tun haben ([oWTI]:12/13), führte ihn die These von der Unerforschlichkeit der Referenz zum Zweifel an der eindeutigen Übersetzbarkeit der Quantoren ([PPiL]:13/4). Meiner Ansicht nach zieht die Unerforschlichkeitsthese allenfalls eine Unerforschlichkeit des Bereichs nach sich, über dem quantifiziert wird; die Übersetzung des Quantors selbst wird hierdurch nicht in Mitleidenschaft gezogen. Deshalb ist es nicht verwunderlich, dass Quine auch für die Quantoren keine Übersetzungsalternativen aufbieten kann.

geln kann. Um den Satz zu widerlegen, genügt zwar ein einziger Heuhaufen ohne Stecknadeln. Doch während es leicht ist, sich Reizmusterfolgen auszumalen, die einen zuzustimmen veranlassen, dass ein Heuhaufen eine Nadel enthält (man braucht die Nadel nur zu zeigen!), wird sich der Nadelmangel eines Heuhaufens in keiner präsentierbaren Reizmusterfolge niederschlagen: Nie kann man den gesamten Heuhaufen aus allen Perspektiven gleichzeitig im Blick haben. Affirmative und negative Reizbedeutung des Satzes sind also leere Mengen. Daher ist der Satz reizsynonym zu folgendem Satz, mit dem es nicht anders steht:

(6.10) In allen Parks sind Libellen.

Trotz ihrer Reizsynonymie bedeuten diese Sätze nicht dasselbe. Sie sind nicht einmal im laxen Sinne synonym. Denn sie teilen uns völlig verschiedene Dinge über die Welt mit. Der eine Satz könnte wahr sein, der andere falsch. Und das bedeutet, dass Quines Begriff der Reizsynonymie in der Tat nicht eng genug ist. Der Begriff ebnet den Bedeutungsunterschied zwischen (6.9) und (6.10) ein, an dem wir intuitiv gern festhalten möchten.[25]

Kein Grund zur Skepsis

§ 6.23. Führt uns dies in die allgemeine bedeutungstheoretische Skepsis? Da Quine, wie gesagt, diese Schwierigkeit nicht eigens aufwirft, mag es genügen, wenn ich nur andeute, warum ich die Frage verneine. Mehrfache, gemischte Quantifikation zerstört in der Tat den explikatorischen Wert des Begriffs der Reizsynonymie. Doch spricht dies nicht gegen die Möglichkeit, einen raffinierteren Synonymiebegriff auszuhecken, bei dessen Verwendung Informationen über logische Strukturen *und* über Reizsynonymien einfliessen. Um ungefähr zu sehen, wie dieser raffiniertere Begriff funktionieren könnte, brauchen wir uns nur klarzumachen, worauf der intuitive Bedeutungsunterschied zwischen (6.9) und (6.10) beruht. Er beruht auf dem intuitiven Bedeutungsunterschied zwischen den verschiedenen Prädikatsausdrücken, aus denen die Sätze zusammengesetzt sind. Diese Unterschiede lassen sich wiederum auf der Ebene *anderer* ganzer Sätze dingfest machen. So besagt (6.9) nicht dasselbe wie (6.10), weil ‚Heuhaufen' immer noch etwas anderes besagt als ‚Park', was wiederum daran liegt, dass folgende Sätze *nicht* reizsynonym sind:

---

[25] Auch dies Problem bleibt (genau wie seine Lösung) bestehen, wenn man wie Davidson Quines extrem-behavioristische Sicht externalisiert (s.o. § 6.4).

(6.11) Da ist ein Heuhaufen.
(6.12) Da ist ein Park.

Hier ist nicht der Ort, einen Synonymiebegriff auszubuchstabieren, der in der angedeuteten Weise funktioniert. Begnügen wir uns mit der hinreichend konkreten Ahnung, dass sich seiner Definition keine prinzipiellen Hindernisse in den Weg stellen dürften, und wenden wir uns der temporalen Binnenstruktur von Sätzen zu!

§ 6.24. Im Gegensatz zur logischen Binnenstruktur von Sätzen hat Quine deren temporale Binnenstruktur sehr wohl verwendet, um die explikatorische Unangemessenheit des Begriffs der Reizsynonymie deutlich zu machen. Zwar nennt er nicht ausdrücklich irgendwelche im intuitiven Sinne nicht-synonymen Beispielsätze, die aufgrund ihres Bezugs zur Vergangenheit reizsynonym sind. Aber er liefert eine ganze Serie von Sätzen, die sozusagen auf einer schiefen Ebene verschieden weit hinabgerutscht sind. Quine überlässt es der Phantasie des Lesers, sich auszumalen, was am unteren Ende der schiefen Ebene vor sich geht. Hier sind einige Sätze, die in Quines Serie vorkommen, und zwar geordnet nach ihrer Gefährlichkeit für den Begriff der Reizsynonymie: Bleibende Sätze

(6.5) Da ist ein Kaninchen.
(6.13) Die *Times* ist gekommen ([WO]:36).
(6.14) Die Krokusse blühen ([WO]:36).

Diese Sätze unterscheiden sich darin, dass ein Sprecher sein einmal abgegebenes Urteil durch verschieden lange Zeiträume hindurch wiederholen kann, ohne von erneuerten Stimuli eigens wieder zu dem fraglichen Urteil veranlasst zu werden: Während sein positives Urteil über den Kaninchensatz (6.5) ohne neue Kaninchenstimulationen sofort verfällt, kann der Sprecher dem Satz über die Zeitung (6.13) einen ganzen Tag lang zustimmen – und das selbst dann, wenn die Zeitung längst aus dem Blickfeld verschwunden ist. Und die Haltbarkeit eines positiven Urteils über die erblühten Krokusse in (6.14) dürfte sogar (auch ohne erneute botanische Stimulation) mehrere Wochen betragen.

Sätze wie (6.5), deren Beurteilung jedesmal durch neue Stimulationen veranlasst werden muss, nennt Quine *Gelegenheitssätze* ([WO]:35/6). *Bleibende Sätze* hingegen sind in Quines Terminologie jene Sätze, deren Beurteilung wie im Fall von (6.13) und (6.14)

auch ohne neuen sensuellen Input mehr oder weniger lange aufrecht erhalten werden kann ([WO]:35/6): ein gradueller Begriff (cf. [WO]:36). Offenbar ist (6.14) ein „bleibenderer" Satz als (6.13).

Reizbedeutungslosigkeit

§ 6.25. Was hat das alles mit dem explikatorischen Wert der Reizsynonymie zu tun? Einfach: Wenn ein bleibender Satz nicht aufgrund der präsentierten Reizmusterfolge beurteilt wird, sondern im Lichte früherer Verdikte, dann hat die augenblickliche Reizmusterfolge keinen kausalen Einfluss auf die Reaktion des Sprechers: Sie ist *irrelevant* und gehört weder in die affirmative noch in die negative Reizbedeutung des fraglichen Satzes.[26] Je „bleibender" ein Satz ist, desto weniger Reizmusterfolgen sind in seiner Reizbedeutung enthalten:

> The stimulus meaning is a full cross-section of the subject's evolving dispositions to assent to or dissent from a sentence, if the sentence is an occasion sentence; *less so* if it is a standing sentence. Standing sentences can differ among themselves in "meaning" [...] as freely as occasion sentences; but, *the less* susceptible they are to prompted assent and dissent, *the fewer clues* are present in stimulus meaning. ([WO]:36 – meine Hervorhebungen).

Da sieht man die schiefe Ebene, von der ich vorhin geredet habe. Um auf ihr bei einem durchschlagenden Argument gegen die explikatorische Angemessenheit der Reizsynonymie anzukommen, müssen wir diese schiefe Ebene bis zum bitteren Ende hinunterrutschen. Denn obwohl (6.13) und (6.14) bleibende Sätze sind, sind sie nicht reizsynonym: In der affirmativen Reizbedeutung von (6.13) sind krokusfreie *Times*-Reizmusterfolgen enthalten, die in der affirmativen Reizbedeutung von (6.14) fehlen (analog Quine [WO]:63). Hier funktioniert der Begriff der Reizsynonymie wie gewünscht – denn auch im intuitiven Sinne bedeuten die beiden Sätze nicht dasselbe. Noch ist die Welt der Reizsynonymie in Ordnung. Um sie zu erschüttern, braucht Quine extremere Beispiele. Er braucht intuitiv nicht-synonyme Sätze, deren Reizbedeutungen *völlig* abgemagert sind, in deren affirmativer und negativer Reizbedeutung also überhaupt keine Reizmusterfolgen vorkommen. Denn erst solche Sätze sind reizsynonym; erst sie können den Begriff der Reizsynonymie in Gefahr bringen.

Um von ihnen kurz und bündig sprechen zu können, wollen wir alle Sätze mit leerer affirmativer und negativer Reizbedeutung *reizbe-*

---

[26] [WO]:30, 36. Vergl. oben § 6.7.

deutungslos nennen. (Klarerweise sind alle reizbedeutungslosen Sätze untereinander reizsynonym). Es gibt verschiedene Gründe dafür, dass ein Satz reizbedeutungslos ist. Oben in § 6.22 hatten wir zwei Sätze, die aufgrund ihrer logischen Struktur reizbedeutungslos (und also reizsynonym) sind; jetzt suchen wir Sätze, die aufgrund ihres Bezugs in die Vergangenheit reizbedeutungslos sind. *Einen* solchen Satz nennt Quine in [WO] selber (wenn auch in anderem Zusammenhang):

(6.15) There have been black dogs.[27]

Der Satz ist deshalb reizbedeutungslos, weil keine einzige augenblickliche Reizmusterfolge unser affirmatives Urteil auf (6.15) auslöst. Unsere Zustimmung zu dem Satz beruht ausschliesslich auf Erinnerungen. Alle momentanen Reizmusterfolgen sind für den Satz irrelevant.

Genauso überzeugt man sich von der Reizbedeutungslosigkeit des folgenden Satzes:

(6.16) There have been white cats.

Und damit sind wir am Ende von Quines schiefer Ebene angekommen: (6.15) und (6.16) sind reizbedeutungslos, also reizsynonym – obwohl sie im intuitiven Sinne ganz und gar nicht dasselbe über die Welt besagen.[28]

Wieder kein Grund zur Skepsis

§ 6.26. Genau wie vorhin im Fall von Reizbedeutungslosigkeit aufgrund der logischen Struktur (§ 6.23) ist auch diesmal die Sache der Synonymie nicht endgültig verloren. Gewiss, der Begriff der Reizsynonymie hat ausgedient. Aber nichts hindert uns, einen engeren Synonymiebegriff zu definieren, der die temporale Binnenstruktur von Sätzen berücksichtigt. Dazu müssen zunächst die temporalen Ausdrucksmittel der Objektsprache entschlüsselt werden: Hierzu brauchen wir Kriterien, wie im Fall der logischen Ausdrucksmittel. Im Fall des temporalen Arsenals scheint Quine keine prinzipiellen Bedenken gegen die Möglichkeit solcher Kriterien zu hegen ([RoR]:127-130). Und nach Entschlüsslung des temporalen

---

27 [WO]:66. Quine führt diesen Satz als tödliches Beispiel gegen die explikatorische Angemessenheit seines Begriffs der Reizanalytizität an (dazu s.u. Kapitel 9). Weil aber laut Quine Synonymie und Analytizität (so wie ihre fleischlosen Imitationen Reizsynonymie und Reizanalytizität) eng zusammenhängen ([WO]:65), kann der Hundesatz mit gutem Recht auch gegen den Begriff der Reizsynonymie ins Feld geführt werden.

28 Auch dies Problem bleibt (ebenso wie seine Lösung) bestehen, wenn man wie Davidson Quines extrem-behavioristische Sicht externalisiert (s.o. § 6.4).

Apparates der Sprache kann man leicht trennen, was semantisch auseinandergehört. (6.15) und (6.16) sind deshalb nicht synonym, weil ihre Präsensformen:

(6.17) There is a black dog;
(6.18) There is a white cat;

nicht reizsynoynm sind. Abermals werde ich die Details des durch Berücksichtigung zeitlicher Strukturen verengten Synonymiebegriffs hier nicht ausbuchstabieren können. Begnügen wir uns mit der Versicherung, dass sich die technischen Schwierigkeiten entlang der angedeuteten Route überwinden lassen.

Quines zentrales Argument

§ 6.27. Damit schliesse ich die Diskussion der weniger gravierenden Argumente gegen den explikatorischen Wert des Begriffs der Reizsynonymie ab. Es ist an der Zeit, sich Quines zentralem Argument gegen die Reizsynonymie und gegen die Explizierbarkeit von Synonymie überhaupt zuzuwenden.

Im zweiten Kapitel von [WO] ist dies zentrale Argument nicht leicht zu entdecken. Dort präsentiert Quine eine solche Fülle von Argumenten gegen den Begriff der Reizsynonymie, dass man leicht den Wald vor lauter Bäumen aus den Augen verliert. Einen Teil der Schuld an dieser Misere trägt folgender Beispielsatz, mit dessen Hilfe Quine den Begriff der Reizsynonymie diskreditiert:

(6.19) Es gibt einen Ätherwind ([WO]:36).

Quine führt diesen Satz im Rahmen seiner Diskussion des Unterschieds zwischen bleibenden und Gelegenheitssätzen ein. Der Satz ist ein besonders lange bleibender Satz; wir lehnen ihn ab, weil schon vor über einem Jahrhundert die Physiker Michelson und Morley von ihrem Interferometer entsprechend negativ stimuliert worden sind ([WO]:36). In *dieser* Hinsicht gleicht der Satz einem datierten Bericht über den Versuchsausgang:

(6.20) Am 12.5.1887 beobachteten Michelson und Morley an ihrem Interferometer die und die Zeigerausschläge,

bzw. folgendem Satz aus der Sicht der Experimentatoren selbst:

(6.21) Am 12.5.1887 ereigneten sich an unserem Interferometer die und die Zeigerausschläge.

Das Verdikt über derartige datierte Sätze wird nur ein einziges Mal ausgelöst: und zwar von Reizmusterfolgen, die sich genau zu dem

Zeitpunkt ereignen, auf den die Sätze datiert sind. Zu späteren Zeitpunkten haben selbst präsente Interferometer-Reizmusterfolgen keinen kausalen Einfluss auf das Urteil über (6.21). Das einmal gefällte Urteil steht ein für allemal fest: Solche Sätze nennt Quine *ewige Sätze* ([WO]:193, [RoR]:63).

Man kann die Ewigkeit der Sätze (6.20) bzw. (6.21) daran erkennen, dass sie ausdrücklich datiert sind. Sobald die Linguistin den Urwaldkalender (als Teil des temporalen Apparates der Urwaldsprache) entschlüsselt hat, kann sie derartige Sätze auf tiefer greifende Weise semantisch charakterisieren, als es deren abgemagerte Reizbedeutungen erlauben: Dies Thema haben wir bereits behandelt (§ 6.26).

So weit also nichts Neues. Aber die „Bedeutung" des ursprünglichen Satzes:

(6.19) Es gibt einen Ätherwind,

kann *nicht* in derselben Weise durch Berücksichtigung der temporalen Struktur charakterisiert werden. Eine explizite Angabe des Datums irgendwelcher Versuchsergebnisse kommt in dem Satz nicht vor. Woher soll eine fremde Linguistin wissen, dass unsere Ablehnung des Satzes auf uralten Beobachtungen beruht, wie sie in (6.20) bzw. (6.21) genannt sind?

Eine neue Art Reizbedeutungslosigkeit

§ 6.28. Der Satz ist zwar reizbedeutungslos. Aber das liegt nicht an seiner zeitlichen Struktur (oder zumindest nicht in erster Linie an ihr).[29] Es liegt daran, dass der Satz ein *theoretischer* Satz ist, also – in erster Näherung – ein Satz, der über Entitäten redet, die man nicht direkt wahrnehmen kann.

Dass theoretische Sätze reizbedeutungslos (und also untereinander reizsynonym) sind, ist eine völlig neue Behauptung.[30] Quines argumentative Linie im zweiten Kapitel von [WO] verdeckt ihre Neuheit. In der oben zitierten Passage (aus [WO]:36), mit der der zweite Absatz nach Einführung des Satzes (6.19) anfängt, scheint es Quine *allein* um zeitliche Strukturen zu tun zu sein. Denn dort diskutiert er den Unterschied zwischen bleibenden und Gelegenheitssätzen. Ein theoretischer Satz wie (6.19) hat an dieser Stelle nicht viel verloren.

Siebenundzwanzig Seiten später wiederholt Quine seine Zweifel daran, dass der Begriff der Reizsynonymie bzw. Reizbedeutung an-

[29] Es liegt allerdings *auch* an seiner zeitlichen Struktur, dass der Satz reizbedeutungslos ist: Er enthält ein Verb, dessen Präsensform zeitlos gemeint ist.

[30] Ihre Richtigkeit hängt abermals nicht davon ab, ob man wie Davidson Quines extrem-behavioristische Sicht externalisiert (s.o. § 6.4).

gemessen auf bleibende Sätze angewendet werden kann. Er wählt eine Formulierung, die der schon zitierten aus [WO]:36 stark ähnelt:

> But *the less variable* the standing sentences are in point of assent and dissent, *the sparser* their stimulus meaning will be and hence *the more poorly* stimulus synonymy will *approximate* to synonymy [...]. ([WO]:63 – meine Hervorhebungen).

Holismus

§ 6.29. Man ahnt kaum, dass Quine an dieser Stelle auf einen neuen Punkt zielt, der mit dem Problem der bleibenden Sätze und ihrer Zeitstruktur nichts zu tun hat: nämlich auf den inferentiellen Zusammenhang zwischen den Sätzen einer Theorie. Um den Punkt hervorzuheben, drucke ich das entscheidende Wort in Quines Fortsetzung der eben zitierten Passage kursiv:

> For, however sparse its stimulus meaning, a sentence retains its connections with other sentences and plays its distinctive part in *theories* ([WO]:63 – meine Hervorhebung).

Den Satz (6.19) über den Ätherwind nennt Quine an dieser Stelle nicht mehr; doch scheint dessen Doppelrolle besonders geeignet zu sein, um Quines Themenwechsel möglichst glatt über die Bühne zu bringen: Ein Coup, den Quine von langer Hand vorbereitet hat! Der Satz hat einerseits eine magere Reizbedeutung, weil er lange vor unserer Zeit widerlegt wurde – in diesem Zusammenhang wurde er ursprünglich als bleibender Satz in die Debatte eingeführt. Andererseits ist es ein theoretischer Satz mit Verbindungen zu anderen theoretischen Sätzen aus der Äther-Physik, vor deren Hintergrund er allererst Sinn hat – auf diesen Punkt hat es Quine abgesehen. Doch gibt er sich nicht genug Mühe, die beiden Punkte auseinanderzuhalten. So sagt er eine Seite später:

> The trouble lies in the interconnections of sentences. If the business of a sentence can be exhausted by an account of the experiences that would confirm or disconfirm it as an isolated sentence in its own right, then the sentence is substantially an *occasion sentence*. The significant trait of *other sentences* is that experience is relevant to them largely in indirect ways, through the mediation of associated sentences. Alternatives emerge: experiences call for changing a theory, but do not indicate just where and how. ([WO]:64 – mein Kursivdruck).

Es ist kein Zweifel, dass Quine hier dem Holismus der sog. Quine/Duhem-These Ausdruck verleiht. (Und damit reisst er das Thema an, das meiner Interpretation zufolge seinen zentralen Einwand gegen die Möglichkeit von Bedeutungstheorie enthält[31] und dem wir uns in den kommenden Kapiteln ausführlich widmen werden). Nur redet er von der falschen Sorte von Sätzen: Er stellt den „occasion sentences" (die vom Holismus nicht betroffen seien) irgendwelche „other sentences" gegenüber. Welche Sätze könnte Quine hiermit meinen? Wenn es „andere" Sätze als die Gelegenheitssätze sein sollen, scheint Quine von Sätzen zu reden, die keine Gelegenheitssätze sind – also von bleibenden Sätzen.

§ 6.30. Zugegeben, Quine lässt es offen, von welchen „anderen" Sätzen die Rede ist. Aber dadurch verwischt er einen Punkt, den er deutlicher hätte herausstellen können: Er verwischt, dass es ihm nicht um den Unterschied zwischen bleibenden und Gelegenheitssätzen geht – sondern um den Unterschied zwischen theoretischen und Beobachtungssätzen.[32]

Was Quine vermischt

Welche „anderen" Sätze auch immer Quine im Blick gehabt hat, er kontrastiert sie in der zitierten Stelle mit Gelegenheitssätzen. Und die haben in einer Erörterung des Theorienholismus nichts zu suchen (nicht einmal zum Zweck der Kontrastierung). Der Unterschied zwischen bleibenden und Gelegenheitssätzen hängt mit ihrem unterschiedlichen Bezug auf Gegenwart und Vergangenheit zusammen; der Unterschied zwischen theoretischen und Beobachtungssätzen steht quer hierzu. Quine scheint dagegen, ohne es zu sagen, zu meinen, dass die Sätze im Innern von Theorien einen Extremfall der bleibenden Sätze darstellen. Daraus mag sich seine Ten-

[31] Für diese Interpretation spricht, dass Quine die zitierten Passagen mit den Worten einleitet: „[...] there is a more basic problem" ([WO]:62); zudem diskutiert er all die anderen Gründe gegen die Reizsynonymie weiter vorn in dem Buch. – Weitere Text-Evidenz findet sich in [TDoE], wo Quine die enge Verbindung zwischen den beiden Dogmen des Empirismus ins Zentrum stellt, s.u. § 7.1.

[32] Den Begriff des Beobachtungssatzes hat er schon in [WO]:42 eingeführt. Von theoretischen Sätzen spricht Quine in [WO] nicht; aber er redet, wie zitiert, von Theorien. Ein Grund für Quines Vermengung des Unterschieds zwischen bleibenden und Gelegenheitssätzen mit dem Unterschied zwischen theoretischen und Beobachtungssätzen liegt wohl darin, dass Quine den Begriff der Beobachtungsnähe in [WO] nur für Gelegenheitssätze explizieren kann ([WO]:42/3). Von bleibenden Sätzen mit geringer Beobachtungsnähe kann man in Quines Terminologie nicht gut reden. Daher spricht Quine lieber von bleibenden Sätzen *simpliciter* – und lenkt damit die Debatte in irreführende Bahnen.

denz erklären, das Problem, das dem Begriff der Reizsynonymie beim Vergleich *bleibender* Sätze entsteht, mit dem Problem zu vermengen, das diesem Begriff bei der Anwendung auf *theoretische* Sätze entsteht.

Gibt es irgendwelche guten Gründe für eine solche Vermengung? Der Anschein spricht dafür: Theorien werden normalerweise als ewige Sätze formuliert. Sie abstrahieren von dem Zeitpunkt, zu dem sie ausgesprochen werden, und beanspruchen Gültigkeit für immer. Aber dies ist nicht das entscheidende Merkmal der theoretischen Sätze. Erstens gibt es nicht-theoretische Sätze mit ewigem Gültigkeitsanspruch (wie z.B. (6.20) und (6.21) – so auch Quine [WO]:193). Und zweitens kann man theoretische Sätze mit ausschliesslichem Bezug zur Gegenwart formulieren:

(6.22) Da ist jetzt ein Elektron.[33]

Was, genau, theoretische Sätze sind; welche Schwierigkeiten sie der explikatorischen Angemessenheit der Reizsynonymie in den Weg stellen; und wie diese Schwierigkeiten durch einen verfeinerten Synonymiebegriff aufgelöst werden können: das sind die Themen der nächsten beiden Kapitel. Hier war es mir nur darum zu tun, diese Themen von einem Thema abzugrenzen, das im folgenden keine Rolle mehr spielen soll: vom Problem der ewig bleibenden Sätze.

---

[33] Sogar könnte man die gesamte Theorie auf den augenblicklichen Zeitpunkt beschränken. – Am kniffligen inferentiellen Zusammenhang zwischen den ewigen Sätzen einer Theorie und ihren im Hier und Jetzt überprüfbaren Beobachtungskonsequenzen hat Quine nach der Abfassung von [WO] intensiv gefeilt. Vergl. [EC]:26/7, [oEES]:315-18, [PoT]:9-13.

Kapitel 7

Holismus ohne Mystizismus

Der holistische Kriegsschauplatz

§ 7.1. Im letzten Kapitel haben wir zwei flüchtige Blicke auf die Möglichkeit geworfen, einen Synonymiebegriff zu definieren, der enger ist als Quines Reizsynonymie: einerseits durch Berücksichtigung logischer Binnenstrukturen (§ 6.23) – andererseits durch Berücksichtigung temporaler Binnenstrukturen (§ 6.26). Dadurch haben wir uns klargemacht, wie sich gewisse Barrikaden aus dem Weg räumen lassen könnten, die der bedeutungstheoretische Skeptiker seinen Gegnern gern in den Weg stellt. Doch fand der Kampf um diese Barrikaden nur auf Nebenkriegsschauplätzen statt: Der entscheidenden Auseinandersetzung sind wir bislang ausgewichen.

Noch länger soll diese Verzögerung nicht währen. Quines machtvollster Angriff gegen die bedeutungstheoretischen Begriffe findet auf holistischem Grund statt. Der Angriff hat zwei Stossrichtungen. Einerseits richtet er sich gegen den Synonymiebegriff – dieser Stoss soll im nächsten Kapitel pariert werden; in der zweiten Stossrichtung wendet sich Quines Angriff gegen die analytischen Sätze – die werden wir in den Kapiteln 9 und 10 verteidigen. Thema dieses Kapitels ist die Erkundung des holistischen Kriegsschauplatzes selbst.

Spätestens seit [TDoE] ist sich Quine des bedeutungsskeptischen Erfolgs auf diesem Kriegsschauplatz sicher gewesen. So sicher fühlte er sich, dass er gemeint hat, er müsste seine Gegner nur auf holistisches Gelände locken – und schon wäre der Sieg sein. Hier war Quine zu siegesgewiss. Woher rührte Quines unangebrachter Optimismus? Quine hat geglaubt, dass die holistische Zurückweisung des Reduktionismus (des zweiten Dogmas des Empirismus[1]) schliesslich und endlich mit der bedeutungsskeptischen Zurückweisung von Synonymie und Analytizität (dem ersten Dogma des Empirismus) zusammenfiele:

[1] Für Quines Formulierungen der zwei Dogmen vergl. [TDoE]:20. Ich werde die Ausdrücke „erstes“ bzw. „zweites *Dogma*“ als wertneutrale Bezeichnung der dort angeführten Thesen verwenden; trotz der klerikalen Konnotation von „Dogma“ möchte ich keine Vorentscheidung über die intellektuelle Respektabilität der fraglichen Thesen getroffen wissen.

The two dogmas are, indeed, at root identical ([TDoE]: 41).

Quine wird nicht gemeint haben, dass die beiden Dogmen buchstäblich identisch sind – daher die Formulierung „*at root* identical". Das soll wohl heissen, dass sich die beiden Dogmen (und ebenso ihre Zurückweisung) gegenseitig bedingen. Wenn Quine damit recht hätte, dann dürfte sich ein Verteidiger von Synonymie und Analytizität nicht auf holistischen Grund locken lassen. Doch werde ich gegen Quine zeigen, dass die beiden Dogmen voneinander unabhängig sind: Man kann mit Duhem und Quine Holist sein (also das zweite Dogma des Empirismus verwerfen), ohne Synonymie und Analytizität preiszugeben (ohne also Quines Kritik am ersten Dogma zu teilen).[2] Diese zentrale These gegen Quine werde ich dadurch untermauern, dass ich die Begriffe der Synonymie und des Analytischen in einer Weise definiere, die Quines Holismus Rechnung trägt. Hierzu werde ich zunächst im vorliegenden Kapitel 7 genauer darlegen, worin der Holismus der Quine/Duhem-These besteht und warum es Gründe genug gibt, dem Reduktionismus zu widersprechen. Im folgenden Kapitel 8 werden wir uns erst fragen, wieso Quine der Idee hat anheimfallen können, dass sein Holismus zwangsläufig in einen bedeutungstheoretischen Skeptizismus einmünden müsse. Ich werde zeigen, inwiefern der Holismus dem Begriff der Reizsynonymie in der Tat eine weitere Niederlage versetzt. Dass sich keine bessere Explikation unseres Synonymiebegriffs auftun lässt, ist damit noch lange nicht gesagt. Und im Gegenteil: ich werde einen Synonymiebegriff vorschlagen, der Quines holistischen Einwänden entgeht. Dasselbe Spiel wird sich in den Kapiteln 9 und 10 mit den analytischen Sätzen wiederholen. Erst werde ich dartun, inwiefern der Holismus den Begriff des Analytischen in Schwierigkeiten zu bringen scheint, um dann einen verfeinerten Begriff des Analytischen vorzuschlagen, der den Schwierigkeiten entgeht. Zusammengenommen argumentiere ich somit in den Kapiteln 8 – 10 für das erste Dogma des Empirismus und hier im vorliegenden Kapitel 7 gegen das zweite Dogma (d.h. mit Quine und Duhem für den Holismus).

---

[2] Quines Rede von der Identität der beiden Dogmen spricht zwar dafür, dass er das Verhältnis der beiden Dogmen symmetrisch gesehen hat: Wer das erste Dogma verwerfe, müsse auch das zweite Dogma verwerfen; und wer umgekehrt das zweite Dogma verwerfe, müsse auch das erste Dogma verwerfen. Quines Hauptaugenmerk gilt der zuletzt genannten Beziehung zwischen den beiden Dogmen. (So auch später in [FMoE]:71/2). Daher werde ich, um Quine zu widersprechen, zeigen, dass die holistische Verwerfung des zweiten Dogmas keinen zwingenden Grund dafür abgibt, auch das erste Dogma zu verwerfen.

Das vorliegende Kapitel selbst gliedert sich in drei Teile. Nach einigen intuitiven Vorüberlegungen in § 7.2 erörtere ich zunächst die negative Seite der Quine/Duhem-These, indem ich sie in einer exemplarischen Auseinandersetzung gegen den Operationalismus in Schutz nehme: Anders als Operationalisten meinen, lassen sich theoretische Sätze nicht isoliert vors Tribunal der Erfahrung stellen (§ 7.3 – § 7.10). Dann mache ich mithilfe von Ramsey-Sätzen die positive Seite der Quine/Duhem-These dadurch deutlich, dass ich den logischen Mechanismus beleuchte, durch den hinreichend lange Konjunktionen aus theoretischen Sätzen (anders als ihre Teilsätze) am Tribunal der Erfahrung getestet werden können (§ 7.11 – § 7.18). Im dritten und letzten Teil des Kapitels schärfe ich die intuitiven Begriffe, mit denen ich die Diskussion zuvor geführt habe: Ich erörtere Quines Begriff des Beobachtungssatzes und arbeite heraus, dass nicht alle Sätze mit theoretischen Termen als „theoretische Sätze" (im terminologischen Sinn) angesehen werden sollten (§ 7.19 – § 7.27).

Wovon der Holismus handelt

§ 7.2. Wenden wir uns zuerst der Quine/Duhem-These zu.[3] Sie besagt: *Ein theoretischer Satz lässt sich nie einzeln testen,* d.h. isoliert von der Theorie, der er angehört. (So lautet die negative Seite der Quine/Duhem-These). Nicht der einzelne theoretische Satz, *sondern die gesamte Theorie wird vom Wissenschaftler vors Tribunal der Erfahrung gestellt.* Damit ist die positive Seite der Quine/Duhem-These auf dem Tisch. Wir werden uns allerdings zunächst nur mit ihrer negativen Seite befassen. Die provoziert zwei Fragen. Erstens: Was ist der Quine/Duhem-These zufolge unter theoretischen Sätzen zu verstehen? Und zweitens: Wieso sollten sich einzelne theoretische Sätze nicht isoliert testen lassen?

Zur ersten Frage. Ob ein Satz ein theoretischer Satz ist, hängt – so könnte man meinen – von den Termen ab, aus denen er zusam-

---

[3] Vergl. Duhem [ZSPT]:245-49, 266/7, 276, 290 und Quine [TDoE]:41/2; [oEES]: 313; [WO]:64; [TI]:10/1; [PoT]:13/4; [FMoE]:70/1; [TDiR]:268, 272. Die Metapher vom Tribunal sinnlicher Erfahrung bringt Quine in [TDoE]:41.
Im Lauf der Jahre hat Quine seine Formulierung der holistischen Doktrin in folgender Hinsicht abgeschwächt: Während er ursprünglich nur die Wissenschaft in ihrer Gesamtheit vors Tribunal der Erfahrung stellen wollte („The unit of empirical significance is the whole of science" – [TDoE]:42), gesteht er mittlerweile einzelnen Beobachtungssätzen ihren eigenen Prozess vorm Tribunal der Erfahrung zu ([oEES]:314) und ist mit hinreichend gehaltvollen Konjunktionen theoretischer Sätze zufrieden (cf. z.B. [oEES]:314/5, [TDiR]:268). Wir werden unten sehen, dass schon gewisse Konjunktionen aus nur zwei theoretischen Sätzen einem empirischen Test unterzogen werden können.

mengesetzt ist: Jeder Satz mit mindestens einem theoretischen Term wäre demzufolge als theoretischer Satz aufzufassen. Sätze ohne theoretische Terme wären Beobachtungssätze. Nun hat Quine die Grenze zwischen Beobachtungssätzen und theoretischen Sätzen auf andere Weise gezogen und seine Meinung zu dem Thema im Lauf der Jahre oft gewechselt.[4] Um für unsere Diskussion ein intuitives Vorverständnis der Quine/Duhem-These zu gewinnen, werden wir zunächst bei der vorgeschlagenen Auskunft verweilen. Sie hat das Problem von der Ebene des Satzes bloss auf die Ebene seiner Teile verschoben. Woran lassen sich theoretische Terme erkennen? Bevor wir zum endgültigen Kriterium für Theoretizität vordringen, mag es genügen, sich die Antwort anhand einer Liste von Beispielen zu verdeutlichen. Die klarsten Fälle liefern Terme für nicht unmittelbar wahrnehmbare Objekte, wie sie von den Wissenschaftlern zu Zwecken der Systematisierung ihrer Beobachtungen postuliert werden: ‚Elektron', ‚Charme-Quark' oder ‚Photon' sind Beispiele für Bezeichnungen von Objekten, die zu klein sind, als dass sie direkt beobachtet werden könnten. Aber beileibe nicht alle theoretischen Terme sind Prädikate, die auf allzu winzige Objekte zutreffen. Das Prädikat ‚ist elektrisch geladen' beispielsweise trifft auf die beiden pfenniggrossen Enden einer jeden unverbrauchten Babyzelle zu. Die Enden der Batterie selber können wir mit blossem Auge wahrnehmen; ob sie elektrisch geladen sind, sagt uns hingegen kein Sinnesorgan: nur mithilfe von Messinstrumenten können wir es herausfinden. Theoretische Terme müssen – anders als die bisherigen Beispiele zu suggerieren scheinen – keine einstelligen Prädikate sein. Auch Relationsausdrücke und Funktionsausdrücke wie die Bezeichnungen physikalischer Grössen (‚Masse', ‚Kraft', ‚Spannung' etc.) sind theoretische Terme.[5]

---

[4] Dazu mehr am Ende dieses Kapitels. Hier nur soviel: Quines Begriff des Theoretischen beginnt auf der Ebene des ganzen Satzes, nicht auf Termebene. Aber selbst wenn wir diesen Punkt (den wir später aufgreifen werden) ausser acht lassen dürften, könnte die obige Erklärung nicht befriedigen. Sie ist nicht eng genug: Denn ihr zufolge wären auch jene Sätze theoretisch, in denen jeder theoretische Term *unwesentlich* vorkommt, die sich also rein logisch in Sätze ohne theoretische Terme umformen lassen. Für solche Sätze gelten die oben durchzuführenden Überlegungen nicht. Strenggenommen sollten wir also besser die Sätze mit unwesentlichen Vorkommnissen theoretischer Terme ausschliessen. Allein der Einfachheit halber lasse ich diese Komplikation oben im Text ausser acht.

[5] Wer im Gegensatz zu Quine die Unterscheidung zwischen Theorie und Beobachtung lieber auf Termebene anfangen lassen möchte, darf sich am Ende nicht mit einer Liste von Beispielen für theoretische Terme zufriedengeben. Vielmehr braucht er ein handfestes Kriterium, um wissenschaftlich dubiose Terme auszuschliessen (wie z.B. ‚Inkarnation'). Carnap hat sich an diesem Problem die Zähne

Wir haben bei der Erläuterung der Beispiele für theoretische Terme von „Beobachtung“ und „unmittelbarer Wahrnehmung“ reden müssen. Was ist damit gemeint? Sehen wir uns zur Verdeutlichung eine Physikerin an, die an einer Batterie die elektrische Spannung misst. Zwar drängt sich uns dafür folgende Beschreibung auf:

(7.1) Die Physikerin hat *beobachtet*, dass zwischen den Polen eine Spannung von 1,5 Volt herrscht.

Aber der hier verwendete Beobachtungsbegriff ist *nicht* der – enge – Begriff von Beobachtung, den ich im folgenden unterstellen möchte. Einigen wir uns auf eine Sprachregelung, nach der „Beobachtung“ mehr mit unmittelbarer Wahrnehmung zu tun hat, als (7.1) suggeriert. – Wie reden wir denn aber von unmittelbarer Wahrnehmung? Betrachten wir ein Beispiel dafür, wie wir diesen Begriff *nicht* verwenden. Wir haben kein eigenes Sinnesorgan für elektrische Spannungen; daher wäre es merkwürdig, wenn wir die Messung der Physikerin folgendermassen beschreiben würden:

(7.2) Die Physikerin hat *wahrgenommen*, dass zwischen den Polen eine Spannung von 1,5 Volt herrscht.

Was sie wahrgenommen hat (und im Sinne unserer engen Sprachregelung: „beobachtet“ hat), ist nicht die elektrische Spannung der Batterie – sondern ein gewisser Zeigerausschlag an einem Kästchen, auf dem „Voltmeter“ zu lesen ist. Die tiefere physikalische Bedeutung dieses Zeigerausschlages kann nicht unmittelbar durch Wahrnehmung allein ermittelt werden. (Ob sich seine tiefere physikalische Bedeutung letztlich *mittelbar* als irgendeine Konstruktion aus unmittelbaren Wahrnehmungen ergibt, wollen wir fürs erste offen lassen). Halten wir also fest, dass die Begriffe der Wahrnehmung und der Beobachtung hier stets in einem äusserst engen Sinn zu verstehen sind.[6]

---

ausgebissen. (Cf. Carnap [MCoT], insbes. pp.49ff. und Stegmüllers skeptische Diskussion in [TE]/1:319-374). Da wir später genau wie Quine mit der Unterscheidung zwischen Theorie und Beobachtung auf der Ebene ganzer Sätze starten werden, brauchen wir uns auf die Details dieser komplizierten Debatte nicht einzulassen.

[6] Dies erschwert zwar den Vergleich mit Auffassungen, in denen ein gelockerter Beobachtungsbegriff unterstellt wird. Aber wie auch Quine in [iPoO]:107 hervorhebt, hat unsere Sicht den Vorteil, dass ihr zufolge selbst unter holistischen Bedingungen der begriffliche Raum für Beobachtungen und Wahrnehmungen frei bleibt, die nicht theoriegeladen sind. Ich möchte daher die enge Sprachregelung auf die Begriffe der Erfahrung und der Empirie (ja sogar auf den Begriff des Experiments, s.u. Fussnote 8 in § 7.3) ausdehnen.

Trifft der Holismus zu?

§ 7.3. Zurück auf die Ebene des ganzen Satzes. Unserer vorübergehenden Annahme zufolge enthalten also die theoretischen Sätze irgendwelche theoretischen Terme, wie sie auf unserer Liste vorkommen (oder vorkommen könnten). Dann stellt sich die zweite Frage, die wir vorhin aufgeworfen haben: Wieso sollte die Quine/Duhem-These zutreffen, d.h. wieso sollte sich kein theoretischer Satz isoliert vors Tribunal der Erfahrung stellen lassen? Folgende voreilige Antwort liegt nahe: Wenn theoretische Terme sich auf Objekte, Eigenschaften, Relationen oder Funktionen beziehen, die unserer unmittelbaren sinnlichen Wahrnehmung entzogen sind, dann lassen sich theoretische Sätze deshalb nicht vors Tribunal der Erfahrung stellen, weil vor diesem Tribunal nur die Zeugnisse unserer Sinne zugelassen sind.

Diese Antwort ist voreilig, weil sie den Begriff der Erfahrung allzu stark verengt. Denn selbst wenn wir irgendeinem Pulver nicht unmitttelbar ansehen, ob es wasserlöslich ist, sind wir imstande, die Frage empirisch zu entscheiden: Wir werfen das Pulver ins Wasser, rühren um und sehen, ob es spurlos verschwindet.[7]

Die Richter am Tribunal der Erfahrung können also mehr tun, als nur ihre Augen und Ohren (samt der restlichen Sinne) weit aufzusperren und passiv abzuwarten, was passiert. Die Richter am Tribunal der Erfahrung können aktiv ins Geschehen eingreifen, indem sie im Labor gewisse Operationen vollziehen, deren Ergebnisse sie sinnlich registrieren. Und das heisst, nicht die Beobachtung allein zählt als Beweismittel vorm Tribunal der Erfahrung; Experiment[8] *und* Beobachtung entscheiden über den Ausgang des Verfahrens.

---

[7] Noch aus einem anderen Grund ist die Antwort voreilig: Sie kann nicht verständlich machen, wieso der einzelne theoretische Satz nicht vors Tribunal der Erfahrung gestellt werden kann, wohl aber die Theorie, die ihn enthält. Schliesslich handelt die Theorie von mindestens denselben theoretischen Objekten, Eigenschaften, Relationen oder Funktionen, von denen schon der in ihr enthaltene Satz handelt. Die Theorie sollte der sinnlichen Erfahrung also genauso wenig zugänglich sein und mithin auch nicht vors Tribunal der Erfahrung gestellt werden können. Der positiven Seite der Quine/Duhem-These zufolge können Theorien aber sehr wohl mit der Erfahrung konfrontiert werden. Wie sich diese positive Seite des Holismus vor dem Hintergrund seiner negativen Seite verstehen lässt, werden wir in § 7.12 – § 7.18 sehen.

[8] So, wie mein Begriff von Beobachtung, Empirie und Erfahrung enger ist als in der Umgangssprache (s.o. § 7.2), so ist auch der hier verwendete Begriff des Experiments äusserst eng. Wer experimentiert, so meine Redeweise, vollzieht an irgendwelchen handgreiflichen Objekten irgendwelche handgreiflichen Taten: eine körperliche Aktivität. Die Beobachtung (Wahrnehmung) des Versuchsausgangs soll in meiner Redeweise bereits nicht mehr zum Experiment hinzugerechnet werden (daher oben die nicht redundante Rede von „Experiment *und* Beobachtung"). Erst

Überlegungen wie diese haben die operationalistische Hoffnung genährt, das Problem der empirischen Überprüfung theoretischer Sätze lasse sich nicht-holistisch lösen. Dem Operationalismus zufolge ist jeder einzelne theoretische Term über ein Testverfahren im Labor definiert, in das möglicherweise einige komplizierte Messinstrumente verwickelt sind und dessen Ausgang über die Anwendung des fraglichen Terms entscheidet.[9] Verhielte es sich so, dann

---

recht nicht soll die *Interpretation* dessen, was beobachtet (wahrgenommen) wird, zum eigentlichen Experiment hinzugerechnet werden. Hier weiche ich z.B. von Duhems Sprachregelung ab, der zwar die Beobachtung (im engen Sinn) von ihrer physikalisch-theoretischen Interpretation unterscheidet, aber *beide* zum Experiment dazuzählt ([ZSPT]:189/90). – Es kommt nicht darauf an, welche Wörter wir wofür verwenden; in der Sache weiche ich von Duhem weit weniger ab, als die unterschiedlichen Sprechweisen suggerieren mögen.

9 Man mag sich inzwischen verwirrt fragen, wer denn nun der Gegenspieler des Holisten sein soll: der Reduktionist oder der Operationalist? Ursprünglich – bei der Einführung der Rede vom zweiten Dogma des Empirismus – richtete sich Quines Attacke gegen den Reduktionisten; wir sind aber unversehens in die Auseinandersetzung mit dem Operationalisten geraten. Wer von beiden ist der wirkliche Gegner und wer der Strohmann? – Antwort: Idealtypisch ist es ein und derselbe Gegner, wenn auch unterschiedlich gekleidet. (Realexistierende Operationalisten und Reduktionisten können sich natürlich in tausend Details voneinander unterscheiden). In der Literatur hat sich ein laxer Gebrauch der Etiketten eingebürgert, dem ich mich nach den Klarstellungen in dieser Fussnote anschliessen werde. So führt Moulines nicht nur Bridgmans Position unter dem Titel „Operationalismus", sondern u.a. auch Machs Empirismus und den (reduktionistischen) Physikalismus des Wiener Kreises ([HvOi]:1). Und Quine attackiert in [TDoE] alle derartigen Doktrinen unter dem Titel „Reduktionismus"; das Stichwort „Operationalismus" fällt in dem Text an keiner Stelle.

Zwei Unterschiede zwischen Operationalismus und Reduktionismus, die Quine so nicht gesehen zu haben scheint, möchte ich hervorheben. Erster Unterschied (cf. Lacey [DoP]:185): Der Reduktionist verlangt die Übersetzbarkeit jedes theoretischen *Satzes* in Beobachtungsvokabular (cf. z.B. Quine [TDoE]:20); der Operationalist verlangt, dass die Anwendung jedes theoretischen *Terms* an im Labor durchführbare Operationen (Experiment und Beobachtung; Operationen mit Papier und Stift) angebunden sein muss. (Bei Quine gibt es dagegen auch einen Reduktionismus, der auf Termebene greift und der Quine zufolge inzwischen durch das Ganz-Satz-Prinzip modernisiert wurde, cf. [TDoE]:38/9). Obwohl also die eine Doktrin eher auf Termebene und die andere eher auf Satzebene greift, ist dieser Unterschied für unsere Diskussion nicht gravierend. Denn auch die operationalistischen Definitionen formulieren letztlich Wahrheitsbedingungen für Sätze, in denen der fragliche Term vorkommt (vergl. unten (7.4) in § 7.7).

Zweiter Unterschied: Während der Operationalist vom Wissenschaftler aktive experimentelle Taten verlangt, bezieht sich der Reduktionist nur auf dessen Beobachtungen, so als sässe der Wissenschaftler passiv vorm Fernseher. (Den aktivistischen Zug des Operationalismus hat Quine in [TDoE]:37/8 am ehesten unter dem Titel „Verifikationstheorie der Bedeutung" angesprochen: dieser Theorie zufolge bestehe die Bedeutung eines Satzes in der *Methode* seiner Bestätigung oder Widerlegung. „Methode" klingt nach handfesten Taten. Doch im Verlauf der weiteren Diskussion ([TDoE]:38ff.) verwandelt sich „Methode" unversehens in passive Rezeption von Sinneserfahrungen). Wieder spielt dieser Unterschied für das hier verhandelte liesse sich jeder einzelne theoretische Satz einzeln testen, und der Holismus der Quine/Duhem-These wäre ausgehebelt. Was hat der Holist auf diese operationalistische Herausforderung zu erwidern?

Zur dialektischen Lage

§ 7.4. Bevor ich darlege, warum der Operationalismus meiner Ansicht nach scheitert, muss ich eine Bemerkung zur dialektischen Lage einschalten. Dies ist eine sprachphilosophische Arbeit, in der ich die Legitimität gewisser semantischer Begriffe verteidigen möchte – es ist keine wissenschaftstheoretische Arbeit zum Streit zwischen Operationalismus und Holismus.[10] Ich täte also gut daran, mein Argumentationsziel nicht an irgendwelche wissenschaftstheoretischen Voraussetzungen zu knüpfen. In der Tat wird der Erfolg meiner Verteidigung der semantischen Begriffe *nicht* davon abhängen, ob der Holismus der Quine/Duhem-These zutrifft. Vielmehr verhält es sich so: Sollte der Holismus falsch sein, dann werden sich die semantischen Begriffe leichter verteidigen lassen als unter holistischen Voraussetzungen. Meine Aufgabe in diesem und in den nächsten drei Kapiteln besteht also nicht darin zu zeigen, dass der Holismus zutrifft *und* dass sich dennoch das erste Dogma des Empirismus halten lässt. Vielmehr habe ich nur zu zeigen: Selbst wenn der Holismus zutrifft, lassen sich die semantischen Begriffe verteidigen.

Thema keine Rolle. Zwar ist der Wissenschaftler i.A. nicht gut beraten, abzuwarten, bis sich von allein die Ereignisse abspielen, auf deren Auswertung er es abgesehen hat. Doch verbietet auch der Reduktionist dem Wissenschaftler keine Experimente; der Reduktionist erwähnt sie nur nicht.
Alle diese Unterschiede werden im folgenden keine Rolle spielen. Ich werde das Etikett „Operationalismus" in denkbar lockerem Sinn verwenden.

[10] Der Operationalismus ist – selbst wenn er im weitesten Sinn aufgefasst wird – nicht die einzige wissenschaftstheoretische Alternative zum Holismus (wird aber bereits von Duhem in [ZSPT]:276-78 attackiert). Andere Alternativen bieten die induktivistischen Theorien, die z.B. Carnap entwickelt hat (vergl. dazu Kutschera [W]/II:453-472). Sie kommen hier nicht in den Blick, weil ich die gesamte Diskussion unter einem falsifikationistischen Blickwinkel betrachte. Quine hat zwar in [TDoE]:41 nicht nur die falsifikationistischen Nicht-Holisten ins Visier genommen, aber schon in [WO]:64 in erster Linie von für die Theorie „widerspenstigen Daten" geredet und schliesslich in [PoT]:12 offen falsifikationistische Anleihen bei Popper gemacht. Ich orientiere mich also am späteren Quine und werde die nicht-operationalistischen Alternativen zum Holismus allesamt ausblenden, um die Auseinandersetzung mit dem Operationalismus exemplarisch zu führen. Dem liegt die Annahme zugrunde, dass die Auseinandersetzung mit anderen Alternativen zum Holismus nur oberflächlich ein anderes Gesicht bekäme, im Kern aber unverändert bliebe. Da ich hier keine wissenschaftstheoretischen Ambitionen hege, werde ich diese Annahme weder näher ausführen noch begründen.

Diese für meine Zwecke vorteilhafte dialektische Situation wird sich darin widerspiegeln, dass meine Definitionen für Synonymie und Analytizität unter operationalistischen Vorgaben genauso gut funktionieren werden wie unter holistischen Vorgaben. Zwar sind die Definitionen eigens für die erschwerten Bedingungen entwickelt, die uns der Holismus abverlangt. Doch stören die aufgrund des Holismus nötigen Extra-Stossdämpfer an unseren Definitionen auch im operationalistischen Gelände nicht: Sie sind schlimmstenfalls überflüssig, nicht schädlich.

Ich werde trotzdem für die holistische Sicht der Dinge plädieren. Ich tue dies nicht nur, um dem Holisten Quine argumentativ möglichst eng auf den Fersen bleiben zu können, sondern auch deshalb, weil meiner Ansicht nach der Holismus dem Operationalismus in der Tat vorzuziehen ist. Und obwohl – wie dargetan – meine sprachphilosophischen Intentionen nicht an dieser wissenschaftstheoretischen Ansicht hängen, bestimmt sie doch den Weg, auf dem ich mein sprachphilosophisches Ziel erreichen möchte. Wenn ich schon den Holismus als falsch erweisen könnte, gäbe es einen direkten Weg zur Definition von Synonymie und Analytizität. Denn dann bräche nicht nur Quines Kritik am zweiten Dogma des Empirismus (am Reduktionismus) zusammen, sondern auch seine bedeutungsskeptische Kritik am ersten Dogma des Empirismus. (Quines Hauptkritik am ersten Dogma wurzelt in seiner holistischen Kritik am zweiten Dogma). Mein wissenschaftstheoretisches Plädoyer für den Holismus soll dafür werben, dass unser Weg zur Synonymie und Analytizität kein Umweg ist.

§ 7.5. Was spricht gegen die Sicht der Operationalisten? Das lässt sich am einfachsten durch ein Beispiel verdeutlichen. Betrachten wir die schon zitierten Elektronen.[11] Elektronen kann man nicht unmittelbar wahrnehmen: Sie sind geruch- und geschmacklos, man hört und sieht sie nicht, sie lösen weder Wärme- noch Druckempfindungen aus.

Operationalist definiert Elektronen

[11] Das Beispiel ist zugegebenermassen nicht repräsentativ. In den theoretischen Wissenschaften spielen Terme für *Grössen* mindestens eine so wichtige Rolle wie Terme für allzu kleine Objekte. Ich habe das Beispiel gewählt, um die Diskussion durchsichtiger zu machen; einstellige Prädikate lassen sich leichter behandeln als Funktionsterme. Aber all meine Überlegungen lassen sich auf den komplizierteren Fall theoretischer Grössen übertragen. Die Strukturalisten haben im Gefolge Sneeds derartige Überlegungen angestellt. So führt Moulines die holistische Kritik am Operationalismus mithilfe des Grössenterms ‚Masse' durch ([HvOi]:4ff.) Stärker ins Detail geht Stegmüller in [TE]/2:63ff. und in [TE]/3:33-42.

Elektronen sind viel zu klein für die menschlichen Sinne. Gibt es sie überhaupt? So scheint es, denn zuweilen hinterlassen Elektronen sichtbare Spuren: Wenn ein Elektron mit hoher Geschwindigkeit durch eine Nebelkammer gejagt wird, erzeugt es einen Kondensstreifen, der ins Auge springt. Ein Operationalist könnte meinen, dass dieser Zusammenhang geradezu definiert, was Elektronen sind:

(7.3) Etwas ist genau dann ein Elektron, wenn es nach Beschleunigung auf die und die Geschwindigkeit in jeder Nebelkammer einen sichtbaren Kondensstreifen hinterlässt.

Wir wollen davon absehen, diese Definition schon deshalb zu verwerfen, weil erstens Elektronen andere beobachtbare Wirkungen als Kondensstreifen nach sich ziehen und weil zweitens andere Objekte als Elektronen in Nebelkammern Kondensstreifen erzeugen können. Zugegebenermassen verkürzt (7.3) das vielschichtige Phänomen der Elektronen in unzulässiger Weise. Aber das tut nichts zur Sache. Denn wir können uns vorstellen, dass ein gewiefter Operationalist die Definition entsprechend ergänzt hat. Selbst dann sollte nicht einmal der Operationalist mit der Definition zufrieden sein. Solange im Definiens von Beschleunigung des fraglichen Objekts auf die und die Geschwindigkeit die Rede ist (und zwar einerlei, ob wie in (7.3) oder in einer verlängerten Version von (7.3)), bietet die Definition kein durchführbares Verfahren für einen Test: Wie soll man ein Objekt beschleunigen, das so winzig ist, dass man es nicht anfassen kann und nicht einmal sieht?

Diese Schwierigkeit mag mit der Wahl unseres Beispiels zusammenhängen.[12] Um dem Operationalisten entgegenzukommen, verändern wir das Beispiel wie folgt. Nicht mehr der unqualifizierte Begriff des Elektrons schlechthin soll von nun an zur Debatte stehen, sondern die Wortkombination:

sehr-schnelles-Elektron.

(Die Bindestriche sollen andeuten, dass der Term holophrastisch zu lesen ist). Da sehr-schnelle-Elektronen nicht erst auf die erforderli-

---

[12] Wir haben einen theoretischen Term herangezogen, der sich auf extrem kleine Objekte bezieht. Wie oben am Beispiel ‚ist elektrisch geladen' dargetan, können sich theoretische Terme aber auch auf mittelgrosse Objekte aus dem Mesokosmos beziehen. Solche Terme sind von der oben aufgeworfenen Schwierigkeit nicht betroffen. Doch ihre operationalistische Definition krankt an derselben Schwierigkeit, die oben im Text sogleich zur Sprache kommt.

che Geschwindigkeit beschleunigt werden müssen, vereinfacht sich (7.3) zu:

(7.4) Etwas ist genau dann ein sehr-schnelles-Elektron, wenn es einen sichtbaren Kondensstreifen hinterlässt, sobald es in eine Nebelkammer gelangt.[13]

Die Definition scheint ein durchführbares Testverfahren zu liefern. Wenn einer behauptet, an einer bestimmten Stelle (z.B. an einem Spalt) werde in Kürze ein sehr-schnelles-Elektron eintreffen, können wir – zumindest im Labor und im Prinzip – in aller Eile eine Nebelkammer hinter dem fraglichen Spalt aufbauen und nach Kondensstreifen Ausschau halten. Der theoretische Satz:

(7.5) Da ist ein sehr-schnelles-Elektron,

kann also anscheinend isoliert überprüft werden, genau wie es der Operationalist zur Widerlegung des Holisten braucht.

Die holistische Antwort

§ 7.6. Der Holist kann diesen Punkt kontern. Wäre der Begriff des sehr-schnellen-Elektrons durch (7.4) *definiert*, dann dürfte man dem Satze:

(7.6) In dieser Nebelkammer ist ein sehr-schnelles-Elektron,

nie zustimmen, wenn in der Nebelkammer keine Kondensstreifen sind. Aber so einfach ist die wissenschaftliche Wirklichkeit nicht. Selbst wenn die durch (7.4) geforderten Kondensstreifen fehlen, wird ein Physiker dem Satze (7.6) mitunter die Zustimmung nicht versagen wollen. Warum nicht? Der Physiker könnte aus von den bisherigen Überlegungen unabhängigen, guten Gründen fest überzeugt sein, dass sich in der Nebelkammer ein sehr-schnelles-Elektron aufhalten muss. Ein anderer Teil seiner Theorie vielleicht, der wichtiger ist als der durch (7.4) geforderte Zusammenhang zwischen sehr-schnellen-Elektronen, Nebelkammern und Kondensstreifen, könnte den Physiker so sehr für (7.6) einnehmen, dass er doch besser (7.4) verwirft. Beispielsweise könnte eine Teiltheorie über gewisse atomare Prozesse die Emission eines sehr-schnellen-Elektrons voraussagen:

[13] Wieder wollen wir davon absehen, dass sehr-schnelle-Elektronen andere Wirkungen als Kondensstreifen nach sich ziehen und dass andere Objekte als Elektronen in Nebelkammern Kondensstreifen erzeugen könnten. Wollten wir diese Komplikation berücksichtigen, so müssten wir wie vorhin im Fall von (7.3) die Definition verlängern.

und es könnte sein, dass deren Preisgabe die Gesamttheorie stärker erschüttern würde als die Preisgabe von (7.4). Um einen möglichst weiten Bereich der Gesamttheorie unangetastet zu lassen, darf sich der Physiker dann mit Recht gegen (7.4) entscheiden: anders als es die operationalistische Sicht der Dinge verlangt.[14]

Die holistische Moral aus diesem kleinen (und masslos vereinfachten) Beispiel lautet: Nicht allein Experiment und Beobachtung bestimmen, ob ein theoretischer Satz zu verwerfen oder zu akzeptieren ist; vernünftigerweise sollten bei der Wahl theoretischer Sätze auch andere Erwägungen eine Rolle spielen. In unserem Beispiel gab der Gesichtspunkt der theoretischen Konservativität den Ausschlag – ebenso wichtig könnten Fragen der Einfachheit, Ökonomie oder Eleganz sein: alles Merkmale, die eher einer Theorie insgesamt und nicht so sehr dem einzelnen theoretischen Satz zu- oder abgesprochen werden können. Wieviel diese zusätzlichen Merkmale bei der Suche nach der richtigen Theorie zählen, scheint der Operationalist zu unterschätzen.[15]

---

[14] Wann immer ich dies Argument im Beisein von Physikerinnen und Physikern vorgebracht habe, erntete ich lauten Protest: Der Nachweis von Elektronen in der Nebelkammer habe sich inzwischen so überwältigend bewährt und sei durch dermassen viele unabhängige Prüfverfahren abgesichert, dass kein Physiker bereit wäre, den Satz (7.4) zu verwerfen, so der Protest.
Schadet es also meinem Argument, dass ich mich zu weit von der wissenschaftlichen Wirklichkeit entfernt habe? Ich meine: nein. Obwohl ich problemlos ein Beispiel wählen könnte, das den Physikern weniger Bauchschmerzen bereitet (s.u.), finde ich den Fall der Elektronen sogar besonders erhellend. Er lässt Quines holistischen Punkt in aller Schärfe hervortreten. Die protestierenden Physikerinnen und Physiker setzen offenbar voraus, dass sich die Welt der Elektronen in ihren Labors auch in Zukunft so stabil gebärden wird, wie sie's gewohnt sind. Sie rechnen nicht mit einer Anomalie in diesem Bereich der Physik. Als Wissenschaftler haben sie vielleicht guten Grund zu dieser Erwartung. Doch auch sie können, so meine ich, nicht leugnen, dass man sich nie vor anomalen Launen der Natur sicher sein kann. Es ist *vorstellbar*, dass in einem wiederholbaren Experiment *der ganze Rest der Physik* für die Anwesenheit eines hochenergetischen Elektrons in der Nebelkammer spricht und sich doch kein Kondensstreifen zeigt. Gottseidank ist eine solche Anomalie bislang ausgeblieben. Aber *wenn* sie eintritt, dann werden – so meine Behauptung – die Physiker erwägen müssen, ob sie (7.4) zur Disposition stellen mögen.
Hier ist eine aktuelle Anomalie aus der Solarphysik, die meinen Punkt vielleicht sogar Physikern schmackhaft macht. Unsere Solarphysik sagt voraus, wieviele solare Neutrinos pro Zeiteinheit auf der Erde eintreffen müssen. Diese Prognose weicht drastisch von dem ab, was unsere Neutrino-Detektoren anzeigen. Spricht diese widerspenstige Erfahrung gegen die Folgerung aus der Solarphysik oder gegen die Theorie der Neutrino-Detektoren? Genau, wie es der Holismus sagt, stehen den Physikern beide Optionen offen: Manche Physiker votieren gegen die Vorhersage der Solarphysik (gegen das Analogon zu (7.6)), andere gegen die Theorie der Neutrino-Detektoren (das Analogon zu (7.4)).

[15] Auf die Bedeutung dieser zusätzlichen Qualitäten guter Theorien hat schon Duhem in [ZSPT]:291 hingewiesen.

Einwand des Operationalisten

§ *7.7.* Vielleicht wird der Operationalist einwenden, dass man auch seiner Sicht zufolge einem Satz wie (7.6) aus unserem Beispiel zustimmen dürfe; dies lasse sich zwar in der Tat nicht mit der operationalistischen Definition (7.4) vereinbaren; aber es stehe dem Physiker frei, (7.4) zu verwerfen und durch eine neue operationalistische Definition zu ersetzen: dadurch verändere sich die Bedeutung des Wortes ‚sehr-schnelles-Elektron'.

Dieser operationalistische Einwand lässt sich entkräften, ohne einer generellen Skepsis gegenüber Bedeutungen das Wort zu reden, wie sie Quine an dieser Stelle sogleich vorbringen würde.[16] Selbst wenn die Rede von Bedeutungen Sinn hat, kann der Einwand nicht überzeugen. Denn wenn der Physiker aus dem Beispiel auf einen energischen Anhänger der Nebelkammer-Methode trifft, dann werden sich die beiden wirklich um die Sätze (7.4) und (7.6) zu streiten beginnen. Dem operationalistischen Einwand zufolge müsste sich dieser Streit als belangloser Streit um Worte schlichten lassen. Ein operationalistischer Schiedsrichter hätte den beiden Parteien vorzuschlagen, sie sollten ihre Bezeichnungen für sehr-schnelle-Elektronen mit Indices versehen. Könnte dies den Kontrahenten helfen, ihren Streit beizulegen? Ich denke nicht. Wenn sich die Kontrahenten nicht aufs tolerante Indizieren einigen mögen, dann liegt die Schuld dafür nicht in ihrem halsstarrigen Hang zur Wortklauberei. Ihre Auseinandersetzung hat einen ernsthaften Kern. Sie dreht sich um die *Sache*, nicht um *Worte*.[17]

---

[16] Dass der Anti-Holist hier an Bedeutungen appellieren muss, mag einer der Gründe sein, warum Quine das erste Dogma des Empirismus mit dem zweiten Dogma des Empirismus in Verbindung gebracht hat. Doch zeigt jener Appell an Bedeutungen allenfalls, dass der *Anti-Holist* nicht ohne Bedeutungen auskommen kann. Er zeigt nicht, dass sich der *Holist* mit seinem Holismus automatisch auf die generelle Skepsis gegenüber Bedeutungen festlegt. Denn erstens kann sich der Holist gegen den obigen anti-holistischen Einwand auch ohne Bedeutungsskepsis wehren (wie sich oben im Text sogleich erweisen wird). Und zweitens werde ich später – wie mehrfach angekündigt – die beiden zentralen bedeutungstheoretischen Begriffe (Synonymie und Analytizität) unter holistischen Vorgaben explizieren.

[17] Ich werde später bei der Diskussion der analytischen Sätze (in den Kapiteln 9 – 11) herausarbeiten, wie man Tatsachenfragen von Bedeutungsfragen unterscheiden kann. Man beachte aber, dass ich *insgesamt* in meinem Argument oben *nicht* vorausgesetzt habe, es liessen sich Tatsachenfragen immer scharf von Fragen der Bedeutung trennen. Quine bestreitet natürlich, dass diese Trennung möglich ist. Doch wenn man Quines bedeutungsskeptische Position voraussetzt, bricht der zur Debatte stehende operationalistische Einwand sofort zusammen. Um den operationalistischen Einwand vollständig zu entkräften, muss zusätzlich untersucht werden, ob er sich halten lässt, wenn man Quines Skepsis gegenüber Bedeutungen nicht teilt. Und dabei darf man zwischen Sach- und Bedeutungsfragen unterscheiden. Das Argument oben im Text bildet mithin nur einen (und zwar den längeren) Strang in einer zweigliedrigen Fallunterscheidung.

Nach dieser Entkräftung des operationalistischen Einwandes bleibt dem Operationalisten ein drastischer Schachzug, um seine Position zu retten: Er könnte vorschlagen, den Begriff des Elektrons aus der Wissenschaft auszuschliessen, weil er sich nicht vernünftig operationalisieren lässt. Dieser Schachzug ist wissenschaftstheoretisches Harakiri. In den „weicheren" Wissenschaften mögen Operationalisten zuweilen mit dem Bann nicht operationalisierbarer Begriffe Erfolg haben (ob zu Recht oder nicht, will ich nicht erörtern); in der Physik werden sie mit einem solchen Bann nicht durchkommen. Wenn Wissenschaftstheorie und Physik nicht zueinander passen, werden die meisten den Fehler nicht bei der Physik suchen. Wissenschaftstheorie steht nicht *über* aller Wissenschaft.

Dabei wollen wir es bewenden lassen.[18] Unterstellen wir von nun an die holistische Sicht der Dinge: Über einen einzelnen theoretischen Satz wie (7.6) entscheiden nicht allein Experiment und Beobachtung. Ob ein solcher Satz akzeptiert wird, hängt auch davon ab, wie elegant, ökonomisch und konservativ sich der Satz in die Gesamttheorie einfügt, die der Experimentator im Hinterkopf hat.

Zwei Probleme

§ 7.8. Dies wirft zwei Probleme auf. Zum einen lässt sich die richtige Einstellung gegenüber einem gegebenen theoretischen Satz nicht mechanisch aus Beobachtungen ermitteln; stattdessen müssen verschiedene „epistemische Werte" gegeneinander abgewogen werden. Und wie stark der Wert der empirischen Angemessenheit gegen die Werte der Eleganz, Einfachheit und Konservativität gewichtet werden soll, ist gar nicht so leicht zu sagen. Es ist nicht einmal unumstritten, nach welchen Kriterien sich Einfachheit oder Eleganz von Theorien ermessen lassen – ein Thema für die Wissenschaftstheorie, das wir hier nicht behandeln können.

Aber selbst wenn uns eine „Theorie der wissenschaftlichen Rationalität" hinreichend genau sagen könnte, wie derartige Bewertungen und Abwägungen vonstatten zu gehen haben, bleibt ein zweites Problem bestehen, das wir uns durch den Holismus eingehandelt haben: Wie die fraglichen Abwägungen hinsichtlich eines gegebenen theoretischen Satzes ausgehen, wäre immer nur relativ zur akzeptierten Hintergrundtheorie bestimmt. Ein und derselbe theoretische Satz könnte sich in die eine Theorie elegant und einfach einfügen,

[18] Am Ende dieses Kapitels werde ich den Streit zwischen Operationalismus und Holismus noch einmal aufblitzen lassen, um ihn in der dann gewonnenen neuen Begrifflichkeit neu zu formulieren.

während er in den Rahmen einer anderen Theorie nicht passt. Der vernünftige Gang der theoretischen Entwicklung wäre also auch durch die soeben kontrafaktisch zugestandene Lösung des Abwägungsproblems nicht eindeutig bestimmt. Es wäre nichts darüber gesagt, von welcher Theorie der Abwägende auszugehen hätte. Theorien bestehen selber aus theoretischen Sätzen, über die einzeln nicht allein durch Experiment und Beobachtung entschieden werden kann. Jeder einzelne Satz der Theorie müsste ebenfalls vor dem Hintergrund eines Stücks Theorie einer Abwägung unterzogen werden. Damit bleibt unklar, bei welchem „allerersten" theoretischen Satz das theoretische Raisonnement seinen Ausgang nehmen soll. Ist diese Frage nur durch Dezision, Gewohnheit, Tradition oder Autorität zu beantworten?

§ 7.9. Der Holismus scheint uns in eine Sackgasse geleitet zu haben: Unter unseren Analysen verliert die wissenschaftliche Entwicklung allmählich den Nimbus von Rationalität, den wir ihr doch so gerne verliehen sehen möchten. Glücklicherweise können wir der vermeintlichen Sackgasse entrinnen, ohne uns umzudrehen und zum Operationalismus zurückzukehren. Der Anschein, wir steckten in einer Sackgasse, hat nur deshalb entstehen können, weil wir den holistischen Weg nicht entschieden genug bis zum Ende gegangen sind. Unser Bild der wissenschaftlichen Entwicklung ist immer noch zu atomistisch gewesen: Wir haben so getan, als erweise sich der Wert eines theoretischen Gebäudes daran, dass vor dem Einbau eines jeden Bauelements schon einzeln feststand, dass der fragliche Baustein dem entstehenden Gesamtgebäude hinzugefügt werden soll. (Und der bisherige holistische Punkt bestand in der Behauptung, dass dies nicht allein aufgrund von Experiment und Beobachtung entschieden werden kann). Dieser Sicht zufolge wäre ein Gebäude nur danach zu beurteilen, ob es in einer Sequenz richtiger Einzelschritte aufgebaut worden ist.

Eine Sackgasse?

Schon in der Architektur ist diese Sicht verfehlt. Wir beurteilen Gebäude nicht anhand ihrer Entstehungsgeschichte, sondern durch den Gesamteindruck, den sie uns bieten. Wir fragen, ob das *gesamte* Gebäude schön ist, ob es ökonomisch ist, seinen Zweck erfüllt oder einstürzt. Anhand derartiger Fragen können wir verschiedene Häuser miteinander vergleichen. (Ob wir ein definitives Verfahren zur Messung, Gewichtung und Abwägung der einzelnen Gesichtspunkte haben, spielt keine Rolle; es gibt klare Fälle). Wie wir die einzelnen Bausteine und Bauschritte z.B. hinsichtlich ihrer Schönheit beurteilen, legt unser Urteil über den ästhetischen Gesamteindruck des Gebäudes noch lange nicht fest. Und daraus folgern wir auch nicht, der schrittweise Bau von schönen Häusern sei ein irrationales Unterfangen.

Genauso steht es im Fall von theoretischen Bauten. Wir bewerten sie als ganzes, holistisch. Ob eine Theorie elegant, ökonomisch oder einfach ist, hängt nicht ausschliesslich von Eleganz, Ökonomie oder Einfachheit der Bausteine und Konstruktionsschritte ab, durch die sie aufgebaut wurde. Es wäre ein Kategorienfehler, wollten wir diese Gesichtspunkte nur unterhalb der Ebene der Theorie in Anschlag bringen. Und genau, wie nicht alle Gebäude unseren ästhetischen Ansprüchen etc. gleich gut genügen, sind nicht alle Theorien gleich einfach, ökonomisch oder elegant. Gemessen an diesen Kriterien, muss also der schrittweise Aufbau von Theorien kein irrationales Unterfangen sein. Zwar kennen wir für die Wahl zwischen ganzen Theorien kein definitives Verfahren, um die verschiedenen Gesichtspunkte ihrer Bewertung zu messen, zu gewichten und gegeneinander abzuwägen. Aber das schadet nichts. Denn wieder gibt es klare Fälle. So ist die ptolemäische Theorie der Planetenbahnen ihrer kopernikanischen Nachfolgerin klar unterlegen. Um dies zu sehen, braucht man kein definitives Abwägungsverfahren, das in allen Fällen eindeutige Entscheidungen liefert. So interessant die allgemeine Frage nach der Aggregation der verschiedenen epistemischen Vorzüge von Theorien ist: Wir brauchen sie nicht weiterzuverfolgen. Sie gehört in die Wissenschaftstheorie.

Empirische Angemessenheit

§ 7.10. Wie sich in den späteren Kapiteln erweisen wird, genügt es für unsere sprachphilosophischen Zwecke, den einen allerwichtigsten Gesichtspunkt zur Theorienbewertung im Auge zu behalten, den wir in den letzten Absätzen sträflich vernachlässigt haben: Ich meine den Gesichtspunkt empirischer Angemessenheit. Dieser Gesichtspunkt spielt bei der Wahl zwischen Theorien eine eigene und übergeordnete Rolle: Wir werden keine Theorie akzeptieren, die sich mit unseren Beobachtungen nicht vereinbaren lässt. Einen ebenso entscheidenden Gesichtspunkt verwenden wir auch bei der Wahl zwischen Häusern: Einstürzende Neubauten sind inakzeptabel. Und so, wie man im Fall der Architektur selten dem einzelnen Baustein ansehen kann, ob er das Gebäude zum Einsturz bringen wird (weil die Stabilität eines Hauses weniger von den einzelnen

Steinen als von ihrer Anordnung abhängt), so steht es auch im Fall theoretischer Bauten. Ob die gesamte Theorie aufgrund widerspenstiger Erfahrungen zusammenbricht, hängt nicht davon ab, ob einzelne theoretische Sätze zu den fraglichen Erfahrungen passen oder nicht. Selbst wenn alle Sätze einer Theorie zusammengenommen vor einer widerspenstigen Erfahrung nicht bestehen können, mag sich jeder einzelne Satz der Theorie immer noch mit der fraglichen Erfahrung versöhnen lassen (wenn nur geeignete Anpassungen in anderen Bereichen der Theorie vorgenommen werden). Die widerspenstige Erfahrung sagt uns also nicht, *welcher* Satz einer Theorie aufzugeben ist. Sie sagt allenfalls, dass *irgendein* Satz der Theorie verworfen werden muss. So auch Quine:

> The significant trait of other sentences [i.e., of theoretical sentences – O.M. (cf. § 6.29)] is that experience is relevant to them largely in indirect ways, through the mediation of associated sentences. Alternatives emerge: experiences call for changing a theory, but do not indicate just where and how. Any of various systematic changes can accommodate the recalcitrant datum ([WO]:64).[19]

§ 7.11. Damit sind wir der positiven Seite des Holismus ein Stück nähergekommen. Von seiner negativen Seite waren wir ausgegangen. Sie besagt: Nicht Experiment und Beobachtung entscheiden über den einzelnen theoretischen Satz. Den anti-empiristischen Zug, der dem Holismus durch diese negative Formulierung zuzukommen scheint, macht seine positive Seite wett. Sie lautet: Experiment und Beobachtung können über die gesamte Theorie entscheiden. Wenn eine Theorie nicht zu den Beobachtungen passt, muss sie verworfen werden.

Die positive Seite des Holismus

Zwar ist dadurch nicht gesagt, es liessen sich durch Experiment und Beobachtung alle Theorien bis auf eine einzige ausschalten, die dann durch die Erfahrung bewiesen wäre. Im Gegenteil, es kann mehr als eine Theorie geben, die sich mit allen Beobachtungen vereinbaren lässt.[20] Aber – und das ist die positive Seite des Holismus,

---

[19] So ähnlich schon Duhem [ZSPT]:290.

[20] Diese Vermutung hat Quine „Unterbestimmtheit der Theorie durch ihre Daten“ genannt: Wenn eine Theorie die beobachtbaren Daten richtig beschreibt, so gibt es unzählige andere Theorien, welche die beobachtbaren Daten ebenfalls richtig beschreiben. (Für verschiedene Formulierungen dieser These vergl. [WO]:78, [oEES]:313, [PoT]:96f., [TI]:13, [oRfI]:179). Achtung: Diese Unterbestimmtheits-

die wir herausgearbeitet haben – *nicht jede* Theorie besteht das Verfahren vorm Tribunal der Erfahrung. Viele Theorien werden durch Beobachtungen widerlegt. Dem einzelnen theoretischen Satz droht diese Gefahr hingegen nie: Durch geschickte Anpassungen im Rest der Theorie kann er immer gerettet werden.[21]

Für die negative Seite des Holismus – die den einzelnen Satz betrifft – haben wir vorhin anhand des Beispiels der Elektronen argumentiert. Die positive Seite des Holismus haben wir dagegen bislang nur behauptet. Könnte sie überzeugen, so fiele es uns leichter, uns mit dem holistischen Gesamtbild anzufreunden. Denn diese positive Seite bietet die Verheissung, dass der Empirismus sein Ziel erreicht: plausibel zu machen, dass wir unsere Meinungen über die Welt – wenn auch zuweilen nur im Kollektiv – vors Tribunal der Erfahrung stellen können. Könnten wir uns allein auf die negative Seite des Holismus stützen, so stünden wir nicht länger auf dem erkenntnistheoretischen Grund des Empirismus: Der Empirismus müsste abdanken.

Dies zeigt, dass wir auch die positive Seite des Holismus begründen müssen. Woran liegt es, dass einzelne theoretische Sätze nicht durch Experiment und Beobachtung widerlegt werden können, wohl aber die Theorie, die aus ihnen zusammengesetzt ist? Immerhin besteht die Theorie aus Sätzen, ja: sie ist nichts anderes als ein Satz. Sie ist die Konjunktion der einzelnen theoretischen Sätze.[22]

---

these ist nicht mit dem Quine/Duhem-Holismus identisch. Allenfalls verleiht ihr – so Quine – der Holismus eine gewisse Plausibilität ([oEES]:313, [IoTA]:9). Bergström hat in [QoU]:44 versucht, diese Plausibilität in ein Argument umzuwandeln, das vom Holismus zur Unterbestimmtheit von Theorien führt. Er hält das Argument nicht für überzeugend ([QoU]:45).

21 So ähnlich schon Duhem in [ZSPT]:283, 292. Quine hat dieser These am radikalsten in [TDoE]:43 Ausdruck verliehen:

> Any statement can be held true come what may, if we make drastic enough adjustments elsewhere in the system.

Vielleicht hätte sich Quine vorsichtiger ausdrücken und seine Aussage auf einzelne, kurze theoretische Sätze beschränken sollen. Im Lauf der Jahre hat Quine die These in der Tat abgeschwächt. So bezieht er sie in [oEES]:313 nur noch auf wissenschaftliche (= theoretische?) Sätze.

22 Dies ist die denkbar naivste Sichtweise von „Theorie"; sie wird für unsere Zwecke ausreichen. Natürlich können Wissenschaftstheoretiker für ihre speziellen Zwecke raffiniertere Theorie-Begriffe aushecken. Man könnte Theorien mit der Menge der von ihren Axiomen implizierten Sätze gleichsetzen (cf. Quine [oEES]:318) oder sogar wie z.B. Stegmüller ([TE]/2:120ff.) ganz davon abrücken, Theorien mit sprachlichen Entitäten gleichzusetzen. Unter solchen alternativen Sichtweisen müsste ich meine Argumente nur leicht umformulieren: statt von „Theorien" hätte ich von „Theorieformulierungen" zu reden. Philosophisch trägt der Unterschied in unserem Kontext nichts aus – ein Streit um Worte. (So ähnlich Quine [RA]:294, [EC]:24, [TI]:13).

Wenn richtig ist, was die positive Seite des Holismus besagt, wenn also die gesamte Theorie vors Tribunal der Erfahrung gebracht werden kann, dann kann die negative Seite des Holismus nicht uneingeschränkt gelten. Denn es gibt dann mindestens einen theoretischen Satz, der sehr wohl isoliert vors Tribunal der Erfahrung gestellt werden kann: die gesamte Theorie. Die beiden Seiten des Holismus scheinen also nicht recht zueinander zu passen. Weiter unten werden wir diesen vermeintlichen Widerspruch dadurch auflösen, dass wir ein neues Kriterium dafür entwickeln, was theoretische Sätze sind. Diesem Kriterium zufolge wird die gesamte Theorie – wenn sie gut genug ist – nicht als theoretischer Satz durchgehen. Doch werden wir dies neue Kriterium erst dann formulieren, wenn wir verstanden haben, woran es liegt, dass gewisse lange Konjunktionen mit theoretischen Termen im Gegensatz zu ihren Konjunktionsgliedern in der Tat vors Tribunal der Erfahrung gestellt werden können.

Kritische semantische Masse

§ 7.12. Wieso ist in der Wissenschaft das Ganze (d.h. die Theorie als Konjunktion einzelner theoretischer Sätze) empirisch mehr wert als die Summe ihrer Teile (d.h. der einzelnen theoretischen Sätze, die – für sich genommen – empirisch wertlos[23] sind)? Quine erklärt dies nirgends mit der wünschenswerten Deutlichkeit; er zieht sich lieber auf Metaphern zurück. Man müsse theoretische Sätze zusammenfügen, bis die Theorie „kritische semantische Masse" ([PoT]:17) erreiche: erst dann könne sie mit der Erfahrung konfrontiert werden.[24] Im Fall von Atombomben wissen wir leider allzu gut, was mit „kritischer Masse" gemeint ist. Was wir im Fall von Satzmengen unter „kritischer *semantischer* Masse" zu verstehen haben, muss dagegen

[23] Ich verwende Ausdrücke wie „empirisch wertlos", „empirischer Wert" usw. in folgendem intuitiven Sinn:

> Ein (isolierter) Satz ist *empirisch wertlos*, wenn er sich durch keine denkbare empirische Erfahrung isoliert bestätigen oder widerlegen liesse.
>
> Zwei (einzelne) Sätze haben denselben *empirischen Wert*, wenn dieselben denkbaren Erfahrungen, die isoliert für (bzw. gegen) den einen Satz sprechen, auch isoliert für (bzw. gegen) den anderen Satz sprechen.

Wie es dem falsifikationistischen Grundtenor unserer Überlegungen entspricht, werden wir meist widerspenstige Erfahrungen in den Blick nehmen und die bestätigenden Erfahrungen ausser acht lassen.

[24] Vielleicht hätte Quine besser von kritischer *empirischer* Masse sprechen sollen, da wir im Augenblick in einer wissenschaftstheoretischen Erörterung stecken, nicht in einer sprachphilosophischen Erörterung. Ich werde trotzdem Quines Redeweise treu bleiben.

noch erklärt werden, wenn Quines Metapher irgendetwas erhellen soll. Quine scheint mit der bei den Vätern der Atombombe ausgeliehenen Metapher folgendes zu meinen: Eine Klasse theoretischer Sätze hat genau dann kritische semantische Masse erreicht, wenn sich aus ihrer Konjunktion Implikationen ergeben, die empirisch überprüft werden können.[25]

Selbst mit dieser Erklärung bleibt offen, wieso die Konjunktion aus einzeln empirisch wertlosen Sätzen mit einem Mal empirische Implikationen haben kann. Wird hierdurch nicht sozusagen der Informations-Erhaltungssatz verletzt, so wie die Atombombe den Energie-Erhaltungssatz verletzt (indem sie Einsteins Äquivalenz von Masse und Energie umsetzt)?

Eins ist klar: Wenn in den theoretischen Sätzen, aus denen die fragliche Theorie besteht, abgesehen vom logischen Arsenal nur theoretische Terme vorkommen und kein einziger Beobachtungsterm, dann ist es ausgeschlossen, dass sich aus der Theorie empirisch überprüfbare Implikationen ergeben. Denn Implikationen können keine anderen (ausserlogischen) Terme enthalten als die Sätze, aus denen sie abgeleitet sind. Wenn beim Zusammenfügen theoretischer Sätze kritische semantische Masse entstanden sein soll, so müssen einige der theoretischen Sätze Beobachtungsterme enthalten haben.

Auf der Suche nach Beispielen

§ 7.13. Das bedeutet nicht, dass einige der zusammenzufügenden Sätze *ausschliesslich* aus Beobachtungstermen bestehen sollten. Dieser Fall interessiert uns nicht, denn er ist trivial. Natürlich hat die Konjunktion aus

(7.6) In dieser Nebelkammer ist ein sehr schnelles Elektron,[26]

---

[25] So sagt Quine in [oEES]:313 dazu nur:

> [The Duhem-Quine thesis] says that scientific statements are not seperately vulnerable to adverse observations, because *it is only jointly as a theory that they imply their observable consequences* [mein Kursivdruck].

Und als einzige Erklärung dafür bietet uns Quine folgendes an:

> Theory is in logical contact with observation sentences through the sharing of terms ([iPoO]:110).

Genau diese Idee werden wir erhellen müssen.

[26] Da wir uns von der Hoffnung verabschiedet haben, den einzelnen theoretischen Term operationalistisch zu definieren, können wir jetzt wieder ohne Bindestriche von sehr schnellen Elektronen reden. Die Sätze, die wir im folgenden betrachten werden, schreiben einer geheimnisvollen Klasse von Entitäten – den Elektronen – gewisse altbekannte Eigenschaften zu, z.B. hohe Geschwindigkeit. Zwar ist die hohe Geschwindigkeit von Elektronen nicht operationalisiert; doch wir haben uns vom Zwang, alles operationalistisch definieren zu müssen, befreit und können

und

(7.7) Es regnet,

beobachtbare Implikationen, z.B. (7.7). In diesem Fall wird nicht durchs Zusammenfügen kritische semantische Masse erreicht; sie kam dem Satz (7.7) schon alleine zu. Durch seine Konjunktion mit dem theoretischen Satz (7.6) hat sich nichts Wesentliches getan.

Uns hat allein der Fall zu interessieren, in dem ausschliesslich theoretische Sätze aneinander konjugiert werden. Einige von ihnen – wenn auch vielleicht nicht alle – müssen Beobachtungsterme enthalten (sonst könnte die Konjunktion keine empirischen Implikationen haben), ohne ausschliesslich aus Beobachtungstermen zu bestehen (sonst hätten wir keinen interessanten Fall). Wir sollten also eine Konjunktion mit einem „gemischten" Glied betrachten (mit einem Gliedsatz also, der sowohl theoretische als auch empirische Terme enthält). Das andere Konjunktionsglied wird unser alter Bekannter sein:

(7.6) In dieser Nebelkammer ist ein sehr schnelles Elektron.

Wir suchen einen weiteren (und zwar „gemischt" theoretischen) Satz, der zusammen mit (7.6) eine „Theorie" bildet, die vors Tribunal der Erfahrung gestellt werden kann. Der gesuchte Satz sollte einerseits von Elektronen handeln, damit sich aus ihm mithilfe von (7.6) interessante Implikationen ableiten lassen. Damit andererseits unter diesen Implikationen empirisch überprüfbare Sätze vorkommen, muss der gesuchte Satz Beobachtungsterme enthalten. In unseren bisherigen Ausführungen haben wir Elektronen immer mit Nebelkammern und Kondensstreifen in Verbindung gebracht. Es liegt daher nahe, es mit folgendem Satz zu versuchen:

(7.8) Wenn ein sehr schnelles Elektron in eine Nebelkammer gelangt, hinterlässt es einen sichtbaren Kondensstreifen.[27]

---

beliebigen Gebrauch von Termen machen, die wir verstehen. Und die Rede von „hoher Geschwindigkeit" verstehen wir. (Die Vagheit des Ausdrucks schadet hier nicht; wenn wir wollten, könnten wir in Physikbüchern nachschlagen und eine exakte untere Grenze in Metern pro Sekunde angeben). – Obwohl das obige Token des Satzes (7.6) mangels Bindestrichen nicht komplett mit den früheren bindestrichhaltigen Tokens von (7.6) übereinstimmt, behalte ich die ursprüngliche Numerierung der Sätze bei.

[27] Dieser Satz (7.8) ist die rechtsgerichtete Hälfte des Bikonditionals:

(7.4) Etwas ist genau dann ein sehr schnelles Elektron, wenn es einen sichtbaren Kondensstreifen hinterlässt, sobald es in eine Nebelkammer gelangt.

Durch die Abschwächung von (7.4) auf (7.8) umgehen wir den vorhin vernachlässigten Einwand, dass auch andere sehr schnelle Objekte als Elektronen in Nebel-

Machen wir uns zunächst klar, dass auch dieser theoretische Satz von der negativen Seite des Holismus betroffen ist: Isoliert von anderen Sätzen kann (7.8) nicht vors Tribunal der Erfahrung gestellt werden. Denn nehmen wir an, es gäbe in der Nebelkammer keinen Kondensstreifen. Woher sollten wir wissen, dass diese Beobachtung den Satz (7.8) widerlegt? Wir könnten es nur wissen, wenn wir sicher wären, dass sich in der Nebelkammer ein sehr schnelles Elektron aufhalten muss. Da man aber sehr schnelle Elektronen nicht unmittelbar wahrnehmen kann, könnten wir das zur Widerlegung von (7.8) nötige Zusatzwissen nicht aus Beobachtungen entnehmen; wir brauchten ein Stück Theorie.[28] – Und damit haben wir erneut begründet, was die negative Seite des Holismus verlangt: Isoliert von aller Theorie kann (7.8) nicht vors Tribunal der Erfahrung gestellt werden.

Nebelkammern ohne Kondensstreifen

§ 7.14. Um endlich die positive Seite des Holismus plausibel zu machen, konjugieren wir die beiden Sätze (7.6) und (7.8):

(7.9) In dieser Nebelkammer ist ein sehr schnelles Elektron, und wenn ein sehr schnelles Elektron in eine Nebelkammer gelangt, hinterlässt es einen sichtbaren Kondensstreifen.

Der positiven Seite des Holismus zufolge müssen nicht etwa *alle* Konjunktionen aus theoretischen Sätze kritische semantische Masse erreichen. Sie verlangt nur, dass dies von *einigen* solcher Konjunktionen gilt. Wie es sich trifft, bietet (7.9) einen dieser raren Fälle. Denn die Konjunktion (7.9) kann vors Tribunal der Erfahrung ge-

---

kammern Kondensstreifen produzieren könnten. Warum haben wir nicht immer schon (7.8) anstelle von (7.4) benutzt? Einfach: Solange wir im operationalistischen Geiste nach einer ausgewachsenen *Definition* für den Begriff des Elektrons gesucht haben, mussten wir ein Bikonditional wie (7.4) angeben; (7.8) nennt nur eine notwendige, keine hinreichende Bedingung für die Anwesenheit schneller Elektronen.

[28] Um diesen Punkt zu verdeutlichen, stellen wir dem isoliert nicht überprüfbaren Satz (7.8) einen Satz mit ähnlicher Struktur gegenüber, der sich sehr wohl isoliert widerlegen lässt:

(7.8*) Wenn oben am blauen Himmel ein Düsenflugzeug entlangfliegt, hinterlässt es einen sichtbaren Kondensstreifen.

Dieser Satz kann anders als (7.8) isoliert empirisch überprüft werden, weil sich Düsenflugzeuge am blauen Himmel mit blossem Auge ausmachen lassen. Düsenflugzeuge sind grösser als Elektronen. (In ähnlicher Weise unterscheidet schon Duhem zwischen theoretischen und nicht-theoretischen Allsätzen, indem er das allgemeine Gasgesetz von dem – bloss „abstrakten" (generellen) – Satz ‚Alle Menschen sind sterblich' abgrenzt, cf. [ZSPT]:217-222).

stellt werden: Nebelkammern ohne Kondensstreifen widerlegen die Konjunktion!

Woran liegt das? Eine schnelle Antwort lautet: Die Konjunktion (7.9) impliziert den Satz

(7.10) In dieser Nebelkammer ist ein sichtbarer Kondensstreifen.

Dieser Satz enthält keinen theoretischen Term und kann daher vorm Tribunal der Erfahrung durchfallen: Er ist unvereinbar mit fehlenden Kondensstreifen. Und die empirische Widerlegbarkeit von (7.10) vererbt sich auf jeden Satz, der (7.10) impliziert, also insbesondere auf (7.9).

Ein unbeleckter Physiker

§ 7.15. So weit die schnelle Antwort. Ich möchte trotzdem eine ausführlichere Antwort auf die Frage geben, indem ich die Anreicherung der semantischen Masse mithilfe von Ramsey-Sätzen verdeutliche.[29] Versetzen wir uns hierfür in einen Physiker, der nicht im geringsten weiss, was Elektronen sind. Im Lauf seiner Lehr- und Wanderjahre hat er sich an den Gebrauch des Wortes ‚Elektron' gewöhnt: er ist sich sicher, *dass* das Wort irgendeinen guten Sinn haben wird, dass also Sätze über Elektronen wahr oder falsch sind. Nur kann er dummerweise keine Paraphrase von Sätzen über Elektronen nennen, in der das merkwürdige Wort nicht vorkommt. (Er kennt – übrigens genau wie wir[30] – keine eliminative Explikation des Wortes ‚Elektron'). Und er hat – anders als wir – kein implizites Hintergrundwissen von Elektronen. Daher kann er die meisten Sätze über Elektronen in seinem Labor nicht überprüfen. Ein Satz wie z.B.

(7.6) In dieser Nebelkammer ist ein sehr schnelles Elektron,

ist für ihn empirisch genauso wertlos wie folgender Ausdruck seiner elektrizitätstheoretischen Ratlosigkeit:

---

29 Stegmüller und Gähde haben in [AiFo] aus strukturalistischer Sicht eine viel detailgetreuere Fallstudie mit ähnlicher Stossrichtung durchgeführt. Die formale Raffinesse ihres Gedankengangs dürfte aber dazu führen, dass ihm nur wissenschaftstheoretisch vorgebildete Leser folgen können. Dies mag die Übersimplifikation meines schlichten Beispiels entschuldigen.

30 ... und wie Quine: „[W]e do not expect or demand full definition of atomic and subatomic entities in terms of macroscopic ones, any more than definition of macroscopic things in terms of sense data" ([TDoE]:44/5). Für die Gegenposition vergl. David Lewis [HTDT].

(7.11) Was auch immer Elektronen sind: eines von ihnen ist jedenfalls im Moment sehr schnell und befindet sich hier in dieser Nebelkammer.

Keine denkbare Erfahrung unseres Physikers widerlegt oder bestätigt (7.11); und dasselbe trifft auf (7.6) zu. Hier ist ein weiterer Satz, dessen empirischer Wert kein bisschen besser ist als der von (7.6) und (7.11):

(7.12) Es gibt eine Klasse E von Entitäten, für die gilt: in dieser Nebelkammer ist ein sehr schnelles x $\in$ E.

Logisch betrachtet, ist (7.12) zwar schwächer als (7.6): denn (7.12) wird von (7.6) impliziert, ohne für die Implikation in der Rückrichtung stark genug zu sein. ((7.12) könnte zutreffen, ohne dass (7.6) wahr sein muss: vielleicht hält sich anstelle eines sehr schnellen Elektrons in der Nebelkammer ein Gepard auf?) Aber trotz ihres logischen Stärkeunterschieds gleichen sich die beiden Sätze hinsichtlich ihrer empirischen Widerlegbarkeit! Wer – wie der Physiker aus unserem Beispiel – nicht weiss, was Elektronen sind, kann (7.6) genauso wenig durch Erfahrung widerlegen wie (7.12).

Man mag einwenden, dass das zwar für den vorgestellten Physiker gelten mag, nicht aber für uns, die wir so viel mehr über Elektronen wissen. Doch Vorsicht: Wenn wir einen Satz wie (7.6) *isoliert* vors Tribunal der Erfahrung stellen wollen, wenn wir ihn also *unabhängig von all unserem Wissen um Elektronen* testen möchten, dann müssen wir uns genau in die vorgestellte Lage des Physikers versetzen. Deshalb habe ich diesen Physiker ins Spiel gebracht. Er zeigt uns, in welcher Lage wir wären, wollten wir theoretische Sätze isoliert vors Tribunal der Erfahrung stellen. (Dass sich diese Sätze zusammen mit anderen Sätzen – zusammen mit irgendwelchem Hintergrundwissen – empirisch überprüfen lassen, bestreitet der Holist nicht; im Gegenteil, das ist die positive Seite seiner Doktrin, der wir uns im nächsten Paragraphen zuwenden werden).

Wenden wir dieselbe Überlegung auf den Satz (7.8) an. Wer nichts über Elektronen weiss, für den ist

(7.8) Wenn ein sehr schnelles Elektron in eine Nebelkammer gelangt, hinterlässt es einen sichtbaren Kondensstreifen,

empirisch genauso wertlos wie:

(7.13) Was auch immer Elektronen sind: wenn eines von ihnen mit hoher Geschwindigkeit in eine Nebelkammer gelangt, hinterlässt es einen sichtbaren Kondensstreifen, oder auch wie:

(7.14) Es gibt eine Klasse E von Entitäten, für die gilt: Wenn ein x ∈ E mit hoher Geschwindigkeit in eine Nebelkammer gelangt, hinterlässt es einen sichtbaren Kondensstreifen.[31]

Ramsifikation

§ 7.16. Nun sind (7.12) bzw. (7.14) mithilfe ein und desselben Verfahrens aus (7.6) bzw. (7.8) hervorgegangen. Wir haben alle Vorkommnisse des zweifelhaften theoretischen Terms ‚Elektron' durch eine Variable ‚E' ersetzt und diese Variable am Anfang des fraglichen Satzes durch Existenzquantifikation gebunden.

Man kann auf diese Weise die theoretischen Terme aus jedem Satz entfernen. (Enthält der Satz mehr als einen theoretischen Term, so braucht man entsprechend viele verschiedene Variable und Quantoren; zudem müssen die Variablen von geeignetem Typ sein).

Dies Verfahren der Elimination theoretischer Terme wird – zu Ehren seines Erfinders F. P. Ramsey – *Ramsifizierung* genannt.[32] Der von theoretischen Termen bereinigte Satz, der dabei entsteht, heisst *Ramsey-Satz* oder *Ramsifikation* des ursprünglichen Satzes. Und was wir bislang nur fallweise anhand der Ramsey-Sätze (7.12) bzw. (7.14) gesehen haben, gilt allgemein: Die Ramsifikation rams(p) eines Satzes p impliziert genau dieselben Beobachtungssätze wie der ursprüngliche Satz p. Und das bedeutet: Dieselben Er-

[31] Es geht mir oben nur um die Gleichheit des empirischen Werts, nicht um die des „faktischen Gehalts" (in irgendeinem intuitiven Sinn verstanden). (7.12) und (7.14) sind schon deshalb empirisch wertlos, weil sie unter jeder denkbaren Erfahrung zutreffen. Für (7.14) ist dies leicht einzusehen. Die von (7.14) geforderte Klasse E existiert garantiert: Schon mit der leeren Menge E = ø kommt (7.14) wahr heraus.
Aber auch (7.12) gilt unter jeder erdenklichen Erfahrung. Denn wir können uns ein künstliches Objekt x herbeidefinieren, indem wir die raumzeitlichen Glieder einer Kette zeitlich und räumlich benachbarter Nebelportionen mereologisch aufsummieren: das Resultat ist definitionsgemäss ein sehr schnelles Objekt, das garantiert existiert und dessen Singleton E = {x} den Satz (7.12) trivial bewahrheitet.
D.h. keine erdenkliche Erfahrung kann (7.12) oder (7.14) widerlegen. Aber auch keine erdenkliche Erfahrung kann (7.12) oder (7.14) bestätigen, denn die beiden Sätze gelten garantiert. Erfahrung ist für die beiden Sätze gänzlich belanglos. (Ähnlich argumentiert Stegmüller anhand eines komplizierteren Beispiels in [TE]/1:421-24).

[32] Vergl. Stegmüller [TE]/1:400-437. Ramsey hat das Verfahren in [T] nicht auf theoretische Sätze aus der Wissenschaft angewendet, sondern auf Sätze, die unsere „Theorie" der Aussenwelt ausdrücken; und Ramseys Beobachtungsterme sind die phänomenalistischen Wörter für Sinnesqualitäten. – Wie nah man die Grenze zwischen Theorie und Beobachtung ans erfahrende Subjekt heranrückt, spielt für die hier verhandelten Fragen keine Rolle.

fahrungen, die gegen p sprechen, sprechen auch gegen seine Ramsifikation rams(p). Ihr Beobachtungswert ist gleich.

Ramseys Theorem

§ 7.17. Statt diese Behauptung allgemein zu beweisen, möchte ich sie lieber intuitiv plausibel machen.[33] Dazu betrachten wir einen dritten Fall, in dem der ursprüngliche Satz (anders als in den bisherigen beiden Beispielen) sehr wohl empirisch widerlegt werden kann – unsere Konjunktion aus (7.6) und (7.8):

(7.9) In dieser Nebelkammer ist ein sehr schnelles Elektron, und wenn ein sehr schnelles Elektron in eine Nebelkammer gelangt, hinterlässt es einen sichtbaren Kondensstreifen.

Wer nicht weiss, was Elektronen sind, mag anstelle von (7.9) vielleicht sagen:

(7.15) Was auch immer Elektronen sind, jedenfalls ist eins von ihnen mit sehr hoher Geschwindigkeit in diese Nebelkammer gelangt, und immer wenn eins von ihnen mit sehr hoher Geschwindigkeit in eine Nebelkammer gelangt, hinterlässt es einen sichtbaren Kondensstreifen.

Beide Sätze (7.9) und (7.15) werden durch Nebelkammern ohne Kondensstreifen widerlegt, denn beide Sätze implizieren den Beobachtungssatz:

(7.10) In dieser Nebelkammer ist ein sichtbarer Kondensstreifen.

Um festzustellen, dass (7.9) bzw. (7.15) diesen Satz implizieren, braucht man nicht zu wissen, was Elektronen sind. Selbst der Physiker aus unserem Beispiel, der nicht das geringste über Elektronen weiss, kann (7.10) aus (7.9) bzw. (7.15) ableiten. Denn für diesen Schluss muss man nur wissen, dass sich die Vorkommnisse des Wortes ‚Elektron' im ersten Konjunktionsglied von (7.9) bzw. (7.15) auf dieselben Objekte beziehen wie die Vorkommnisse in ihrem jeweils zweiten Konjunktionsglied.[34] Wenn es uns also für die Deduktion

[33] Für den Beweis vergl. Stegmüller [TE]/1:409-11.

[34] Derselbe Grundgedanke findet sich auch bei Quine (ohne dass er von Quine fürs Ramsifizieren fruchtbar gemacht wird):

> It is precisely this sharing of words, by observation sentences and theoretical sentences, that provides logical connections between the two kinds of sentences and makes observation relevant to scientific theory ([PoT]:7).

von beobachtbaren Implikationen nur darum zu tun ist, den einmal gewählten Bezug von ‚Elektron' nicht mehr zu ändern, dann reicht uns für diesen Zweck eine geeignete Variable. Denn auch alle Vorkommnisse einer Variablen beziehen sich (innerhalb des Bereichs des Quantors, der sie bindet) auf ein und dieselbe Sache. Ohne den Beobachtungswert zu zerstören, können wir also anstelle der Elektronen über irgendeine Klasse E quantifizieren. Und damit erhalten wir den Ramsey-Satz von (7.9):

(7.16) Es gibt eine Klasse von Entitäten E, für die gilt:
(i) ein x ∈ E ist mit sehr hoher Geschwindigkeit in diese Nebelkammer gelangt; und
(ii) für alle x ∈ E gilt: immer wenn x mit sehr hoher Geschwindigkeit in eine Nebelkammer gelangt, hinterlässt es einen sichtbaren Kondensstreifen.

Obwohl diese Ramsifikation logisch schwächer ist als (7.9), bleibt auch in ihr die Konstanz des Bezugs gewahrt, denn der Bereich des Existenzquantors erstreckt sich vom Anfang bis zum Ende von (7.16). Und nur auf diese Konstanz des Bezugs kommt es bei der Deduktion empirischer Implikationen an.[35]

§ 7.18. Kehren wir zu unserer Frage zurück: Woran liegt es, dass durchs Konjugieren theoretischer Sätze, die für sich genommen empirisch wertlos sind, manchmal kritische semantische Masse entsteht? Wenn wir uns anstelle der ursprünglichen theoretischen Sätze ihre Ramsifikationen ansehen, wird die Antwort klarer:

Warum das Ganze mehr wert ist

Entweder bestimmt man den empirischen Wert des theoretischen Ganzen durch dessen Ramsifikation, also durch Ramsifikation der Konjunktion (7.9):

(7.16) Es gibt eine Klasse von Entitäten E, für die gilt:
(i) ein x ∈ E ist mit sehr hoher Geschwindigkeit in diese Nebelkammer gelangt; und
(ii) für alle x ∈ E gilt: immer wenn x mit sehr hoher Geschwindigkeit in eine Nebelkammer gelangt, hinterlässt es einen sichtbaren Kondensstreifen.

[35] Natürlich implizieren ein Satz und seine Ramsifikation nicht insgesamt dieselben Sätze. Beispielsweise lassen sich aus (7.9) Folgerungen über Elektronen ableiten, die seine Ramsifikation (7.16) nie und nimmer implizieren kann, da sie nicht von Elektronen handelt. Was oben nur plausibel gemacht wurde, ist folgendes: Ein Satz und seine Ramsifikation implizieren genau dieselben *Beobachtungssätze*.

Damit bekommt man den empirischen Wert der gesamten Theorie.

Oder man bestimmt zuerst den empirischen Wert ihrer Teile (7.6) bzw. (7.8) isoliert (indem man ihre Ramsifikationen (7.12) bzw. (7.14) bildet) und fügt schliesslich die solcherart isoliert bestimmten empirischen Werte per Konjunktion zusammen:

(7.17) (i) Es gibt eine Klasse von Entitäten E, für die gilt: ein x ∊ E ist mit sehr hoher Geschwindigkeit in diese Nebelkammer gelangt; und

(ii) es gibt eine Klasse von Entitäten E, für die gilt: für alle x ∊ E gilt: immer wenn x mit sehr hoher Geschwindigkeit in eine Nebelkammer gelangt, hinterlässt es einen sichtbaren Kondensstreifen.

Damit hat man die Summe des empirischen Werts der einzelnen Konjunktionsglieder.

Im ersten Fall (7.16) erstreckt sich eine Existenzbehauptung über zwei Konjunktionsglieder; im zweiten Fall (7.17) haben wir eine Konjunktion aus zwei Existenzbehauptungen. Und i.A. ist eine Existenzbehauptung über zwei Konjunktionsgliedern stärker als die Konjunktion der beiden Existenzsätze. (‚Es gibt lila Tiger', besagt mehr als ‚Es gibt lila Objekte, und es gibt Tiger'). Damit haben wir die Anreicherung semantischer Masse (die positive Seite der Quine/Duhem-These) auf ein altbekanntes Faktum aus der Prädikatenlogik zurückgeführt. Eine Theorie im Ganzen (als Konjunktion ihrer theoretischen Sätze) ist i.A. deshalb empirisch mehr wert als die Summe ihrer isolierten Teile (der Konjunktionsglieder, aus denen sie besteht), weil die Existenzbehauptung über einer Konjunktion i.A. stärker ist als die Konjunktion der Existenzsätze. Und weil dieser primitive prädikatenlogische Punkt ganz und gar nicht geheimnisvoll ist, trägt unser Kapitel seine Überschrift zu Recht: Holismus ohne Mystizismus.

Das letzte Thema des Kapitels

§ 7.19. Zugegebenermassen haben wir die Quine/Duhem-These mit nicht ganz sauberen begrifflichen Mitteln entzaubert. Noch steht die endgültige Antwort auf die Frage aus, wie und wo genau die Grenze zwischen theoretischen und Beobachtungssätzen gezogen werden soll. Wir haben immer nur an ungefähre Intuitionen zu diesem Thema appelliert; sogar ist im Lauf der Diskussion (in § 7.11) der Anschein von Widersprüchlichkeit entstanden. Wir müssen das Thema zur Abrundung dieses Kapitels also wieder aufgrei-

fen. Zudem ein guter Anlass, um auch Quines schwankende Auffassungen dazu genauer zu erörtern, von denen wir uns – zum Zwecke der Vereinfachung – allzu weit entfernt hatten.

Eine Spannung im Holismus

§ 7.20. Wir beginnen mit dem eben angesprochenen Anschein von Widersprüchlichkeit, der beim Vergleich der zwei Seiten der Quine/Duhem-These aufgekommen war. Erinnern wir uns. Die negative Seite der Quine/Duhem-These besagt: Kein theoretischer Satz kann isoliert vors Tribunal der Erfahrung gestellt werden. Und ihre positive Seite besagt: Es ist die ganze Theorie, die sich vorm Tribunal der Erfahrung zu bewähren hat. Wenn nun – wie bislang immer unterstellt – jeder Satz mit theoretischen Termen als theoretischer Satz gezählt wird, dann passen diese beiden Seiten des Holismus nicht zusammen. Die Theorie als Ganzes ist ja auch ein Satz mit theoretischen Termen (nämlich eine lange Konjunktion aus theoretischen Sätzen). Wir können diese Spannung entweder dadurch auflösen, dass wir an der Formulierung der Quine/Duhem-These drehen – oder aber dadurch, dass wir die Grenze zwischen theoretischen und Beobachtungssätzen neu verlegen.

Zur ersten Möglichkeit. Statt *alle* theoretischen Sätze vom Verfahren am Tribunal der Erfahrung auszuschliessen, könnten wir uns moderater geben und nur die „kurzen" theoretischen Sätze ausschliessen. Doch besagt diese Formulierung für sich allein zuwenig. Sie lässt offen, welche theoretischen Sätze so kurz sind, dass sie unter das Verdikt der solcherart modifizierten negativen Seite des Holismus fallen. Dies ist eine Frage der kritischen semantischen Masse; die Frage ist also nicht unbeantwortbar. Aber mit Satzlänge hat sie nicht viel zu tun. Es hängt nicht von der Zahl seiner Wörter ab, ob ein theoretischer Satz kritische semantische Masse erreicht – es hängt von seiner logischen Struktur ab. Die Länge des Satzes liefert allenfalls Indizien für kritische semantische Masse. Kurzum, die Formulierung der negativen Seite des Holismus müsste weiter modifiziert werden: durchaus ein gangbarer Ausweg aus der Schwierigkeit. Weil dabei aber die holistische Doktrin immer wortreicher und gewundener ausfiele, habe ich mich für den zweiten Ausweg entschieden, den auch Quine gewählt hat: für die Neuverlegung der Grenze zwischen theoretischen und Beobachtungsätzen.[36]

[36] Selbst nach dieser Grenzverschiebung werde ich von Quines ursprünglichen Auffassungen über Beobachtungssätze abweichen: Während Quine immer wieder be-

Wohin der Weg führen soll, steht damit fest: Sätze mit kritischer semantischer Masse dürfen nicht länger als theoretische Sätze angesehen werden, selbst wenn sie noch so viele theoretische Terme enthalten mögen. Wir müssen sie den Beobachtungssätzen zurechnen. Dem scheint Quine im Ergebnis zuzustimmen.[37] Wie ist dies Ergebnis zu erreichen? Durch einen neuen Begriff des Beobachtungssatzes. Beginnen wir auf der Ebene des ganzen Satzes – statt auf Termebene wie bislang.[38] Genau wie Quine werden wir eine „private" oder subjektive Komponente[39] und eine soziale oder intersubjektive Komponente im Begriff des Beobachtungssatzes aufspüren. (Quine nennt die Beobachtungssätze aufgrund der beiden Komponenten *janusköpfig*, cf. [iPoO]:109).

Die private Komponente

§ 7.21. Zuerst zur privaten, subjektiven Komponente! Wodurch unterscheiden sich die „kurzen" Sätze mit theoretischen Termen auf der einen Seite von Beobachtungssätzen bzw. von hinreichend lan-

tont, dass die Beobachtungsnähe von Beobachtungssätzen keine Frage von schwarz oder weiss ist, sondern eine Frage der graduellen Abstufung (cf. z.B. [WO]:40-2; [PoT]:3), werde ich diesen Punkt unklarer Grenzen ignorieren. Dass es unklare Grenzfälle geben mag, will ich nicht bestreiten. Doch ist dieser Punkt nicht sonderlich interessant. *Alle* empirischen Begriffe sind unscharf begrenzt. Wollte ich unklare Grenzfälle immer mitberücksichtigen, so geriete die Diskussion noch wortreicher, als sie ohnehin ist; tiefere Einsichten erwüchsen uns daraus nicht.
In allerneuster Zeit hat sich Quine für einen absoluten (nicht-graduellen) Begriff des Beobachtungssatzes ausgesprochen ([PoTF]:162). In dieser neuen Sichtweise können Beobachtungssätze verschiedene Grade an Theoretizität aufweisen; diese zusätzliche Dimension zur Beschreibung von Sätzen macht Quine an ihrer Fallibilität fest ([PoTF]:162). Das ist nicht befriedigend. Unter den Bedingungen der radikalen Übersetzung ist nicht klar, was es heissen soll, dass ein Satz fallibler ist als ein anderer Satz. (Ein und derselbe Satz wie etwa ‚Da ist ein Kaninchen' könnte bei unterschiedlichen Sichtverhältnissen verschieden fallibel sein, etc.) Wenn ich im folgenden von Theorien, theoretischen Sätzen oder theoretischen Termen rede, werde ich mich daher nicht bemühen, Quines allerneustem Begriff von Theoretizität nahezukommen. Vergl. aber Fusnoten 42 und 45.

[37] Zumindest bejaht Quine die Existenz von Beobachtungssätzen, die theoretische Terme enthalten: „[W]e recognize the observation sentences to be theory-laden. What this means is that terms embedded in observation sentences recur in the theory formulations. What qualifies a sentence as observational is not a lack of such terms" ([EC]:25/6).

[38] So auch Quine mit seiner Vorliebe für die Priorität des ganzen Satzes vor seinen Termen, cf. [PoT]:8.

[39] Die „Privatheit" dieser Komponente hat nichts mit ihrer epistemischen Privatheit im Sinn der Autorität der ersten Person zu tun; daher meine Anführungszeichen. Es geht vielmehr um eine Privatheit im banalen, ausserphilosophischen Sinn des Worts, wie er sich z.B. in folgender Verwendung zeigt: „Privates Grundstück – betreten verboten!"

gen Sätzen mit theoretischen Termen auf der anderen Seite? Nach unserem weiten Weg durchs holistische Gelände sollte die Antwort klar sein. Die „kurzen" Sätze mit theoretischen Termen wie

(7.6) In dieser Nebelkammer ist ein sehr schnelles Elektron,

oder

(7.8) Wenn ein sehr schnelles Elektron in eine Nebelkammer gelangt, hinterlässt es einen sichtbaren Kondensstreifen,

sind reizbedeutungslos. Die „langen" Sätze mit theoretischen Termen wie

(7.9) In dieser Nebelkammer ist ein sehr schnelles Elektron, und wenn ein sehr schnelles Elektron in eine Nebelkammer gelangt, hinterlässt es einen sichtbaren Kondensstreifen,

und auch die Sätze ohne theoretische Terme wie

(7.10) In dieser Nebelkammer ist ein sichtbarer Kondensstreifen,

sind dagegen nicht reizbedeutungslos. Es gibt Reizmusterfolgen, deren Präsentation den Sprecher zu seiner Reaktion auf solche Sätze veranlasst.

Damit haben wir die erste (private, subjektive) der zwei Komponenten extrahiert, auf die Quine den Unterschied zwischen theoretischen und Beobachtungssätzen zurückführt. Die Komponente ist insofern privat oder subjektiv, als sie den einzelnen Sprecher (samt der Stimuli an genau seinen Sinnesorganen) und nicht die Sprachgemeinschaft in den Blick nimmt, der der Sprecher angehört. (Die Komponente ist nicht etwa im Sinne der Phänomenalisten privat oder subjektiv). Obwohl sie in allen Versuchen Quines, zwischen theoretischen und Beobachtungssätzen zu unterscheiden, eine prominente Rolle spielt, hat er sie zu verschiedenen Zeitpunkten verschieden gefasst. Unsere eben durchgeführte Überlegung legt folgende der von Quine erwogenen Fassungen nahe:

(7.18) Ein Satz p ist nur dann ein Beobachtungssatz, wenn der Sprecher die feste Disposition hat, dem Satz *aufgrund* gewisser Reizmusterfolgen zu widersprechen oder zuzustimmen. (Cf. [iPoO]:108).

Damit wird verlangt, dass p nicht reizbedeutungslos ist.[40]

Diese in (7.18) geforderte feste kausale Beziehung zwischen Reiz und Reaktion fällt nicht vom Himmel; und sie bleibt nicht folgenlos. Sie fällt nicht vom Himmel, sondern ist dem Sprecher beim Spracherwerb eingepflanzt worden; und sie bleibt nicht folgenlos, insofern sie bestimmte Regelmässigkeiten im verbalen Verhalten des Sprechers nach sich zieht, die unsere Linguistin auch ohne tiefgreifende Kausalanalyse erfassen kann. Man könnte daher die gesuchte private Komponente im Begriff des Beobachtungssatzes entweder an der Vorgeschichte festmachen, die dafür verantwortlich ist, dass die von (7.18) geforderte feste kausale Verbindung zwischen Reiz und Reaktion entsteht. Oder man könnte sich daran orientieren, wie sich diese Verbindung im direkt beobachtbaren Sprachverhalten niederschlägt.

Beide Arten von Alternativen zu (7.18) hat Quine ausprobiert: ohne Erfolg, wie ich zeigen möchte. Beginnen wir die Erörterung von Alternativen zu (7.18) mit solchen Fasssungen der privaten Komponente, denen zufolge es auf die Wirkungen der festen Beziehung zwischen Reiz und Reaktion ankommt: Das Verdikt fällt unter einer gegebenen Stimulation immer gleich aus, und zwar unabhängig davon, wann der Sprecher nach dem Satz gefragt wird (cf. [EC]:25) bzw. welchen Stimulationen er in der Vergangenheit ausgesetzt war ([oEES]:315).

In solch diachronen Fassungen hat unsere private Komponente des gesuchten Kriteriums den Nachteil, nur unter der Voraussetzung zeitlich konstanter Idiolekte zu funktionieren. Denn wenn sie eine dieser Fassungen zugrundelegen wollte, müsste die Linguistin den Eingeborenen zu verschiedenen Zeitpunkten untersuchen. Und die Ergebnisse dieser Untersuchungen hätten nur dann Aussagekraft, wenn sicher wäre, dass sich der Idiolekt des Sprechers in der Zwischenzeit nicht geändert hat. Ob aber ein Satz als Beobachtungssatz anzusehen ist, sollte zu jedem gegebenem Einzelzeit-

[40] Möglicherweise schreibe ich Quine mit dieser Formulierung keine Meinung zu, die er wirklich gehegt hat – sondern nur eine Meinung, von der ich wohlwollend annehme, er hätte sie hegen sollen. Bei Quine kommt mein Begriff der Reizbedeutungslosigkeit nicht vor; er unterscheidet (graduell) zwischen bleibenden Sätzen und Gelegenheitssätzen ([WO]:35ff.) Doch ist diese Grenze nicht interessant, wenn man nach der Tauglichkeit des Begriffs der Reizsynonymie fragt (s.o. § 6.24 – § 6.30, insbes. § 6.24 und § 6.25). Interessant ist der Unterschied zwischen reizbedeutungslosen Sätzen und solchen Sätzen, für die zumindest einige Reizmusterfolgen relevant sind – einerlei, ob es sich um Gelegenheitssätze oder um bleibende Sätze handelt.

punkt feststehen und nicht davon abhängen, ob sich die Sprache des Sprechers im Lauf der Zeit ändert.[41] Da das Kriterium in der Fassung (7.18) von solchen Voraussetzungen frei ist und für „Punktsprachen" funktioniert (Idiolekte eines Sprechers zu einem gegebenen Zeitpunkt), gebührt (7.18) der Vorzug.

§ 7.22. Man mag in die andere Richtung blicken und fragen, ob das Kriterium nicht auch in dieser Fassung auf Sachverhalte zielt, die von den wahren Ursachen dafür entfernt sind, dass der fragliche Satz im Idiolekt des Sprechers Beobachtbares beschreibt. Letztlich liegt das an der Art und Weise, wie der Sprecher den Satz gelernt hat: Beobachtungssätze werden ostensiv gelernt. Diese Überlegung hat Quine darauf gebracht, es mit folgendem Kriterium zu versuchen: Ostension?

D7.1* Ein Satz p ist dann und nur dann ein Beobachtungssatz, wenn der Sprecher den Satz ostensiv gelernt hat oder wenn er ihn hätte ostensiv lernen können. (Cf. [oEES]:316).

Nun mögen Quines typische Beispiele für Beobachtungssätze ostensiv lernbar sein. Doch für (7.9) gilt das vermutlich nicht, und jedenfalls gilt es nicht für die real existierenden Theorien aus der Physik, die viel komplizierter sind als unsere übertrieben simple Beispiels-„Theorie".[42]

---

41 Auf das Thema des Sprachwandels komme ich in Kapitel 11 zurück.

42 Ist Quines Sicht zufolge der Satz (7.9) oder gar eine komplett ausgewachsene physikalische Theorie wirklich als Beobachtungssatz aufzufassen? Das geht aus seinen Schriften nicht klar hervor, zumal er das Kriterium für Beobachtungssätze oft genug verändert hat.
Seine (in Fussnote 36) angesprochene neue Tendenz, Beobachtungssätzen verschiedene Grade von Theoretizität (Fallibilität) zuzuschreiben, passt zu meiner Behauptung oben aus dem Text, erzwingt sie aber nicht. Komplette Theorien sind besonders starke Sätze, also besonders fallibel – sie könnten in Quines neuer Redeweise als Beobachtungssätze mit hoher Theoretizität klassifiziert werden. Allerdings hat Quines gegenwärtiger Begriff von Theoretizität nichts mit theoretischen Termen zu tun.
Früher hat Quine mehrfach ausdrücklich festgestellt, dass Beobachtungssätze theoretische Terme enthalten können ([EC]:25/6; [oEES]:314; [iPoO]:110). Hat er vielleicht an andere Fälle gedacht als an ausgewachsene Theorien bzw. Sätze wie (7.9)? Folgender Gedankengang scheint ihn in der Tat abgelenkt zu haben. Im Wiener Kreis tobte zwischen Phänomenalisten und Physikalisten ein Streit um Protokollsätze (die in deren Erkenntnis- und Wissenschaftstheorie eine ähnliche Rolle spielen sollten wie bei Quine die Beobachtungssätze). In diesem Streit schlug sich Quine auf die physikalistische Seite: Nicht mit Sätzen über unkonzeptualisierte Erfahrungen oder über Carnaps Erfahrungsstrom beginne die Wissenschaft, son-

Die soziale Komponente

§ *7.23.* Bleiben wir daher besser bei der Fassung (7.18), die wir der privaten Komponente des gesuchten Kriteriums für Beobachtungssätze ursprünglich gegeben haben. Nun hat die soeben zurückgewiesene Fassung D7.1* auch die zweite (soziale, intersubjektive) Komponente des Kriteriums eingeschlossen: Sätze, die ostensiv ge-

---

dern mit Sätzen über mittelgrosse Körper in der Aussenwelt, cf. [iPoO]:107/8. (Und diese Ansicht hat einiges für sich. Kinder lernen den physikalistischen Protokollsatz ‚Da ist ein Tiger' früher als sein phänomenalistisches Gegenstück: ‚Da ist eine tigerartige Erscheinung', cf. Quine [TI]:2.) Nun ist den Physikalisten immer wieder vorgehalten worden, dass die Annahme externer körperlicher Objekte bereits ein Stück Theorie über die Welt voraussetze, das seinerseits der Rechtfertigung durch Erfahrung bedürfe (cf. Quine [iPoO]:108). Quine reagiert auf diesen Einwand mit einem originellen Tanz auf zwei Hochzeiten. Die Protokollsätze der Physikalisten (bzw. Quines Beobachtungssätze) setzten einerseits – *holophrastisch* betrachtet – keine Theorie über Körper voraus; erst wenn man die Sätze *Wort für Wort* betrachte, kämen hinsichtlich der Referenzobjekte von Teilausdrücken Annahmen über Körper ins Spiel. Die eben wiedergegebene Überlegung hat Quine in [iPoO] so formuliert:

> [A] reason for misgivings over observation sentences was that they are theory-laden. [...] [T]he [...] basic misgivings on this score can be resolved by appreciating the difference between taking observation sentences holophrastically and taking them piecemeal. Piecemeal they are utterly theory-laden. Their terms recur in the theory to denote objects the very conception of which is pure theory. Holophrastically, meanwhile, the observation sentences are anchored to sensory neural intake irrespective of their theoretical subject matter ([iPoO]:110).

Hier scheint Quine nicht an ausgewachsene Theorien oder an Sätze wie (7.9) zu denken, sondern an Allerweltsätze wie: ‚Da ist ein Tiger', Wort für Wort betrachtet. Aber dann müsste das Wort ‚Tiger' ein theoretischer Term sein! Eine solche Sicht der Dinge führt auf Abwege. Interessante Unterschiede würden eingeebnet, wie etwa der zwischen Termen für sichtbare Objekte wie Tiger und Termen für unsichtbare, bloss postulierte Objekte wie Elektronen. Fast alle deskriptiven Konstanten (abgesehen vielleicht von den phänomenalistischen) wären theoretische Terme, und zwar nur deshalb, weil sie als einzelne Wörter (unterhalb der Satzebene) betrachtet werden können.

Dass Quine in Wirklichkeit (zumindest zuweilen) hinter weiteren Unterschieden auch auf Termebene hergewesen ist, ergibt sich aus Hinweisen, die über seine Texte unauffällig verstreut sind. Ich führe nur zwei Belege an. Erster Beleg: „At least one term in the sentence, then, must be a theoretical term whose conditions of application are not wholly fixed by empirical criteria" ([RA]:294). Zweiter Beleg: Quine hat seine Fassung des auf den Spracherwerb zielenden Kriteriums für Beobachtungsnähe – im Unterschied zu D7.1* oben im Text – nicht für ganze Sätze, sondern allgemeiner für Ausdrücke formuliert ([oEES]:316). Und dass man den Ausdruck ‚Tiger' ostensiv lernen kann, dürfte auch Quine nicht bestreiten. Wenn also ‚Tiger' nicht als theoretischer Term durchgeht, wohl aber ‚Elektron', dann dürfte am ehesten ein Satz wie (7.9) – oder auch eine wirklich ausgewachsene physikalische Theorie – als Beispiel für Quines Behauptung infrage kommen, es gebe Beobachtungssätze mit theoretischen Termen. Trotz der schwierigen exegetischen Lage, die Quines häufigen Meinungswechseln zum Thema der Beobachtungssätze zuzuschreiben ist, scheine ich mich also oben im Text nicht allzu weit von dem entfernt zu haben, was man mit einigem Wohlwollen aus Quines Schriften herauslesen kann.

lernt werden können, müssen unter identischen Beobachtungsumständen von allen kompetenten Sprechern dasselbe Verdikt ernten.[43] (Sonst eigneten sich diese Sätze nicht zur Ostension). Dieser soziale Konsens stellt für Quine die zweite wesentliche Eigenschaft von Beobachtungssätzen dar.[44] Es kommt Quine deshalb auf den sozialen Konsens in der Bewertung von Beobachtungssätzen an, weil der intersubjektive Charakter der Wissenschaft davon abhängt, dass sich die Wissenschaftler zumindest über einige Sätze einigen können (cf. z.B. [iPoO]:109); bei allem berechtigten Disput über Fernwirkungen, charmante Quarks, Wellen und Teilchen etc. sollten manche wissenschaftliche Sätze vom Streit der Meinungen ausgenommen sein – und zwar in guter empiristischer Tradition genau jene Sätze, die in Beobachtungen gründen.

Zwar ist, wie gesagt, diese Komponente des sozialen Konsenses implizit im Kriterium D7.1* enthalten. Aber wir haben D7.1* aus anderen Gründen zugunsten von (7.18) zurückgewiesen. Da die soziale Komponente jedoch weder explizit noch implizit in (7.18) vorkommt, müssen wir sie ausdrücklich in die Formulierung des endgültigen Kriteriums aufnehmen.

Auch in der Frage, wie dies bewerkstelligt werden soll, hat Quine seine Meinung im Lauf der Zeit immer wieder geändert. In [WO]:42 hatte er noch die Identität der Reizbedeutungen bei allen Mitgliedern der Sprachgemeinschaft gefordert. Dies hat er später deshalb problematisch gefunden, weil sich die Reizbedeutungen verschiedener Sprecher nur miteinander vergleichen lassen, wenn verschiedene Sprecher ein und derselben Stimulation ausgesetzt werden können; Stimulationen sind aber Ereignisse an der Sensorik des jeweiligen Sprechers; und da keine zwei Sprecher über gemeinsame Sinnesrezeptoren verfügen und sich ihre Sinnesrezeptoren sogar stark voneinander unterscheiden können, scheint die interpersonale Identität von Reizbedeutungen kein wohldefinierter Begriff zu sein ([PO]:158-60; [PoT]:40).

Derartige Identitätsprobleme brauchen uns nicht zu irritieren. In § 6.5 haben wir ein Verfahren bereitgestellt, das Reizmusterfolgen interpersonal zu vergleichen erlaubt. Zwar ist eine solche Identifizierbarkeit für den Begriff des Beobachtungssatzes nicht nötig, wie Quine in den letzten Jahren zu Recht festgestellt hat (z.B. in

43 So Quine [oEES]:316.

44 In [PoTF] erwähnt Quine diese soziale Komponente nicht mehr ausdrücklich. Trotzdem ist sie in seiner offiziellen Sicht immer noch enthalten, wie ich von ihm im Gespräch erfahren habe.

[PoT]:42). Doch brauchen wir sie ohnehin, sobald wir von einer Sprache in die nächste übersetzen wollen. Und da wir sie uns deshalb vorsorglich erarbeitet haben, können wir uns ihren Luxus guten Gewissens auch bei der Definition des Begriffs des Beobachtungssatzes gönnen. Das endgültige Kriterium lautet damit wie folgt:

D7.1 Ein Satz p ist dann und nur dann ein Beobachtungssatz, wenn
(i) der Sprecher die feste Disposition hat, dem Satz *aufgrund* gewisser Reizmusterfolgen zu widersprechen oder zuzustimmen; und wenn
(ii) die Reizbedeutungen von p bei allen Mitgliedern der Sprachgemeinschaft übereinstimmen.

Niemandsland

§ 7.24. Es wäre verfrüht, sich hiermit (oder mit einer der Alternativfassungen) zu begnügen und alle Sätze, die dem Kriterium zufolge keine Beobachtungssätze sind, zum Lager der theoretischen Sätze zu zählen. Anders, als man meinen könnte, ist es nicht ausgemacht, dass jeder wahrheitswertfähige Satz entweder ein theoretischer oder ein Beobachtungssatz ist. Wie wir sehen werden, liegt ein Niemandsland zwischen den beiden Sorten von Sätzen.[45] Wir haben bislang nur die Grenze zwischen diesem Niemandsland und dem Lager der Beobachtungssätze gezogen. Da wir noch nicht wissen, wo das Niemandsland endet, wissen wir auch nicht, wo das Lager der theoretischen Sätze anfängt. Dass es das Niemandsland gibt, zeigen die folgenden zwei Beispiele:

(6.9) In allen Heuhaufen sind Stecknadeln.
(6.15) Es hat schwarze Hunde gegeben.

Wie wir im Kapitel 6 (§ 6.22, § 6.25) gesehen haben, sind beide Sätze reizbedeutungslos. Laut D7.1 sind es also keine Beobachtungssätze. Und doch wäre es merkwürdig, sie als theoretische Sätze zu bezeichnen. Schliesslich enthalten sie keinen einzigen theoretischen Term!

[45] Dies Niemandsland hat nichts mit Quines gegenwärtiger Position zu tun, der zufolge Beobachtungssätze verschiedene Grade von Theoretizität aufweisen können (siehe Fussnote 36). Quines neuer Sicht zufolge stehen sich Theorie und Beobachtung nicht gegenüber, schon gar nicht liegt zwischen ihnen ein Niemandsland; vielmehr durchdringen sich Theorie und Beobachtung gegenseitig, wenn auch verschieden stark.

Die Sätze gehören ins Niemandsland zwischen den beiden Lagern. Von diesem Niemandsland ist bei Quine nirgends die Rede.[46] Die dort anzutreffenden Sätze möchte ich *Quasi-Beobachtungssätze* nennen. Wie ihr Name andeutet, stehen sie nicht unentschieden zwischen den beiden Lagern; sie praktizieren eine Art wohlwollender Neutralität zugunsten der Beobachtung. Sie enthalten keinen theoretischen Term und haben also mit „Theorie" nicht viel zu tun. Sie bestehen ausschliesslich aus Beobachtungstermen und aus jenen Termen, die ihnen logische bzw. temporale Struktur verleihen. Welche Sätze genau ins Niemandsland der Quasi-Beobachtungssätze gehören, können wir mithin erst festlegen, wenn wir unterhalb der Satzebene zwischen Beobachtungstermen und theoretischen Termen unterschieden haben. Diesen Unterschied könnten wir mit Quine am ostensiven Spracherwerb festmachen:

D7.2' Ein Prädikatsausdruck F ist im Idiolekt eines Sprechers genau dann ein <u>Beobachtungsterm</u>, wenn der Sprecher den Ausdruck ostensiv gelernt hat oder hätte lernen können.[47]

---

[46] Ich muss allerdings zugeben, dass Quine zwei verschiedene Parameter zur Klassifikation von Sätzen verwendet. Einerseits den Parameter der Beobachtungsnähe, der nach De-Gradualisierung (siehe Fussnote 36 in § 7.20) in den hier zur Debatte stehenden Unterschied zwischen theoretischen und Beobachtungssätzen übergeht. Quines zweiter Parameter teilt die Sätze in Gelegenheitssätze und (mehr oder weniger) bleibende Sätze ein (s.o. § 6.25). Da laut Quine alle Beobachtungssätze Gelegenheitssätze sind, aber nicht umgekehrt auch alle Gelegenheitssätze Beobachtungssätze ([WO]:42/3), könnte man meinen, dass das gesuchte Niemandsland von jenen Gelegenheitssätzen gebildet wird, die nicht als Beobachtungssätze durchgehen – oder aber von jenen bleibenden Sätzen, die keine theoretischen Sätze sind. Die zweite Möglichkeit schliesst Quine von vornherein aus. In seinem System ist der Unterschied zwischen theoretischen und Beobachtungssätzen für bleibende Sätze nicht klar definiert. (Cf. [WO]:43. – Diese Meinung Quines verwischt den klaren Unterschied zwischen ‚Es gibt schwarze Hunde' und ‚Es gibt Elektronen'). Bleibt die erste Möglichkeit: Gelegenheitssätze, die keine Beobachtungssätze sind. Ein Beispiel für einen solchen Satz wäre: ‚Da ist ein Elektron'. Dieser Satz gehört klar ins Lager der theoretischen Sätze, hat also im fraglichen Niemandsland nichts verloren. Umgekehrt gehört der Satz ‚In allen Heuhaufen sind Stecknadeln' in das besagte Niemandsland, obwohl der Satz kein Gelegenheitssatz ist. Die Unterschiede, auf die es ankommt, scheint Quine also nicht gesehen zu haben. Jedenfalls lassen sie sich nicht auf die doppelte Klassifikation von Sätzen abbilden, die Quine in [WO] vorführt. Schuld daran trägt Quines in § 6.27 – § 6.30 kritisierter Hang, das Versagen der Reizsynonymie an den bleibenden Sätzen mit ihrem Versagen an den theoretischen Sätzen durcheinanderzubringen. (Auch die oben in Fussnote 36 angesprochene, von Quine zusätzlich eingeführte Dimension der Theoretizität von Beobachtungssätzen hat mit dem augenblicklichen Problem nichts zu tun; siehe vorige Fussnote).

[47] So auch Quine [oEES]:316, ohne mithilfe dieses Begriffs auf Quasi-Beobachtungssätze zusteuern zu wollen.

Um die Beobachtungsterme zu ermitteln, brauchen wir aber nicht unbedingt auf Ostension bei ihrem Erwerb zurückzugreifen.[48] Und wir brauchen nicht einmal auf den Umgang des Sprechers mit einzelnen Termen (unterhalb der Satzebene) zu achten, wie es in D7.2' misslicherweise geschieht. Wir können stattdessen dem Prinzip vom Vorrang des ganzen Satzes Rechnung tragen, indem wir darauf abzielen, dass Beobachtungsterme in ganz bestimmten Beobachtungssätzen vorkommen:

D7.2 Ein Prädikatsausdruck F ist im Idiolekt eines deutschen Sprechers genau dann ein Beobachtungsterm, wenn für ihn der Satz ‚Da drüben ist etwas, das F ist' ein Beobachtungssatz ist.[49]

Mithilfe des Wissens um Beobachtungsterme können wir das Niemandsland zwischen dem (bereits in D7.1 erkundeten) Gebiet der Beobachtungssätze und (der noch zu erkundenden) *terra incognita* der theoretischen Sätze problemlos abstecken:

D7.3 Ein Satz p ist genau dann ein Quasi-Beobachtungssatz, wenn er kein Beobachtungssatz ist und wenn er, abgesehen von Wörtern für logische und zeitliche Struktur, ausschliesslich aus Beobachtungstermen besteht.

Theoretisches

§ 7.25. Was übrig bleibt, sind die theoretischen Sätze:

D7.4 Jeder assertorische Satz, der weder Beobachtungs- noch Quasi-Beobachtungssatz ist, heisst theoretischer Satz.[50]

---

[48] Darauf hat mich Sven Rosenkranz aufmerksam gemacht und so meine ursprüngliche Fassung der Definition D7.2 zu vereinfachen geholfen.

[49] Damit das Kriterium quersprachein funktioniert, muss es wie folgt verallgemeinert werden:

D7.2* Ein Prädikatsausdruck F ist im Idiolekt eines Sprechers genau dann ein Beobachtungsterm, wenn es einen (komplexen oder unzerlegbaren) deutschen Prädikatsausdruck G und einen objektsprachlichen Beobachtungssatz p[F] gibt, in dem F vorkommt, so dass gilt:
p[F] ist reizsynonym zum Satze ‚Da drüben ist etwas, das G ist'.

Es spielt für das folgende keine Rolle, ob wir im innersprachlichen Fall bleiben oder die zwischensprachliche Variante unserer Definition verwenden. – Für Individuenkonstanten lassen sich analoge Definitionen geben.

[50] Für unsere Zwecke reicht dieser Begriff, obwohl er immer noch zu weit ist. Er umfasst auch religiöse Sätze, sofern sie dem assertorischen Sprachspiel angehören. Dies passt sogar zu Quines provokanter Formulierung: „Physical objects are [...] comparable, epistemologically, to the gods of Homer" ([TDoE]:44). Wir sollten uns aber nicht darüber hinwegtäuschen, dass das Thema ernster ist, als dies Aperçu erscheinen lässt. Wie in § 5.3 dargetan, muss ich das Signifikanz-Problem aus Platzgründen ausblenden.

Was sind theoretische *Terme*? Alle Terme in assertorischen Sätzen, die weder zum Beobachtungsvokabular der Sprache zählen, noch zu ihrem logischen bzw. temporalen Apparat.[51]

Nun gehören nicht alle Sätze mit theoretischen Termen ins Lager der theoretischen Sätze; manche von ihnen stehen sogar im Lager der Beobachtungssätze. Der oft zitierte Satz (7.9) gibt ein schönes Beispiel für dies Phänomen:

(7.9) In dieser Nebelkammer ist ein sehr schnelles Elektron, und wenn ein sehr schnelles Elektron in eine Nebelkammer gelangt, hinterlässt es einen sichtbaren Kondensstreifen.

Es ist ein Satz mit theoretischen Termen und kritischer semantischer Masse, und es ist – um es zu wiederholen – in meiner Terminologie *kein* theoretischer Satz!

§ 7.26. Ich möchte zum Abschluss dieses Kapitels die neu gewonnenen Begriffe exemplarisch einsetzen, indem ich unsere alten Ergebnisse zum Holismus ohne Mystizismus mit ihrer Hilfe neu formuliere. Dadurch will ich plausibel machen, dass jene Ergebnisse fortbestehen, obwohl wir sie seinerzeit mit nicht ganz sauberen begrifflichen Mitteln erzielt haben. (Wir hatten in unserer Diskussion nur an verschwommene Intuitionen zur Unterscheidung zwischen theoretischen und Beobachtungssätzen appellieren können).

Anwendung der neuen Begriffe

In unserer neuen Begrifflichkeit hört sich das damalige Resultat wie folgt an. Die Quine/Duhem-These besagt in ihrem negativen Teil, dass alle theoretischen Sätze im Sinn der Definition D7.4 reizbedeutungslos und mithin untereinander reizsynonym sind. Beispiele dafür bieten die isolierten Sätze über Elektronen wie (7.6) und (7.8). Der positiven Seite des Holismus zufolge gehören aber nicht alle Konjunktionen aus theoretischen Sätzen wiederum ins Lager der theoretischen Sätze. Bei Erreichung kritischer semantischer Masse bildet die Konjunktion der einzelnen theoretischen Sätze als ganzes einen Beobachtungssatz *mit* theoretischen Termen. Solche Sätze mit kritischer semantischer Masse (wie die Konjunktion (7.9) aus (7.6) und (7.8)) sind nicht reizbedeutungslos. Denn sie implizieren Beob-

[51] Auch diese Erklärung kann aus demselben Grund wie D7.4 nicht endgültig überzeugen (cf. vorige Fussnote). Für die Zwecke dieser Arbeit genügt die Erklärung trotzdem.

achtungssätze, die überhaupt keine theoretischen Terme enthalten. (So impliziert (7.9) den Satz (7.10), der nur aus logischen und Beobachtungsstermen besteht). Wie wir gesehen haben, funktioniert die Anreicherung semantischer Masse in der neuen Begrifflichkeit genauso wie in der alten;[52] auch unter den verfeinerten begrifflichen Bedingungen bleibt Quines Holismus frei von Mystizismus.

Wegdefiniert?

§ 7.27. Bevor wir uns im nächsten Kapitel die gewonnenen Einsichten in den Mechanismus der Anreicherung semantischer Masse zu-

[52] Wenn man es ganz genau nimmt, muss diese Behauptung noch eingehender begründet werden. Wir waren oben (in § 7.17 – § 7.18) dem Phänomen der Anreicherung semantischer Masse mithilfe von Ramseys Theorem auf den Grund gegangen. In seiner von Stegmüller ([TE]/1:409-411) bewiesenen Fassung besagt das Theorem jedoch:

> (∗) Jeder deskriptive Satz, in dem theoretische Terme vorkommen, impliziert dieselben von theoretischen Termen freien Sätze wie seine Ramsifikation.

Gemäss unserer neuen Terminologie können die implizierten Sätze mithin entweder (eventuell reizbedeutungslose) Quasi-Beobachtungssätze sein oder Beobachtungssätze, die keine theoretischen Terme enthalten.

Nun soll Ramseys Theorem zum Vergleich des empirischen Werts eines Satzes und seiner Ramsifikation herangezogen werden. Aber für diesen Zweck scheint das Theorem von einer ungeeigneten Implikationsmenge zu handeln. Anstelle der implizierten Beobachtungssätze (im Sinne der Definition D7.1) vergleicht das Theorem diejenigen implizierten Sätze, die nur aus logischen und Beobachtungstermen bestehen: einerseits zuwenig Sätze (denn die Beobachtungssätze mit theoretischen Termen fehlen), andererseits zuviele Sätze (weil überflüssigerweise auch die reizbedeutungslosen Quasi-Beobachtungssätze in den Vergleich eingehen).

Behandeln wir die beiden Probleme nacheinander. Zum ersten Problem. Dass in Ramseys Theorem die implizierten Beobachtungssätze mit theoretischen Termen nicht berücksichtigt werden, schadet nicht der Nützlichkeit des Theorems für Vergleiche des empirischen Werts. Denn wir können den empirischen Wert zweier Sätze ruhigen Gewissens dann gleichsetzen, wenn sie dieselben Beobachtungssätze ohne theoretische Terme implizieren. Jedes Implikat der zu vergleichenden Sätze, das theoretische Terme enthält, kann ignoriert werden: Insofern es zum Beobachtungswert beiträgt, muss es seinerseits Beobachtungssätze implizieren, die keine theoretischen Terme enthalten. (So impliziert der „theoretisch aufgeladene" Beobachtungssatz (7.9) den theoriefreien Beobachtungssatz (7.10)). Damit verlangen wir zwar eine gewisse Ausdruckskraft der Objektsprache. Aber diese Forderung ist berechtigt. Sie besagt nur: Alles, was sich beobachten lässt, kann ohne Gebrauch theoretischer Terme beschrieben werden. Die Forderung ist deshalb berechtigt, weil sich alles Beobachtbare notfalls mithilfe der Demonstrativa sprachlich fassen lässt. Wenn uns das Wort für einen bestimmten Farbton fehlt, können wir ‚diese Farbe' sagen und sie ostensiv taufen.

Auch das zweite Problem hindert uns nicht, Ramseys Theorem wie gewünscht einzusetzen: Denn zwar behauptet (∗) nur die Gleichheit der theoriefreien Implikationen und bezieht damit auch die Quasi-Beobachtungssätze ein, die für den empirischen Wert unerheblich sind. Aber das schadet nichts. Wenn zwei Sätze dieselben Quasi-Beobachtungssätze und dieselben Beobachtungssätze ohne theoretische Terme implizieren, dann implizieren sie auch dieselben Beobachtungssätze ohne theoretische Terme.

nutze machen, um einen passablen Synonymiebegriff für theoretische Sätze zu definieren, müssen wir einer peinlichen Frage ins Auge blicken: Haben wir unsere Begriffe so eingerichtet, dass die Quine/Duhem-These schon aus definitorischen Gründen wahr sein muss? Haben wir die Gegenpositionen zum Holismus (Operationalismus bzw. Reduktionismus) einfach wegdefiniert?

Folgende Erwägung nährt diesen Verdacht. Wir haben in D7.4 festgelegt, dass die theoretischen Sätze weder Beobachtungssätze sind noch durch logische Konstruktion aus Beobachtungstermen gebildet werden. Das klingt so, als hätten wir die Alternativen zum Holismus begrifflich ausgeschlossen. Denn diesen Alternativen zufolge *kann* man die theoretischen Sätze isoliert überprüfen oder zumindest als logische Konstruktion aus Beobachtungstermen auffassen.

Der Verdacht scheint also berechtigt zu sein.[53] Aber er bleibt an der Oberfläche. Er bezieht sich nur auf Worte, nicht auf die Sache selbst. Er zeigt, dass die Anti-Holisten ihre Position nicht als inhaltliche These zur Überprüfbarkeit theoretischer Sätze *formulieren* dürfen. Denn *so* formuliert, wird die These durch D7.4 ausgeschlossen. Doch die Anti-Holisten können ihre Position in neue Worte kleiden, ohne dass deren eigentlicher Inhalt verloren geht.

Wie das? Statt (definitionswidrig) zu behaupten, dass sich der isolierte theoretische Satz einzeln überprüfen lässt, sollten sie (im Einklang mit der Definition) behaupten, dass es keine theoretischen Sätze im Sinn der Definition *gibt oder geben sollte*. Für Anti-Holisten ist jeder theoretische Satz im Sinn der Definition D7.4 ein Stück schlechter Wissenschaft, das ausgemerzt werden sollte. Dem widerspricht der Holist, mit all den Argumenten, die wir in diesem Kapitel vorgebracht haben.[54] Er wird z.B. darauf verweisen, wie nützlich die theoretischen Sätze – zusammengeommen! – beim Systematisieren von Erfahrungen sein können.

Der Holist erlaubt den Wissenschaftlern mehr Sätze als seine Gegner. Und obwohl diese Freizügigkeit in meinen Augen erst einmal für den Holismus spricht, haben nicht unsere Definitionen den Streit um diese Frage aus der Welt geschafft. Das ist gut so, denn Definitionen sollten nur die Verwendung von Wörtern regeln und nicht in den Streit um die Sache eingreifen.[55]

---

[53] Sven Rosenkranz hat mich darauf aufmerksam gemacht, dass dieser Verdacht Verwirrung stiften könnte.

[54] Auch diese Argumente müssen an die neue begriffliche Lage angepasst werden – so, wie im letzten Paragraphen exemplarisch vorgeführt.

[55] Für eine schematische Übersicht der hier definierten Begriffe vergl. Anhang, Teil f. – Ich danke Friedrich Steinle für wissenschaftstheoretische Ratschläge zu diesem Kapitel.

KAPITEL 8

SYNONYMIE UND DIE QUINE/DUHEM-THESE

Zurück in die Sprachphilosophie

§ 8.1. Nachdem wir uns im letzten Kapitel lang und breit mit der negativen und der positiven Seite des Holismus der Quine/Duhem-These auseinandergesetzt haben, ist es an der Zeit, zur Sprachphilosophie zurückzukehren. Wie oben ausgeführt, hat Quine gemeint, auf holistischem Grund besonders leichtes Spiel gegen den Synonymiebegriff zu haben. Er hoffte auf ein sicheres Heimspiel. Doch ist uns der holistische Rasen durch unsere Erkundungen mittlerweile so vertraut, dass Quines Heimvorteil nicht zum Tragen kommen kann. Ich möchte zunächst dartun, worin dieser Heimvorteil besteht (§ 8.3 – § 8.10), um dann vorzuführen, wie wir das Spiel trotzdem gewinnen können (§ 8.11 – § 8.23). Quine ist zu siegesgewiss gewesen; an spielentscheidender Stelle wird ihm ein kapitaler Fehler unterlaufen, und das dreimal: ein regelrechter Tripel-Fehlschluss (§ 8.13, § 8.17, § 8.21). Abschliessen möchte ich das Kapitel mit einigen Sätzen, die sich mithilfe unserer Definition beweisen lassen (§ 8.25 – § 8.31).

Die drei Niederlagen der Reizsynonymie

§ 8.2. Quine hat recht, dass der Begriff der Reizsynonymie auf holistischem Grund verloren ist. Der Begriff ist auch auf dem logischen und dem temporalen Nebenkriegsschauplatz verloren, wie wir (in § 6.22 und § 6.25) gesehen haben: Auf holistischem Grund blüht ihm somit die dritte Niederlage. Um das Besondere dieser dritten Niederlage deutlich vor Augen zu haben, müssen wir die vorangegangenen Niederlagen, so gut es geht, aus der Erinnerung tilgen. Anders als Quine mit seinem Beispiel

(6.19) Es gibt einen Ätherwind ([WO]:36),

werden wir die Reizsynonymie an einem Beispiel scheitern lassen, dessen destruktive Kraft wirklich nur vom Holismus herrührt.[1] Wir kennen das Beispiel bereits:

(7.6) In dieser Nebelkammer ist ein sehr schnelles Elektron.

---

[1] Die Gründe für mein Unbehagen gegenüber Quines Beispiel habe ich oben in § 6.27 – § 6.30 ausgeführt.

Anders als in Quines Beispiel ist die Reizbedeutung von (7.6) nicht aufgrund seiner Zeitstruktur so mager. (7.6) ist ein Gelegenheitssatz (dessen Wahrheitswert sich also von Moment zu Moment ändern kann), während (6.19) heutzutage auch deshalb keine interessante Reizbedeutung trägt, weil der Satz seit Michelsons und Morleys Experimenten *für immer* verworfen worden ist: und dies hat nichts mit dem in ihm vorkommenden theoretischen Term ‚Ätherwind' zu tun, sondern mit seiner Zeitstruktur (nämlich mit dem zeitlosen Gebrauch des Verbs in (6.19) – s. Fussnote 29 in § 6.28).

Wieso macht der Holismus den Satz (7.6) reizbedeutungslos? Nahe liegt die Versuchung, an unsere Überlegungen zur negativen Seite des Holismus anzuknüpfen: Nicht Experiment und Beobachtung allein – so hatten wir im letzten Kapitel in § 7.6 – § 7.9 gesehen – entscheiden darüber, ob ein theoretischer Satz akzeptiert werden soll oder nicht; es müssen auch die Gesichtspunkte der Eleganz, Ökonomie und theoretischen Konservativität einbezogen werden.

Begriffliche Anpassungen

§ 8.3. Um diese holistische Einsicht für die Frage nach dem Scheitern der Reizsynonymie fruchtbar zu machen, müssen wir die damals verwendete Begrifflichkeit an die augenblickliche Lage anpassen. Die Übertragung der damaligen Ergebnisse wird einige zusätzliche Überlegungen erfordern.

Zunächst: In Diskussionen um die Reizsynonymie müssen wir die Rede von „Beobachtungen" bzw. von „Erfahrungen" durch die Rede von „Reizmusterfolgen" ersetzen.[2] Statt von der Beobachtung eines Kondensstreifens zu reden, haben wir also Kondensstreifen-Reizmusterfolgen in den Blick zu nehmen. Diese Änderung betrifft nur Worte; dem Gehalt nach ändert sich hierdurch an unseren holistischen Überlegungen nichts Wesentliches. (Wir hätten schon im letzten Kapitel anstelle von „Erfahrungen" oder „Beobachtungen" Reizmusterfolgen heranziehen können).

Was wird aus den *Experimenten*, die unser Physiker vor eventuellen Beobachtungen (Reizmusterfolgen) zuweilen durchgeführt hat? So, wie wir die Stimulus-Semantik bislang aufgezogen haben, wird

[2] Selbst nach seiner naturalistisch-behavioristischen Wende von Erfahrungen zu Stimulationen (cf. Quine [TDiR]:272), neigt Quine noch in [WO] bei der Diskussion des Holismus dazu, von „experiences" ([WO]:64) zu sprechen. Anders im sprachphilosophischen Teil seiner Überlegungen, cf. [WO]:25ff. – Um mich möglichst eng an Quines Fersen heften zu können, passe ich mich in beiden Bereichen an Quines Wortwahl an.

der Eingeborene, dessen Sprache untersucht werden soll, als Versuchsobjekt der Feldlinguistin aufgefasst; in unserem Gedankenspiel der radikalen Übersetzung ist nicht der Eingeborene der Experimentator. Die Linguistin hat ihm jede aktive Rolle entrissen. Sie fragt ihn unter gewissen Stimulationen nach Elektronen in der Nebelkammer und lässt ihm nur die Wahl zwischen Zustimmung, Ablehnung und Urteilsenthaltung (§ 6.2). Ob der eingeborene Physiker irgendwelche Experimente anstellen möchte, bevor er sein Verdikt fällt, hat die Linguistin bislang nicht gekümmert. Müssen wir ihren Versuchsaufbau also erweitern? Nein; wir brauchen ihn nicht zu erweitern, und wir könnten es wohl auch kaum. Wir könnten es nicht: Zwar erlaubt es unsere naturalistische Grundhaltung, mehr Reaktionen des Eingeborenen einzubeziehen als die verbalen Reaktionen, die er verlauten lässt; doch würde die Lage unübersichtlich, wenn seine non-verbalen Reaktionen einbezogen werden müssten. Die Identitätskriterien für Typen non-verbaler Handlungen sind schwerer zu fassen als die für Typen verbaler Handlungen. Wann sollen wir z.B. zwei Sequenzen von Körperbewegungen in unterschiedlichen Labors als Durchführung ein und desselben Experiments ansehen? Im Gegensatz hierzu sind die akustischen Kriterien für syntaktische Identität verbaler Reaktionen klar bestimmt.

Aber ich möchte mich nicht auf eine ausführliche Diskussion hierüber einlassen; zum Glück brauchen wir den Versuchsaufbau der Linguistin nicht zu erweitern. Sie kann das eventuell zur Überprüfung eines Satzes nötige Experiment in die präsentierte Reizmusterfolge integrieren. Zwar würde der Eingeborene normalerweise selbst gern die experimentelle Initiative ergreifen, wenn er etwa nach der Wasserlöslichkeit eines Pulvers gefragt wird; doch da ihm die Linguistin Reizmusterfolgen präsentieren kann, in denen das Pulver von anderen Experimentatoren ins Wasser geworfen wird, kommt es auf die aktive Beteiligung des Eingeborenen nicht an. Reizmusterfolgen mit hinreichend aussagekräftiger experimenteller Teilphase erlauben es, dem Eingeborenen nur die Rolle des passiven Beobachters zuzuweisen. Damit schluckt der Begriff der Reizmusterfolge Experiment *und* Beobachtung, von denen wir bei der Auseinandersetzung zwischen Holismus und Operationalismus immer geredet haben.

Eleganz etc.

§ 8.4. Welchen Platz nehmen in der Stimulus-Semantik die Gesichtspunkte der Eleganz, Ökonomie und theoretischen Konservativität ein? Um die Wahrheit zu sagen: Wir müssen sie nahezu vollständig

ignorieren. Wenn es der Wissenschaftstheorie schon schwer genug fällt, das Zusammenspiel dieser Gesichtspunkte in unserer eigenen (westlichen) Wissenschaft angemessen zu beschreiben, zu formalisieren und zu normieren – um wieviel schwieriger wird erst ihre Identifikation im Urwald ausfallen! Hinsichtlich der Eleganz von Theorien könnten die Eingeborenen einen anderen Geschmack entwickelt haben als wir. Wie sich dieser abweichende Geschmack unter den Bedingungen der radikalen Übersetzung soll identifizieren lassen, ist alles andere als klar. Verglichen damit, wäre die Formalisierung von Kriterien der Eleganz für unsere eigene Wissenschaft ein Kinderspiel.

Glücklicherweise braucht die Linguistin für ihre Zwecke Eleganz, Ökonomie und theoretische Konservativität der Urwaldwissenschaft nicht einzeln identifizieren zu können. Es genügt, wenn sie feststellen kann, ob irgend solche Gesichtspunkte die Reaktion des Eingeborenen mitbeinflusst haben oder nicht. Es kommt nämlich nur auf die Unterscheidung zweier Fälle an:

Entweder (erster Fall) hat der Eingeborene sein Verdikt allein aufgrund der präsentierten Reizmusterfolge gefällt: dann haben die genannten Gesichtspunkte der Eleganz usw. seine Reaktion nicht beeinflusst. Die Reizmusterfolge war relevant für den gefragten Satz (§ 6.7), der damit nicht reizbedeutungslos ist, also kein Problem für die Reizsynomie bietet. (Die Reizsynonymie scheitert nur daran, dass mehr Sätze reizbedeutungslos und also reizsynonym sind, als uns lieb sein kann).

Oder aber (zweiter Fall) die Entscheidung des Eingeborenen für oder gegen den Satz hing nicht allein von der Reizmusterfolge an seinen Aussenflächen ab: dann haben bei der Entscheidung auch andere Gesichtspunkte als Beobachtungen eine Rolle gespielt. Welche Gesichtspunkte dabei welchen Einfluss gehabt haben, braucht die Linguistin nicht auseinanderzudividieren. Sobald feststeht, dass nicht allein die präsentierte Reizmusterfolge die Reaktion bestimmt hat, steht auch fest, dass die Reizmusterfolge nicht in der Reizbedeutung des gefragten Satzes vorkommt.[3] Sie ist *nicht allein aus-*

[3] Ob laut Quine wirklich alle Reizmusterfolgen aus der Reizbedeutung theoretischer Sätze auszuschliessen sind, geht aus [WO] nicht klar hervor (vergl. dazu unten § 8.11 – § 8.12). In [WO]:36 sagt er zwar, dass Michelson und Morley seinerzeit von gewissen Interferometer-Reizmusterfolgen veranlasst worden seien, dem Satz ‚Es gibt einen Ätherwind' zu widersprechen. (Die fragliche Reizmusterfolge gehört demzufolge in die negative Reizbedeutung des Satzes). Doch laut [WO]:63 werden die Reizbedeutungen theoretischer Sätze immer magerer und magerer (und müssen zur Vervollständigung seines Arguments sogar bis zur Reizbedeutungslosigkeit abmagern, s.o. § 6.25). Worauf ist Quines Unentschiedenheit in dieser Frage

schlaggebend[4] für die Reaktion des Eingeborenen auf den Satz. Wenn nun alle denkbaren Reizmusterfolgen auf diese Weise aus der Reizbedeutung auszuschliessen sind, dann ist der fragliche Satz reizbedeutungslos. Und dann erst steckt der Begriff der Reizsynonymie in der holistischen Klemme.

Zielstrebige Kausalketten

§ 8.5. Kann die Linguistin feststellen, welcher der beiden Fälle vorliegt? Ich denke schon. Der erste Fall entsteht bei Beobachtungssätzen wie

(6.5) Da ist ein Kaninchen.

Unter klaren Sichtverhältnissen (d.h. bei Präsentation geeigneter Reizmusterfolgen) wird der Eingeborene den Satz (bzw. sein Urwald-Analogon ‚Gavagai') allein im Lichte der dargebotenen Reizmusterfolgen beurteilen. Fast alle Reizmusterfolgen sind (entweder positiv oder negativ) relevant für den Satz. Erwägungen der Ele-

---

zurückzuführen? Sie könnte entweder darin wurzeln, dass Quine zwei Probleme für den Begriff der Reizsynonymie miteinander vermengt hat: nämlich das durch Zeitstrukturen entstehende Problem mit den Problem der theoretischen Terme (s.o. § 6.27 – § 6.30). Oder aber die Wurzel für Quines Unentschiedenheit liegt in der Vermengung zweier Lesarten der Quine/Duhem-These: der normativen Lesart (die den Physikern *vorschreibt*, einzelne Sätze mit theoretischen Termen nicht isoliert vors Tribunal der Erfahrung zu stellen) und der deskriptiven Lesart (die besagt, dass sich die Sprecher *de facto* an die holistische Norm halten). Demzufolge hätten sich Michelson und Morley nicht von der widerspenstigen Reizmusterfolge zur Ablehnung des Ätherwindes veranlassen lassen *dürfen*, obwohl sie diesen Fehler *de facto* begangen haben. Und Quines Indifferenz beruhte dann darauf, dass er zwischen der faktischen und der normativen Ebene hin- und herspringt. (Mehr zu diesen beiden Ebenen s.u. in § 8.7 – § 8.9).

[4] Die kursiv gesetzte Phrase soll von nun an terminologisch zu verstehen sein. In Quines Terminologie (wenn auch vielleicht nicht in Quines Sicht: s. vorige Fussnote) müssten alle Reizmusterfolgen für jeden theoretische Satz *irrelevant* genannt werden, da sie nicht in seiner Reizbedeutung repräsentiert sind, also nicht über die kausale Kraft verfügen, das Urteil des Sprechers über den fraglichen Satz zu bestimmen (auszulösen). Selbst im Fall von Reizmusterfolgen, die von geeigneten Experimenten herrühren, wird das Verdikt über den Satz nicht allein von der fraglichen Reizmusterfolge bestimmt, sondern auch von Erwägungen der Eleganz, Ökonomie usw. Trotzdem wäre es meiner Ansicht nach sprachlich schief, die Reizmusterfolgen *irrelevant* zu nennen. Denn das schiene zu implizieren, dass die Reizmusterfolgen überhaupt keinen kausalen Einfluss auf das jeweilige Verdikt hätten – was nicht zutrifft: Sie bestimmen (veranlassen) eben nur nicht ganz allein, wie der Sprecher über den fraglichen Satz urteilt. Daher werde ich derartige Reizmusterfolgen nicht *irrelevant* nennen (obwohl sie in Quines Terminologie so genannt werden müssen), sondern *nicht allein ausschlaggebend*: ein spezieller Fall von Irrelevanz (in Quines Sinn).

ganz, Ökonomie oder theoretischen Konservativität spielen keine kausale Rolle bei der Entscheidung des Eingeborenen über seine Reaktion.

Dies sollte sich – im Prinzip – durch eine neurophysiologische Analyse des Eingeborenen-Hirns zeigen lassen. Eine direkte kausale Kette von neuronalen Feuermustern führt geradewegs von den sensorischen Input-Zellen zu den Zellen des verbalen Outputs: Ein Zeichen dafür, dass der erste Fall vorliegt.

Wenn hingegen – bildlich gesprochen – die kausale Kette verworrener wird und weniger zielstrebig durch das neuronale Netzwerk stolpert, dann dürfte der zweite Fall vorliegen. In einer Zeit wissenschaftlicher Revolutionen könnte die Reizmusterfolge eines deutlich fehlenden Kondensstreifens zu längeren Erwägungen der Eleganz etc. Anlass geben, bevor der Satz:

(7.6) In dieser Nebelkammer ist ein sehr schnelles Elektron,

dieses oder jenes Verdikt erntet. In einem solchen Fall wäre nicht allein der kondensstreifenfreien Reizmusterfolge die kausale Verantwortung für das ausgelöste Verdikt zuzuschreiben. Und für diese Feststellung (auf die es nur ankommt) müssen die zusätzlich wirksamen kausalen Fakten nicht identifiziert werden.

Der Unterschied zwischen den beiden Fällen, den Quine und ich im Auge haben, lässt sich auch im Urwald an einer ganzen Reihe weiterer Indizien dingfest machen. So eignen sich Kinder Sätze wie (6.5) vergleichsweise früh an: Ostensionen der Erwachsenen weisen ihnen dabei den Weg und prägen ihnen fest verdrahtete Dispositionen ins Hirn ein.[5] Sätze wie (7.6) werden dagegen erst in der zehnten Klasse gelehrt, und zwar ohne Ostension. Es braucht uns nicht zu wundern, wenn diese Sätze kausal nicht ausschliesslich an Reizmusterfolgen angebunden sind: Sie sind Beispiele für den zweiten Fall.

§ 8.6. Gegen das bisher Gesagte könnte man folgenden Einwand vorbringen: Auch viele Physiker erwerben im Lauf ihrer Praktika die feste Disposition, unter der Stimulation kondensstreifenfreier Nebelkammern dem Satz

Einwand: Drill im Praktikum

(7.6) In dieser Nebelkammer ist ein sehr schnelles Elektron,

[5] So auch Quine [oEES]:316.

automatisch zu widersprechen.[6] Wäre daher ein Satz wie (7.6) – entgegen dem Gesagten – nicht doch unter unseren ersten Fall zu subsumieren? Der Holist aus der wissenschaftstheoretischen Debatte könnte hierauf erwidern, dass diese Physiker einen Fehler machen, weil sie ihre Physik zu oberflächlich treiben. Sie verwechseln den Satz (7.6) mit folgendem Satz, der viel weniger tiefsinnige Physik voraussetzt:

(7.10) In dieser Nebelkammer ist ein sichtbarer Kondensstreifen.

Die Physiker sollten einen solchen Fehler besser vermeiden. Sonst setzen sie ihre Wissenschaft aufs Spiel: Denn wenn der Kondensstreifen ausbleibt, muss dies nicht am Mangel schneller Elektronen liegen. Die Nebelkammer könnte defekt sein.[7] Wer auf fehlende Kondensstreifen immer wie Pawlows Hund automatisch mit Ablehnung von (7.6) reagiert, wird seine Physik schneller widerlegen, als ihm lieb sein kann. Jedes defekte Instrument könnte den Bau zum Einsturz bringen.

Ich habe auf den in Rede stehenden Einwand mit wissenschaftstheoretischen Erwägungen darüber geantwortet, wie sich die Physiker gegenüber Sätzen wie (7.6) verhalten *sollten*. Was aber, wenn sie es nicht tun? Vergesssen wir nicht: Wir stecken augenblicklich nicht in einer wissenschaftstheoretischen Erwägung über *Normen* richtigen Theoretisierens – sondern wir schlagen uns mit der sprachphilosophischen Frage nach der *Beschreibung* des theoretischen Raisonnements herum. Die Linguistin kann nur beobachten, wie sich der eingeborene Physiker gegenüber Sätzen wie (7.6) tatsächlich verhält; wie er sich verhalten sollte, weiss sie frühestens nach Entschlüsselung der Urwaldsprache (also jedenfalls jetzt noch nicht).

Damit steht fest, dass unsere bisherige Erwiderung den Einwand nicht trifft. Ich werde mir den Einwand nun in einer überraschenden Wendung zueigen machen. Er schadet dem Endziel meiner Argumente nicht! Es geht mir darum, den Begriff der Synonymie zu verteidigen. Wenn die durch Praktika gedrillten Physiker zuwenig

[6] Auch Quine erörtert die Frage, wie solche Sätze einzuordnen sind, die nur der Experte durch kurzes Hinsehen zu beurteilen weiss. Cf. z.B. [oEES]:315/6; [PoT]:6; [iPoO]:108; [RA]:293.

[7] Bereits bei Duhem in [ZSPT]:196/7 findet sich ein ähnlicher Verweis auf defekte Messinstrumente. Auch im schon erwähnten holistisch-strukturalistischen Gegen-Entwurf zum Operationalismus spielt die Möglichkeit defekter Messinstrumente eine entscheidende Rolle. Vergl. Moulines [HvOi]:4; Stegmüller [TE]/3:38/9.

Kurse in Wissenschaftstheorie belegt haben, dann sollen sie ruhig dem Satz

(7.6) In dieser Nebelkammer ist ein sehr schnelles Elektron,

aufgrund fehlender Kondensstreifen widersprechen. Der Satz ist dann – gegen die holistische Prognose – nicht reizbedeutungslos: also bereitet er schon dem Begriff der Reizsynonymie keine Schwierigkeiten. Für mein Projekt entstehen erst dann Schwierigkeiten, wenn sich irgendjemand an die Ratschläge der Holisten hält. Erst dann magert die Reizbedeutung von theoretischen Sätzen bis zur Reizbedeutungslosigkeit ab – erst dann versagt der Begriff der Reizsynonymie.

Um Quines bedeutungstheoretische Skepsis nicht allzu früh abzubügeln, wollen wir im konstruktiven Teil dieses Kapitels annehmen, dass es Physiker gibt, die den Ratschlag der Holisten befolgen. (Ob sie es ausgerechnet hinsichtlich des Satzes (7.6) tun, spielt für das weitere keine Rolle. Unsere Überlegungen werden für jeden theoretischen Satz zutreffen, den irgendein von Quine und Duhem bekehrter Physiker so behandelt, wie er es dem Holismus zufolge sollte[8]).

Zwei Dogmen, zwei Ebenen

§ 8.7. Bevor wir die Diskussion um den Synonymiebegriff unter der Annahme holistischer Physiker fortsetzen, kann ich mir in den nächsten vier Paragraphen einen kleinen Exkurs zur angeblichen „Identität“ der beiden Dogmen des Empirismus nicht verkneifen. Dass mit dieser Formulierung keine buchstäbliche *Identität* gemeint sein kann, haben wir in § 7.1 festgestellt; Quine möchte behaupten, dass sich die beiden Dogmen (bzw. ihre Zurückweisung) wechselweise *implizieren*. Die Richtung der Implikation, die uns interessiert, führt von der holistischen Zurückweisung des zweiten (reduktionistischen) Dogmas zur bedeutungsskeptischen Zurückweisung des ersten Dogmas.

Nun haben wir uns im letzten Paragraphen klargemacht, dass das Verhältnis der beiden Dogmen – selbst wenn Quine recht hätte – verwickelter sein muss, als er es hingestellt hat. Wie wir gesehen haben, spielt es für die sprachphilosophische Debatte um das erste

---

[8] Beim augenblicklichen Stand der Wissenschaften geben Sätze über solare Neutrinos bessere Beispiele für reizbedeutungslose theoretische Sätze ab (s.o. § 7.6, Fussnote 14). Ich bleibe trotzdem beim Beispiel der Elektronen, weil wir es bereits ausführlich behandelt haben. Wen das Beispiel nicht überzeugt, der mag sich im folgenden anstelle der Elektronen stets Neutrinos vorstellen; anstelle von Nebelkammern: Neutrino-Detektoren; und anstelle von Kondensstreifen: entsprechende Zeigerausschläge an jenen Detektoren. Meine Argumente überstehen eine solche Substitution ohne weitere Modifikation.

Dogma (um den Synonymiebegriff) keine Rolle, ob das zweite Dogma (der Reduktionismus) zugunsten eines Holismus verworfen werden *sollte*. Denn ob Holismus oder Reduktionismus (bzw. Operationalismus) die richtige wissenschaftstheoretische Position darstellt, bestimmt noch lange nicht das tatsächliche Verhalten der Wissenschaftler! Wenn der Holismus zutrifft, könnten sich immer noch alle Physiker im Labor wie harte Reduktionisten benehmen: dann entstünde (wie im letzten Paragraphen dargetan) kein Problem für den Begriff der Reizsynonymie. Und wenn umgekehrt der Reduktionismus zutrifft, könnten die Physiker trotzdem verblendete Holisten bleiben: dann wäre der Begriff der Reizsynonymie trotz Richtigkeit des zweiten Dogmas am Ende.

Die beiden Dogmen stehen also nicht einmal auf ein und derselben Ebene. Wenn etwas mit dem ersten Dogma (im Sinne wechelseitiger Implikation:) „identisch" sein soll, dann ist es nicht das zweite Dogma, sondern allenfalls der verbreitete Glaube an das zweite Dogma. Und nicht die Falschheit des zweiten Dogmas stürzt das erste Dogma in Schwierigkeiten, sondern, wenn überhaupt etwas, dann der Glaube unter den Physikern, dass das zweite Dogma falsch ist und einem Holismus weichen muss.

Der Punkt verdient einen weiteren Blick. Quine *kann* seine Behauptung über den Zusammenhang der beiden Dogmen vorübergehend retten. (Zumindest als holistische Zurückweisung der explikatorischen Angemessenheit des Begriffs der Reizsynonymie[9]). Er könnte erwidern, dass sich die Implikation, um die es ihm geht, bloss etwas komplizierter gestaltet, als man gedacht hätte.[10]

Das Argument

§ 8.8. Wenn wir Quines modale Skepsis ignorieren dürften,[11] dann könnte sein Argument folgendermassen laufen:

---

[9] Den Begriff der Reizsynonymie hat Quine zwar erst nach Abfassung des Aufsatzes eingeführt, aus dem das Zitat stammt: [WO] ist zehn Jahre jünger als [TDoE]. Doch lese ich Quines bedeutungsskeptische Argumente in [WO] als extrem-behavioristische Präzisierungen der Argumente aus [TDoE]. (Ich werde von nun an auf diesen philosophiehistorischen Punkt nicht mehr eigens hinweisen).

[10] Die genaue Fassung des nun folgenden Arguments geht auf eine Diskussion mit Sven Rosenkranz zurück.

[11] Vergl. dazu § 3.6, Fussnote 24. – Wir hätten, so meine ich, einfach noch mehr Mühe aufzuwenden, wollten wir das Argument in einer Fassung formulieren, in der die modalen Formulierungen durch Formulierungen ersetzt würden, die Quine akzeptieren kann. – Quine sollte zumindest gegen irgendeine derartige verbesserte Fassung des Arguments nichts einwenden, da es seine Position stärkt.

(i) Wissenschaftler sollten einzelne Sätze mit theoretischen Termen (wie (7.6), (7.8) usw.) nicht isoliert vors Tribunal der Erfahrung stellen.
(ii) Sollen impliziert Können.
(iii) *Also:* Es ist möglich, dass Wissenschaftler einzelne Sätze mit theoretischen Termen nicht isoliert vors Tribunal der Erfahrung stellen. (Aus (i) und (ii)).
(iv) Wenn Wissenschaftler einzelne Sätze mit theoretischen Termen nicht isoliert vors Tribunal der Erfahrung stellen, dann sind diese Sätze reizbedeutungslos, also reizsynonym – obwohl sie nicht allesamt im intuitiven Sinne synonym sind.
(v) *Also:* Es ist möglich, dass Sätze reizsynonym sind, die nicht im intuitiven Sinne synonym sind. (Aus (iii) und (iv)).
(vi) Adäquat explizierte Begriffe sollen ihr Explicandum nicht nur in unserer aktualen Welt treffen, sondern in jeder denkbaren Welt.
(vii) *Also:* Der Begriff der Reizsynonymie ist kein adäquates Explicans für den intuitiven Synonymiebegriff. (Aus (v) und (vi)).

Um es vorwegzunehmen: Ich halte *dies* Argument für durchschlagend. Dass die Konklusion (vii) wahr sein muss, wenn die Prämissen (i), (ii), (iv) und (vi) zutreffen, sieht man dem Argument an. Treffen denn aber die Prämissen zu? Ja. Um das einzusehen, gehen wir sie einzeln durch.

Für die Prämisse (i) habe ich im letzten Kapitel plädiert: Es ist die normative wissenschaftstheoretische These des Quine/Duhem-Holismus.

Die Prämisse (iv) ergibt sich aus Überlegungen, die wir in § 8.2, § 8.4 und § 8.6 motiviert haben. Wir werden die Prämisse unten (in § 8.14) ausführlicher begründen und wollen einstweilen so tun, als wäre dies schon geschehen.

Bleiben also zwei weitere Prämissen zu überprüfen: Die Prämisse (ii), mit deren Hilfe der Schritt von (i) auf (iii) möglich wird – und die Prämisse (vi) für den Schritt von (v) auf (vii). Beide Prämissen verdienen wegen der interessanten Übergänge, die sie ermöglichen, einen eigenen Kommentar.

Ich möchte zuerst die Prämisse (vi) kommentieren, mit der ich völlig einverstanden bin: Schliesslich habe ich eine Prämisse dieser

Art verwendet, um im Kapitel 3 (§ 3.11) Tarskis Definitionen zu kritisieren. Dass Quine für sein zentrales Argument zugunsten der Bedeutungsskepsis eine ähnliche Prämisse braucht, ist Wasser auf meine Mühlen gegen Tarski, der von Quine immer verteidigt worden ist. Aber selbst wenn Quine gegenüber Tarski nicht streng genug gewesen ist, müssen wir ihm erlauben, im Fall der Synonymie besonders streng zu sein. Also sollten wir den Schritt von (v) nach (vii) *via* (vi) mitmachen.

Vom Sollen zum Können

§ 8.9. Wie steht es mit dem Schritt von (i) auf (iii)? Von (i) nach (iii) führt der altbekannte Grundsatz: *Sollen impliziert Können* – das ist unsere Prämisse (ii). Dass Quine diesen Grundsatz für sein Argument benutzen muss, hat mich vorhin dazu bewogen, von zwei unterschiedlichen Ebenen zu sprechen, auf denen sich die beiden Dogmen des Empirismus bewegen. Ich habe die Sachlage dort verkürzt dargestellt, so als wäre das zweite Dogma auf der normativen Ebene zurückzuweisen, während das erste Dogma auf der Ebene reiner Fakten zurückgewiesen werden müsste (weil sich der Begriff der Reizsynonymie nicht zur Beschreibung des faktischen Verhaltens von Sprechern eigne).[12] Jetzt sehen wir, dass es sich in Wirklichkeit anders verhält: Die holistische Zurückweisung des zweiten Dogmas trägt zwar einen normativen Zug (weil sie den Wissenschaftlern isolierte Tests von Sätzen mit theoretischen Termen verbietet). Aber für die bedeutungsskeptische Zurückweisung des ersten Dogmas kommt es nicht darauf an, ob die Reizsynonymie *de facto* scheitert – sondern darauf, ob sie scheitern *könnte*. Nicht „Sein" und „Sollen" sind die richtigen Bezeichnungen für die zwei verschiedenen Ebenen, auf denen die beiden Dogmen (bzw. ihre Zurückweisung) angesiedelt sind – sondern „*Können*" und „Sollen". Damit bleibe ich bei meiner Behauptung, dass die beiden Dogmen nicht auf ein und derselben Ebene stehen.

Dass wir in dem Argument vom Sollen zum Können springen müssen, braucht Quine nicht zu beunruhigen. Denn ein solcher Sprung ist erlaubt. Ob es angemessen ist, angesichts dieses Sprungs zu behaupten:

---

[12] Um mir in diesem Paragraphen das Formulieren zu erleichtern, identifiziere ich das erste Dogma vorübergehend mit der Behauptung, dass der Begriff der *Reiz*synonymie explikatorisch angemessen ist. In Wirklichkeit sagt das Dogma etwas anderes: es sagt, dass *irgendein* Synonymiebegriff und irgendein Begriff des analytischen Satzes sinnvoll eingeführt werden können.

The two dogmas are, indeed, at root identical ([TDoE]: 41),

das ist nur noch eine Frage der Rhetorik, die wir nicht zu erörtern brauchen.

§ 8.10. Damit sind die Prämissen aus dem Argument, das ich Quine in den Mund gelegt habe, allesamt gut abgesichert. Das Argument stützt Quines bedeutungsskeptische Konklusion:

Das erste Dogma: widerlegt?

(vii) Der Begriff der Reizsynonymie ist kein adäquates Explicans für den intuitiven Synonymiebegriff.

Allerdings spricht ein Argument mit dieser Konklusion nur gegen die explikatorische Angemessenheit des Begriffs der Reizsynonymie und nicht gegen die Möglichkeit irgendeines anderen Begriffs von Synonymie.

Dieser Punkt ist alles andere als neu.[13] Ich wiederhole ihn nicht etwa deshalb, weil ich damit Quines weitergehende (generell bedeutungsskeptische) Folgerungen aus dem Argument als *non sequitur* brandmarken und damit abhaken wollte. Ich wiederhole ihn deshalb, weil ich nicht bloss abstrakt für die Möglichkeit irgendeines verbesserten Synonymiebegriffs plädieren möchte – sondern weil ich ankündigen möchte, dass ein solcher verbesserter Begriff noch in diesem Kapitel definiert und verteidigt werden wird.

Ich gehe einen Schritt weiter und behaupte: Wenn man von ein paar Nuancen absieht, funktioniert sogar unter holistischen Bedingungen ein Synonymiebegriff, den Quine selber genau gekannt hat – er hat ihn eigenhändig ins Spiel gebracht![14] Allerdings hat er ihn nicht ins Spiel gebracht, um ihn zu verteidigen, sondern um ihn ohne viel Federlesens schnell hinter den Kulissen verschwinden zu lassen.

Wie war das möglich, wenn doch der Begriff so wunderbar funktioniert? Quine hat die Stärke des fraglichen Begriffs deshalb unterschätzt, weil er sich an drei entscheidenden Stellen in seiner Argumentation nur auf die negative Seite des Holismus gestützt hat, ohne dessen positive Seite hinreichend zu berücksichtigen. Der

[13] Cf. z.B. Grice / Strawson [iDoD] und Putnam [TDR]:88/9, die diesen Punkt nicht hinsichtlich der Reizsynonymie, sondern hinsichtlich jener Synonymiebegriffe formulieren, die Quine in [TDoE] zurückweist.

[14] Und zwar in [WO]:64/5. Der Begriff geht auf eine Kritik von Grice und Strawson an [TDoE] zurück und ist von Quine an die extrem-behavioristische Rede von Reizbedeutungen angepasst worden, die Quine erst in der Zeit zwischen [TDoE] und [WO] angenommen hat. Mehr dazu unten in § 8.20.

dreifache Fehler ist ihm im zweiten Kapitel von [WO] unterlaufen; und man kann die Sache nicht damit entschuldigen, dass Quine der positiven Seite des Holismus nicht gewahr gewesen wäre. Das Gegenteil ist der Fall: Die optimistische Metapher der „kritischen semantischen Masse“ stammt von Quine persönlich.[15] Quine hat nicht einfach irgendetwas übersehen; ihm ist ein Schlussfehler unterlaufen. Dass es sich so verhält, wird binnen kurzem zutagetreten.

Quines erster Fehler

§ 8.11. Die erste Textstelle, in der Quine die positive Seite des Holismus nicht scharf genug im Auge behält, schliesst unmittelbar an eine Passage an, die ich schon zitiert habe. Ich möchte das bekannte Zitat wiederholen und werde seine fehlerhafte Fortsetzung kursiv hervorheben:

> The significant trait of other sentences [i.e., of theoretical sentences – O.M.] is that experience is relevant to them largely in indirect ways, through the mediation of associated sentences. Alternatives emerge: experiences call for changing a theory, but do not indicate just where and how. Any of various systematic changes can accommodate the recalcitrant datum, *and all the sentences affected by any of those possible alternative readjustments would evidently have to count as disconfirmed by that datum indiscriminately or not at all.* Yet the sentences can be quite unlike with respect to content, intuitively speaking, or role in the containing theory ([WO]:64 – mein Kursivdruck).

Quines Fehler in der kursiv gesetzten Passage besteht darin, eine dritte Möglichkeit übersehen zu haben. Betrachten wir aber erst einmal die beiden Alternativen, die er nennt: Die widerspenstige Erfahrung (Reizmusterfolge) zählt entweder (erste Alternative) als Widerlegung eines jeden theoretischen Satzes, der in ihrem Lichte zur Preisgabe infrage kommt – oder (zweite Alternative) sie zählt überhaupt nicht als Widerlegung eines Satzes der Theorie.

Die zweite Alternative kommt unseren bisherigen holistischen Überlegungen näher als die erste. Denn wir haben es bislang immer

[15] Die Metapher ist jünger als die Gedankengänge aus [WO], die zur Diskussion stehen. Doch obwohl die Metapher erst in Quines späteren Schriften auftaucht (cf. z.B. [PoT]:17, 53), hat er den ihr zugrundeliegenden Punkt (die positive Seite der Quine/Duhem-These) schon zur Zeit von [WO] und früher gesehen: „[E]xperiences call for changing a theory [according to the positive side of holism – O.M.], but do not indicate just where and how“ ([WO]:64). „The unit of empirical significance is the whole of science“ ([TDoE]:42).

so hingestellt, als magerte die Reizbedeutung der theoretischen Sätze deshalb ab, weil diese Sätze einzeln (d.h. in Isolation von anderen Sätzen) durch keine einzige Reizmusterfolge widerlegt werden können.[16] Genau wie bislang immer angenommen, sind unter der zweiten Alternative alle theoretischen Sätze reizbedeutungslos, also reizsynonym – was dem Begriff der Reizsynonymie seine bekannte dritte Niederlage beschert.[17]

§ 8.12. Die erste Alternative wirkt dagegen wie eine kleine Überraschung. Unter dieser Alternative magern die Reizbedeutungen theoretischer Sätze nicht ab – sie blähen sich auf. Denn wenn die widerspenstigen Reizmusterfolgen als Widerlegung jedes theoretischen Satzes gerechnet werden, der in ihrem Lichte zur Preisgabe infrage kommt, dann gehören diese Reizmusterfolgen in die negative Reizbedeutung all dieser Sätze. Trotz einer solchen Bereicherung der Reizbedeutungen versetzt auch diese Alternative dem Begriff der Reizsynonymie eine Niederlage. Denn ihr zufolge bereichern sich alle Sätze einer Theorie um genau dieselben Reizmusterfolgen: und dann kann man die Sätze wieder nicht mithilfe der Reizsynonymie auseinanderhalten.

Das geringere Übel

Trotzdem bedeutet diese Alternative auf den ersten Blick das geringere Übel für die Reizsynonymie. Wenn sie es auch ausschliesst, die verschiedenen Sätze ein und derselben Theorie mithilfe der Reizsynonymie auseinanderzuhalten, so erlaubt sie doch die Trennung theoretischer Sätze aus verschiedenen Theorien. Gegenüber der Theorie des Äthers zeigen sich andere Reizmusterfolgen widerspenstig als gegenüber Newtons Mechanik, so dass ein aus beiden Theorien gemischtes Paar von Sätzen nicht reizsynonym sein muss. (Unter der anderen, zweiten Alternative Quines wären hingegen *alle* theoretischen Sätze – einerlei, welcher Theorie sie angehören –

[16] – Um der exegetischen Genauigkeit willen sollte ich anmerken, dass Quine in der zitierten Passage aus [WO]:64 keine Reizmusterfolgen in irgendwelchen negativen Reizbedeutungen erwähnt; er redet von widerlegenden Erfahrungen. Doch dass Quine genau wie ich ganz selbstverständlich von widerlegenden Erfahrungen zu negativ relevanten Reizmusterfolgen übergeht, kann man noch auf derselben Seite sehen: „The notion of confirmatory and disconfirmatory experiences had a behavioral approximation in our notion of stimulus meaning" ([WO]:64).

[17] Dass auch Quine diese Sicht der Dinge favorisiert, legt folgende, schon zitierte Passage nahe:

> But the less variable the standing sentences are in point of assent and dissent, *the sparser* their stimulus meaning will be and hence the more poorly stimulus synonymy will approximate to synonymy ([WO]:63 – meine Hervorhebung).

untereinander reizsynonym). Dieser Vorzug der ersten Alternative bietet schwachen Trost. Solange die Reizsynonymie innerhalb ein und derselben Theorie alle Unterschiede einebnet, kann sie unsere Intuitionen über Synonymie nicht befriedigen. Denn wir möchten nicht hinnehmen, dass alle Sätze einer Theorie dasselbe bedeuten.

Abgesehen davon kommt der ersten Alternative ein weiterer Nachteil zu. Sie öffnet der Willkür Tür und Tor. Denn wenn eine widerspenstige Reizmusterfolge zwar zur Verwerfung ganz verschiedener theoretischer Sätze führen *könnte*, aber *de facto* nur die Revision eines kleinen Teils der Theorie bewirkt, dann wäre es seltsam, sie als Widerlegung der unangetasteten Teile der Theorie aufzufassen. Wenn überhaupt, so sollte sie in die negative Reizbedeutung der *tatsächlich* verworfenen Sätze aufgenommen werden. In der negativen Reizbedeutung der weiterhin bejahten Sätze hat eine solche Reizmusterfolge definitionsgemäss nichts verloren.[18]

Was Quine übersehen hat

§ 8.13. Ich möchte nicht so verstanden werden, als hätte ich mit dieser Zurückweisung der ersten Alternative für Quines zweite Alternative plädieren wollen. Beide Alternativen müssen verworfen werden! Quine hat eine dritte Möglichkeit übersehen, für die ich die Lanze brechen will: Die widerspenstige Reizmusterfolge zählt nicht als Widerlegung der einzelnen Sätze, aus denen die Theorie zusammengesetzt ist, und gehört also nicht in deren negative Reizbedeutung. Sondern sie zählt als Widerlegung der gesamten Theorie: der Konjunktion aller Sätze, aus denen die Theorie besteht. Dass die fragliche Reizmusterfolge damit in die negative Reizbedeutung dieser Konjunktion aufgenommen werden muss, das fordert die Lehre, die wir vorhin aus der positiven Seite des Holismus gezogen haben: Nicht die einzelnen theoretischen Sätze, wohl aber deren hinreichend lange Konjunktion kann vorm Tribunal der Erfahrung durch widerspenstige Reizmusterfolgen widerlegt werden. Selbst wenn wir also Quines zweite Alternative hinsichtlich der einzelnen – kurzen – Sätze einer Theorie übernehmen (wie ich in der Tat vernünftig finde), betrifft sie nicht

[18] Wenn wir die erste Alternative in diesem Sinne umdeuten, dann verliert sie ihren holistischen Biss gegen den Begriff der Reizsynonymie. In Wirklichkeit wird damit der Holismus preisgegeben, und wir sind wieder in der schon abgehandelten Abzweigung unserer Überlegungen aus § 8.6, wo wir gesehen haben, dass mit dem Verschwinden des Holismus auch Quines wichtigstes Argument gegen die Reizsynonymie verschwindet.

> *all* the sentences affected by any of those possible alternative readjustments ([WO]:64 – mein Kursivdruck).

Die Konjunktion all dieser Sätze ist selbst ein Satz und wird von jeder der konkurrierenden Möglichkeiten, die Theorie an das widerspenstige Datum anzupassen, in Mitleidenschaft gezogen. Der Konjunktion als Gesamttheorie kommt eine übergeordnete Rolle über ihren Teilsätzen zu. Und genau das verlangt Quines Holismus: den Primat der Theorie vor dem einzelnen Satz.

Was ist damit gewonnen? Zwar können wir nun die Gesamttheorie (aufgrund widerspenstiger Reizmusterfolgen und mithilfe der Reizsynonymie) von ihren Teilsätzen unterscheiden. Aber die Teilsätze sind immer noch reizbedeutungslos, also untereinander reizsynonym. Und wir möchten doch auch die Bedeutungen kurzer theoretischer Sätze auseinanderhalten dürfen.

3. Niederlage der Reizsynonymie

§ 8.14. Das möchten wir, und wir werden es auch. Nur ist die Reizsynonymie kein geeigneter Begriff dafür. Um die bisherigen Ergebnisse zusammenzufassen, veranschaulichen wir uns diese dritte Niederlage der Reizsynonymie anhand unseres alten Beispiels der Elektronen. Im Idiolekt eines holistischen Physikers gibt keine einzige Reizmusterfolge (nicht einmal die Reizmusterfolge einer kondensstreifenfreien Nebelkammer) alleine den Ausschlag bei der Beurteilung eines der beiden folgenden Sätze:

(7.6) In dieser Nebelkammer ist ein sehr schnelles Elektron.
(7.8) Wenn ein sehr schnelles Elektron in eine Nebelkammer gelangt, hinterlässt es einen sichtbaren Kondensstreifen.

Die beiden Sätze sind reizsynonym, obwohl sie – intuitiv gesprochen – nicht dasselbe bedeuten. (Wir werden dieser Intuition, wie gesagt, in Kürze durch einen stärkeren Synonymiebegriff Rechnung tragen).

Da kondensstreifenfreie Nebelkammer-Reizmusterfolgen aber in die negative Reizbedeutung ihrer Konjunktion gehören, sind deren Teilsätze *nicht* reizynonym zur „gesamten Theorie“:

(7.9) In dieser Nebelkammer ist ein sehr schnelles Elektron, und wenn ein sehr schnelles Elektron in eine Nebelkammer gelangt, hinterlässt es einen sichtbaren Kondensstreifen.

Denn diese Konjunktion impliziert den Beobachtungssatz:

(7.10) In dieser Nebelkammer ist ein sichtbarer Kondensstreifen,

in dessen negativer Reizbedeutung kondensstreifenfreie Nebelkammer-Reizmusterfolgen vorkommen. Indirekt widerlegen diese Reizmusterfolgen also auch (7.9). Und dies erlaubt es, (7.9) von (7.6) bzw. (7.8) zu unterscheiden.[19]

Dies erfreuliche Faktum werden wir ausnutzen, um einen Synonymiebegriff zu definieren, der auch (7.6) und (7.8) trennt. Hierzu werden wir in drei Schritten vorgehen. Zuerst werden wir einen kontextrelativen Synonymiebegriff definieren, dessen De-Relativierung dann, zweitens, zu einem absoluten Synonymiebegriff führt, mit dessen Hilfe man Sätze wie (7.6) und (7.8) auseinanderhalten kann. Obwohl dieser Begriff (den Quine gekannt hat) bereits zur Verteidigung der Synonymie auf holistischem Boden genügt, werde ich ihn schliesslich drittens aus gewissen technischen und ästhetischen Gründen weiter verfeinern.

[19] Gegen diesen Gedankengang könnte man folgenden Einwand vorbringen. Dass eine widerspenstige Reizmusterfolge eine Konjunktion theoretischer Sätze widerlegt, weil sie in der negativen Reizbedeutung eines von der Konjunktion implizierten Beobachtungssatzes vorkommt, muss noch lange nicht dazu führen, dass der Sprecher der Konjunktion *aufgrund* der widerspenstigen Reizmusterfolge widerspricht. Zwar *sollte* er der Konjunktion aufgrund der widerspenstigen Reizmusterfolge widersprechen. Aber es ist nicht gesichert, dass er ihr wirklich aufgrund der Reizmusterfolge widerspricht. Vielleicht ist die Konjunktion zu unüberschaubar, als dass die Reizmusterfolge den Sprecher zur richtigen Reaktion veranlasst.
Der Einwand hat einen wahren Kern; er macht uns darauf aufmerksam, dass wir durch die Diskussion um den Holismus gezwungen gewesen sind, den betrachteten Sprecher stark zu idealisieren. Der erste Schritt in diese Idealisierung bestand darin, dem Sprecher das Verhalten zu unterstellen, das die *negative* Seite des Holismus von ihm verlangt: diese Idealisierung war insofern harmlos, als sie den Begriff der Reizsynonymie allererst in die Schwierigkeiten stürzt, die dann behoben werden sollen – ohne die Idealisierung käme die Reizsynonymie nicht in holistische Bedrängnis. Im zweiten Schritt der Idealisierung unterstellen wir dem Physiker zusätzlich das Verhalten, das die *positive* Seite des Holismus von ihm verlangt. Und genau gegen diese zweite Stufe der Idealisierung richtet sich der in Rede stehende Einwand.
Ich erwidere auf diesen Einwand mit einem Appell an dialektische Fairness: Wer den Begriff der Reizsynonymie in Schwierigkeiten bringt, indem er idealisierend annimmt, dass der Sprecher sich so verhält, wie die eine Seite des Holismus es verlangt, der mässe mit zweierlei Mass, wollte er seinem Kontrahenten eine weitere Idealisierung derselben Art untersagen. Wenn man schon idealisiert, sollte man konsequent sein und dem Sprecher unterstellen, dass er beide Seiten des Holismus beachtet. Zu unrealistisch ist diese Annahme im übrigen nicht: So haben Michelson und Morley aufgrund widerspenstiger Interferometer-Reizmusterfolgen die gesamte Theorie von Äther und Ätherwind verworfen.

Kontextrelative Synonymie

§ 8.15. Zunächst also zum angekündigten kontextrelativen Synonymiebegriff. Aus dem Holismus haben wir gelernt, dass ein einzelner theoretischer Satz nur zusammen mit einer ganzen Theorie vors Tribunal der Erfahrung gestellt werden kann: nur im Kontext einer Theorie kommt dem einzelnen Satz empirischer Gehalt zu. Wenn wir also zwei theoretische Sätze im Kontext einer gegebenen Theorie miteinander vergleichen wollen, so müssen wir uns fragen, was sich an der Reizbedeutung der gesamten Theorie ändert, wenn man den einen Satz durch den anderen ersetzt. Als theoretischen Kontext (oder auch: theoretischen Rahmen) haben wir mithin denjenigen Teil der Gesamttheorie zu betrachten, der bei einem solchen Ersetzungsmanöver unverändert bleibt. Und wir müssen untersuchen, wie sich die Konjunktion dieses theoretischen Rahmens mit dem *einen* Synonymiekandidaten von seiner Konjunktion mit dem *anderen* Synonymiekandidaten unterscheidet. So drängt sich uns folgende Definition auf:

D8.1 Zwei Sätze p und q sind genau dann relativ zum theoretischen Kontext t synonym, wenn gilt:
die Konjunktion (t & p) ist reizsynonym zur Konjunktion (t & q).

Mit einem geeigneten Kontext erlaubt es diese Definition, die reizsynonymen Sätze (7.6) und (7.8) auseinanderzudividieren. Wählen wir – mangels besserer Ideen – den Satz (7.8) als Kontext t. Um die Definition anzuwenden, haben wir die Konjunktion aus (7.8) und (7.6) und die Konjunktion aus (7.8) und (7.8) auf Reizsynonymie zu prüfen. D.h. wir müssen folgende Konjunktionen miteinander vergleichen:

(7.9) In dieser Nebelkammer ist ein sehr schnelles Elektron, und wenn ein sehr schnelles Elektron in eine Nebelkammer gelangt, hinterlässt es einen sichtbaren Kondensstreifen.

Das ist die Konjunktion aus dem, was wir für p und t eingesetzt haben. Die zweite Konjunktion für unseren Vergleich ergibt sich aus unserer Wahl für q und t:

(8.1) Wenn ein sehr schnelles Elektron in eine Nebelkammer gelangt, hinterlässt es einen sichtbaren Kondensstreifen; und wenn ein sehr schnelles Elektron in eine Nebelkammer gelangt, hinterlässt es einen sichtbaren Kondensstreifen.[20]

[20] Man mag es merkwürdig finden, einen Satz in seinen eigenen Kontext zu stellen. Schliesslich kann man auch kein Bild in sich selbst einrahmen. Doch müssen wir

(7.9) und (8.1) sind nicht reizsynonym. In der negativen Reizbedeutung von (7.9) sind – wie wir gesehen haben – kondensstreifenfreie Nebelkammer-Reizmusterfolgen enthalten, die in der negativen Reizbedeutung von (8.1) fehlen: (8.1) als Konjunktion des Satzes (7.8) mit sich selbst ist im Lichte des Holismus genauso reizbedeutungslos wie seine beiden identischen Glieder. (Die Konjunktion eines Satzes mit sich selbst impliziert dieselben Sätze wie der ursprüngliche Satz). Wenn aber (7.9) und (8.1) nicht reizsynonym sind, dann sind (7.6) und (7.8) der Definition zufolge relativ zu (7.8) nicht synonym.

Was hätte sich ergeben, wenn wir einen anderen Kontext für t gewählt hätten? Hätten wir es für t anstelle von (7.8) etwa mit (7.6) versucht, so hätten wir die Konjunktion aus (7.6) und (7.8) mit der reizbedeutungslosen Konjunktion aus (7.6) mit sich selbst vergleichen müssen. Wiederum wären die beiden Konjunktionen nicht reizsynonym, so dass also (7.6) und (7.8) auch nicht relativ zu (7.6) miteinander synonym sind, wie gewünscht.

Nicht alle Kontexte eignen sich für eine solche Unterscheidung von (7.6) und (7.8). Mit dem arithmetischen Kontext:

(8.2) $2 + 2 = 4$,

bekommen wir für (t & p):

(8.3) $2 + 2 = 4$, und in dieser Nebelkammer ist ein sehr schnelles Elektron,

und für (t & q):

(8.4) $2 + 2 = 4$, und wenn ein sehr schnelles Elektron in eine Nebelkammer gelangt, hinterlässt es einen sichtbaren Kondensstreifen.

Es gibt keine Reizmusterfolge, die eine der beiden Konjunktionen widerlegen könnte: denn die mathematische Trivialität fügt (7.6) bzw. (7.8) keine beobachtbaren Implikationen hinzu. Die beiden Konjunktionen (8.3) bzw. (8.4) sind reizbedeutungslos, also reizsynonym. Und das bedeutet, dass (7.6) und (7.8) relativ zur gewählten arithmetischen Trivialität miteinander synonym sind: Ein unbefriedigendes Ergebnis.

---

diese kleine Merkwürdigkeit hinnehmen; sie hätte sich vermeiden lassen, wenn wir als Gesamttheorie längere Konjunktionen denn solche mit nur zwei Gliedern herangezogen hätten. Echte Theorien bestehen aus mehr Konjunktionsgliedern, lassen sich aber weniger leicht überschauen als unsere kleine Beispielstheorie.

Ob ein Synonymietest à la D8.1 zu unserer Zufriedenheit ausgeht, hängt also vom gewählten Kontext ab. Leider wissen wir nicht immer, welchen Kontext wir für den Test zugrundelegen sollen. (Insbesondere die Feldlinguistin im Urwald weiss es nicht, da sie die Sätze der eingeborenen Physiker nicht versteht). Die Definition hilft uns nicht wirklich.

De-Relativierung

§ 8.16. Nun waren wir nicht auf einen irgendwie relativierten Synonymiebegriff aus. Wir hatten wissen wollen, wann zwei Sätze schlechthin – d.h. absolut – miteinander synonym sind.

Zum Glück lässt sich die missliche Relativierung in D8.1 beseitigen. Wir fragen einfach nach Synonymie relativ zu *jedem* erdenklichen Kontext:

> D8.2* Zwei Sätze p und q sind genau dann <u>synonym</u>, wenn für alle Sätze t gilt:
> p ist relativ zu t synonym mit q, d.h.:
> die Konjunktion (t & p) ist reizsynonym zur Konjunktion (t & q).[21]

Dass diese Definition alles leistet, was wir auf holistischem Grund verlangen, werden wir uns gleich klarmachen. Vorher wollen wir sehen, was Quine über die Definition zu sagen hat:

> But this is [...] readily seen not to provide a tighter relation [than stimulus synonymy – O.M.] (Quine [WO]:65).

Quines zweiter Fehler

§ 8.17. Dieser lakonische Satz bildet die zweite der drei versprochenen Textpassagen aus dem Kapitel II von [WO], in denen Quine die positive Seite des Holismus sträflich aus den Augen verliert. Und es ist der einzige Satz im ganzen Buch, mit dem er die Definition kommentiert. Nirgends begründet er die zitierte Behauptung. Das wäre ihm auch schwergefallen, denn die Behauptung ist falsch. Definition D8.2* bietet uns einen engere Relation zwischen Sätzen als die Relation der Reizsynonymie. Schon wenn wir einen einzigen Kontext t finden, relativ zu dem zwei reizsynonyme Sätze nicht auch synonym sind, ist Quines lakonische Behauptung widerlegt. Und wir haben vorhin sogar zwei solcher Kontexte aufgetan: Relativ zum

[21] Wie gesagt, hat Quine diese Definition gekannt, ja sogar selbst in die Welt gesetzt, wenn auch mit anderen Satzbuchstaben, siehe [WO]:65.

Kontext (7.6), aber auch relativ zum Kontext (7.8) sind die beiden reizsynonymen Sätze (7.6) und (7.8) nicht synonym. Mithin sind die beiden Sätze laut D8.2* auch nicht (absolut) synonym. Anders als Quine gemeint hat, trennt also unsere Definition Sätze, die von der Reizsynonymie nicht auseinandergehalten werden können. D8.2* bietet – entgegen Quines Ansicht – einen engeren Synonymiebegriff als die Definition der Reizsynonymie.

Warum hat Quine das übersehen? Der einzige Grund, den ich mir dafür zusammenreimen kann, lautet: Quine hat gemeint, dass die Konjunktionen (t & p) und (t & q) reizsynonym sein müssen, wenn p und q reizsynonym sind.[22] Und die einzige Erklärung, die ich mir dafür zusammenreimen kann, ist die: Quine hat die positive Seite seiner eigenen holistischen Doktrin vergessen. Er hat vergessen, dass Reizmusterfolgen für hinreichend lange Konjunktionen selbst dann relevant sein können, wenn sie für deren Glieder einzeln irrelevant (genauer: nicht allein ausschlaggebend) sind. Quine hat die explosive Kraft kritischer semantischer Masse nicht bedacht.

Der Fehler liegt nahe. Er widerfährt einem deshalb so schnell, weil wir in unseren Anfänger-Logikkursen darauf gedrillt werden, die Konjunktion wahrheitsfunktional zu verwenden.

Nur: Wahrheitswerte stehen nicht zur Debatte! Es geht nicht um Wahrheit oder Falschheit, sondern um die *Verdikte* des Fürwahrhaltens bzw. Fürfalschhaltens. Wer einer Konjunktion widerspricht, sollte zwar zugeben, dass eins ihrer Glieder falsch sein muss. Aber er muss nicht wissen, *welches* ihrer Glieder er ablehnen will (so auch Quine [RoR]:76-78). Das beweist folgendes Beispiel:

(8.5) Augenblicklich lebt in Shanghai eine ungerade Zahl von Menschen, und augenblicklich lebt in Shanghai keine ungerade Zahl von Menschen.

Wir können (und sollten!) der Konjunktion (8.5) widersprechen – und das auch dann, wenn wir uns über die Teilsätze kein Urteil gebildet haben. Denn uns steht ein drittes Verdikt offen: Urteilsenthaltung.

Genauso könnte sich ein theoretisch verwirrter Physiker angesichts der fehlenden Kondenstreifen des Urteils über die beiden Teilsätze der Konjunktion (7.9) enthalten:

---

[22] Diese Erklärung wird dadurch gestützt, dass Quine genau den analogen Fehler hinsichtlich der Definition gemacht hat, die wir unten als D8.2** kennenlernen werden.

(7.6) In dieser Nebelkammer ist ein sehr schnelles Elektron.
(7.8) Wenn ein sehr schnelles Elektron in eine Nebelkammer gelangt, hinterlässt es einen sichtbaren Kondensstreifen.

Ausbleibende Kondensstreifen erzwingen (veranlassen) keine eindeutige Reaktion auf diese beiden Sätze.[23] Aber sie zwingen selbst den verwirrten Physiker zur Ablehnung der Konjunktion:

(7.9) In dieser Nebelkammer ist ein sehr schnelles Elektron, und wenn ein sehr schnelles Elektron in eine Nebelkammer gelangt, hinterlässt es einen sichtbaren Kondensstreifen.

Einwand: Zuviele Kontexte

§ 8.18. Gegen unsere Definition habe ich in mündlichen Debatten häufig den folgenden Einwand vernommen: Um die Synonymie zweier Sätze zu erweisen, müssen laut Definition sämtliche theoretische Kontexte t ausprobiert werden. Als theoretischer Kontext kommt aber jeder Satz der Objektsprache infrage. Nun kann man in allen bekannten Sprachen unendlich viele Sätze bilden. Die Linguistin müsste also unendlich viele Paare von Konjunktionen auf Reizsynonymie überprüfen: ein Ding der Unmöglichkeit.

Hierauf erwidere ich zweierlei. Erstens mag es zwar in der Praxis ausgeschlossen sein, den erforderlichen Allsatz empirisch zu beweisen. Aber das gilt für alle generellen Sätze über unendlichen Bereichen und stellt damit kein besonderes Problem für die Semantik dar. Wir haben uns in § 4.5 darauf geeinigt, der Linguistin jedes nur erdenkliche, im Prinzip empirisch zugängliche Wissen zuzugestehen – und zwar ganz gleich, wie unrealistisch solch eine Idealisierung für die Praxis sein mag. Mit Quantifikationen über unendlichen Bereichen brauchen wir daher nicht zu geizen. (Wir haben mit solchen Quantifikationen beim Begriff der Reizsynonymie auch nicht gegeizt. Wer diesen Begriff anwenden will, muss mit Allaussagen über sämtliche denkbare Reizmusterfolgen umgehen. Von denen wird es ebenfalls unendlich viele geben. Zumindest Quine sollte den Einwand nicht aufbringen, da er den Begriff der Reizsynonymie für wohldefiniert hält).

Zweitens trifft der Einwand nur positive Behauptungen der Synonymie. Wenn wir – wie bislang – zwei Sätze semantisch vonein-

---

[23] Um es zu wiederholen: Auch wer sich z.B. entscheidet, (7.6) zu verneinen und (7.8) zu bejahen, tut dies nicht allein aufgrund der kondensstreifenfreien Reizmusterfolgen! (Sagt die Quine/Duhem-These).

ander *unterscheiden* wollen, so genügt ein einziger geeigneter Kontext. Sobald er gefunden ist, kann die Untersuchung beendet werden: die Vermutung der Synonymie ist dann widerlegt, wie ja auch sonst Allsätze durch ein einziges Gegenbeispiel widerlegt werden. Unsere Definition liefert also einen Begriff, der in falsifizierbaren Urteilen vorkommen kann.

Ein weiterer Einwand

§ 8.19. Ein anderer Einwand stammt von Philosophen, die sich stärker an Quines neueren Schriften orientieren und der Meinung sind, dass meine Definition Quines Begriff der Reizsynonymie missbraucht, indem sie ihn auf *beliebige* Sätze anwendet. Dem Einwand zufolge ist der Begriff aber nur für Beobachtungssätze gemacht.[24]

Ich gebe zu, dass Quine in den letzten Jahren von Reizbedeutung (bzw. Reizsynonymie) nur noch im Zusammenhang von Beobachtungssätzen spricht. Aber wieso sollten wir daraus schliessen, dass der Begriff nicht auf andere als Beobachtungssätze angewendet werden darf? Gewiss, wer zwei extrem bleibende Sätze auf Reizsynonymie testet, wird dem Test keine interessante semantische Information entnehmen (s.o. § 6.24 – § 6.26). Das bedeutet jedoch nicht, dass er den Test nicht durchführen kann, sondern nur, dass der Test – für sich genommen – nicht viel bringt. Eben deshalb muss die Linguistin eine ganze Reihe von Reizsynonymie-Tests durchführen, bevor sie laut Definition D8.2* auf Synonymie schliessen darf; wie wir in § 8.17 gesehen haben, stammt der Wert unserer Definition von jenen Reizsynonymie-Tests, in denen beobachtungsnahe Sätze wie (7.9) untersucht werden. Die laut D8.2* zusätzlich durchzuführenden Reizsynonymie-Tests beobachtungsferner (bleibender) Sätze nützen und schaden der Linguistin nicht. Natürlich könnte man meine Definition dadurch torpedieren, dass man *verbietet*, die Reizbedeutung bzw. Reizsynonymie bleibender Sätze zu untersu-

---

24 So allerlei anonyme Gutachter und Lars Bergström (in elegraphischer Korrespondenz). Quine erwiderte auf meine Definition: „The notion of stimulus synonymy was never meant to be applied to standing sentences". Hier irrte Quine. Der Begriff stammt aus [WO]. Dort heisst es:

> The stimulus meaning is a full cross-section of the subject's evolving dispositions to assent to or dissent from a sentence, if the sentence is an occasion sentence; less so if it is a *standing sentence*. Standing sentences can differ among themselves in "meaning" [...] as freely as occasion sentences; but, the less susceptible they are to prompted assent and dissent, the fewer clues are present in *stimulus meaning*. ([WO]:36 – meine Hervorhebungen).

Wenn Reizbedeutung auf bleibende Sätze angewendet werden darf, dann auch Reizsynonymie (Gleichheit der Reizbedeutung).

chen. Ein solches Verbot könnte dadurch entstehen, dass man Reizbedeutung wie folgt definiert:

> The range of stimulations associated with an *observation sentence*, affirmatively or negatively, I call its affirmative or negative *stimulus meaning* for the given speaker ([PoT]:3; die erste Hervorhebung stammt von mir, die zweite von Quine).

Aber ein solches verbal-legalistisches Manöver hilft Quines Sache nicht. Um meine Definition D8.2* zu verteidigen, brauche ich mich nur auf den Begriff von Reizbedeutung zurückzuziehen, den ich in D6.1 – D6.3 (§ 6.10) eingeführt habe. Falls Quine bestreitet, den Begriff erfunden zu haben, sind jene Definitionen origineller als gedacht. Solange gegen sie kein anderer Einwand vorgebracht wird, darf ich mich ihrer bedienen, ohne mich darum zu kümmern, woher sie stammen.

Obwohl unsere Definition dem soeben abgehandelten Einwand nicht zum Opfer fällt, müssen wir sie noch verbessern. Dafür sprechen in erster Linie technische Gründe: Nach ihrer Verbesserung lassen sich einige interessante Sätze beweisen, die unsere augenblickliche Synonymiedefinition nicht zu deduzieren erlaubt. (Dazu unten mehr). Zweitens sprechen strategische Gründe für die angepeilte Verbesserung: Die verbesserte Fassung der Definition wird einen noch engeren Synonymiebegriff liefern als D8.2*. Und da wir uns in diesem Kapitel mit Quines Anwurf auseinandersetzen, gewisse Synonymiebegriffe seien nicht eng genug, werden wir jeden verengten Synonymiebegriff mit Freuden willkommen heissen. (Solange er nicht übertrieben eng ist). Denn je enger der erreichte Synonymiebegriff ausfällt, desto verheerender ist Quines Niederlage auf holistischem Grund. Drittens schliesslich befreit die angestrebte Verbesserung unsere Definition vom Ruch einer gewissen Zufälligkeit oder Willkür, der ihr im Augenblick noch anhaftet.

Konditionale Kontexte

§ 8.20. Beginnen wir mit diesem letzten Punkt. Unmittelbar bevor Quine in [WO] D8.2* allzu lakonisch und übereilt verwirft, diskutiert er eine andere Synonymiedefinition. Sie geht auf einen Vorschlag von Grice und Strawson zurück und gleicht D8.2* bis auf ein kleines Detail:

D8.2** Zwei Sätze p und q sind genau dann <u>synonym</u>, wenn für alle Sätze t gilt:

das Konditional (t→p) ist reizsynonym zum Konditional (t→q).[25]

Statt wie D8.2* die Synonymiekandidaten in *konjunktionale* Kontexte einzubetten, bettet D8.2** sie in *konditionale* Kontexte ein. Dem liegt eine andere Auffassung darüber zugrunde, was man tun muss, um einen theoretischen Satz „im Zusammenhang mit einer Theorie" zu überprüfen. Statt den einzelnen Satz *zusammen mit* der Rahmentheorie vors Tribunal der Erfahrung zu stellen, wird nun der einzelne Satz *unter Voraussetzung* der Rahmentheorie mit der Erfahrung konfrontiert.

Quines dritter Fehler

§ 8.21. Was ist von dieser alternativen Sicht der holistischen Dinge zu halten? Quines Kommentar zu D8.2** fällt doppelt so wortreich aus wie sein lakonischer Kommentar zu D8.2*:

> But now it is apparent that the definition fails to provide a tighter relation between p and q than stimulus synonymy. For, if p and q are stimulus-synonymous than [sic] *a fortiori* the conditionals are too ([WO]: 64, Quines Kursivdruck; ich habe Quines Satzvariablen ‚S_1' und ‚S_2' an die hier verwendete Nomenklatur angepasst, also stillschweigend durch ‚p' und ‚q' ersetzt).

Hat Quine denn wenigstens mit dieser Behauptung recht? Die Anwort ist abermals negativ. Auch die Synonymie im Sinne von D8.2** stellt eine engere Beziehung zwischen theoretischen Sätzen her als Quines Reizsynonymie. Zum dritten Mal hat Quine die positive Seite des Holismus nicht bedacht.

Um das zu beweisen, brauchen wir unser bisheriges Beispiel nur leicht abzuwandeln. Anstelle von (7.6) und (7.8) überprüfen wir deren Negationen auf Synonymie:

(8.6) In dieser Nebelkammer ist kein sehr schnelles Elektron.
(8.7) Es gibt Elektronen, die selbst bei hoher Geschwindigkeit keine Kondensstreifen in Nebelkammern hinterlassen.

---

[25] Siehe [WO]:64. (Quine verwendet andere Satzbuchstaben). Grice und Strawson haben die Definition zwar nicht in Termen von Reizsynonymie formuliert, sondern in den weniger behavioristischen Termen von Bestätigung bzw. Widerlegung durch Erfahrung ([iDoD]:210). Im Gegensatz zu den Intentionen meiner Arbeit wollten Grice und Strawson eine derartige Definition nicht verteidigen: „We are not, of course, concerned to defend such an account, or even to state it with any precision. We are only concerned to show that acceptance of Quine's [holistic – O.M.] doctrine of empirical confirmation does not, as he says it does, entail giving up to attempt to define statement-synonymy in terms of confirmation" ([iDoD]:210).

Auch diese beiden Sätze sind (aufgrund der negativen Seite des Holismus) reizbedeutungslos, also reizsynonym. Wieder ist es uns darum zu tun, sie mithilfe eines verfeinerten Synonymiebegriffs auseinanderzuhalten. Diesmal hilft uns der durch D8.2** gegebene Synonymiebegriff. Denn wählen wir unseren alten Bekannten (7.6) als theoretischen Kontext t, unter dessen Voraussetzung die beiden Sätze miteinander zu vergleichen sind. Wir erhalten die folgenden zwei Konditionale:

(8.8) Wenn in dieser Nebelkammer ein sehr schnelles Elektron ist, dann ist in dieser Nebelkammer kein sehr schnelles Elektron.

(8.9) Wenn in dieser Nebelkammer ein sehr schnelles Elektron ist, dann gibt es Elektronen, die selbst bei hoher Geschwindigkeit keine Kondensstreifen in Nebelkammern hinterlassen.

(8.8) ist logisch äquivalent zur Negation von (7.6), also zu (8.6). Mithin ist das Konditional (8.8) genauso reizbedeutungslos wie (8.6).

Aber das Konditional (8.9) ist nicht auch reizbedeutungslos! Es ist äquivalent zu:

(8.10) Nicht der Fall ist: In dieser Nebelkammer ist ein sehr schnelles Elektron, und wenn ein sehr schnelles Elektron in eine Nebelkammer gelangt, hinterlässt es einen sichtbaren Kondensstreifen,

der Negation von (7.9). Und wenn kondensstreifenfreie Nebelkammer-Reizmusterfolgen in der negativen Reizbedeutung von (7.9) vorkommen, dann gehören sie in die affirmative Reizbedeutung von (8.10).

Damit sind (8.8) und (8.9) nicht reizsynonym. Wir haben mit (7.6) einen Kontext t gefunden, der beweist, dass die reizsynonymen Sätze (8.6) und (8.7) nicht synonym im Sinne der Definition D8.2** sind.

§ 8.22. Quine hat abermals übersehen, dass die semantische Masse von Sätzen wächst, wenn man sie nur geschickt in geeignete Kontexte einbettet. Doch sollte das Beispiel nicht nur Quine zu denken geben. Es zeigt auch, dass wir uns in unseren Überlegungen zur Anreicherung der semantischen Masse nicht auf die Betrachtung von

Wider die Willkür

Konjunktionen hätten beschränken dürfen. Auch durch Einbettung in konditionale Kontexte lässt sich die semantische Masse theoretischer Sätze anreichern. Das konkretisiert den vorhin angedeuteten Grund, warum wir mit der ursprünglichen Definition D8.2* (der Fassung mit konjunktionalen Kontexten) nicht zufrieden sein sollten: Es wäre willkürlich, wenn wir ausgerechnet bei der Version einer engeren Synonymierelation stehen blieben, auf die wir zufällig zuerst gestossen sind.

Es kann also nicht um eine Entscheidung zwischen D8.2* und D8.2** gehen; wir müssen die beiden Vorschläge miteinander versöhnen. Die eleganteste Weise ihrer Versöhnung bestünde darin zu beweisen, dass beide Definitionen genau dieselben Paare von Sätzen herausgreifen. Nun habe ich keinen solchen Äquivalenzbeweis finden können. Und ich vermute (ohne das hier begründen zu können), dass ich bei meiner Suche nach dem Beweis deshalb keinen Erfolg hatte, weil die beiden Definitionen gar nicht äquivalent sind.

Die zwei Vorschläge müssen anders miteinander versöhnt werden. Wir brauchen einen Synonymiebegriff, der beide Versionen von Synonymie in sich einschliesst, indem er sich ihre gemeinsame Grundidee zueigen macht. Ein solcher Synonymiebegriff ist leicht zur Hand: Einbettungen in Konjunktionen (à la D8.2*) oder Konditionale (à la D8.2**) sind Einbettungen in aussagenlogische Kontexte. Warum sollten wir nur konjunktionale oder konditionale Betten verwenden? Alle denkbaren aussagenlogischen Kontexte sind zur Einbettung zuzulassen.

Die endgültige Synonymiedefinition

§ 8.23. Sei also irgendeine aussagenlogische Formel f gegeben, in der (n + 1) Satzvariablen $x_0, x_1, \dots x_n$ vorkommen. Seien $p_0, p_1, \dots p_n$ irgendwelche Sätze der Objektsprache. Dann stehe $f[p_0, p_1, \dots p_n]$ für denjenigen objektsprachlichen Satz, der aus f hervorgeht, wenn man alle Vorkommnisse der Satzvariablen x_i durch den Satz p_i ersetzt (für i = 0, 1, ... n). Wir definieren:

D8.2 Zwei Sätze p und q sind genau dann <u>synonym</u>, wenn für alle $n \geq 0$, für alle (n + 1)-stelligen aussagenlogischen Formeln f und für alle Sätze $t_1, \dots t_n$ gilt:
$f[p, t_1, \dots t_n]$ ist reizsynonym zu $f[q, t_1, \dots t_n]$.

Diese Definition fordert alles, was ihre Vorgängerinnen D8.2* bzw. D8.2** von synonymen Sätzen verlangt haben. Denn im speziellen Fall von n = 1 und f = ‚x_1 & x_0',

erhalten wir D8.2*; und mit

n = 1 und f = ‚$x_1 \rightarrow x_0$',

erhalten wir D8.2**.

Da D8.2 auch auf grössere n und auf andere aussagenlogische Formeln als Konjunktion und Konditional zurückgreift, ist D8.2 stärker als ihre beiden Vorläuferinnen. Damit haben wir den oben angekündigten zweiten Grund zur Verfeinerung von D8.2* eingelöst: Wenn Quine meint, sein Holismus zeige, dass gewisse Synonymiebegriffe nicht eng genug wären, dann sollten wir diesen Schlag mit einem möglichst engen Synonymiebegriff parieren. D8.2 ist der allerengste Synonymiebegriff, dessen wir auf holistischem Grund habhaft geworden sind. Er ist am ehesten vor Quines holistischen Attacken sicher.

§ 8.24. Im Schwunge der Begeisterung mag man in der eingeschlagenen Richtung weitergehen und den Kreis der heranzuziehenden Einbettungs-Kontexte noch stärker ausdehnen wollen. Wieso, wird man fragen, sollten wir uns auf aussagenlogische Kontexte beschränken? Könnten wir nicht alle nur erdenklichen Kontexte zur Einbettung von Synonymiekandidaten heranziehen? Diese Überlegung führt zu folgendem Vorschlag:

Mehr Kontexte?

D8.2' Zwei Sätze p und q sind genau dann synonym, wenn jeder Satz t, in dem p vorkommt, reizsynonym zu dem Satz ist, der aus t durch Substitution aller Vorkommnisse von p mit q hervorgeht.[26]

Diese Definition ist zwar enger als D8.2. (Sie umfasst unter anderem die Einbettungen in irgendwelche aussagenlogische Kontexte). Aber sie schiesst übers Ziel hinaus. Denn ihr zufolge sind überhaupt keine zwei syntaktisch verschiedenen Sätze synonym. Um dies zu sehen, betrachten wir die zwei Sätze:

[26] Eine ähnliche Definition erwägt und verwirft Quine in [PoT]:53; er legt dort allerdings nicht die Reizsynonymie der komplexen Sätzen zugrunde, sondern die Identität ihres empirischen Gehaltes (siehe dazu unten § 8.28).
Schon Mates hat in [S]:119ff. etwas ähnliches versucht (wobei er sich jedoch mit Austauschbarkeit *salva veritate* zufriedengab; vergl. auch Quine [TDoE]:27-31). Eigenartigerweise fasst Mates seinen Vorschlag nicht als Definition der Synonymie auf, sondern als Kriterium der Adäquatheit solcher Definitionen (und zeigt dann, dass keine Synonymiedefinition dies Kriterium erfüllen kann).

(8.21) Prinz Charles hat drei Cousinen.
(8.22) Prinz Charles hat drei Basen.

Sie sollten dasselbe bedeuten, sind aber D8.2' zufolge nicht synonym. Denn entgegen dem, was D8.2' von synonymen Sätzen verlangen würde, sind die folgenden beiden komplexen Sätze nicht reizsynonym:

(8.23) Dieser dumme Schüler glaubt, dass Prinz Charles drei Cousinen hat.
(8.24) Dieser dumme Schüler glaubt, dass Prinz Charles drei Basen hat.

Die beiden Sätze sind deshalb nicht reizsynonym, weil ein eingeborener Lehrer von gewissen Prüfungsstimulationen zur Zustimmung zu (8.23) veranlasst sein kann, selbst wenn er dem Satze (8.24) widerspricht.[27]

Begnügen wir uns daher mit der Synonymiedefinition D8.2, die die Substituierbarkeit *salva stimulus-synonymia* nur in allen aussagenlogischen Kontexten verlangt. Sie greift die richtigen Paare synonymer Sätze heraus. Ihr zufolge sind (8.21) und (8.22) synonym, ganz wie es sein soll.

Theoreme über Synonymie

§ 8.25. Für D8.2 spricht auch der oben in § 8.19 zuerst genannte Grund, nicht bei ihrer Vorgängerin D8.2* stehenzubleiben: Mithilfe von D8.2 lassen sich einige Sätze über Synonymie beweisen, auf die wir nicht gern verzichten möchten. Die Definition bewährt sich damit im Lichte der Folgerungen, die sie abzuleiten erlaubt. Und das heisst, sie besteht einige Tests der Adäquatheit für Kandidaten von Synonymiedefinitionen.

Sehen wir uns einige der beweisbaren Sätze genauer an! Der erste Satz, den ich beweisen möchte, ist besonders einfach:

S8.1 Alle synonymen Sätze p und q sind auch reizsynonym.

---

[27] Dies Manöver der Einbettung in perfide intensionale Kontexte hat uns Quine oft vorgeführt, cf. z.B. [NoEN]. Dass solche Einbettungen der Grund dafür sind, dass das vorgeschlagene Synonymiekriterium zu eng ist, hat Mates in [S]:120-25 deutlich gemacht: der Definition zufolge wären weder logisch äquivalente Ausdrücke ([S]:121) noch Carnaps intensional isomorphe Sätze synonym ([S]:125). In Mates' Augen spricht dies Ergebnis überraschenderweise gegen logische Äquivalenz bzw. intensionale Isomorphie als Explikationen von Synonymie und nicht gegen (seine Fasssung der) Definition D8.2'.

Für den Beweis wähle man mit n = 0 den Kontext f = ‚x_0'. Sind p und q synonym, so müssen laut D8.2 f[p] und f[q] miteinander reizsynonym sein. Wegen f[p]= p und f[q]=q gilt damit die Behauptung, Q.E.D.

Dieser Satz ist deshalb wichtig, weil er nachträglich rechtfertigt, was ich vorhin in § 7.4 ohne Begründung nur behauptet habe: Meine Verteidigung des Synonymiebegriffs hängt nicht von einer Entscheidung zwischen Holismus und Operationalismus ab; selbst auf operationalistischem Grund schaden die zur Fahrt im holistischen Gelände eingebauten Extra-Stossdämpfer nichts. Inwiefern stützt S8.1 diese Behauptung? Wenn die Operationalisten recht haben, dann sind Sätze mit theoretischen Termen niemals reizbedeutungslos: die Reizsynonymie versagt dann nicht als Explicans für unseren intuitiven Begriff von Synonymie. Und wenn die Operationalisten schon mit dem Begriff der Reizsynonymie zufrieden sein dürfen, dann können sie auch den Begriff der Synonymie à la D8.2 ruhigen Gewissens übernehmen, da er alle reizsynonymen Paare von Sätzen richtig umfasst. Im operationalistischen Extremfall, in dem jedem Satz schon für sich allein kritische semantische Masse zukommt, geht Synonymie im Sinn der Definition D8.2 einfach in Reizsynonymie über. D.h. Operationalisten brauchen über D8.2 nicht beunruhigt zu sein. Obwohl die Definition in der Auseinandersetzung mit Quines Holismus entstanden ist, setzt sie ihn nicht voraus. Sie ist mit der operationalistischen Gegenposition verträglich.[28]

§ 8.26. Der nächste Satz zur Synonymie behebt einen Makel des Begriffs der Reizsynonymie, der bislang nicht deutlich hervorgetreten ist: Zwei Sätze können im Idiolekt eines Sprechers reizsynonym sein, ohne dass der Sprecher auf beide Sätze mit demselben Verdikt reagieren muss. Der Grund für diesen bizarren Sachverhalt liegt darin, dass in Tests der Reizsynonymie nur die von Reizmusterfolgen *veranlassten* Verdikte eingehen. Verdikte, die ein Sprecher fällt,

Erhaltene Verdikte

[28] Da die Operationalisten das Phänomen der holistischen Anreicherung semantischer Masse leugnen und ihrer Ansicht nach das theoretische Ganze immer empirisch so viel wert ist wie die Summe seiner Teile, liefert D8.2 für den Operationalisten keinen engeren Begriff als den der Reizsynonymie. Für operationalistische Sprecher gilt zusätzlich zu S8.1:

S8.1* Alle reizsynonymen Sätze p und q sind auch synonym.

Dies besagt, dass unser Synonymiebegriff für die Anwendung auf den Idiolekt von Operationalisten überflüssig ist. Dass er aus ihrer Sicht trotzdem nicht schadet, zeigt der oben bewiesene Satz S8.1.

ohne von der präsentierten Reizmusterfolge dazu veranlasst zu sein, spielen beim Testen auf Reizsynonymie keine Rolle. Im Extremfall reizbedeutungsloser Sätze sieht man das besonders deutlich. (7.6) und (7.8) sind reizsynonym, ganz gleich, ob der Sprecher unter der Stimulation durch kondensstreifenfreie Nebelkammer-Reizmusterfolgen nun

(7.6) In dieser Nebelkammer ist ein sehr schnelles Elektron,

verwirft und

(7.8) Wenn ein sehr schnelles Elektron in eine Nebelkammer gelangt, hinterlässt es einen sichtbaren Kondensstreifen,

beibehält oder umgekehrt.

Unter der Annahme eines brauchbaren Synonymiebegriffs sollte es ausgeschlossen sein, dass ein und derselbe Sprecher (zu ein und demselben Zeitpunkt) hinsichtlich zweier synonymer Sätze geteilter Meinung ist. Und unser zweites Theorem besagt, dass der durch D8.2 gegebene Synonymiebegriff diese Forderung erfüllt:

S8.2 Jeder Sprecher gibt allen Sätzen, die in seinem Idiolekt synonym sind, dasselbe Verdikt.

Dieser Satz geht als Spezialfall mit n = 0 und f = ‚x_0' aus folgendem allgemeineren Satz hervor:

S8.3 Seien p und q synonym. Dann gilt für alle (n + 1)-stelligen aussagenlogischen Formeln f und für alle Sätze t_1, ... t_n:
(i) f[p, t_1, ... t_n] findet genau dann Zustimmung, wenn f[q, t_1, ... t_n]) Zustimmung findet.
(ii) f[p, t_1, ... t_n] wird genau dann abgelehnt, wenn f[q, t_1, ... t_n] abgelehnt wird.

Den Beweis dieses Satzes führe ich im Anhang. Auch mit diesem Satz erfüllt unser Synonymiebegriff ein Desiderat: Synonyme Sätze können in allen aussagenlogischen Kontexten nicht nur *salva stimulus-synonymia* miteinander vertauscht werden, sondern auch *salva verdicto*, d.h. ohne Änderung der Beurteilung des komplexen Satzes.

Kompositionalität

§ 8.27. Darüber hinaus sollte jeder akzeptable Synonymiebegriff dem Prinzip der Kompositionalität unter aussagenlogischen Verknüpfungen genügen. Hinsichtlich der Konjunktion sollte beispielsweise gelten:

S8.4 Sind sowohl p und p' als auch q und q' zueinander synonym, so ist die Konjunktion (p & q) synonym zur Konjunktion (p' & q').

Mit dem Synonymiebegriff aus D8.2 gilt dieser Satz in der Tat. (Beweis: siehe Anhang). Dass die Reizsynonymie auch dies Desiderat verfehlt, liegt am Phänomen der Anreicherung semantischer Masse: (7.6) und (7.8) sind reizsynonym; also müsste die Konjunktion aus (7.6) und (7.8) zu der aus (7.6) mit sich selbst reizsynonym sein. Das ist aber genau nicht der Fall. S8.4 ist wiederum nur ein Spezialfall von

S8.5 Sei f eine (n+1)-stellige Satzfunktion, und seien p_0, p_1, ... p_n und q_0, q_1, ... q_n irgendwelche Sätze, so dass p_i und q_i jeweils paarweise synonym sind für i = 0, ... n. Dann sind auch die beiden Sätze

$f[p_0, p_1, \dots p_n]$ und

$f[q_0, q_1, \dots q_n]$

synonym.

Man könnte dies Prinzip auch so formulieren: Zwei synonyme Sätze müssen sich in allen aussagenlogischen Kontexten *salva synonymia* ersetzen lassen. Dass es sich so verhält, beweise ich im Anhang.

Bei diesen fünf Sätzen will ich es einstweilen bewenden lassen. (Mehr im übernächsten Kapitel). Meiner Ansicht nach zeigen sie, dass unser Synonymiebegriff vernünftiger ist als Quines Reizsynonymie.

Aber die Beweisbarkeit dieser Sätze zeigt mehr. Denn mit Ausnahme des Satzes S8.1 lassen sich alle diese Sätze nur mit dem Synonymiebegriff aus D8.2 beweisen. Die Vorgängerinnen unserer Definition – D8.2* und D8.2** – taugen nicht zur Ableitung der Sätze.[29] Damit haben wir einen weiteren Grund dafür gefunden, D8.2 vor D8.2* bzw. D8.2** den Vorzug zu geben.

§ 8.28. Ich möchte dies Kapitel mit der Frage abschliessen, wie sich Quines Ansichten zum Thema Holismus und Synonymie seit der Publikation von [WO] gewandelt haben. Hat vielleicht inzwischen jemand Quine auf den dreifachen Fehler hingewiesen, so dass er die

Quines neuere Ansichten

[29] Hier ist nicht der Raum, um zu analysieren, woran das liegt.

Chance gehabt hat, die Sache zu bereinigen?[30] Die drei Passagen aus [WO], in denen ich den Fehler aufgewiesen habe, hat Quine in späteren Ausgaben des Buchs nie geändert. Aber er hat das Thema in anderen Werken erneut behandelt; und dort hat er den Fehler nicht wiederholt. Doch hat ihn die Vermeidung des Fehlers nicht vom bedeutungstheoretischen Skeptizismus abgebracht. Woran liegt das?

In [PoT] kommt Quine unserer Definition D8.2 am nächsten:

> One is tempted to suppose that we might define meanings for sentences of less than critical mass, and even for terms, by substitutivity. If we can interchange two expressions without disturbing the empirical content of any testable context, are they not alike in meaning? ([PoT]:53).

Während wir in D8.2 nur ganze Sätze einander gegenübergestellt und bloss deren Substituierbarkeit in allen aussagenlogischen Kontexten verlangt haben, geht Quine einen Schritt weiter, redet auch von Ausdrücken unterhalb der Satzebene („terms") und erwägt die Substituierbarkeit in *allen* Kontexten (was wir oben in der Diskussion von D8.2' verworfen haben). Zudem erwägt er nicht die Ersetzbarkeit ohne Störung der *Reizsynonymie* (salva stimulus-synonymia) – sondern die Ersetzbarkeit ohne Störung des *empirischen Gehalts*.[31]

---

30 Meines Wissens ist Gilbert Harman der einzige Quine-Kommentator, dem der Fehler aufgefallen ist ([ItTM]:24). Doch hat Harman die Bedeutung des Fehlers unterschätzt, weil er (irrtümlicherweise, s.u. am Ende dieses Paragraphen) gemeint hat, die von Quine so lakonisch verworfenen Definitionen D8.2* und D8.2** sollten *inter*-linguistische Synonymie explizieren. (Harmans Aufsatz handelt nur von der Unbestimmtheit der Übersetzung, cf. [ItTM]:14 *et passim*). Da Harman aus Gründen anderer Art von Quines Unbestimmtheit der Übersetzung überzeugt war ([ItTM]:16-21, insbes. p. 21), hat er zwar Quines Argument gegen die beiden Definitionen für unzureichend gehalten, den Definitionen aber trotzdem keine Chance gegeben. Quine hätte, so Harman, bessere Argumente gegen die Definitionen vorbringen können und sollen. („[...] Quine too quickly rejects a suggestion of Grice and Strawson, again allowing his argument to *appear* weaker than it is" – [ItTM]:24, meine Hervorhebung).
Ohne auf den dreifachen Fehler in [WO] einzugehen, hat Bergström in [QoU] einen Bedeutungsbegriff erwogen, der mit D8.2* verwandt ist und der Bergström zufolge mit Quines Holismus versöhnt werden kann:

> We might say, e.g., that the (empirical) meaning of a sentence S in a language L is the function which assigns to each sentence S* in L the (possibly empty) set of observation categoricals implied by S & S* but not by S* alone. Quinean holism does not prevent individual theoretical sentences from having a definite empirical meaning in this sense. Perhaps the definition is too generous for certain purposes [...] ([QoU]:46).

Bergström hat diesen Vorschlag nirgends genauer erkundet.

31 Den Begriff des empirischen Gehalts hatte Quine in [WO] noch nicht eingeführt (sondern allenfalls unexpliziert und ohne allzu tiefsinnige Absichten nur verwendet

Aber auf diese Unterschiede kommt es nicht an.[32] Denn Quines Fortsetzung der zitierten Passage kann ebensogut als Antwort auf unsere Definition D8.2 gelesen werden:

> Well, the plan collapses between languages. Interchanging expressions would turn the context into nonsense if the expressions belong to different languages. So the plan offers no relief from the indeterminacy of translation ([PoT]:53).

Wieder fällt Quines Kommentar kurz aus; doch unterläuft ihm diesmal kein Argumentationsfehler. Quine hat völlig recht. Ebensowenig wie der von ihm erwogene Vorschlag taugt D8.2 zum Vergleich von Sätzen aus unterschiedlichen Sprachen. Denn wenn man unsinniges Kauderwelsch vermeiden will, darf man einen Satz p nur in einen gleichsprachigen Kontext f einbetten. Da laut D8.2 der Synonymiekandidat q in genau denselben Kontext einzubetten ist, funktioniert die Definition nur, wenn p und q derselben Sprache angehören.[33]

---

wie z.B. in [WO]:26); da ich mich mit meinen bisherigen Ausführungen eng an [WO] angelehnt habe und unnötigen Komplikationen aus dem Weg gehen wollte, habe ich den Begriff bisher vermieden. Ich werde ihn oben im Haupttext auch weiterhin nicht verwenden. Meiner Ansicht nach kommen wir bestens ohne einen eigenen Begriff des empirischen Gehalts aus; Reizsynonymie genügt.
Hier nur soviel: Quine zufolge haben zwei Sätze (z.B. zwei komplette Theorien) genau dann denselben empirischen Gehalt, wenn sie dieselben (oder einander reizsynonyme) *Beobachtungs-Kategoriale* implizieren ([TI]:12; [PoT]:17), also dieselben Sätze der Form ‚When it snows, it's cold' oder ‚Where there's smoke, there's fire' ([iPoO]:111; [TI]:8/9; [PoT]:17). Wenn aber die fraglichen Sätze derartige Beobachtungs-Kategoriale implizieren (also kritische semantische Masse erreichen), dann erlaubt schon der Begriff der Reizsynonymie Rückschlüsse über ihren „Gehalt". Denn feuerfreie Rauch-Reizmusterfolgen widerlegen nicht nur das Beobachtungs-Kategorial ‚Wo Rauch ist, ist auch Feuer', sondern zugleich alle „Theorien", die das Beobachtungs-Kategorial implizieren.

32 Man könnte Quines Vorschlag mit meinem kombinieren, indem man anstelle der Austauschbarkeit (in allen aussagenlogischen Kontexten) *salva stimulus-synonymia* die Austauschbarkeit (in allen aussagenlogischen Kontexten) *ohne Änderung des empirischen Gehalts* verlangt. (Zu Quines Begriff vom empirischen Gehalt vergl. vorige Fussnote). Das Ergebnis wäre meinem Synonymiebegriff unterlegen. Wenn die Eingeborenen z.B. zwei verschiedene Wörter für Elektronen hätten, die sie beliebig austauschbar verwenden, dann wären im intuitiven Sinne synonyme Sätze nicht synonym im Sinne des Vorschlags, der zur Debatte steht. Denn der Begriff der logischen Implikation, der in Quines Begriff vom logischen Gehalt eingeht, ist blind für inferentielle Zusammenhänge, die ausserhalb der Logik liegen – und zwar selbst dann, wenn die Eingeborenen die fraglichen Übergänge in ihrem Verhalten völlig zuverlässig vorführen. Die Reizsynonymie kann solche inferentiellen Übergänge dagegen sehr wohl erfassen und schöpft damit das Gesamtverhalten der Eingeborenen besser aus.

33 Das hat Quine bereits in [WO]:65 gesehen. Schon deshalb kann Harmans verharmlosende Reaktion auf den dreifachen Fehler Quines (s.o. Fussnote 30) nicht befriedigen: Anders als Harman gemeint hat, zielen die von Quine zurückgewiesenen

Ein bedeutungstheoretischer Verlust

§ 8.29. Gegen die Unbestimmtheit der Übersetzung von theoretischen Sätzen richtet D8.2 also offenbar nichts aus. Hier liegt in der Tat einer der Verluste, die uns der bedeutungstheoretische Skeptiker beigebracht hat: Quersprachein können wir – noch? – keinen Synonymiebegriff definieren, der auch für theoretische Sätze funktioniert. Und das heisst, wir bekommen keinen befriedigenden, umfassenden Begriff der Übersetzung.

Müssen wir uns infolge dieses Verlusts einer generellen Bedeutungsskepsis hingeben? Ich meine nicht. Zunächst: Wir haben in der Tat auf den Begriff der Übersetzung verzichtet. Aber wir haben nicht auf die Forderung verzichtet, semantische Begriffe unter den Bedingungen der radikalen Übersetzung zu explizieren. Wir haben unter den Bedingungen der radikalen Übersetzung den Übersetzungsbegriff verloren; nicht verloren haben wir unter den Bedingungen der radikalen Übersetzung den Begriff der Synonymie innerhalb ein und derselben Sprache. Denn unser Synonymiebegriff aus D8.2 funktioniert für unbekannte Urwaldsprachen. Er erlaubt es, Sätze ein und derselben *fremden* Sprache miteinander zu vergleichen. Wir haben einen intralinguistischen Synonymiebegriff für variables L aufgetan.[34] Mit diesem bedeutungstheoretischen Begriff haben wir – gemessen an Quines eigenen Explikationsstandards – mehr in der Hand als mit Tarskis Wahrheitsbegriff (der nur für *ex ante* festgelegte Sprachen funktioniert, siehe Kapitel 3).

Aber, wie gesagt, wir haben keinen interlinguistischen Synonymiebegriff gefunden, d.h. keinen Begriff für Bedeutungsvergleiche über Sprachgrenzen hinweg. Wir mögen diesen Mangel bedauern; es wäre schöner, wenn wir die theoretischen Sätze einer fremden Kultur mit den unseren vergleichen könnten.

Analytizität

§ 8.30. Aber erstens betrifft der Verzicht nur die theoretischen Sätze.[35] Und zweitens ist der intralinguistische Synonymiebegriff für

---

Definitionen nicht auf interlinguistische Synonymie; aus Harmans und Quines Überlegungen zur Unbestimmtheit der Übersetzung kann also kein zugkräftiges Argument gegen die Definitionen gewonnen werden.

34 Das sähe Quine genauso: „If either of these ventures [i.e., D8.2* and D8.2**, respectively – O.M.] had succeeded, the synonymy yielded would still have beeen strictly intralinguistic [...] But the language would not have to be our own" ([WO]:65).

35 Die Synonymiebegriffe für Beobachtungs- und Quasi-Beobachtungssätze, die wir in § 6.23 und § 6.26 kurz in den Blick genommen haben, funktionieren quersprachein.

die Bedeutungstheorie wichtiger als sein interlinguistischer Bruder. Natürlich ist intralinguistische Synonymie nur ein Spezialfall interlinguistischer Synonymie (nämlich der spezielle Fall $L_1 = L_2$). Aber, so meine Behauptung, es ist der für die Bedeutungstheorie interessante Spezialfall. Schon mithilfe des intralinguistischen Synonymiebegriffs bekommen wir wichtige bedeutungstheoretische Resultate. Wie wir im übernächsten Kapitel sehen werden, genügt unser intralinguistischer Begriff, um den Begriff des analytischen Satzes zu definieren.

Die Legitimität der analytischen Sätze anzuerkennen, hat sich Quine bis heute gesträubt.[36] Und das bedeutet, dass sich irgendwo in Quines Meinungen noch immer ein Fehler verbergen muss. Es ist diesmal kein expliziter Fehler, den man anhand eines Zitats aufweisen könnte. Der Fehler besteht nur darin, eine Definition des Analytischen nicht zu erwägen, die sich ihm hätte aufdrängen müssen: Quine hat sie selbst in die Welt gesetzt! Es ist eine Definition des analytischen Satzes in Termen intralinguistischer Synonymie.[37] Ursprünglich – in [WO] – hatte Quine die Definition deshalb zurückgewiesen, weil er schon den Begriff der intralinguitischen Synonymie für unerreichbar gehalten hat – aufgrund eines dreifachen Denkfehlers, wie wir in diesem Kapitel gesehen haben.

Wenn Quine inzwischen – wie zitiert – gegen intralinguistische Synonymie à la D8.2 (oder à la [PoT]:53, s.o. § 8.28) nur noch einzuwenden hat, dass sie keinen interlinguistischen Synonymiebegriff liefere, dann müsste Quine die analytischen Sätze mittlerweile willkommen heissen. Und genau das tut er merkwürdigerweise nicht. Warum nicht? Quine hat sich, wie es scheint, in den letzten Dekaden immer weniger für die analytischen Sätze interessiert. Auch das gibt Anlass zur Verwunderung. Ursprünglich betraf sein bedeutungstheoretischer Skeptizismus in allererster Linie die analytischen Sätze. Die Begriffe der intra- und interlinguistischen Synonymie, die vom skeptischen Bazillus angesteckt wurden, waren weniger mit philosophischen Erwartungen beladen gewesen als der Begriff des Analytischen. Mit ihrer Kritik hätte man seinerzeit nicht so viel Aufsehen erregen können wie mit der Zurückweisung der analytischen Sätze. Dass eine zentrale These der theoretischen Philosophie ausgerechnet den Begriff der Übersetzung betreffen und treffen würde, hätte zu Beginn dieses Jahrhunderts niemand vorausgesagt.

---

36 Vergl. aber § 9.6 – § 9.8.

37 Vergl. [WO]:65 und die ausführliche Diskussion im übernächsten Kapitel.

Historische Spekulationen

§ *8.31.* Wie ist es zu erklären, dass die ursprünglich sensationelle These über analytische Sätze im Lauf der Jahre zugunsten einer These in den Hintergrund getreten ist, von der sich ursprünglich fast niemand hätte provozieren lassen? Vielleicht lag es an folgendem. Die ursprüngliche Kritik am Begriff des Analytischen passte gut zur Kritik am intralinguistischen Synonymiebegriff. Denn wie wir sehen werden, lassen sich die beiden wechselseitig definieren. Also wurden sie gemeinsam unter dem Titel „erstes Dogma" unter Beschuss genommen. Eigentlich hätte es genügt, den Synonymiebegriff nur in seiner intralinguistischen Fassung zu attackieren; doch weil die interlinguistische Synonymie mehr Angriffsflächen bot, gab sie ein zusätzlich verlockendes Ziel ab. So wurde der interlinguistische Synonymiebegriff in die Affaire hineingezogen.[38]

Wie ist es gekommen, dass sein Schicksal am Ende die Frage nach dem Schicksal aller anderen bedeutungstheoretischen Begriffe hat übertönen können? Hieran scheint eine irreführende Assoziation schuld gewesen zu sein, auf die ich in § 4.1 und § 5.6 hingewiesen habe. Ein zentraler Punkt der Kritik an den bedeutungstheoretischen Begriffen insgesamt bestand in dem Vorwurf, sie liessen sich nicht auf noch unverstandene Sprachen anwenden: etwa im Urwald, d.h. unter den Bedingungen der radikalen *Übersetzung*. Nun hätte die vorgestellte Szenerie, in der unsere Linguistin ihre Experimente anstellt, nicht unbedingt unter das Schlagwort der radikalen Übersetzung gebracht werden müssen. Ein Titel wie „linguistische Ursituation" hätte die Lage mit weniger Vorurteilen beladen. Durch das von Quine gewählte Etikett kam die irreführende Assoziation in Gang: wenn man sich beim Explizieren der semantischen Begriffe den Bedingungen der radikalen *Übersetzung* unterwerfen muss, dann heisst dies entgegen dem ersten Anschein noch lange nicht, dass ausgerechnet „Übersetzung" der zentrale und hauptsächlich interessante semantische Begriff sei. *Alle* semantischen Begriffe müssen unter den Bedingungen der radikalen Übersetzung (d.h. un-

[38] In [TDoE] zielt Quine mit seiner Bedeutungsskepsis nicht auf den Übersetzungsbegriff. Er erwähnt ihn dort beiläufig und ohne skeptische Emphasis, etwa an Stellen, wo Quine von Übersetzung der theoretischen Sprache ins phänomenalistische Vokabular redet, vergl. [TDoE]:39. Man war seinerzeit noch nicht auf die Idee gekommen, den Übersetzungsbegriff zu problematisieren. Selbst der gestrenge Tarski hat diesen Begriff völlig unkritisch vorausgesetzt (vergl. [WiFS]:78/9): ein aus heutiger Sicht unverständlicher Bruch seiner Ankündigung, Wahrheit nur mithilfe solcher Begriffe zu erklären, die entweder selbst nicht zum semantischen Vokabular zählen oder zuvor auf derartige unproblematische Begriffe zurückgeführt worden sind ([WiFS]:58).

ter den Bedingungen der linguistischen Ursituation) expliziert werden: Wahrheit und Analytizität genauso wie Synonymie und Referenz. Wieviel philosophisches Interesse ausgerechnet der Begriff der Übersetzung verdient, hängt nicht vom herangezogenen Gedankenexperiment ab (und schon gar nicht von dessen Benennung) – sondern allein davon, wieviel Philosophie wir mit dem Begriff bekommen. Und die Frage nach den analytischen Sätzen (einerlei, ob sie positiv oder negativ beschieden wird) trägt philosophisch mehr aus als die Frage, ob sich die theoretischen Sätze eindeutig von einer Sprache in die nächste übertragen lassen.[39]

Doch vielleicht hat Quine die Wichtigkeit der Frage nach dem Analytischen bis heute nicht geleugnet und nur gemeint, dass die analytischen Sätze seit [TDoE] und [WO] endgültig erledigt seien. Nicht wenige Philosophen sind ihm in dieser Einschätzung gefolgt. Aber in der Philosophie wird nicht mit Mehrheit entschieden. Wenn ich mit meinen Argumenten aus den nächsten Kapiteln recht haben sollte, ist es an der Zeit, die Lage im Streit um die analytischen Sätze neu zu bewerten.

[39] Quine weckt unser Interesse am Übersetzungsbegriff mit einem geschickten Schachzug: Auf den ersten anderthalb Seiten des zweiten Kapitels von [WO] wirft er die philosophische Frage auf, „how much of language can be made sense of in terms of its stimulus conditions" ([WO]:26), und kündigt eine pessimistische Antwort auf diese Frage an ([WO]:26/7); zunächst formuliert er die Frage samt ihrer pessimistischen Antwort, ohne den Begriff der Übersetzung ins Spiel zu bringen. Dann stellt er es so hin, als gehe er nur aus Gründen der Verdeutlichung zum Problem der Übersetzung über: „The same point can be put less abstractly and more realistically by switching to translation" ([WO]:27). Aber wie sich im weiteren Verlauf des Kapitels herausstellt, wechselt Quine das Thema nicht aus darstellungstechnischen Gründen, sondern weil für ihn Übersetzung *das* Paradigma für Semantik ist. Nicht umsonst heisst das Kapitel „Translation and meaning": Übersetzung bekommt den Vortritt noch vor Bedeutung! Für Quine, den semantischen Skeptiker, lohnt sich diese Umwertung der semantischen Werte: viel stärker als all die anderen semantischen Begriffe sträubt sich genau der Übersetzungsbegriff gegen den Versuch der Explikation.

Kapitel 9

Analytische Sätze und die Quine/Duhem-These

Analytische Sätze

§ 9.1. Im letzten Kapitel haben wir das erste Dogma des Empirismus nur zur Hälfte verteidigt: Wir haben einen Synonymiebegriff definiert, der auf dem holistischen Terrain der Quine/Duhem-These funktioniert. Um das erste Dogma vollständig zu rehabilitieren, müssen wir uns der interessanteren Hälfte des Dogmas zuwenden: den analytischen Sätzen.

Für Philosophen ist dies Thema deshalb interessanter als die Frage nach der Haltbarkeit des Synonymiebegriffs, weil analytische Sätze nicht nur sprachphilosophisch wichtig sind – ihr Schicksal wirkt sich auch auf Erkenntnistheorie, Metaphysik und Wissenschaftstheorie aus.

Bevor ich einen kurzen Streifzug durch diese drei Gebiete unternehme und einige ihrer Fragen aufwerfe, die mit dem Gegenstand dieses Kapitels zusammenhängen, möchte ich andeuten, welches Explicandum ich explizieren möchte. Man nennt zwar die analytischen Sätze *wahr allein aufgrund ihrer Bedeutung* – aber schon im Bereich unserer vorphilosophischen Intuitionen ist nicht klar, was das heissen soll. (Und es ist weniger klar als im Fall unseres intuitiven Synonymiebegriffs).

Dass ein Satz „aufgrund" der Bedeutung wahr ist: diese Aussage besagt etwas anderes als z.B. die Aussage, dass ein Satz aus dem Geschichtsbuch „aufgrund" dieses oder jenes historischen Ereignisses oder Sachverhalts wahr ist. Wenn überhaupt, dann machen „Bedeutungen" Sätze nicht im selben Sinn wahr, wie das irgendwelche Ereignisse oder Sachverhalte tun.

Was ich explizieren möchte, muss mithin von einer anderen Intuition herkommen. Die analytischen Sätze, die ich einfangen möchte, sollen in dem – trivialeren – Sinne wahr allein aufgrund der Bedeutung sein, in dem sie *nichts Interessantes* über die Welt *besagen.* Sie laufen leer. Und sie laufen deshalb leer (hier tritt der Bedeutungsaspekt hervor), weil wir die Sprache so benutzen, wie wir sie benutzen.

Versuchen wir, das Explicandum zu beleuchten, indem wir das Pferd von hinten aufzäumen: Man kann, so die Intuition, analytische Sätze nicht verwerfen, ohne die Sprache zu wechseln; wer seine ursprüngliche Zustimmung zu einem analytischen Satz preisgibt, ändert nicht seine Meinung über die Welt – er ändert seine sprachlichen Gewohnheiten.

Diese wenigen Andeutungen mögen genügen, um anzuzeigen, dass *mein* Explicandum in die Sprachphilosophie gehört und nicht etwa ein verkappter metaphysischer oder erkenntnistheoretischer Begriff ist.[1]

Wo analytische Sätze wichtig sind

§ 9.2. Trotzdem ist der Begriff auch ausserhalb der Sprachphilosophie wichtig. In der Erkenntnistheorie entscheidet das Schicksal der analytischen Sätze mit über die Frage, ob wir unabhängig von Erfahrung zu Wissen gelangen können. Wäre der Begriff des analytischen Satzes sinnvoll und gäbe es analytische Sätze, so reichte das blosse Verstehen dieser Sätze aus, um ihre Wahrheit zu erkennen; ein empirischer Test solcher Sätze wäre überflüssig. Wer diese Sätze richtig gebraucht, müsste nicht eigens „in der Welt nachsehen", um festzustellen, dass sie wahr sind. Um beispielsweise herauszufinden, ob alle Junggesellen unverheiratet sind, brauchten wir keine Volkszählung zu veranstalten: es genügte, sich der Bedeutung unserer Wörter klar zu sein. Die analytischen Sätze böten einen Paradefall für *a priori* gültige Erkenntnis. Und es wäre spannend zu fragen, ob es andere – synthetische – Sätze gibt, die *a priori* gelten: eine Frage, deren Diskussion erst Sinn hat, wenn man sich des Sinnes der Unterscheidung zwischen analytischen und synthetischen Sätzen klar ist.

Kommen wir zur metaphysischen Bedeutung der Frage nach den analytischen Sätzen. Wenn wir nicht eigens in unserer Welt nachsehen müssen, um festzustellen, ob ein analytischer Satz wahr ist, dann muss der fragliche Satz in allen denkbaren Welten gelten. Und das heisst, dass der Satz *notwendig* gilt. Analytische Sätze können also – *wenn* es sie gibt – zur Rettung der notwendigen Wahrheiten vor anti-modalen Zweifeln dienen.[2] Damit wäre die Theorie der

---

[1] Ich will nicht bestreiten, dass man sich für einen Begriff vom analytischen Satz interessieren kann, der stärker epistemisch oder metaphysisch aufgeladen ist. Vermutlich stellen sich seiner Explikation noch grössere Hindernisse in den Weg als der Explikation des bescheideneren Begriffs, auf den ich es abgesehen habe.

[2] So auch Davidson:

> The [...] metaphor [of possible non-actual worlds – O.M.] requires a distinction within language of concept and content: using a fixed system of concepts (words with fixed meanings) we describe alternative universes. Some sentences will be true simply because of the concepts or meanings involved [i.e., analytically true – O.M.], others because of the way of the world. In describing possible worlds, we play with sentences of the second kind only ([oVIo]:187).

Modalitäten rehabilitiert: zugegebenermassen noch nicht viel Metaphysik.

Doch die Frage der analytischen Sätze entscheidet auch mit darüber, wie wir uns zu metaphysischen Fragen stellen sollen, die entschieden weitergehen. Wenn sich herausstellt, dass die einzigen notwendigen Wahrheiten, die es gibt, von analytischen Sätzen ausgedrückt werden, dann scheint es keine substantielle Metaphysik geben zu können. (Das behaupteten die logischen Empiristen des Wiener Kreises). Wenn man dagegen synthetische Sätze aufweisen kann, die gleichwohl mit Notwendigkeit gelten, dann öffnet sich der Metaphysikerin das Tor zum Paradies. Dann kann sie sich nach *inhaltlich interessanten* notwendigen Wahrheiten umtun, die ihr die tiefen Gesetzmässigkeiten des Kosmos enthüllen – sie brauchte nicht zu fürchten, dass diese Gesetzmässigkeiten nur vom Gebrauch ihrer Sprache herkommen und keinen Zug des Kosmos widerspiegeln.

Wie dieser Streit zwischen Gegnern und Freundinnen der Metaphysik ausgeht, hängt auch davon ab, *wo* man die Grenze zwischen analytischen und synthetischen Sätzen zieht; und ob der Streit Sinn hat, entscheidet sich daran, *ob es gelingt*, die fragliche Grenze zu ziehen.[3]

Wissenschaftstheorie

§ 9.3. Und schliesslich ist das Thema dieses Kapitels für wissenschaftstheoretische Belange von Bedeutung. Wenn wir in unseren Theorien die analytischen Sätze identifizieren könnten, dann könnten wir einerseits den faktischen Gehalt (den „Weltgehalt") jeder Theorie von dem trennen, was schon der begriffliche Apparat der fraglichen Theorie erzwingt.[4] Wir könnten das, was wir mit unseren Begriffen in die Welt hineinprojizieren, von dem unterscheiden, was in der Welt vor sich geht – vorausgesetzt, natürlich, die Theorie wäre wahr. Und andererseits gäben uns die analytischen Sätze einer Theorie Aufschluss über die Bedeutung ihrer theoretischen Terme: Selbst wenn wir vielleicht nicht jeden einzelnen wissenschaftlichen Term (operationalistisch oder reduktionistisch oder ostensiv) definieren können, wäre uns viel geholfen, wenn wir wüssten, welche

[3] Ein weiteres Thema, für das die Dichotomie wichtig wäre, stammt aus der Ontologie. Carnaps positivistische Antwort aus [ESO] auf die Frage: *Was gibt es?*, kann nur funktionieren, wenn die Unterscheidung zwischen Analytischem und Synthetischem Sinn hat (Quine [CLT]:132).

[4] Davidson formuliert denselben Punkt umgekehrt:

> To give up the analytic-synthetic distinction [...] is to give up the idea that we can clearly distiguish between theory and language ([oVIo]:187).

theoretischen Sätze schon allein aufgrund der Bedeutung wahr sein müssen. Wir könnten dann beispielsweise erklären, worin das Verständnis der theoretischen Terme besteht.

Um keine übertriebenen Erwartungen zu wecken: Die erkenntnistheoretischen, metaphysischen und wissenschaftstheoretischen Fragen, die ich soeben angerissen habe, werde ich in dieser Arbeit nicht im Detail erörtern können. Ins Gebiet der Metaphysik werde ich mich nicht vorwagen; erkenntnistheoretische Gefilde werde ich kurz streifen; aber ich werde mich – im übernächsten Kapitel – im Grenzgebiet zwischen Sprachphilosophie und Wissenschaftstheorie bewegen. Die angeführten Fragen aus den drei Gebieten sollten lediglich daran erinnern, dass sich nicht nur Sprachphilosophen fürs Schicksal der analytischen Sätze interessieren. Und die Fragen zeigen, warum Quines Kritik an den analytischen Sätzen vor bald einem halben Jahrhundert so viel Furore gemacht hat.[5]

§ 9.4. Quine greift die analytischen Sätze auf zwei Ebenen an, die wir auseinanderhalten sollten. Auf der oberen Ebene kritisiert Quine Zwei Ebenen

[5] Abgesehen von der oben angerissenen erkenntnistheoretischen, metaphysischen und wissenschaftstheoretischen Bedeutung des Streits um die analytischen Sätze könnten Philosophen aus einem weiteren Grund an analytischen Sätzen interessiert sein, auf den Putnam hingewiesen hat. Es könnte das ureigenste Privileg (analytischer?) Philosophen sein, dafür zuständig zu sein, analytische Sätze und verborgene Synonymien zu erkennen (cf. Putnam [AS]:36ff). Die Philosophie hinge dann nicht einmal indirekt von mühseliger empirischer Forschung ab, sondern verfügte über eine kostenlose apriorische Erkenntnisquelle namens „Reflexion auf die Bedeutung", durch die sich etwa folgende Fragen beantworten liessen:

> Hat es die Erde vor fünf Minuten gegeben?
> Wenn Jones weiss, dass p – muss er dann über Evidenzen für p verfügen? (Cf. Putnam [AS]:39).

Wer derartige philosophische Fragen durch Rückgriff auf analytische Sätze entscheiden will, verdient meiner Ansicht nach Putnams harsches Urteil:

> Attempt to use it [i.e., the analytic-synthetic distinction – O.M.] as a weapon in philosophical discussion, and you will consistently be wrong ([AS]:36; vergl. auch Putnam [TDR]:89n).

Ich will zwar im folgenden die analytischen Sätze zu rehabilitieren suchen; doch damit möchte ich keine schlechten philosophischen Gewohnheiten schönreden, wie den Versuch, die Existenz der Erde vor fünf Minuten durch Appell an unseren Sprachgebrauch analytisch zu beweisen. (Das heisst nicht, dass ich generell gegen apriorische Argumente in der Philosophie wäre; ich behaupte nur, dass man es sich zu einfach macht, wenn sie aus Erwägungen zur „Bedeutung" herzaubern will. Auch Putnam lehnte nicht immer apriorische Argumente ab, cf. [RTH]:16). Um keine unbegründeten Befürchtungen zu wecken, beeile ich mich zu versichern, dass der Begriff des analytischen Satzes, den ich zu entwickeln gedenke, weder auf

> Die Erde existiert länger als seit fünf Minuten,

noch auf die Negation dieses Satzes zutreffen wird. (Ich werde auf dies Thema nicht zurückkommen; es ist zu abseitig).

die erkenntnistheoretischen, metaphysischen und wissenschaftstheoretischen Überlegungen, in denen auf analytische Sätze zurückgegriffen wird. Diese Überlegungen Quines werde ich fast komplett ausblenden. Denn Quines sprachphilosophische Kritik auf der darunterliegenden Ebene ist radikaler: Ihr zufolge hat schon die *Unterscheidung* zwischen analytischen und synthetischen Sätzen keinen Sinn.

Man könnte die beiden Ebenen der Kritik wie folgt voneinander abheben. Auf der oberen Ebene hält Quine seinen erkenntnistheoretischen, metaphysischen und wissenschaftstheoretischen Gegnern entgegen, dass es die analytischen Sätze, auf die ihre Überlegungen angewiesen sind, nicht gibt. Vielmehr, so könnte man Quines Kritik fortsetzen (*wenn* diese Kritik das einzige wäre, was Quine gegen die analytischen Sätze einzuwenden hat), seien überhaupt alle Sätze synthetisch.

Derartigen erkenntnistheoretischen, metaphysischen und wissenschaftstheoretischen Disputen entzieht Quines sprachphilosophische Kritik die Grundlage. Dieser Kritik zufolge hat auch der Philosoph unrecht, der die Existenz der analytischen Sätze leugnet: Er setzt immer noch die Verständlichkeit der Unterscheidung zwischen Analytischem und Synthetischem voraus – und schon diese Annahme hält Quine für verfehlt.[6]

---

[6] Dass Quine den Sinn der Unterscheidung zwischen analytischen und synthetischen Sätzen bezweifelt, geht deutlich aus unzähligen Passagen in [TDoE] und anderswo hervor. Hier sind ein paar Textbelege:

> Now here the difficulty is simply [...] the word 'analytic', which we do not understand! ([TDoE]:33).
>
> [...] a boundary between analytic and synthetic statements simply has not been drawn. That there is such a distinction to be drawn at all is an unempirical dogma of empiricists, a metaphysical article of faith ([TDoE]:37).
>
> But I hope we are now impressed with how stubbornly the distinction between analytic and synthetic has resisted any straightforward drawing ([TDoE]:41).
>
> But when we would supplement the logical truths by the rest of the so-called analytic truths, true by essential predication, then we are no longer able even to say what we are talking about. The distinction itself, and not merely an epistemological question concerning it, is what is then in question ([CLT]:130).
>
> [...] whereas the physical sciences are generally recognized [...] as destined to retain always a non-conventional kernel of doctrine, developments of the past few decades have led to a widespread conviction that logic and mathematics are purely analytic or conventional. It is less the purpose of the present inquiry to question the validity of this contrast than to question its sense ([TbC]):77).

Diese Zitate bieten überwältigende Evidenz dafür, dass Lycan nicht recht haben kann, wenn er behauptet: „Quine's real complaint is that analyticity [...] is just unexemplified" ([DiQW]:112). Trotzdem gibt es auch Textevidenz in [TDoE] zugunsten der Annahme, dass Lycan mit seiner Interpretation *einen* Zug dessen trifft, was

Vergleichen wir die Situation mit dem Streit um Gott. Der Atheist leugnet und der Christ glaubt an Gottes Existenz; der logische Positivist kritisiert beide Parteien im Streit um Gott: Christ und Atheist führten demzufolge nur ein Scheingefecht – ihr Streit sei leeres Gerede, weil ihre Sätze nichts besagten (so z.B. Ayer [LTL]:115/6).

Quines Kritik am erkenntnistheoretischen, metaphysischen und wissenschaftstheoretischen Gebrauch der analytischen Sätze entspricht der atheistischen Kritik am Christen; Quines sprachphilosophische Kritik am Sinn der Unterscheidung zwischen Analytischem und Synthetischem entspricht der positivistischen Kritik am Streit um Gott insgesamt. Und so, wie sich Atheist und Christ vor der Fortsetzung ihres Disputs besser auf einen beidseits akzeptierten Sinn des Wortes ‚Gott' verständigen sollten, so sollten auch wir den erkenntnistheoretischen, metaphysischen und wissenschaftstheoretischen Streit um analytische und synthetische Sätze ruhen lassen, bis wir uns des Sinns dieser Unterscheidung vergewissert haben.

Allein diesem Problem ist das vorliegende Kapitel gewidmet. Ich beabsichtige, den Sinn der Unterscheidung zu verteidigen, indem ich sie durch eine Definition im respektablen Vokabular der Stimulus-Semantik expliziere. Sollte die Explikation gelingen, so bliebe immer noch zu fragen, welche Sätze analytisch sind: Die Frage werde ich im nächsten und übernächsten Kapitel behandeln.

Plan der Argumentation

§ 9.5. Ich werde folgendermassen vorgehen. Nach einigen Präliminarien zur Ausgrenzung von zwei Problemen, die ich hier nicht behandeln möchte (§ 9.6 – § 9.9), werde ich den Begriff vom analyti-

---

Quine an den analytischen Sätzen auszusetzen hat. Inbesondere können in dieser Richtung alle Argumente Quines verstanden werden, denen zufolge es nicht vernünftig wäre, an irgendwelchen Sätzen unter allen erdenklichen Umständen festzuhalten, komme, was wolle (cf. z.B. [TDoE]:43). Diese Argumente können deshalb als Plädoyer gegen die Existenz analytischer Sätze verstanden werden, weil jede plausible Definition des Begriffs der analytischen Sätze deren Unrevidierbarkeit einschliessen muss. Kann Quine die analytischen Sätze auf beiden genannten Ebenen kritisieren, ohne sich selbst zu widersprechen? Ja. Die Kritik auf der oberen Ebene muss dann als Konditional formuliert werden: *Selbst wenn,* so die Kritik auf dieser Ebene, *ein verständlicher Begriff vom analytischen Satz gefunden werden könnte, gäbe es keine Sätze, die unter diesen Begriff fallen.* Und die radikalere Kritik auf der darunterliegenden Ebene besagt dann, dass das Antecedens in jenem Konditional falsch ist: *Man kann keinen sinnvollen Begriff vom analytischen Satz explizieren.*
Da die beiden Ebenen der Kritik nicht miteinander in Konflikt geraten müssen, ist es müssig, sich wie Boghossian in [A]:14-16 zu fragen, auf welcher der zwei Ebenen sich Quines Kritik *wirklich* abspielt.

schen Satz zunächst durch folgende Grundidee zu erklären suchen: Analytische Sätze besagen nichts über die Welt (§ 9.10). Es wird sich zeigen, dass diese intuitive Erklärung an der Quine/Duhem-These scheitert, da auch die theoretischen Sätze isoliert nichts über die Welt besagen (§ 9.11). Wir werden diese holistische Klippe mithilfe eines verfeinerten Begriffs umschiffen: Analytische Sätze besagen nicht nur isoliert nichts über die Welt; sondern sie laufen auch als Konjunktionsglied in beliebigen Kontexten wie ein fünftes Rad leer mit (§ 9.12). Eine derartige Explikation trifft, wie sich zeigen wird, unsere Intuitionen in zweierlei Hinsicht. Einerseits sind im intuitiven Sinne analytische Sätze auch analytisch im Sinne der Explikation (§ 9.13 – § 9.15); und andererseits sind im intuitiven Sinne synthetische Sätze *nicht* analytisch im Sinne der Explikation (§ 9.16 – § 9.21). Insbesondere grenzt unser explizierter Begriff solche im intuitiven Sinne synthetischen Sätze aus, die in Quines Terminologie *reizanalytisch* sind. Unser Begriff ist also enger als Quines Begriff (den Quine selbst nicht als angemessene Explikation des Analytischen auffasst, da er diesen Begriff für unexplizierbar hält). Abschliessen werde ich das Kapitel mit einer weiteren Verfeinerung des bis dahin erreichten Begriffs: Wie im letzten Kapitel bei der Explikation des Synonymiebegriffs sollen nicht nur Konjunktionen zum Einbetten herangezogen werden, sondern beliebige aussagenlogische Kontexte (§ 9.23 – § 9.27). Im nächsten Kapitel werde ich die explizierten Begriffe der Synonymie und des Analytischen zueinander in Beziehung setzen und einige wichtige Theoreme über synonyme und analytische Sätze darstellen.

Verheiratete Junggesellen?

§ 9.6. Beginnen wir die Erörterung mit den angekündigten Vorbemerkungen, durch die ich zwei weniger wichtige Aspekte der Kritik Quines an den analytischen Sätzen ausgrenzen will. Erste Vorbemerkung. Ursprünglich hat Quine die Unterscheidung zwischen analytischen und synthetischen Sätzen ganz abgelehnt: keinem noch so sicher wirkenden Satz gebühre das Privileg, für immer vor der Preisgabe geschützt zu sein. Diese radikale Position zieht Konsequenzen nach sich, die fast jeder unplausibel finden wird. Selbst der Satz:

(9.1) Alle Junggesellen sind unverheiratet,

könnte im Lichte widerspenstiger Erfahrungen verworfen werden. Hier scheint Quine ein *bisschen* weit gegangen zu sein. Was auch immer die Erhebungen der nächsten Volkszählung ergeben mögen, wir werden unbeirrt an (9.1) festhalten – und zwar selbst dann, wenn die Zahl der Junggesellen die Zahl der unverheirateten Männer laut Statistik zu übersteigen scheint und wir den statistischen Fehler nirgends zu entdecken vermögen.

Zugegeben, damit ist nicht gesagt, ob wir dem Satze (9.1) nicht doch plötzlich widersprechen werden. Es steht uns frei, unsere Gewohnheiten zu verändern. Aber, so mein Punkt, dann ist die Änderung unserer Haltung gegenüber (9.1) dem Sprachwandel zuzuschreiben und nicht dem inhaltlichen Wandel unserer Meinungen: Widerspenstige soziologische Beobachtungen haben mit der Sache nichts zu tun.

Sprachwandel vs. Theoriewandel

§ 9.7. Dieser Kritik hätte Quine ursprünglich – also in der Zeit um [TDoE] – mit dem Hinweis widersprochen, Sprachwandel lasse sich nicht scharf vom Wandel der Meinung unterscheiden.[7] Auch Sprachwandel könne von gewissen widerspenstigen Beobachtungen ausgelöst werden. So ist der Satz

(9.2) Alle Wale sind Fische,

vor der eingehenden Untersuchung von Atmungsorganen und Milchdrüsen für wahr gehalten und erst nach ihr aus Gründen der Praktikabilität verworfen worden – genau so, wie wir auch sonst manchmal Sätze aus dem Innern einer Theorie infolge von Zweckmässigkeitserwägungen revidieren, ohne von widerspenstigen Beobachtungen dazu gezwungen zu sein. (Widerspenstige Beobachtungen legen eine solche Revision allenfalls nahe; sie erzwingen sie nicht).

Diese bedeutungsskeptische Antwort Quines hinterlässt ein zwiespältiges Gefühl. Angewandt auf wissenschaftliche Fachterme (wie etwa Terme für natürliche Arten), scheint Quines Antwort zu überzeugen. Aber der Satz

(9.1) Alle Junggesellen sind unverheiratet,

ist offenbar von anderer Art. Schlechterdings keine denkbare Beobachtung scheint uns die Revision auch nur nahelegen zu können –

---

[7] In [TDoE] diskutiert Quine das Problem des Sprachwandels zwar nicht ausdrücklich. Doch da er sich dort weigert, einen Sinn darin zu sehen, die Wahrheit einzelner Sätze auf eine sprachliche und eine faktische Komponente zurückzuführen ([TDoE]:42), dürfte Quine *a fortiori* davon überzeugt gewesen sein, dass es ebensowenig Sinn hat, vom *Wandel* dieser Komponenten zu sprechen. (Vergl. auch Quine [CLT]:131).

und das nicht einmal in Verbindung mit Zweckmässigkeitserwägungen. Der Grund dafür lautet anscheinend, dass wir uns auf die Bedeutungen der Wörter ‚Junggeselle' und ‚unverheiratet' geeinigt haben: Es liegt an uns (nur an uns!), dass wir unverheiratete Männer als ‚Junggesellen' titulieren.[8]

Natürlich könnten wir uns plötzlich entscheiden, nur noch Tennis-Stars als Junggesellen zu bezeichnen. Doch derartige Entscheidungen sollten sich identifizieren lassen: Wir entscheiden uns dann, das Wort anders zu verwenden.[9] (Solche „Entscheidungen" können graduell erfolgen, indem sie von Insider-Gruppen ausgehen und durch den Einfluss der Regenbogenpresse in die gesamte Gesellschaft einsickern). Sprachwandel scheint allenfalls im wissenschaftlichen Bereich vom Wandel der Theorie ununterscheidbar zu sein (so auch Putnam in [AS]:42-46).

Weitere Beispiele untermauern die Vermutung, dass Quine im Bereich der Wissenschaft recht haben könnte, nicht aber im Bereich der Alltagssprache. Wer plötzlich Sätze wie

(9.3) Alle roten Gegenstände sind farbig;
(9.4) Kugeln haben keine Ecken;
(9.5) Regenwarmes Wasser ist nass;
(9.6) Zwei und Zwei macht Vier;

ablehnt, spricht eine andere Sprache als wir. Selbst wenn schockierende Erfahrungen die Abweichung vom Althergebrachten auslösen sollten, bleibt es ein Wandel der Sprache und damit von prinzipiell anderer Art als die Revision eines Erfahrungssatzes im Lichte überraschender Beobachtungen.

Im Bereich der Wissenschaft scheint Quine mit seiner These bessere Karten zu haben. Folgendes Beispiel unterstützt Quines Sicht der Dinge noch deutlicher als der Fall der Wale. Selbst wenn in Einsteins Physik die Definition von Newton:

(9.7) *Kinetische Energie = die Hälfte des Produkts aus Masse und dem Quadrat der Geschwindigkeit* ($E = 1/2\ m\ v^2$),

[8] Dass es gut begründet sein mag, solche Vereinbarungen in Form fester Regeln zu implementieren, legt Putnam in [AS]:56ff. dar. – Man mag sich fragen, ob der Unterschied zwischen (9.1) und (9.2) darauf zurückzuführen ist, dass Wale ein und derselben *natürlichen* Art angehören (zu der die schwimmenden Tiere mit Kiemen nicht zählen), während der Term ‚Junggeselle' keine natürliche Art (so Putnam [AS]:57), sondern eine *soziale* – menschengemachte (dazu Hacking [ToNK]:123) – Art bezeichnet. Dass diese Vermutung in die Irre leitet, zeigen die folgenden Beispiele im Text.

[9] Dazu mehr im übernächsten Kapitel.

nicht länger gilt, so ist nicht leicht zu sagen, ob die Physiker seit Einstein ihre Terminologie geändert haben oder ihre Meinung über die Welt. („Von beidem ein bisschen“, so lautet die übliche spontane Reaktion auf dies Beispiel).[10]

Quines analytische Sätze

§ 9.8. In der Tat ging es Quine in erster Linie um den Fall wissenschaftlicher Sätze.[11] Deshalb ist es ihm nicht schwergefallen, unnötigen Ballast abzuwerfen, nachdem sich im Laufe zweier Dekaden herausgestellt hat, dass seine Ablehnung der analytischen Sätze deshalb auf wenig Gegenliebe gestossen ist, weil sie ursprünglich Trivialitäten wie den Junggesellensatz oder wie die Sätze (9.3) – (9.6) einschloss.[12] So hat Quine denn am Anfang der Siebziger in [RoR] einen Begriff des analytischen Satzes vorgeschlagen, der den alltäglichen Trivialitäten über Junggesellen usw. Gerechtigkeit widerfahren lässt.[13] Seine Definition greift auf Fakten über den Spracherwerb zurück. Ich werde sie nicht erörtern, da sie das Herzstück der Kritik Quines an den analytischen Sätzen nicht aufhebt. Quine selbst sieht keinerlei Anlass zu der Annahme, er hätte seinen Gegnern durch die Definition in irgendeinem wesentlichen Punkt nachgegeben.[14] Denn

---

[10] So Putnam [AS]:42ff. – In [TDiR]:271 bringt Quine ein analoges Beispiel: Einsteins Preisgabe der klassischen Impuls-Definition.

[11] Das hat Quine zwar in [TDoE] nicht ausdrücklich gesagt. Doch er hat es später klargestellt, cf. [TDiR]:271. – Dass man diese Tendenz, wenn nicht dem Buchstaben, so doch dem Geiste des Papiers [TDoE] hat entnehmen können, zeigt z.B. Putnams Interpretation in [AS]:62, die lange vor Quines Klarstellung erschien.

[12] Putnam beschreibt derartige Reaktionen auf Quines Kritik an der Dichotomie in [AS]:34. Vergleiche auch Quine [TDiR]:270.

[13] Vergl. [RoR]:78-80 und [TDiR]:270/1. Einen Begriff dieser Art kündigte Quine schon in [CLT]:129 an:

> One quickly identifies certain seemingly transparent cases of synonymy, such as ‘bachelor’ and ‘man not married’, and senses the triviality of associated sentences such as ‘No bachelor is married’. Conceivably the mechanism of such recognition, when better understood, might be made the basis of a definition of synonymy and analyticity in terms of linguistic behavior.

Der so erreichbare Begriff hat nichts mit dem Begriff des Reizanalytischen zu tun, den Quine schon in [WO]:55 eingeführt hat. Dem Begriff des Reizanalytischen spricht Quine jeden explikatorischen Wert ab, und das selbst dann, wenn er auf alltägliche Sätze angewandt wird. Der Begriff ist zu weit, um auch nur als Explikation des Begriffs vom *alltagssprachlichen* analytischen Satz zu taugen. Erst recht taugt er nicht zur Anwendung auf wissenschaftliche Sätze. Mehr dazu s.u. in § 9.17.

[14] „In fact my reservations over analyticity are the same as ever, and they concern the tracing of any demarcation, even a vague and approximate one, across the domain of sentences in general. The crude criterion in *Roots of Reference*, based on word learning, is no help [...] Elementary logic and the bachelor example *are* clear enough cases, but there is no going on from there“ ([TDiR]:271 – Quines Hervorhebungen).

er ist der Meinung, dass sich sein Kriterium nicht auf den eigentlich interessanten Fall ausdehnen lässt: auf jene (angeblich) analytischen Sätze, die theoretische Terme enthalten.[15] Und Quines Grund für diese Meinung kommt abermals aus dem Holismus der Quine/Duhem-These (dazu mehr in § 9.19).[16]

Dass sich Quines Kriterium aus [RoR] nicht auf Sätze mit theoretischen Termen ausdehnen lässt und dass diese Sätze unsere Hauptaufmerksamkeit verdienen, meine auch ich. Aber anders als Quine bin ich nicht der Meinung, dass uns (holistische) Schwierigkeiten mit theoretischen Termen davon abhalten können, ein anderes Kriterium für analytische Sätze zu ersinnen: So lautet die These, die ich in diesem Kapitel starkzumachen gedenke. Ich werde ein umfassendes Kriterium für analytische Sätze formulieren. Wie sich in diesem und in den nächsten beiden Kapiteln zeigen wird, greift dies Kriterium sowohl die analytischen Alltagstrivialitäten (wie den Junggesellensatz) als auch eventuelle analytische Sätze mit theoretischen Termen heraus – so, wie es sein soll. Mit seiner Hilfe lässt sich, wie wir im übernächsten Kapitel sehen werden, sogar der theoretische Wandel vom Sprachwandel unterscheiden. Sollte ich mit all diesen Behauptungen recht haben, brauche ich auf Quines eingeschränktes Kriterium für analytische Alltagssätze nicht weiter einzugehen.

Unscharfe Grenzen

§ 9.9. Auch mit meiner zweiten Vorbemerkung möchte ich eine Frage ausgrenzen, um die es im folgenden nicht gehen wird. Quine kann leicht so verstanden werden, als bestreite er nur, dass es möglich sei, eine *scharfe* Grenze zwischen analytischen und synthetischen Sätzen zu ziehen.[17] Wäre dies alles, was Quine gegen die Unterscheidung vorzubringen hat, so brauchten wir davon nicht weiter beunruhigt zu sein (so auch Putnam [AS]:64/5). Unscharfe Grenzen treffen wir überall an, wo wir mit empirischen Begriffen umgehen.

---

15 Genauer gesagt: die sie *wesentlich* enthalten – siehe Fussnote 4 oben in § 7.2. – Dass Quines Bedenken etwas mit der Ausdehnung des Begriffs auf theoretische Sätze zu tun haben, geht daraus hervor, dass er die in der vorigen Fussnote zitierte Passage ausgerechnet mit der Diskussion des Impuls-Begriffs bei Einstein fortsetzt.

16 Den Weg scheint ihm Putnam vorgezeichnet zu haben: Lange vor Quines Publikation von [RoR] lieferte Putnam ein Kriterium für analytische Alltagstrivialitäten und bestritt dann, dass das Kriterium auf theoretische Sätze angewendet werden kann ([AS]:42, 57, 65).

17 Quine hat sich zugegebenermassen oft so ausgedrückt, als ginge es ihm nur um das Problem einer *scharfen* Grenze zwischen Analytischem und Synthetischem. Vergl. [TDoE]:46, [CLT]:129 und [WO]:67.

Ausserhalb der Bedeutungstheorie leiten uns unklare Grenzen nicht zum Skeptizismus hinsichtlich des Sinns der betreffenden Begriffe; warum sollten wir uns dann von unscharfen Begriffen in der Bedeutungstheorie irritieren lassen?

Dazu zwei Beispiele. Obwohl wir immer wieder Zwischentöne zwischen Blau und Grün (oder meinetwegen: Türkis) gesehen haben, über deren Farbe wir ins Zweifeln geraten sind, kennen wir klare Fälle von Blau und Grün und Türkis. Die unklaren Grenzen zwischen den Farbtönen bieten uns keinen Anlass, Farbskeptiker zu werden.[18]

Ein etwas weiter hergeholter Fall für unklare Grenzen lässt sich sogar für das Prädikat ‚Junggeselle' konstruieren. Selbst wenn wir zögern mögen, ob Prinz Charles kurz nach seinem und Lady Dianas Ja-Wort, aber vor dem vollständigen Vollzug des priesterlichen Sprechakts noch als Junggeselle angesprochen werden soll, gibt es genug klare Beispiele für Junggesellen bzw. Nicht-Junggesellen. Abermals besteht kein Grund, in generelle Skepsis diesmal gegenüber familienrechtlichen Sachverhalten zu versinken.

Genauso wie im Fall von Farben bzw. Junggesellen steht es in der Bedeutungstheorie. Wenn wir einem stets bejahten Satz begegnen, von dem wir selbst mithilfe der besten Kriterien (die wir natürlich *noch* nicht entwickelt haben) nicht eindeutig sagen können, ob seine Revision auf Sprachwandel zurückzuführen wäre, so zeigt die Existenz eines solchen Satzes – ohne weiteres Argument – nicht, dass die Unterscheidung zwischen analytischen und synthetischen Sätzen insgesamt keinen Sinn hat. Der Streit zwischen Quine und den Befürwortern der Unterscheidung wird nicht durch etwaige unklare Grenzfälle entschieden. Denn stellen wir uns vor, Quines Gegner könnten eine Definition des analytischen Satzes vorschlagen, die Quines strengen Explikations-Standards genügt und all seinen bedeutungsskeptischen Einwänden entgeht – abgesehen vom Problem unklarer Grenzen. Dann müsste das Explicans Beobachtungsterme enthalten (indem es etwa auf Fakten über Dispositionen zu *beobachtbarem* Verbalverhalten zurückgriffe). Und so, wie ich eben einen Prinzen genau auf der Grenze zwischen Junggesellen- und Gatten-Dasein an den Haaren herbeigezogen habe, könnte ein Kritiker der vorgeschlagenen Explikation Fälle herkonstruieren, in denen die Anwendung eines (oder mehrerer) Beobachtungsterme aus dem Ex-

[18] Klarstellung zur Beruhigung murrender Nominalistinnen: Es geht mir nicht um die Existenz von Farben als eigenständige Entitäten; es geht mir – in Anlehnung an eine Redeweise Quines – um die Frage, ob es „facts of the matter" [FoM] gibt, die einen blauen Gegenstand von einem grünen unterscheiden.

plicans unklar wäre aufgrund verschwommener Grenzen. Eine solche Gefahr droht jedem Begriff, der ansonsten anständig durch Beobachtungsvokabeln expliziert ist. Die Gefahr bietet also keinen Grund, ausgerechnet im Fall der analytischen Sätze pessimistisch zu werden.[19]

Sätze ohne Informationsgehalt

§ 9.10. Nachdem ich mit diesen zwei Vorbemerkungen dargetan habe, worum es im folgenden nicht gehen wird, sollte ich zur Sache kommen. Woran erkennt man analytische Sätze?

Ohne zu beanspruchen, eine vollblütige und taugliche Erklärung des Begriffs vom analytischen Satz zu liefern, könnten wir diesen Begriff erläutern, indem wir einen weiteren Begriff heranziehen (der letztlich nicht klarer ist als der Begriff, um dessen Erhellung es geht): den Begriff des Informationsgehalts von Sätzen. Darunter soll ungefähr folgendes zu verstehen sein. Der Informationsgehalt eines Satzes umfasst alles, was der Satz über die Welt besagt; alles, was wir über die Welt Neues erfahren, wenn wir herausfinden, dass der Satz wahr ist; oder auch alles, was sich durch das Wahrwerden des Satzes in der Welt ändert.[20]

In dem Sinn von „Information", auf dessen intuitive Verständlichkeit ich vorübergehend baue, verhilft uns das Wissen um die Wahrheit irgendwelcher analytischer Sätze nicht zu interessanter Information über die Welt. Denn was ein analytischer Satz sagt, muss in jeder möglichen Welt gelten. Und das heisst, dass wir einem gegebenen analytischen Satz keine spezifische Information über diejenige Welt entnehmen können, in der wir uns zufällig befinden.[21] Kein

[19] Unklare Grenzen scheinen allein in der Mathematik und der Logik nicht vorzukommen. Betrachteten wir also nicht die angewandte Semantik natürlicher Sprachen, sondern die formale (bzw. reine) Semantik künstlicher Sprachen, so wären unklare Grenzen in der Tat ein Grund gegen irgendwelche vorgeschlagenen Begriffe. Wer dagegen wie Quine und ich angewandte Semantik treiben will, sollte aufgrund verschwimmender Grenzen nicht ins Zweifeln geraten. Im Gegenteil: er sollte zufrieden sein, weil die verschwimmenden Grenzen als Indikator dafür gewertet werden können, dass die fraglichen Begriffe empirischer Natur sind!

[20] Um es zu wiederholen: Alle diese Formulierungen sollen Intuitionen wecken; es sind *keine* Explikationen. – Inbesondere mit der zweiten Formulierung habe ich mich an Frege angenähert, der seinen Begriff vom „Sinn" eines Satzes mit dessen Erkenntniswert in Verbindung gebracht hat ([üSB]:41 *et passim*).

[21] Man mag meinen, dass die analytischen Sätze uns darüber informieren, wie die Wörter in unserer Sprache funktionieren. Aber dem ist nicht so. *Über* unsere Sprache informiert uns nicht der (objektsprachliche) analytische Satz selbst – sondern allenfalls die metasprachliche Behauptung, *dass* der Satz analytisch ist. (Ich sehe vom Ausnahmefall der analytischen Sätzen *über* unsere Sprache ab wie: ‚Deutsche Verben sind Wörter').

analytischer Satz zeichnet die Welt, für die wir uns am meisten interessieren (weil wir in ihr zurechtkommen müssen), vor anderen möglichen Welten aus.

Es liegt also im Lichte unserer Intuitionen nahe, den analytischen Sätzen jeden Informationsgehalt abzusprechen.

Zu propädeutischen Zwecken ist alles erlaubt. Auch unklare Begriffe dürfen verwendet werden, wenn man mit ihrer Hilfe vorübergehend Licht ins Dunkel werfen kann. Doch darf man sich nie mit vorübergehenden Lichtblitzen im Finstern abfinden. In unserem Fall heisst das, dass wir von nun an ohne Rückgriff auf den Informationsgehalt von Sätzen auskommen müssen. Denn Quine wird mit Recht darauf verweisen, dass der Begriff des Informationsgehalts von Sätzen bislang genauso schlecht erklärt ist wie der Begriff ihrer Bedeutung. Sogar könnte man den Verdacht starkmachen, dass in unserem Gedankengang der böse Wolf seine wahre Natur („Bedeutung") nur unter dem wissenschaftlicher anmutenden Schafsfell (namens „Informationsgehalt") verborgen gehalten hat.[22]

Holismus und Informationsgehalt

§ 9.11. Was hätte Quine gegen den Begriff des Informationsgehalts einzuwenden? Wenn sich der Begriff des analytischen Satzes durch den des Informationsgehalts erhellen lässt und wenn Quines Zweifel am Analytischen in seinem Holismus wurzelt (cf. z.B. [FMoE]:71/2), dann sollte das von Quine zu erwartende Misstrauen gegenüber Informationsgehalten ebenfalls aus holistischen Überlegungen heraus verständlich gemacht werden können. Quine müsste also gegen „Informationsgehalt" einwenden, dass dieser Begriff genauso wenig auf den einzelnen Satz (in Isolation von der Theorie, der er angehört) angewendet werden kann wie der Bedeutungsbegriff: Wie wir im vorletzten Kapitel gesehen haben, erreichen erst hinreichend lange Konjunktionen theoretischer Sätze kritische semantische Masse; und genauso erreichen erst hinreichend lange Konjunktionen theoretischer Sätze kritische *Informations*-Masse. Für sich genommen, teilt uns der einzelne theoretische Satz nichts über die Welt mit. Erst vor dem Hintergrund einer hinreichend starken Theorie besagt der Satz etwas. Erst dann macht es einen Unterschied aus, ob der Satz wahr oder falsch ist.

Unsere intuitive Erläuterung des Begriffs vom analytischen Satz beruhte also auf der Verwendung eines Begriffs, der im Lichte der

[22] Die intuitiven Terme „Bedeutung", „bedeuten", „besagen" usw. verwende ich hier immer in dem schwachen Sinn, in dem ich in § 5.7 vom Explicandum laxer (im Gegensatz zu strikter) Synonymie geredet habe.

Quine/Duhem-These nicht startklar gemacht werden kann. Anscheinend müssen wir die informationstheoretische Leiter wegwerfen, ohne auf den Baum der bedeutungstheoretischen Erkenntnis geklettert zu sein: Der Leiter fehlen die obersten Sprossen. Lässt sich der Schaden wettmachen? Können wir den Begriff des Informationsgehalts an die holistischen Bedingungen anpassen?

Wenn es auf die bereichernde Wirkung des einzelnen theoretischen Satzes in grösseren theoretischen Einheiten ankommt: worin könnte dann der (holistisch verfeinerte) Informationsgehalt eines Satzes bestehen? Oder noch konkreter gefragt: Was müsste der Fall sein, wenn der Satz keinen Informationsgehalt trägt, weil er im intuitiven Sinne analytisch ist? Abermals anders gewendet: Worin besteht der Unterschied zwischen einem analytischen Satz, dem schlechterdings kein Informationsgehalt zukommt, und einem theoretischen Satz, der allein deshalb als einzelner Satz keinen Informationsgehalt trägt, weil seine Wahrheit erst vor dem Hintergrund einer ganzen Theorie etwas ausmacht?

Leerlaufende Räder

§ 9.12. Folgende Antwort drängt sich auf. Ob man einer Theorie einen analytischen Satz hinzufügt oder nicht, ändert am empirischen Wert der Theorie überhaupt nichts! Dem analytischen Satze fehlt also nicht nur insofern jeder intrinsische Informationsgehalt, als er in Isolation nichts über die Welt besagt (in diesem Sinn geht auch synthetischen theoretischen Sätzen jeder Informationsgehalt ab) – dem analytischen Satz fehlt auch in einem verschärften Sinn jeder Informationsgehalt: Zu welcher Theorie auch immer wir den Satz hinzufügen mögen, niemals wird der Satz am Gehalt der Theorie etwas ändern.

Diese Aussage muss konkretisiert werden: Was heisst „Hinzufügen", was heisst „Gehalt", was heisst „Theorie"? Im Lichte der Sprachregelungen aus den vorigen beiden Kapiteln schlage ich vor,

(i) unter „Theorien" Theorie-*Formulierungen* zu verstehen (also letztlich irgendwelche Sätze);
(ii) den „Gehalt" von Sätzen als deren *Reizbedeutung* aufzufassen; und
(iii) zunächst das „Hinzufügen" von Sätzen zu Theorien durch die *Konjunktion* von Satz und Theorie zu deuten.[23]

[23] Diesen letzten Punkt werden wir später in § 9.23 ff. verallgemeinern.

Nach diesen Festlegungen bietet sich folgende Definition an:

D9.1' Ein Satz s ist genau dann analytisch, wenn für alle Sätze t gilt:
t ist reizsynonym zu (t & s).

Intuitiv bedeutet dies, dass ein analytischer Satz s niemals die semantische Masse irgendeiner Theorie t anreichert: stets läuft der analytische Satz wie ein fünftes Rad leer mit.

§ 9.13. Überzeugen wir uns davon, dass beispielsweise der Junggesellensatz: Der Junggesellensatz

(9.1) Alle Junggesellen sind unverheiratet,

dies Kriterium erfüllt! Hierzu müssen wir jeden Satz t auf Reizsynonymie zu seiner Konjunktion mit (9.1) vergleichen. Wählen wir für t zunächst:

(9.8) Es regnet.

Regenhaltige Reizmusterfolgen gehören genauso in die affirmative Reizbedeutung dieses Satzes wie in die affirmative Reizbedeutung der Konjunktion:

(9.9) Es regnet, und alle Junggesellen sind unverheiratet,

Denn jeder vernünftige Sprecher würde dem zweiten Konjunktionsglied hierin sowieso zustimmen; es läuft wie ein fünftes Rad leer mit. Wenn der Sprecher also der Konjunktion insgesamt beipflichtet, dann liegt das ausschliesslich an der Reizmusterfolge, die seine Reaktion auf das erste Konjunktionsglied veranlasst. Denn was auch immer ihn dazu veranlasst, diesem ersten Gliedsatz zuzustimmen, veranlasst ihn *eo ipso* auch zur Zustimmung zur Konjunktion. Genauso macht man sich klar, dass die negativen Reizbedeutungen von (9.8) und (9.9) identisch sind. Die beiden Sätze sind daher reizsynonym.

Nun reicht es zur Erfüllung des Kriteriums aus D9.1' nicht hin, die geforderte Reizsynonymie nur anhand eines einzigen Beispiels für t aufzuweisen. Das Manöver muss für *alle* t in Reizsynonymie enden, wenn der Satz s (hier: (9.1)) unserer Definition zufolge analytisch sein soll.

Wie können wir eine solche Allaussage beweisen? Durch Experimente gewiss nicht. Wir können nicht genug Experimente durchführen, um das Beweisziel zu erreichen. Dafür hilft uns diesmal weiter, was sonst in der Philosophie kein guter Ratgeber ist: Introspektion!

Ich behaupte, wer nur genug in sich geht und sich fragt, wie er oder sie auf irgendeinen Satz reagiert im Unterschied zur Reaktion auf den Satz in (konjunktiver) Verbindung mit dem Junggesellensatz, muss mir beipflichten: Welchen Satz auch immer wir uns ausdenken mögen, stets wird er dieselbe Reizbedeutung haben wie seine Konjunktion mit dem Junggesellensatz. Immer wird der Junggesellensatz wie ein fünftes Rad leer mitlaufen – er besagt nichts über die Welt.

Ein zweiter Kontext zur Einbettung

§ 9.14. Überzeugen wir uns anhand eines einzigen weiteren Beispiels von der Richtigkeit dieser Behauptung. Im letzten und vorletzten Kapitel haben wir Fälle der Anreicherung semantischer Masse studiert, die darauf beruhten, dass die zusammengefügten Einzelsätze gemeinsame Terme enthielten. Man mag sich also fragen, ob wir für t nicht einen Satz über Unverheiratete heranziehen könnten. (Denn Unverheiratete spielen in unserem Beispiel dieselbe Rolle wie im letzten und vorletzten Kapitel die Elektronen). Wählen wir beispielsweise:

(9.10) Alle Unverheirateten sind rothaarig.

Welche Reizmusterfolgen könnten gegen diesen Satz sprechen? Die Reizmusterfolgen blondgelockter Knaben: Sie gehören deshalb in die negative Reizbedeutung von (9.10), weil Knaben klar unverheiratet sind und weil mithin die helle Farbe ihrer Locken den Satz widerlegt. Diese Reizmusterfolgen sprechen auch gegen die Konjunktion:

(9.11) Alle Junggesellen sind unverheiratet, und alle Unverheirateten sind rothaarig.

Denn dass der Sprecher dieser Konjunktion widerspricht, liegt allein an seiner negativen Reaktion auf den zweiten Teilsatz, die ihrerseits von blondgelockten Knaben-Stimulationen herrührt. Die Ursachen der Reaktion auf den ersten Teilsatz haben dagegen auf das negative Gesamtvotum keinen Einfluss; der erste Teil von (9.11) fände sogar die Zustimmung des Sprechers. Soviel zur Begründung der Behauptung, dass die negativen Reizbedeutungen von (9.10) und (9.11) gleich sind. Auf ähnliche Weise kann man sich die

Gleichheit der affirmativen Reizbedeutungen beider Sätze klarmachen. Und das bedeutet: Auch wenn wir für t den Satz (9.10) einsetzen, ergibt sich die Reizsynonymie, die unsere Definition von analytischen Sätzen verlangt.

Obwohl also auch mit dieser Wahl für t alles so funktioniert, wie es unseren Intuitionen zufolge sein soll, verdient der Fall einen genaueren Blick. Zwar läuft der Junggesellensatz auch nach Konjunktion mit dem Satz über Unverheiratete wie ein fünftes Rad leer mit: Wenn man nur die *Reizbedeutungen* vergleicht, ändert sich an (9.10) durchs Hinzufügen des Junggesellensatzes nichts. Doch hinsichtlich *logischer Implikationen* läuft der Junggesellensatz keineswegs leer mit! Ohne den Junggesellensatz impliziert (9.10) nur irgendwelche logisch äquivalenten Versionen seiner selbst. Aber zusammen mit dem Junggesellensatz entstehen zusätzliche Implikationen, weil in beiden Sätzen der Term ‚unverheiratet' vorkommt. Die Konjunktion (9.11) impliziert z.B. den Satz:

(9.12) Alle Junggesellen sind rothaarig.

Hat die Konjunktion damit nicht doch einen anderen Gehalt als ihr zweiter Teilsatz?

Das kommt darauf an, was mit „Gehalt" gemeint sein soll. Wenn sich „Gehalt" in Reizbedeutungen erschöpft, wie wir es vor der Formulierung von D9.1' eigens festgesetzt haben, so braucht es uns nicht zu stören, dass (9.12) von (9.11) impliziert wird, aber nicht von (9.10).[24]

Ein Unterschied zwischen den beiden Reizbedeutungen könnte durch die zusätzliche Implikation des Satzes (9.12) nur dann zustandekommen, wenn das Implizierte von Reizmusterfolgen widerlegt würde, die nicht auch den von der Implikation freien Satz (9.10) widerlegen. *Prima vista* wird zugegebenermassen (9.12) durch nicht-rothaarige *Junggesellen* widerlegt und (9.10) durch nicht-rothaarige *Unverheiratete*. Aber da für jeden kompetenten Sprecher alle Jung-

---

[24] Anders sieht es freilich aus, wenn man mit „Gehalt" den empirischen Gehalt in einer vorläufigen Fassung Quines meint: die Menge der implizierten Beobachtungs-Kategoriale ([TI]:12) – oder etwas weiter von Quines Definition entfernt: die Menge der implizierten Beobachtungs-*Sätze*. Unter dieser Option haben (9.10) und (9.11) in der Tat verschiedenen Gehalt. Dies rechtfertigt nachträglich, dass wir uns in D9.1' mit der Gleichheit der Reizbedeutungen zufrieden gegeben haben. (Mit Quines endgültiger Fassung des Begriffs vom empirischen Gehalt entsteht das Problem zwar nicht. Aber das liegt nur daran, dass hierzu auch Quine den Begriff der Reizsynonymie ins Spiel bringt: der empirische Gehalt umfasst dann nicht nur alle implizierten Beobachtungs-Kategoriale eines Satzes, sondern auch alle hierzu reizsynonymen Sätze – [TI]:12).

gesellen *eo ipso* unverheiratet sind – und zwar einerlei, ob man es ausspricht wie in (9.11) oder nicht wie in (9.10) – widerlegt jede Reizmusterfolge, die gegen (9.11) spricht, automatisch auch den Satz (9.10). Trotz der erweiterten Implikationsmenge von (9.11) ändert sich also nichts an der Reizsynonymie zwischen (9.10) und (9.11), auf die allein es uns laut Definition D9.1' ankommt.[25] Und aus dieser Reizsynonymie – sowie aus der Reizsynonymie irgendwelcher anderen Sätze t mit der Konjunktion aus t und dem Junggesellensatz – folgt laut D9.1' der analytische Status der familienrechtlichen Trivialität über Junggesellen.

Meine gewagte These

§ 9.15. Zugegegeben, wir haben nur zwei Beispiele für t behandelt und hätten strenggenommen für einen definitiven Beweis der Analytizität unseres Satzes überhaupt alle erdenklichen Sätze für t einsetzen müssen. Aber ich hoffe, durch die doppelte Fallstudie plausibel gemacht zu haben, dass die geforderten Reizsynonymien für

---

[25] Man mag fragen: Trauen wir damit dem Begriff der Reizsynonymie mehr zu, als realistisch ist? Gerade im Fall unüberschaubar langer Konjunktionen könnte es einen Unterschied ausmachen, ob ein gut gewählter analytischer Satz zum theoretischen Ganzen hinzugefügt wird oder nicht – der analytische Satz könnte semantische Verbindungslinien beleuchten, die dem Sprecher andernfalls entgangen wären; und dadurch könnte sich die Konjunktion aus Theorie und analytischem Satze durchaus in der Reizbedeutung von der Theorie ohne den analytischen Satz unterscheiden.
Der Einwand beruht darauf, dass sich der Sprecher *irren* könnte. Nun haben wir in § 6.14 verschiedene Irrtumsarten auseinanderdividiert. Welche Art von Irrtum wird dem Sprecher in dem Einwand unterstellt? Ist es ein theoretischer Irrtum, den wir in § 6.14 ausdrücklich im Spiel gelassen haben? Nein, denn der Irrtum, um den es nun geht, äussert sich zwar in einem unangebrachten Verdikt des Sprechers auf einen langen Satz mit theoretischen Termen. Doch spielt es für die angenommene Art des Irrtums keine Rolle, ob der Sprecher im Lichte einer (aus unserer Sicht:) falschen Theorie urteilt oder nicht. In beiden Fällen kommt der angenommene Irrtum zustande.
Wenn der Sprecher also keines theoretischen Irrtums schuldig ist: was für eine Art Irrtum schreibt ihm der zur Debatte stehende Einwand zu? Ich möchte vorschlagen, die Affaire als ein Beispiel für Sprachschnitzer einzuordnen. Dafür spricht folgendes Indiz: Wenn der Sprecher den fraglichen Fehler begeht, kann man mit Recht seinen Sprachgebrauch kritisieren.
Nun haben wir uns in § 6.16 überlegt, wie die Linguistin Sprachschnitzer ausschalten kann. Wenden wir die damalige Überlegung auf unseren Fall an. Wenn die Linguistin dem Sprecher genug Zeit, Papier und Tinte lässt, die Konjunktion einschliesslich des analytischen Satzes mit der Konjunktion ohne den analytischen Satz zu vergleichen, dann sollte der Sprecher die beiden Konjunktionen mit demselben Verdikt beurteilen. Der Fehler des Eingeborenen lässt sich – zumindest im Prinzip – durch mehrfache Wiederholung des Experiments unter guten Konzentrationsbedingungen ausschliessen.

jedes denkbare t bestehen. Und ich hoffe, dass die doppelte Fallstudie sogar mehr zeigt: Wir hätten anstelle des Junggesellensatzes irgendeinen anderen im intuitiven Sinne analytischen Satz betrachten können – dann hätten die von D9.1' geforderten Reizsynonymien ebenfalls bestanden. Der Grund dafür ist, dass im intuitiven Sinn analytische Sätze immer wie ein fünftes Rad leer mitlaufen (sonst besagten sie doch etwas über die Welt). Analytische Sätze dürfen unseren Intuitionen zufolge die semantische Masse *keiner* Theorie anreichern. Wagen wir also folgende Behauptung:

(9.13') Alle im intuitiven Sinn analytischen Sätze sind laut Definition D9.1' analytisch.

Um Missverständnissen vorzubeugen: Ich sage nicht, ich hätte diese Behauptung bewiesen. Was ich beanspruche, ist bescheidener: Wer den bisherigen Überlegungen (den zwei Fallbeispielen) mit Zustimmung gefolgt ist und nun introspektiv in sich geht, sollte auch der Allaussage beipflichten.

Dass ich schon zum zweiten Mal an Introspektion appellieren musste, ist kein Verrat an der naturalistischen Methode, für die ich im Kapitel 4 plädiert habe. Denn was ich mit (9.13') behaupte, lässt sich im Prinzip empirisch überprüfen. Wer die Behauptung widerlegen möchte, braucht nur einen im intuitiven Sinn analytischen Satz s und einen Einbettungskontext t aufzuweisen, so dass gilt, dass die Konjunktion (s & t) nicht reizsynonym zu t ist. Warten wir ab, bis ein Gegner der analytischen Sätze (oder auch nur ein Gegner der Definition D9.1') ein solches Gegenbeispiel gefunden hat. Solange kein Gegenbeispiel in Sicht ist, kann ich guten empiristischen Gewissens an meiner Behauptung festhalten. Und die Rolle der Introspektion in meinem Gedankengang ist harmlos: Sie stärkt mich in der Zuversicht, dass mit Gegenbeispielen nicht zu rechnen ist. Sollten wider Erwarten plötzlich doch irgendwelche Gegenbeispiele in den Ring geschleudert werden, so werde ich mich nicht sträuben und etwa an irgendeine obskure introspektive Erkenntnisquelle appellieren (aus der angeblich niemand ausser mir Wissen schöpfen kann). Ein solcher privatistischer Immunisierungsversuch lässt sich mit der naturalistischen Methodologie nicht vereinbaren; ich werde ihn unterlassen.

§ 9.16. Die Begründung der Behauptung, ein gegebener Satz sei analytisch im Sinne der Definition D9.1', verlangt von uns eine ähnliche Anstrengung, wie wenn wir begründen wollen, dass ein gege- Zuviel verlangt?

benes Paar von Sätzen synonym im Sinne der Definition D8.2* ist. Beide Definitionen verpflichten uns auf die Begründung einer Allaussage über unendlich viele Sätze t. Aber so wenig, wie diese harte Begründungslast als Einwand gegen unsere Synonymiedefinition ins Feld geführt werden konnte (§ 8.18), so wenig überzeugt der parallele Einwand nun. Stellungnahmen für den analytischen Status irgendwelcher Sätze sind empiristisch respektabel, weil sie sich durch ein einziges Gegenbeispiel widerlegen lassen: Sie sind falsifizierbar.

Wir werden zwei derartige Falsifikationen von Behauptungen der Analytizität betrachten. Die Falsifikationen sollen nicht allein der Illustration des eben vorgebrachten Punkts zugute kommen, sondern auch helfen, folgende Umkehrung von (9.13') plausibel zu machen:

(9.14') Alle laut Definition D9.1' analytischen Sätze sind im intuitiven Sinn analytisch.

Erst zusammen erweisen meine Behauptungen (9.13') und (9.14') unsere Definition D9.1' als gelungene Explikation des intuitiven Begriffs vom Analytischen. Denn erst die Verbindung von (9.13') und (9.14') liefert uns, was wir von jeder befriedigenden Explikation des Begriffs verlangen müssen:

(9.15) Ein Satz ist genau dann laut Explikation analytisch, wenn er im intuitiven Sinn analytisch ist.

Um die ausstehende Behauptung (9.14') plausibel zu machen, kontraponieren wir sie:

(9.16') Alle im intuitiven Sinn synthetischen Sätze sind laut Definition D9.1' nicht analytisch.

Betrachten wir also im intuitiven Sinne synthetische Sätze, und widerlegen wir die Behauptung, sie seien gemäss D9.1' analytisch! (Wie angekündigt, werden wir uns mit zwei exemplarischen Fallstudien begnügen müssen).

Reizanalytiztät und schwarze Hunde

§ 9.17. Das erste Beispiel stammt von Quine selbst. Er will mit dem Beispiel illustrieren, dass sein Begriff des *Reizanalytischen* nicht eng genug ist, um als Explikation unserer Intuitionen über analytische Sätze zu taugen. Betrachten wir zuerst Quines Definition der Reizanalytizität und dann den Satz, der diese Definition zu Fall bringt. Erst nach dieser Aufwärmübung werde ich zeigen, dass der Satz gegen unsere Definition D9.1' nichts ausrichten kann.

Quines Definition läuft so:

D9.2 Ein Satz ist genau dann reizanalytisch, wenn der Sprecher dem Satze unter allen Umständen (d.h. nach beliebiger Stimulation) zuzustimmen disponiert ist.

Wir haben mit D9.1' längst eine feinsinnigere Explikation des Begriffs vom analytischen Satze aufgetan; doch lohnt es sich, zu sehen, warum wir uns nicht mit D9.2 hätten zufrieden geben sollen. Hier ist Quines Gegenbeispiel:

(9.17) Es hat schwarze Hunde gegeben (cf. [WO]:66).

Der Satz ist im intuitiven Sinne synthetisch, denn er besagt etwas Interessantes über die Welt, was nicht jeder wissen muss, der nur das Deutsche richtig beherrscht. Wer die Wörter ‚schwarz' und ‚Hund' beherrscht, muss nicht deshalb schon annehmen, es existierten schwarze Hunde. (‚Schwarz' ist ein Farbprädikat wie ‚lila' und hat zunächst einmal nichts mit Hunden zu tun. Es ist ein interessanter Zug unserer Welt, dass es ausgerechnet schwarze Hunde gibt und nicht etwa nur lila Hunde). Aber der Satz ist in Quines Sinn reizsynonym. Denn einerlei, welche Reizmusterfolge wir unserem Gewährsmann präsentieren mögen: er wird dem Satze stets zustimmen, und das selbst dann, wenn er Evidenz dafür hat, dass alle schwarzen Hunde zu existieren aufgehört haben (weil er etwa vom Mond aus das nukleare Inferno hat hereinbrechen sehen). Der Sprecher würde dem Satze unter jeder erdenklichen Reizmusterfolge zustimmen, weil er sich der Existenz schwarzer Hunde *erinnert*. Und damit erweist sich D9.2 als ungeeignete Explikation des Begriffs vom analytischen Satz. Die Definition ist nicht eng genug.

§ 9.18. Ist der Hundesatz etwa auch im Sinne unserer Definition D9.1' analytisch? Zum Glück nicht. Um das zu beweisen, reicht es, einen einzigen Kontext t heranzuziehen, der nicht reizsynonym zur Konjuntion aus t und dem Hundesatz ist. Hier ist ein solcher Kontext:

Analytiztät und schwarze Hunde

(9.18) Alle schwarz wirkenden Hunde, die es je gab oder gibt, sind in Wirklichkeit nicht schwarz (gewesen), sondern lila. Der schwarze Farbeindruck, den diese Hunde erwecken, entsteht durch ein geheimnisvolles Gas, das den Hundehaaren entströmt und das unter Absorption allen sichtbaren Lichts in Kohlenstoff, Sauerstoff und geruchsintensive Grossmoleküle zerfällt. (Ausser den lila Hunden emittiert keine andere Tierart ein solches farbverfälschendes Gas).

Um einzusehen, dass dieser Einbettungskontext nicht reizsynonym zu seiner Konjunktion mit dem Hundesatz ist, betrachten wir zunächst seine negative Reizbedeutung. Was für Beobachtungen und Experimente könnten den Satz widerlegen? Mit gelindem technischen Aufwand sollte sich eine Entscheidung über (9.18) fällen lassen: Wir bringen einen schwarzen Hund in den Einzugsbereich eines superstarken Staubsaugers und warten auf eventuelle Farbwechsel des Versuchstiers. Nehmen wir an, der Hund bleibt schwarz: Dann ist (9.18) widerlegt. Die Reizmusterfolgen unverändert schwarzer Hunde vor laufenden Turbo-Staubsaugern gehören in die negative Reizbedeutung des Satzes. Und das bedeutet: Der Satz ist nicht reizbedeutungslos.[26]

Aber die Konjunktion aus diesem reizbedeutungslosen Satz mit dem Hundesatz *ist* reizbedeutungslos! Sie lautet:

(9.19) Es hat schwarze Hunde gegeben. Und alle schwarz wirkenden Hunde, die es je gab oder gibt, sind in Wirklichkeit nicht schwarz (gewesen), sondern lila. Der schwarze Farbeindruck, den diese Hunde erwecken, entsteht durch ein geheimnisvolles Gas, das den Hundehaaren entströmt und das unter Absorption allen sichtbaren Lichts in Kohlenstoff, Sauerstoff und geruchsintensive Grossmoleküle zerfällt. (Ausser den schwarzen Hunden emittiert keine andere Tierart ein solches farbverfälschendes Gas).

[26] Man mag einwenden, dass dieser Schluss im Lichte der Quine/Duhem-These voreilig sei: (9.18) handelt u.a. von gewissen Gasen, die Licht absorbieren, und ist damit ein hochtheoretischer Satz. Verlangt nicht, so der Einwand, unser Holismus, dass der Satz reizbedeutungslos sein muss? Strenggenommen verlangt der Holismus dies in der Tat. Ich habe mir die Vereinfachung oben im Text nur erlaubt, um die Affaire mit den schwarzen Hunden nicht noch komplizierter werden zu lassen. Die Vereinfachung schadet nicht. Auch wenn sie unzulässig sein sollte, kommen wir zum angestrebten Ziel: auch dann wird sich der Hundesatz als synthetisch herausstellen.
Um dies einzusehen, machen wir uns klar, dass dem zur Debatte stehenden Einwand wieder nur die negative Seite des Holismus zugrundeliegt. Ihre positive Seite hilft abermals weiter. Ihr zufolge lässt sich (9.18) in Verbindung mit einem geschickt gewählten theoretischen Kontext t* durch widerspenstige Erfahrungen (Reizmusterfolgen) widerlegen. Wählen wir also in unserem Argument oben für t anstelle von (9.18) die Konjunktion aus (9.18) und t*! Diese Konjunktion ist garantiert nicht reizbedeutungslos. Und der verbleibende Teil unseres Argumentes wird von dieser verfeinerten Wahl für t nicht angetastet (siehe nächste Fussnote).

Wir werden der Konjunktion nie und nimmer zustimmen, ganz gleich, was wir beobachten. Ihr zweites Konjunktionsglied schliesst die Existenz schwarzer Hunde aus (und erklärt den gegenteiligen Anschein als trickreiche Sinnestäuschung). Dies Konjunktionsglied ist also unvereinbar mit dem ersten Gliedsatz der Konjunktion, dem Hundesatz. Und das bedeutet, dass keine Reizmusterfolge für unser negatives Votum über die Konjunktion verantwortlich ist. Die Konjunktion ist, wie behauptet, reizbedeutungslos und mithin nicht reizsynonym zu (9.18).[27] Laut Definition D9.1' ist der Hundesatz:

(9.17) Es hat schwarze Hunde gegeben,

nicht analytisch – genau, wie es unsere Intuitionen verlangen.[28]

So viel zu Quines einzigem Beispiel gegen die Angemessenheit seines Begriffs der reizanalytischen Sätze. Wir haben gesehen, warum Quine recht hat, wenn er den Hundesatz gegen die explikatorische Angemessenheit der Reizanalytizität ins Feld führt; und wir haben gesehen, warum der Satz im Gegensatz hierzu nicht analytisch i.S. der Definition D9.1' ist. Beides zusammen bedeutet: Unser Begriff vom Analytischen ist enger als Quines Begriff des Reizanalytischen.

Damit haben wir bei der Explikation des intuitiven Begriffs vom Analytischen denselben Stand erreicht wie im letzten Kapitel hinsichtlich der Explikation des intuitiven Synonymiebegriffs. Dort war es uns genauso gelungen, Quines unbefriedigenden Begriff der Reizsynonymie durch einen engeren Begriff zu ersetzen.

Holismus und immunisierbare Sätze

§ 9.19. Die Analogie der beiden Ergebnisse greift tiefer, als auf den ersten Blick scheinen mag. Bislang sieht es so aus, als bestünde die Analogie lediglich darin, dass unsere Begriffe von Synonymie und Analytizität enger sind als Quines Begriffe der Reizsynonymie und

27 Auch im Lichte der verfeinerten Wahl für t, die uns der Einwand aus der vorigen Fussnote abverlangt hat, bleibt diese Folgerung bestehen: Die Verfeinerung bestand darin, anstelle von (9.18) die Konjunktion aus (9.18) und t* zur Einbettung des Hundesatzes zu verwenden. Und wenn bereits die Konjunktion des Hundesatzes mit (9.18) wegen der Unvereinbarkeit ihrer Glieder reizbedeutungslos ist, dann erst recht die Konjunktion des Hundesatzes mit (9.18) *und* irgendeinem zusätzlichen Satz t*.

28 Dies Ergebnis ist zwar nicht dadurch zustandegekommen, dass sich die semantische Masse von (9.18) durch Konjunktion mit dem Hundesatz *angereichert* hat – die semantische Masse ist vielmehr bis zum Nullpunkt der Reizbedeutungslosigkeit *abgesunken*. Aber das genügt, um zu zeigen, dass der Hundesatz nicht überall leer mitläuft.

Reizanalytizität. Aber auch der Grund für die erfolgreiche Verengung ist beidemal derselbe. Beide Male haben wir den Erfolg durch Berücksichtigung holistischer Sorgen erzielt.[29] Das Beispiel mit den schwarzen Hunden hat diesen Punkt vernebelt. Denn was haben schwarze Hunde mit Holismus zu tun? Nicht viel, wie es scheint.[30] Daher wird Quines holistische Kritik am Begriff des Analytischen durch sein einziges Beispiel aus [WO] gegen die explikatorische Angemessenheit der Reizanalytizität nicht in exemplarischer Weise erhellt. Das Beispiel geht am Kern der Kritik Quines vorbei; es ist ein atypischer Fall für das Versagen der Reizanalytizität als Explicans des Analytischen.[31]

Worin besteht der Kern von Quines holistischer Kritik an der intuitiven Unterscheidung zwischen analytischen und synthetischen Sätzen? Der Kern dieser Kritik betrifft die Intuition, dass ein Satz schon dann analytisch ist, wenn er unter keinen Umständen zurückgezogen werden würde (wenn er also reizanalytisch ist); kritisiert wird die Immunität gegen Revision als hinreichende Bedingung für den analytischen Status eines Satzes. Und die Kritik sagt,

---

[29] Im nächsten Kapitel wird sich zeigen, dass die Parallele weiter reicht, als man bislang ahnen mag.

[30] – Es sei denn, man wollte schon Prädikate für externe Objekte zum theoretischen Vokabular zählen. (Wir hätten dann eine primitive „Theorie" der Aussenwelt: Die theoretischen Terme wären unsere Prädikate für mittelgrosse Objekte; das Beobachtungsvokabular wäre phänomenalistisch). Und genau darauf beruhte meine Rettung des synthetischen Status des Hundesatzes. Ich habe den Farbausdruck ‚schwarz' wie einen theoretischen Term behandelt, über dessen richtige Anwendung nur im Zusammenhang mit einer ausgewachsenen Theorie über Hundegase entschieden werden kann.

[31] Um der exegetischen Genauigkeit willen muss ich zugeben: Anders als in [TDoE] bringt Quine in [WO] seine Zweifel an der Dichotomie zwischen analytischen und synthetischen Sätzen nicht ausdrücklich in Zusammenhang mit der Quine/Duhem-These. Doch bestärken mich genug indirekte Indizien in meiner Vermutung, dass auch in [WO] der Holismus hinter Quines Zweifeln an der Dichotomie steckt: Erstens lässt sich laut Quine der Begriff des Analytischen mithilfe des Synonymiebegriffs definieren (cf. [WO]:65; mehr dazu im nächsten Kapitel in § 10.5 ff.) Zweitens beruht Quines Hauptargument in [WO] gegen die Explizierbarkeit des Synonymiebegriffs auf holistischen Prämissen (s.o. § 6.27 – § 6.30). Aus der Interdefinierbarkeit von Synonymie und Analytizität sollte sich ableiten lassen, dass sich die holistischen Probleme für den Synonymiebegriff automatisch in holistische Probleme für den Begriff des analytischen Satzes umwandeln. Ein drittes Indiz bestärkt diesen Verdacht: Quine diskutiert die Explizierbarkeit des Begriffs vom analytischen Satz, *unmittelbar nachdem* er die holistischen Schwierigkeiten beim Explizieren des Synonymiebegriffs entfaltet hat ([WO]:65-67).
Auch in späteren Schriften betont Quine die holistischen Gründe für seine Kritik an der Dichotomie:

> Holism blurs the supposed contrast between the synthetic sentence, with its empirical content, and the analytic sentence, with its null content ([FMoE]:71).

dass auch gewisse, im intuitiven Sinn synthetische Sätze immun gegen Revision sein könnten.[32]

Welche Sätze kämen hierfür infrage? *Wenn* die Kritik mit der Quine/Duhem-These zusammenhängen soll, dann dürften die fraglichen Sätze am ehesten theoretische Sätze sein.[33] Aber nicht alle theoretischen Sätze sind im Idiolekt eines Sprechers immun gegen Revision; wir haben in den vorigen Kapiteln viel Zeit damit verbracht, uns auszumalen, unter welchen widerspenstigen Erfahrungen (d.h. Reizmusterfolgen) der Sprecher den einen oder anderen theoretischen Satz verwerfen würde. (Wir hatten festgestellt, dass die widerspenstige Erfahrung nicht als einziges darüber entscheidet, *welcher* Satz verworfen werden muss). Dass gewisse, im intuitiven Sinn synthetische Sätze immun gegen Revision sind, folgt offenbar nicht direkt aus dem Holismus der Quine/Duhem-These. Aber obwohl der Holismus es nicht erzwingt, macht er den Weg für diese Möglichkeit frei. Der Holismus sagt: Jeder theoretische Satz *kann* im Lichte widerspenstiger Beobachtungen beibehalten werden – *wenn* der Sprecher hinreichend drastische Änderungen anderswo in seiner Theorie vornimmt. Dass es einen Satz mit theoretischen Termen gibt, den der Sprecher tatsächlich unter allen erdenklichen Be-

---

[32] So stellt Quine in [TDoE] zuerst den Zusammenhang der beiden Dogmen des Empirismus heraus:

> The dogma of reductionism [...] is intimately connected with the other dogma – that there is a cleavage between the analytic and the synthetic [...] the one dogma clearly supports the other in this way: as long as it is taken to be significant in general to speak of the confirmation and infirmation of a statement, it seems significant to speak also of a limiting kind of statement which is vacuously confirmed, *ipso facto,* come what may; and such a statement is analytic ([TDoE]:41 – Quines Kursivdruck).

Und er drückt auf der übernächsten Seite seine holistische Zurückweisung des Reduktionismus folgendermassen aus:

> Any statement can be held true come what may, if we make drastic enough adjustments elsewhere in the system ([TDoE]:43).

Zusammengenommen ergibt sich aus diesen beiden Behauptungen, dass zuviele Sätze (nämlich alle Sätze) Quines tentatives Kriterium für Analytizität erfüllen. Einen Punkt mit ähnlicher Stossrichtung macht Quine in folgender Passage:

> [...] I do not see how a line is to be drawn between hypotheses which confer truth by convention and hypotheses which do not, short of reckoning *all* hypotheses to the former category save perhaps those actually derivable or refutable [...] from what Carnap used to call protocol sentences. But this version [...] is far too inclusive to suit anyone ([CLT]:121/2 – Quines Hervorhebung).

[33] Das zweite Zitat aus der vorigen Fussnote scheint zwar dafür zu sprechen, dass *alle* im intuitiven Sinn synthetischen Sätze (und nicht nur die theoretischen Sätze) den Begriff der Reizanalytizität als Explicans des Analytischen sprengen. Doch hat Quine die holistische Doktrin später so abgemildert, dass sie nur noch auf Sätze aus den theoretischen Wissenschaften zutrifft (s.o. Fussnote 3 in § 7.2). Meine Formulierung oben im Text orientiert sich also stärker am späteren Quine.

obachtungen aufrechterhält, sagt der Holismus nicht.[34] Aber im Gegensatz zu Operationalismus und Reduktionismus erlaubt der Holismus dem Sprecher eine solche Haltung. Dem Sprecher könnte irgendein Satz mit theoretischen Termen so sehr ans Herz gewachsen sein, dass sein gesamtes Verständnis der Welt zusammenbräche, wenn er den Satz preisgäbe: dann, sagt der Holismus, darf der Sprecher bei diesem Satz bleiben – komme, was wolle.[35] Der Sprecher darf seine Lieblingsdoktrinen gegen widerspenstige Erfahrungen immunisieren.

Widerspricht das nicht dem Geiste des Empirismus? Nein, denn der Holismus verlangt vom Sprecher Respekt für widerspenstige Erfahrungen: Wenn der Sprecher seine Lieblingsdoktrin nicht aufgeben mag, muss er im Lichte widerspenstiger Erfahrungen andere Teile seiner Theorie an die neue Lage anpassen. Solche Anpassungen mögen der Eleganz oder Ökonomie einer Theorie schaden; aber sie sind – dem Holismus zufolge – nicht verboten.[36]

Einsteins Credo

§ 9.20. Die berühmteste respektable Person, die an einem liebgewonnenen theoretischen Satz festhielt, ganz gleich, was für widerspenstige Daten die Gegner vorweisen mochten, ist Albert Einstein. Von allen Experimenten unbeirrt, blieb Einstein bei seinem Credo:

(9.20) Der liebe Gott würfelt nicht!

Dies klingt nach Religion. Gemeint hat Einstein aber eine genuine Aussage über unser Universum, hier im Diesseits:

(9.21) Die Welt funktioniert deterministisch.

[34] Der Holismus sagt, dass alle theoretischen Sätze gegenüber Revisionen immunisier*bar* sind; er sagt nicht, dass sie *tatsächlich* gegenüber Revisionen immun sind. Abermals begegnet uns hier die Gefahr, die normative mit der faktischen Ebene zu vermengen: eine Gefahr, die wir oben in § 8.6 – § 8.9 kennengelernt haben.

[35] Genauer gesagt, darf er es dem Holismus zufolge dann, wenn der Satz mit den theoretischen Termen ein theoretischer Satz im Sinne der Definition D7.4 ist, wenn er also kein Beobachtungssatz ist. S.o. § 7.25.

[36] Im Gegensatz hierzu verbieten Operationalismus und Reduktionismus, an synthetischen Sätzen mit theoretischen Termen festzuhalten, komme, was wolle. Denn dem Operationalismus bzw. Reduktionismus zufolge kann jeder synthetische Satz mit theoretischen Termen in einen Satz über das Ergebnis durchführbarer Experimente bzw. über Beobachtungen umgeformt werden. Und wenn die Experimente bzw. Beobachtungen anders ausfallen, als die Umformulierung des fraglichen Satzes sagt, dann muss der Satz verworfen werden. Für die Rettung des Satzes auf Kosten anderer Teile der Theorie lassen Operationalismus und Reduktionismus keinen Raum.

Es ist klar, dass Einstein dies Credo als synthetischen Satz aufgefasst hat, der etwas sehr Zentrales über die Struktur unserer Welt aussagt.

Wäre nämlich der Satz in Einsteins Idiolekt analytisch, so könnte die Zurückweisung des Satzes durch seine Gegner darauf zurückgeführt werden, dass sie gewisse Wörter anders verwenden als Einstein. Auf einen jahrelangen Streit um Worte hätten sich aber so berühmte Physiker wie Einstein, Bohr, Heisenberg usw. nicht eingelassen.

Obwohl Einsteins Credo also im intuitiven Sinn synthetisch ist, müssen wir ihn Quines Definition zufolge als reizanalytisch klassifizieren. Denn Einstein hätte dem Satze zugestimmt, ganz einerlei, wie indeterministisch auch immer die Experimente seiner Gegner ausgegangen wären.[37]

Im Gegensatz hierzu ist Einsteins Credo im Sinne unserer Definition D9.1' nicht analytisch. Um dies zu zeigen, genügt es wieder, einen Kontext t aufzuweisen, der nicht reizsynonym zur Konjunktion aus t und Einsteins Credo ist: Dann wissen wir, dass sich die

[37] Spätestens mit dieser Spekulation verlasse ich vermutlich den Boden gesicherter wissenschaftsgeschichtlicher Tatsachen. Denn wir können uns Stimulationen ausmalen, die selbst den hartgesottensten Deterministen an ein Walten des blanken Zufalls glauben machen würden. Wer würde Determinist bleiben angesichts von Reizmusterfolgen einer Welt, die aus den Fugen gerät, in der kein einziges unserer Kausalgesetze funktioniert, sondern das gähnende Chaos regiert? Und solche Reizmusterfolgen gehören ins Spiel. Wir haben nicht nur Reizmusterfolgen zu betrachten, die von physikalisch möglichen Ereignissen ausgehen – sondern auch Reizmusterfolgen, die denkbare („logisch mögliche") Ereignisse widerspiegeln. (So sind in der negativen Reizbedeutung der Fallgesetze Reizmusterfolgen enthalten, in denen die Kanonenkugeln nicht vom schiefen Turm zu Pisa herunterfallen, sondern zum Himmel entschweben). Nun wissen wir nur, dass Einstein nicht von den moderat aleatorischen Reizmusterfolgen, die aus den Experimenten der Quantenphysiker herkamen, zur Absage an sein deterministisches Credo hat bewogen werden können. Wie Einstein auf wirklich drastische aleatorische Reizmusterfolgen reagiert hätte, wissen wir nicht.

Aber selbst wenn unsere Annahmen oben im Text allzu weit am historischen Einstein vorbeigehen sollten, schadete dies dem Hauptziel meines Arguments nicht. Denn wenn sich Reizmusterfolgen ausmalen lassen, die Einstein zur Preisgabe seines Credos bringen würden, dann wäre sein Credo nicht reizanalytisch – und wir hätten kein Gegenbeispiel gegen die von Quine erwogene (und von ihm verworfene) Explikation. Wenn die Annahme oben im Text also unrealistisch ist, so stärkt sie Quines skeptische Haltung gegenüber Explikationen des Analytischen. Und natürlich darf ich die Position meines Gegners stärken, ganz gleich, ob ich dem historischen Einstein dabei Gerechtigkeit widerfahren lasse oder nicht. Ich möchte oben nur zeigen, dass sich die Unterscheidung zwischen Analytischem und Synthetischem selbst dann halten lässt, wenn es im intuitiven Sinn synthetische Sätze gibt, die ein Sprecher tatsächlich aufrechterhält, komme, was wolle. Einsteins Credo ist das bekannteste Beispiel aus der Wissenschaftsgeschichte, das diesen Fall illustriert – selbst wenn es dies vielleicht nicht in Reinform tut.

semantische Masse einer theoretischen Ganzheit ändern kann, wenn man ihr Einsteins Credo einverleibt. Im Gegensatz zu richtigen analytischen Sätzen läuft dann das Credo nicht wie ein fünftes Rad leer mit.

Das Credo ist synthetisch

§ 9.21. Um Komplikationen und Formelgewirr zu vermeiden, werde ich den gesuchten theoretischen Kontext nicht explizit hinschreiben; es reicht anzudeuten, wie er im Prinzip gefunden werden kann. Wir wollen den fraglichen Kontext q nennen:

(9.22) q sei die Fassung der Quantenphysik von Einsteins Gegnern (oder eine modernisierte Version davon) *einschliesslich* der indeterministischen Interpretation der Theorie.[38]

Im Idiolekt Einsteins (genauso wie im Idiolekt seiner Gegner) ist q ein falsifizierbarer empirischer Satz: Einstein wäre froh gewesen, q empirisch widerlegen zu können. Und das bedeutet, dass Einstein auf Reizmusterfolgen gehofft hat, aufgrund derer er und seine Gegner die indeterministische Quantenphysik hätten verwerfen *müssen.* (Dass solche Reizmusterfolgen bis heute nicht eingetreten, ja dass sie vielleicht physikalisch unmöglich sind und dass mithin die Quantenphysik unwiderlegt in Amt und Würden steht und vielleicht immer bleiben wird, ändert nichts an der Vorstellbarkeit widerspenstiger Reizmusterfolgen, auf die es hier allein ankommt – cf. Fussnote 37 oben in § 9.20).

Kurz und gut, q ist kein reizbedeutungsloser Satz. Aber die Konjunktion aus q mit Einsteins Credo *ist* reizbedeutungslos! Einstein stimmte mit seinen Gegnern überein, dass sich die beiden Glieder dieser Konjunktion nicht miteinander vereinbaren lassen.[39] Ihr er-

[38] Ich kann hier keine physikalisch befriedigende Behandlung des Beispiels bieten. Den Grund dafür möchte ich schon jetzt andeuten: Dass die Welt laut q nicht durch und durch deterministisch funktioniert, ist kein eigener Satz (und schon gar nicht ein Axiom) der Theorie; vielmehr drückt die mathematische Struktur der Theorie die Aufhebung durchgängiger Determination aus. Einsteins Credo bzw. seine Negation stehen also auf einer anderen Ebene als die Theorie q. Ich werde auf die Schwierigkeiten, die sich hieraus ergeben, nur in den Fussnoten eingehen – und auch dort nur sehr kursorisch. Ich möchte mit dem Beispiel meine Grundidee verdeutlichen und mich nicht in Details verlieren.

[39] In der Fussnote zum Satz (9.22) habe ich eine Schwierigkeit angedeutet, der wir uns nun stellen müssen. Einsteins deterministisches Credo bzw. dessen indeterministische Negation stehen nicht auf derselben Ebene wie die quantenphysikalische Theorie q. (Deren Indeterminismius zeigt sich vielmehr in ihrer mathematischen

stes Glied q schliesst (u.a.) aus, dass das Universum deterministisch strukturiert ist – und behauptet damit genau das Gegenteil von Einsteins Credo, dem zweiten Konjunktionsglied. Reizmusterfolgen sind für die Beurteilung dieser Konjunktion belanglos. Man weiss auch ohne Experiment und Beobachtung, dass die Konjunktion nicht zutreffen kann.[40]

Damit ist gezeigt: Die Konjunktion aus q mit Einsteins Credo ist nicht reizsynonym zu q allein. Einsteins Credo läuft nicht überall

---

Struktur). Die Konjunktion aus q und Einsteins Credo ist also ein merkwürdiger Satz: das eine Konjunktionsglied steht windschief zum anderen Konjunktionsglied. – Aber was macht das? Vielleicht ist die Konjunktion so eigentümlich wie der Satz ‚Alle Junggesellen sind Primzahlen'. Für unsere Zwecke genügt es, dass solche Sätze unter allen Umständen abgelehnt werden. Ob sie befremdet abgelehnt werden oder nicht, spielt keine Rolle. Trotzdem mag es nützen, die Schwierigkeit etwas genauer zu beleuchten. Durch die Konjunktion mit Einsteins Credo hat sich die semantische Masse nicht vergrössert, sondern vermindert. Dieser Verminderung der semantischen Masse stellt sich die Schwierigkeit nicht entgegen. (Für unser Argument oben im Text reicht es aus, wenn sich die semantische Masse ändert; ob sie sich vermehrt oder vermindert, ist für unsere Zwecke belanglos. Schon im Fall der schwarzen Hunde haben wir uns mit der Verminderung der semantischen Masse begnügt – siehe oben Fussnote 28 in § 9.18). Wir wären erst in Schwierigkeiten geraten, hätten wir versucht, mithilfe von Einsteins Credo (oder seiner Negation) die semantische Masse irgendwelcher Kontexte *anzureichern*. Denn für eine solche Anreicherung der semantischen Masse hätten wir anstelle von q einen quantenphysikalischen Kontext q* heranziehen müssen, der nichts darüber sagt, ob das Universum durchgängig determiniert ist oder nicht. Ein solcher Kontext q* könnte als „Quantenphysik *minus* Negation von Einsteins Credo" oder als „Quantenphysik *minus* Indeterminismus" bezeichnet werden. Nun äussert sich aber die indeterministische Weltsicht der Quantenphysik q nicht in irgendeinem ihrer Theoreme oder Axiome, das aus der Theorie einfach weggestrichen werden könnte. D.h. der gesuchte Kontext q* kann nicht einmal vernünftig formuliert werden. Einsteins Credo oder seine Negation eignen sich also nicht zur *Anreicherung* der semantischen Masse. – Was, wie gesagt, meinem Argument nicht schadet, da es mir genügt, wenn sich die semantische Masse irgendwie ändert, z.B. vermindert.

40 Man mag einwenden, dass im Idiolekt Einsteins schon die indeterministische Quantenphysik seiner Gegner reizbedeutungslos sein muss, da Einstein sein deterministisches Credo aufrecht erhalten würde, komme, was da wolle: dies schlösse *eo ipso* die Zustimmung Einsteins zu q aus – und dann wäre q eben doch reizsynonym zu seiner Konjunktion mit Einsteins Credo.
Aber die Konjunktion unterscheidet sich meiner Ansicht nach drastisch von q. So würde – sowohl in Einsteins Augen wie in den Augen seiner Gegner – ein einziges reproduzierbares widerspenstiges Experiment die Quantenphysik zu Fall bringen. (Dieser Konsens ist ein Anzeichen für q's Beobachtungsnähe, s.o. § 7.23). In diesem Falle würde auch Einstein seine Ablehnung von q mit den widerspenstigen experimentellen Daten begründen. Auf den Konsens hierüber könnte Einstein zählen – während ihm klar gewesen sein dürfte, dass sein verzweifelt apriorischer Rückgriff auf Gottes Missfallen am Würfelspiel längst nicht so viel Überzeugungskraft hat wie harte empirische Daten. Dass Einstein im Streit um q nicht auf solche harten empirischen Daten zurückgegriffen hat, liegt einzig und allein daran, dass solche Daten seinerzeit (und bis heute) nicht produziert werden konnten.

leer mit; mithin ist das Credo kein analytischer Satz im Sinne der Definition D9.1'.

Das erste Dogma: gerettet

§ 9.22. Mit diesem erfreulichen Ergebnis schliesse ich das zweite und letzte meiner Beispiele ab, mit deren Hilfe ich begründen wollte, warum unser Begriff des analytischen Satzes enger ist als Quines Reizanalytizität. Wir dürfen hoffen, dass unser neuer Begriff das Explicandum trifft. Zumindest scheint nicht Quines Holismus gegen die Angemessenheit unserer Explikation zu sprechen.[41] Und das bedeutet: Wir konnten nicht allein den Synonymiebegriff unter Quines eigenen holistischen Vorgaben verteidigen (Kapitel 8), sondern auch den Begriff des Analytischen. Das erste Dogma des Empirismus wäre damit vollständig aus der Seenot gerettet – und das, obwohl wir bei dieser Rettungsaktion das zweite Dogma haben über Bord gehen lassen (indem wir anstelle von Reduktionismus oder Operationalismus den Holismus der Quine/Duhem-These akzeptiert haben). Anders, als Quine gemeint hat, sitzen die beiden Dogmen des Empirismus nicht (mehr) im selben Boot. Sieg auf ganzer Linie also für die Freunde des ersten Dogmas. Zur Gänze widerlegt ist Quines Behauptung:

> The two dogmas are, indeed, at root identical ([TDoE]: 41).

Im nächsten Kapitel werde ich dartun, warum es kein Zufall ist, dass wir nach der Rettung des Synonymiebegriffs auch den Begriff vom analytischen Satz vor Quines holistischen Angriffen haben retten können. Es wird sich zeigen, dass die Rettungen der beiden Begriffe eng miteinander zusammenhängen. Aber zuvor möchte ich dies Kapitel abschliessen, indem ich ich unsere Definition des Analytischen aus ästhetischen und strategischen Gründen so verschärfe, wie wir im letzten Kapitel die ursprüngliche Synonymiedefinition verschärft haben. Auch jetzt werden wir wieder mehr Kontexte zur

---

[41] Der Vollständigkeit halber sollte ich erwähnen, dass Quine in [TDoE] nicht nur den Eindruck erweckt, aufgrund der Quine/Duhem-These seien die möglichen Explikationen des Analytischen *zu weit*; auch den gegenteiligen Eindruck macht Quine in dem Papier stark. Er behauptet nämlich, dass laut Holismus kein einziger Satz gegen Revisionen immun sein soll: „Conversely, by the same token, no statement is immune to revision" ([TDoE]:43).
Was kann ich im Lichte meiner Definitionen gegen diesen Punkt vorbringen? Ich habe bereits einen Beispielsatz gebracht, der meinen Definitionen zufolge analytisch ist: den Junggesellensatz. Natürlich könnte ein Sprecher den Junggesellensatz verwerfen. Aber *dann* hätte sich seine Sprache verändert! Mehr zum Thema des Sprachwandels bringe ich im übernächsten Kapitel.

Einbettung heranziehen als immer nur Kontexte, die mithilfe der Konjunktion gebildet werden.

§ 9.23. Beginnen wir mit ästhetischen Gründen für die Verfeinerung. Es wirkt unschön (weil willkürlich), dass wir in D9.1' die Kandidaten für Analytizität immer nur vermöge der *Konjunktion* mit irgendwelchen Theorien t verbinden. Im letzten Kapitel hatten wir bei der Verfeinerung des Synonymiebegriffs gesehen, dass alle aussagenlogischen Satzoperatoren zum Einbetten taugen: Konjunktionen so gut wie Konditionale – oder auch wie noch kompliziertere Operatoren, die auf beliebige Weise aus dem aussagenlogischen Arsenal zusammengesetzt sind. Diese Vermehrung der Mechanismen, durch die der einzelne Satz in grössere Einheiten einzubetten ist, soll nun auch unserer Definition des Begriffs vom analytischen Satz zugute kommen. Bislang lief unsere Defintion wie folgt: Mehr Kontexte

D9.1' Ein Satz s ist genau dann analytisch, wenn für alle Sätze t gilt:
t ist reizsynonym zu (t & s).

Wie könnte die Variante dieser Definition aussehen, die statt Konjunktionen *Konditionale* zur Einbettung vorsieht? Folgender Vorschlag liegt nahe:

D9.1" Ein Satz s ist genau dann analytisch, wenn für alle Sätze t gilt:
t ist reizsynonym zum Konditional (s→t).[42]

Ich will darauf verzichten, diesen Vorschlag im Detail zu erörtern, denn er ist nicht der Weisheit letzter Schluss. (Der Weisheit letzter Schluss – unsere endgültige Definition – wird das Kriterium aus D9.1" genauso wie das aus D9.1' als *notwendige* Bedingung für Analytizität erweisen).

[42] Wieso forden wir ausgerechnet die Reizsynonymie mit dem Konditional (s→t) und nicht mit dessen Umkehrung (t→s)? Weil sonst Gegenbeispiele schnell zur Hand wären. Beispielsweise wähle man für t: ‚Es regnet'. Reizmusterfolgen von strahlendem Sommerwetter gehören in die negative Reizbedeutung von t, während sie für (t→s) irrelevant sind, da ein kompetenter Sprecher *diesem* Konditional unter allen Umständen zustimmen wird. – Da die Konjunktion – im Gegensatz zum Konditional – das Kommutativitätsgesetz erfüllt, stellte sich beim Design von D9.1' nicht analog die Frage, in welcher Reihenfolge wir s und t gruppieren sollen. (Daher wirkt D9.1' immer noch weniger willkürlich als D9.1").

Nur ein Kommentar zu D9.1" sei erlaubt. Wenn wir für s irgendeine logische Wahrheit hernehmen (also einen im intuitiven Sinn analytischen Satz), dann ist das Konditional (s→t) logisch äquivalent zu t allein. Logisch äquivalente Sätze sind aber untereinander reizsynonym.[43] Und das bedeutet: s ist laut Definition analytisch, wie gewünscht.

Statt zu erörtern, ob man mithilfe von D9.1" gewissen im intuitiven Sinne synthetischen Sätzen (wie Einsteins Credo) den analytischen Status auch wirklich absprechen kann, möchte ich (wie im letzten Kapitel) nach der Grundidee fragen, die beiden Definitionen, D9.1' und D9.1", gemeinsam zukommt. Abstrakt ist diese Grundidee einigermassen klar. *Alle* aussagenlogischen Kontexte müssen einbezogen werden. Doch wenn wir diese Idee konkretisieren wollen, türmt sich vor uns ein Hindernis auf.

Ein Hindernis

§ 9.24. Wir müssten die gesuchte Definition so einrichten, dass alle ihr zufolge analytischen Sätze auch im Sinne von D9.1' bzw. D9.1" analytisch sind. Wir wollen unsere Definitionen ja verschärfen und nicht das Erreichte preisgeben. So, wie im Fall der Synonymie die ursprünglichen Definitionen D8.2* bzw. D8.2** als notwendige (aber nicht hinreichende) Bedingungen für Synonymie im endgültigen Sinn erhalten geblieben sind, so müssen nun D9.1' bzw. D9.1" als notwendige (aber nicht hinreichende) Bedingungen für Analytizität erhalten bleiben.

Führen wir diesen Gedanken fort. Wenn wir am Ende im selben Stil alle denkbaren aussagenlogischen Verknüpfungen einbeziehen möchten, dann müsste auch die Einbettung in Disjunktionen eine notwendige Bedingung für Analytizität bieten. D.h. es müsste gelten:

(9.23) Ein Satz s ist nur dann im intuitiven Sinn analytisch, wenn für alle Sätze t gilt:
t ist reizsynonym zur Disjunktion (t v s).

Aber diese Behauptung ist falsch! Betrachten wir nur wieder unseren Junggesellensatz in Verbindung mit irgendeinem Satz über das Wetter. Aus (9.23) müsste die Reizsynonymie folgender beiden Sätze folgen:

---

43 Wir haben uns in § 6.15 darauf geeinigt, vorauszusetzen, dass sich der Sprecher keine logischen Kalkulationsirrtümer zuschulden kommen lässt.

(9.8) Es regnet.
(9.24) Es regnet, oder alle Junggesellen sind unverheiratet.

– Was falsch ist, wie man sich anhand von strahlend blauen Sommerwetter-Reizmusterfolgen leicht klar macht: Sie widerlegen den ersten Satz und gehören trotzdem nicht in die negative Reizbedeutung der Disjunktion.

So einfach, wie gedacht, lassen sich also D9.1' und D9.1" nicht durch Berücksichtigung beliebiger aussagenlogischer Operatoren unter ein gemeinsames Dach bringen.

Austausch leerlaufender Räder

§ 9.25. Mit etwas Fingerspitzengespür können wir diese Schwierigkeit beseitigen. Variieren wir hierfür das Leitmotiv, das in unseren Überlegungen immer wieder hervorgetreten ist: Analytische Sätze laufen in beliebigen Kontexten wie ein fünftes Rad leer mit. In Konditionalen und Konjunktionen scheint sich dieser Leerlauf darin zu zeigen, dass wir die analytischen Sätze ohne Änderung der Reizbedeutung genausogut wegstreichen dürfen. Diese Art von Leerlauf können sich die analytischen Sätze im Fall der Disjunktion offenbar nicht erlauben.[44]

Leerlaufende Räder haben nicht nur die Eigenschaft, dass man sie in gewissen Umgebungen ausbauen kann, ohne den Lauf der Maschine zu stören. Leerlaufende Räder haben auch folgende Eigenschaft: Sie lassen sich ohne Schaden beliebig miteinander vertauschen. Es spielt keine Rolle, welches Rad man leer mitlaufen lässt. Alle leerlaufenden Räder sind für ihre Aufgabe gleich gut geeignet. (Im Gegensatz hierzu kann man die aktiv mitlaufenden Räder nicht immer ohne Schaden miteinander vertauschen: man kann nicht ungestraft die Vorderräder anstelle der Hinterräder einbauen – vor allem dann nicht, wenn ihr Durchmesser verschieden ist wie beim Traktor).

Übertragen wir die Situation beim Automobil auf unser Problem. Statt den Leerlauf analytischer Sätze in beliebigen theoretischen Kontexten daran festzumachen, dass man sie ohne Schaden genauso gut weglassen könnte, verlangen wir besser nur, dass es keine Rolle

---

[44] Erst recht nicht übrigens im Fall noch komplizierterer Kontexte: Wenn wir einen Kandidaten s für Analytizität aus einer Formel wie

$$p \vee \neg s \vee q,$$

wegstreichen wollen, erhalten wir syntaktischen Unfug. Auch dieser syntaktische Punkt zeigt, dass man leerlaufende Räder nicht unbedingt daran erkennen kann, dass sie sich schadlos abmontieren lassen.

spielen darf, *welcher* leerlaufende Satz leer mitläuft. Jeder analytische Satz, so die Forderung nun, soll unbeschadet durch jeden beliebigen anderen analytischen Satz ausgetauscht werden können. Fordern wir sogar noch weniger: die Ersetzbarkeit durch irgendeinen *bestimmten* analytischen Satz, den wir schon kennen – beispielsweise die Ersetzbarkeit durch ein Selbstkonditional.

Drei neue Kriterien

§ 9.26. Im Fall von Disjunktionen läuft das auf folgende Forderung hinaus:

D9.1*** Ein Satz s ist genau dann analytisch, wenn für irgendeinen Satz p und für alle Sätze t gilt:
(t v (p→p)) ist reizsynonym zu (t v s).

Man verdeutlicht sich leicht, dass der Junggesellensatz diese Forderung erfüllt, im Gegensatz zu der Forderung aus (9.23).

Im Fall von Konjunktionen bzw. Konditionalen bekommen wir folgendes:

D9.1* Ein Satz s ist genau dann analytisch, wenn für alle Sätze t gilt:
(t & (p→p)) ist reizsynonym zu (t & s).

D9.1** Ein Satz s ist genau dann analytisch, wenn für alle Sätze t gilt:
((p→p)→t) ist reizsynonym zu (s→t).

Nun wird deutlich, wieso unsere ursprünglichen Versuche, in denen wir nicht auf Selbstkonditionale zurückgegriffen haben, im Falle von Konjunktion und Konditional funktionierten (D9.1' bzw. D9.1"), nicht aber im Fall der Disjunktion (9.23). Die neuen Definitionen D9.1* bzw. D9.1** besagen dasselbe wie ihre Vormodelle D9.1' bzw. D9.1". Denn die Konjunktion (t & (p→p)) ist logisch äquivalent (also erst recht reizsynonym) zu t allein; D9.1* geht also logisch in D9.1' über. Genauso ist das Konditional ((p→p)→t) logisch äquivalent (also reizsynonym) zu t allein; d.h. D9.1** geht in D9.1" über. Und weil im Gegensatz hierzu die Disjunktion (t v (p→p)) *nicht* logisch äquivalent (und noch nicht einmal reizsynonym – s.o.) zu t allein ist, sind wir vorhin mit (9.23) ins Stolpern geraten.

Am Ziel

§ 9.27. Man sieht: Der empirische Leerlauf der analytischen Sätze zeigt sich nicht darin, dass wir sie überall ohne Schaden weglassen

können – sondern darin, dass sie überall so leer mitlaufen wie, zum Beispiel, ein Selbstkonditional. Mit dieser Einsicht formulieren wir unser Kriterium so, dass es alle erdenklichen aussagenlogischen Kontexte berücksichtigt:

D9.1 Ein Satz s ist genau dann analytisch, wenn für irgendeinen Satz p, für alle $n \geq 0$, für alle (n + 1)-stelligen aussagenlogischen Formeln f und für alle Sätze $t_1, \dots t_n$ gilt: $f[p \rightarrow p, t_1, \dots t_n]$ ist reizsynonym zu $f[s, t_1, \dots t_n]$.[45]

Es ist klar, dass diese Definition unsere bisherigen fünf Kriterien D9.1* (bzw. die äquivalente Fassung D9.1'), D9.1** (bzw. die äquivalente Fassung D9.1") sowie D9.1*** als je notwendige Bedingungen für Analytizität nach sich zieht. Der neue Begriff des Analytischen ist also enger als seine Vormodelle: Das löst den vorhin versprochenen strategischen Vorzug der nun erreichten Verfeinerung ein: Wenn im Lichte der Quine/Duhem-These irgendwelche Explikationen des Analytischen allzu umfassend zu geraten drohen, dann sollten wir den engstmöglichen Begriff unter den verfügbaren Optionen wählen. D9.1 liefert den engsten solchen Begriff.[46]

Insgesamt habe ich in diesem Kapitel einen Begriff vom analytischen Satz expliziert, der mit unserem intuitiven Vorverständnis des Analytischen gut harmoniert. Die Definition ist ein bisschen kompliziert. Im nächsten Kapitel werden wir sehen, wie sie sich vereinfachen lässt. Unsere endgültige Definition wird zwar der Defintion D9.1 äquivalent sein. Aber sie wird kürzer – und schöner – sein.[47]

---

[45] Wie im letzten Kapitel stehe wieder $f[p_0, p_1, \dots p_n]$ für denjenigen objektsprachlichen Satz, der aus f hervorgeht, wenn man alle Vorkommnisse der Satzvariablen x_i durch den Satz p_i ersetzt (für i = 0, 1, ... n).

[46] Da D9.1 enger als D9.1' ist, trifft nun erst recht zu, was ich in § 9.16 unter (9.14') für analytische Sätze im Sinne der Definition D9.1' behauptet hatte:

(9.14) Alle laut Definition D9.1 analytischen Sätze sind im intuitiven Sinn analytisch.

Aber alles hat seinen Preis. Die Umkehrung der Behauptung verliert durch den Übergang von D9.1' zu D9.1 geringfügig an Überzeugungskraft:

(9.13) Alle im intuitiven Sinn analytischen Sätze sind laut Definition D9.1 analytisch.

Zweifel an dieser Behauptung lassen sich abermals am besten introspektiv besänftigen; und wer die Behauptung widerlegen will, lege ein Gegenbeispiel vor.

[47] Ich danke Klaus Hentschel für wissenschaftshistorische Hinweise, die diesem Kapitel zugutekamen.

Kapitel 10

Wie Synonymie und Analytizität zusammenhängen

Eine Vermutung

§ 10.1. Wie hängen die Ergebnisse aus den vorigen beiden Kapiteln zusammen? Wir haben nacheinander zwei bedeutungstheoretische Begriffe expliziert: erst Synonymie, dann Analytizität. Beide Begriffe hatte der Holismus der Quine/Duhem-These bedroht. Für zwei (von Quine selbst erwogene) Explikationsversuche – nämlich für die Versuche, Synonymie durch Reizsynonymie bzw. Analytizität durch Reizanalytizität zu explizieren – war die holistische Bedrohung in der Tat tödlich ausgegangen. Wie Quine gezeigt hat, sind beide Begriffe nicht eng genug, um auch unter holistischen Bedingungen unsere bedeutungstheoretischen Ansprüche zu befriedigen: Es gibt Paare reizsynonymer Sätze, die nicht im intuitiven Sinn synonym sind – und es gibt reizanalytische Sätze, die nicht im intuitiven Sinn analytisch sind. So weit sind wir Quine gefolgt. Aber wir haben uns nicht von Quines bedeutungstheoretischem Pessimismus anstecken lassen, sondern zwei Begriffe definiert, die enger sind als Quines fleischlose Imitationen des bedeutungsstheoretischen Begriffspaars: Synonymie à la D8.2 und Analytizität à la D9.1. Wir hatten diese Begriffe im Vergleich zu Quines Reizsynonymie bzw. Reizanalytizität beidemal dadurch verengen können, dass wir Quines holistische Sorgen im Definiens berücksichtigt haben: und zwar beidemale durch Einbettungsmanöver in beliebige aussagenlogische Kontexte.

Es liegt nahe, sich zu fragen, ob der parallele Verlauf der beiden Geschichten aus dem letzten und dem vorletzten Kapitel nur vom Zufall herrührt – oder ob ihre Parallelität tiefere Wurzeln hat. Im vorliegenden Kapitel möchte ich die zweite Vermutung zu begründen suchen.

Wechselseitig definierbar!

§ 10.2. Zunächst werde ich einen Zusammenhang zwischen Synonymie und Analytizität erörtern, den Quine persönlich ans Licht gebracht hat: Die beiden Begriffe lassen sich wechselseitig definieren. D.h. *wenn* man einen akzeptablen Synonymiebegriff zur Ver-

fügung hat (was Quine natürlich bestreitet), kann man mit seiner Hilfe den Begriff des Analytischen explizieren; und *wenn* man umgekehrt (abermals im Widerspruch zu Quine) weiss, was es heisst, dass ein Satz analytisch ist, dann kann man damit den Synonymiebegriff erklären. (Wie dies doppelte Kunststück zu bewerkstelligen ist, werden wir in Kürze sehen). Quine hat die beiden Interdefinitionen für vernünftig gehalten, obwohl er, wie gesagt, gemeint hat, dass keiner der beiden Begriffe – für sich genommen – auf befriedigende Weise expliziert werden kann. Hätte er mit dieser pessimistischen Behauptung recht, so könnten seine Interdefinitionen nicht helfen, der gewünschten Begriffe habhaft zu werden. Denn um den einen Begriff zu explizieren, müsste man den anderen kennen, der sich wiederum nur mithilfe des ersten Begriffs erklären lässt: Ein Zirkel droht.

Demgegenüber haben wir im vorletzten Kapitel einen Synonymiebegriff expliziert, ohne auf den Begriff des analytischen Satzes zurückzugreifen; und im letzten Kapitel haben wir einen Begriff vom analytischen Satz expliziert, ohne auf den Synonymiebegriff zurückzugreifen. *Wenn* also Quines Interdefinitionen in Ordnung sind, dann hätten wir uns eins der beiden Kapitel sparen können. Entweder hätten wir die eine der beiden Interdefinitionen verwendet, um mithilfe des Synonymiebegriffs aus Kapitel 8 sofort den Begriff vom analytischen Satz zu explizieren – dann wäre Kapitel 9 überflüssig gewesen. Oder wir hätten umgekehrt die andere der Interdefinitionen ausgenutzt, um den Synonymiebegriff durch den Begriff vom analytischen Satz zu explizieren, wie er im Kapitel 9 eingeführt worden ist – in diesem Fall wäre Kapitel 8 überflüssig gewesen.

Warum den Interdefinitionen trauen?

§ 10.3. Haben wir also Papier, Zeit und Tinte verschwendet? Ich meine nicht. Denn die Abkürzungen führen nur zum Ziel, wenn Quines Interdefinitionen halten, was sie versprechen. Es ist zwar richtig: Wenn es uns nur darum zu tun gewesen wäre, Quine zu widerlegen, hätten wir eine der beiden Abkürzungen einschlagen können. Wenn Quine trotz allem Bedeutungsskeptizismus so unvorsichtig war, Interdefinitionen vorzuschlagen, so muss er – mag man meinen – auch deren Folgen tragen. Zusammen mit den Interdefinitionen genügt schon die befriedigende Explikation *eines* der zwei Begriffe, um auch Quines Skepsis gegenüber dem anderen Begriff zu entkräften. Doch sollte es uns nicht in erster Linie interessieren,

ob ein grosser Gegenwartsphilosoph – unvorsichtigerweise – etwas falsch gemacht hat. Irgendwelche Destruktionen ihrerseits zu destruieren, ist kein philosophisches Heldenstück, denn es erhellt nichts.

Hätten wir eine der beiden Abkürzungen verfolgt, so wäre folgende Frage offen geblieben: Hängen Synonymie und Analytizität wirklich so zusammen, wie Quines Interdefinitionen fordern? Solange diese Frage nicht geklärt wird, sind die ins Auge gefassten Abkürzungen nichts wert: Hätten wir die erste Abkürzung eingeschlagen (indem wir Synonymie aus Kapitel 8 mit der einen Interdefinition kombiniert hätten), dann könnten wir nicht sicher sein, dass der so erreichte Begriff des analytischen Satzes das Explicandum trifft. Und umgekehrt: Hätten wir die zweite Abkürzung eingeschlagen (und den Begriff des analytischen Satzes zur Definition der Synonymie verwendet), so wäre offen geblieben, ob der dann erreichte Synonymiebegriff zu unseren Intuitionen über Bedeutungsgleichheit passt. In beiden Fällen verdiente der am Ende der Abkürzung erreichte Begriff nur so viel Vertrauen wie die jeweils benutzte Interdefinition. Und wieviel Vertrauen die Interdefinitionen verdienen, wäre noch nicht gesagt: Nur weil sie von einem gestrengen Bedeutungsskeptiker herkommen (der mit positiven Behauptungen über bedeutungstheoretische Vokabeln sparsam umgeht), müssen sie noch lange nicht angemessen sein. Auch in seinen positiven Behauptungen könnte sich der Bedeutungsskeptiker vertun.

Die Interdefinitionen müssten also eigens gerechtfertigt werden, bevor sie uns helfen könnten, auf eins der beiden Kapitel zu verzichten. Wenn diese Rechtfertigung auch unter holistischen Bedingungen gültig bleiben soll, so müssten wir dafür ein eigenes Kapitel aufbieten: und die erhoffte Abkürzung wäre am Ende genauso lang wie unser Weg durch die Kapitel 8 und 9.

Plan der Argumentation

§ 10.4. Ich möchte Quines Interdefinitionen trotzdem erörtern. Ich werde sie zunächst intuitiv plausibel zu machen suchen, ohne auf irgendwelche holistische Bedenken einzugehen. Es wird sich zeigen, dass die Interdefinitionen einen bestimmten Zug unserer Intuitionen über analytische und synonyme Sätze richtig widerspiegeln (§ 10.5 – § 10.8). Und das bedeutet: Statt die Interdefinitionen zum Explizieren zu benutzen, können wir sie ebensogut als Bedingungen der Adäquatheit von Explikationen auffassen, die im Einklang mit unseren Intuitionen stehen wollen. In diesem Lichte werden wir in

§ 10.9 eine erfreuliche Entdeckung machen: Ohne die Interdefinitionen auszunutzen, haben wir Synonymie und Analytizität bereits so definiert, dass automatisch das gelten muss, was die beiden Interdefinitionen verlangen! Diese Entdeckung wird unseren ursprünglichen Explikationen zusätzliche Plausibilität verleihen: und zwar unabhängig von den Gründen, die wir in den Kapiteln 8 und 9 zugunsten unserer Explikationen vorgebracht haben.

Man wird es aber auch umgekehrt sehen können: Statt dass man die intuitiv plausiblen Interdefinitionen zur Stützung unserer zwei Explikationen heranzieht, kann man die beiden (schon für sich allein gerechtfertigten) Explikationen verwenden, um die Interdefinitionen zu stützen. Denn wenn unsere Explikationen (wie in den Kapiteln 8 und 9 dargelegt) unter holistischen Bedingungen funktionieren und wenn sie (wie die versprochene Entdeckung zeigen wird) die beiden Interdefinitionen nach sich ziehen, dann sind die Interdefinitionen auch holistisch gerechtfertigt. Und das bedeutet, dass wir dann doch die Interdefinitionen benutzen können, um den einen der beiden problematischen Begriffe zu explizieren. Eine solche Überlegung wird uns in der Tat zu unserer endgültigen Explikation des Analytischen führen. Sie ist schlanker und eleganter als die Explikation D9.1 aus Kapitel 9 – aber sie ist dieser Explikation äquivalent (§ 10.10 – § 10.11).

Abschliessend möchte ich einige Sätze diskutieren, die sich mithilfe unserer Definitionen beweisen lassen (§ 10.12 – § 10.17). Es sind Sätze, deren Gültigkeit unsere Intuitionen über Synonymie und Analytizität von jeder angemessenen Explikation dieser Begriffe verlangen. Dass sie sich beweisen lassen, spricht für unsere Explikationen. Durch sie wird auch plausibel, dass logische (§ 10.13) und mathematische (§ 10.16 – § 10.17) Wahrheiten analytisch sind.

§ 10.5. Sehen wir uns also zuallererst Quines Interdefinitionen an: Quines Interdefinitionen

(10.1) Zwei Sätze sind genau dann synonym, wenn ihr Bikonditional analytisch ist.

(10.2) Ein Satz ist genau dann analytisch, wenn er synonym zu einem Selbstkonditional ist (also zu einem Satz der Form (r→r)).[1]

[1] Cf. Quine [WO]: 65. – Im Lauf der Jahre hat Quine unterschiedliche Formen der wechselseitigen Definition vorgeschlagen: Zunächst in erster Linie solche Definitionen, die den Begriff des Analytischen mit dem der Termsynonymie verknüpfen,

Ich habe die beiden Bikonditionale mit Absicht nicht als Definitionen formuliert. Denn wenn wir uns keine Zirkularität zuschulden kommen lassen wollen, dürfen wir nicht beide Bikonditionale gleichzeitig zum Definieren verwenden. Als schlichte Behauptungen (ohne explikatorischen Anspruch) können die beiden Sätze dagegen sehr wohl nebeneinander bestehen. Vergessen wir für einen Augenblick die definitorische Verwendung, die wir von einem der beiden Sätze – nämlich (10.2) – am Ende machen wollen und überlegen wir zunächst nur, ob unsere Intuitionen über Synonymie und Analytizität zu den beiden Bikonditionalen passen. Wir wollen also eine Zeitlang so tun, als verstünden wir die zwei Begriffe intuitiv.[2] (Würde Quine diese kontrafaktische Annahme trotz seiner Bedeu-

---

und später ausschliesslich solche Definitionen, die anstelle des Begriffs der Termsynonymie nur den der Satzsynonymie verwenden. Da ich mich mit der Frage befasse, ob und wie *ganze* Sätze semantisch zu charakterisieren sind, werde ich oben im Text nur die Varianten diskutieren, die sich auf der Ebene des ganzen Satzes abspielen. Sie finden sich in [WO]:65 und – etwas versteckter – in [TDoE]. Den verschiedenen Versionen der Interdefinitionen aus [TDoE] ist die vorliegende Fussnote gewidmet.

Quines erster Definition zufolge gehen die analytischen Sätze durch Substitution synonymer Terme aus logischen Wahrheiten hervor ([TDoE]:23); umgekehrt definiert Quine die Synonymie von Termen durch die Analytizität geschickt gewählter Sätze, die die fraglichen Terme enthalten ([TDoE]:28/9 und 31/2). Eine solche Synonymiedefinition hat den Nachteil, für jede eigene syntaktische Kategorie von Ausdrücken (Sätze, Individuenkonstanten, einstellige Prädikatskonstanten, zweistellige Relationskonstanten etc.) eine eigene Formulierung zu benötigen. Diese Komplikation kann vermieden werden, wenn man Synonymie einfach als Substituierbarkeit *salva analyticitate* definiert ([TDoE]:32). Beschränkt man die sprachlichen Ausdrücke, auf die diese Definition angewendet wird, auf den speziellen Fall ganzer Sätze, so bekommt man einen Zusammenhang zwischen Satzsynonymie und Analytizität. (Er wird uns später in Gestalt des Theorems S10.6 wiederbegegnen). Diesen Begriff hat Quine in [TDoE] nicht eigens angeführt, weil er sich in dem Aufsatz deutlich stärker für Synonymien unterhalb der Satzebene interessiert. Gleichwohl gelangt Quine in [TDoE] am Ende doch noch zu einer Definition des Analytischen, in der nur auf den Begriff der Satzsynonymie zurückgegriffen wird: Analytische Sätze sind synonym zu irgendwelchen logischen Wahrheiten ([TDoE]:38). Und damit sind wir genau bei der oben angegebenen Interdefinition (10.2) angekommen.

2 Wie ich in § 5.7 ausgeführt habe, gibt es mindestens zwei intuitive Synonymiebegriffe, die dem Vergleich ganzer Sätze dienen: einen laxen und einen strikten Synonymiebegriff. Auf welche der zwei Synonymiebegriffe stützen sich Quines Interdefinitionen? Wie ich im übernächsten Paragraphen herausarbeiten werde, hat Quine den *laxen* Synonymiebegriff im Auge: ganz in Übereinstimmung mit der Sprachregelung aus § 5.7, der zufolge „Synonymie" *simpliciter* immer als laxe Synonymie verstanden werden soll. Ich erinnere nur deshalb an diese Vereinbarung, weil ich all jene Leser beschwichtigt wissen möchte, die sich aufgrund strikterer Synonymie-Intuitionen gegen Quines Interdefinitionen sträuben. Natürlich behauptet Quine nicht, dass alle analytischen Sätze im strikten Sinn zu einem Selbstkonditional synonym wären.

tungsskepsis mitmachen? Vorübergehend gewiss, nämlich zum Zwecke der Propädeutik. Und allein diesem Zweck dient der augenblickliche Gedankengang. Wir wollen Quines eigene Interdefinitionen intuitiv motivieren).

§ 10.6. Um unsere Intuitionen über die beiden Begriffe klarer ans Licht zu ziehen, greife ich abermals auf einen dritten Begriff zurück (der nicht minder problematisch ist als Synonymie und Analytizität): auf den Begriff des Informationsgehalts. Im letzten Kapitel (§ 9.10) haben wir uns klargemacht, dass der Informationsgehalt aller analytischen Sätze identisch ist: Sie besagen nichts über die Welt. (Wir konnten diese Intuition nicht in eine gelingende Definition ummünzen, weil es uns die Quine/Duhem-These verbietet, vom Informationsgehalt einzelner Sätze zu reden (§ 9.11); zu propädeutischen Zwecken schadet dies allerdings nicht).

Zur Motivation

Wenn wir zusätzlich – wie es naheliegt – die Synonymie zweier Sätze als Gleichheit ihres Informationsgehalts auffassen, dann können wir dem zweiten der beiden Bikonditionale Quines beipflichten:

(10.2) Ein Satz ist genau dann analytisch, wenn er synonym zu einem Selbstkonditional ist.

Denn ein Selbstkonditional wie

(10.3) Wenn es regnet, dann regnet's,

besagt nichts über die Welt, besagt also genau dasselbe über die Welt wie alle anderen analytischen Sätze, hat somit denselben Informationsgehalt wie diese (nämlich gar keinen) – und muss mithin (wegen der Identität des Informationsgehalts) synonym zu jedem analytischen Satze sein.

§ 10.7. Folgende Konsequenz aus (10.2) wird uns dann nicht überraschen:

Bedeuten alle analytischen Sätze dasselbe?

(10.4) Alle analytischen Sätze sind untereinander synonym.[3]

Sie sind deshalb untereinander synonym, weil sie allesamt dasselbe über die Welt aussagen: nichts.

---

[3] Dies folgt aus (10.2), wenn man zusätzlich – und sicherlich im Einklang mit unseren Intuitionen – annimmt, dass Synonymie eine transitive und symmetrische Relation ist.

Man mag fragen: Ist das plausibel? Haben wir mit einem solchen Synonymiebegriff unsere bedeutungstheoretischen Intuitionen nicht doch verfehlt? Besagt nicht der Satz

(9.1) Alle Junggesellen sind unverheiratet,

etwas anderes über die Welt als beispielsweise:

(9.4) Kugeln haben keine Ecken.

Immerhin handelt der eine Satz von Junggesellen und der andere von Kugeln.[4]

Die Antwort auf diese Zweifel ist einfach. Wie sich schon in § 5.7 angekündigt hat, verfügen wir über (mindestens) *zwei* intuitive Synonymiebegriffe: einen laxen und einen engen. Und die bisherigen Überlegungen betrafen allein den laxen Begriff von Synonymie. In diesem Sinn von Synonymie sind (9.1) und (9.4) synonym: Als Ganzes besagen sie gleich wenig über die Welt – nichts.

In einem *engeren* Sinn von Synonymie sind die Sätze aber nicht synonym. Denn sie sind aus Teilausdrücken zusammengesetzt, die sich – intuitiv gesprochen – in ihrer Bedeutung unterscheiden. Dieser engere Synonymiebegriff ist weniger grundlegend als der laxe. Er lässt sich mithilfe des laxen Begriffs definieren:

> For some purposes a narrower sort of synonymy of sentences is wanted, such as what Carnap calls intensional isomorphism, involving certain part-by-part correspondences of the sentences concerned. [...] But such variant versions can be defined on the basis of the broader one. Synonymy of parts is defined by appeal to analogy of roles in synonymous wholes; then synonymy in the narrower sense is defined for the wholes by appeal to synonymy of homologous parts. So let us concentrate on the broader and more basic notion of sentence synonymy ([WO]:62).[5]

---

4 Dieser Punkt ist oft gemacht worden. So sagt Quine:

> Consider [...] the logical truth 'Everything is self-identical', or '(x) (x = x)'. We *can* say that it depends for its truth on traits of the language (specifically on the usage of '='), and not on traits of its subject matter; but we can also say, alternatively, that it depends on an obvious trait, viz., self-identity, of its subject matter, viz., everything ([CLT]:113 – Quines Hervorhebung).

Der zweiten Sichtweise zufolge müsste der fragliche Satz aufgrund von etwas anderem wahr sein als z.B. (9.4); also könnten die beiden Sätze nicht dasselbe „besagen".

5 So ähnlich schon in [TDoE]:

> Now let us be clear that we are not concerned here with synonymy in the sense of complete identity in psychological associations or poetic quality [...] We are concerned only with what may be called *cognitive* synonymy [...] This is cognitive synonymy in a primary, broad sense. Carnap [...] and Lewis [...]

Der enge Synonymiebegriff steht und fällt also zusammen mit seinem laxen Gegenstück. Damit genügt es, über dessen Schicksal nachzudenken. Und so brauchen wir von unseren bisherigen propädeutischen Überlegungen nichts zurückzunehmen; wir müssen uns lediglich von Zeit zu Zeit daran erinnern, dass Aussagen wie (10.2) bzw. (10.4) nur unter Voraussetzung des laxen Begriffs verstanden werden können. (Unter Voraussetzung des strikten Synonymiebegriffs wären die beiden Aussagen falsch).

Die andere Interdefinition

§ 10.8. So viel zur intuitiven Motivation von Quines zweitem Bikonditional. Wie steht es mit dem ersten Bikonditional:

(10.1) Zwei Sätze sind genau dann synonym, wenn ihr Bikonditional analytisch ist.

Auch diese Behauptung lässt sich anhand des Konzepts vom Informationsgehalt verständlich machen. Wenn zwei Sätze denselben Informationsgehalt haben (also synonym sind), dann besagt ihr Bikonditional nichts über die Welt (ist also analytisch). Und umgekehrt sagt ein Bikonditional beliebiger Sätze dann nichts über die Welt (ist also analytisch), wenn seine beiden Glieder dasselbe über die Welt besagen (wenn sie also synonym sind).

> have suggested how, once this notion is at hand, a narrower sense of cognitive synonymy which is preferable for some purposes can in turn be derived. But this special ramification of concept-building lies aside from the present purposes and must not be confused with the broad sort of cognitive synonymy here concerned ([TDoE]:28, 29n7 – Quines Kursivdruck).

Man kann sich mithilfe dieses Begriffspaars der engen und weiten Synonymie gut veranschaulichen, wie man von einer Definition des analytischen Satzes mithilfe des Begriffs von *Term*synonymie zu einer Definition mithilfe des Begriffs von *Satz*synonymie gelangen würde. Wir hatten oben in der Fussnote 1 zu § 10.5 folgende Definition des analytischen Satzes durch den Begriff der Termsynonymie kennengelernt:

> Ein Satz ist analytisch, wenn er durch Substitution synonymer Terme in eine logische Wahrheit überführt werden kann.

Unter Zugrundelegung des *engen* Begriffs der Satzsynonymie könnte man dies kürzer haben:

> Ein Satz ist analytisch, wenn er (im engen Sinn) synonym zu irgendeiner logischen Wahrheit ist.

Wenn wir nun den zugrundegelegten Synonymiebegriff so weit abschwächen, dass auch Sätze mit völlig unterschiedlicher logischer Struktur synonym sein können (solange sie nur „dasselbe über die Welt besagen“) brauchen wir nicht mehr die Synonymie eines analytischen Satzes mit *irgendeiner* logischen Wahrheit; dann genügt seine (laxe) Synoynie mit einer *bestimmten* logischen Wahrheit – z.B. mit einem Selbstkonditional, wie in (10.2) gefordert.

Kurz und gut, intuitiv betrachtet, sind Quines Interdefinitionen in Ordnung. Und das bedeutet: Wenn sich irgendwelche Begriffe der Synonymie und des Analytischen so zueinander verhalten, wie Quines Interdefinitionen verlangen, so spricht dies für die fraglichen Begriffe.

Höchste Zeit also, die lang angekündigte Entdeckung wirklich zu machen: Synonymie à la D8.2 und Analytizität à la D9.1 passen so zueinander, wie Quines Interdefinitionen verlangen! Um dies zu sehen, treten wir einen Schritt zurück, um die beiden Definitionen zusammen im Blick zu haben:

D8.2 Zwei Sätze p und q sind genau dann synonym, wenn für alle $n \geq 0$, für alle $(n + 1)$-stelligen aussagenlogischen Formeln f und für alle Sätze $t_0, t_1, \dots t_n$ gilt: $f[p, t_1, \dots t_n]$ ist reizsynonym zu $f[q, t_1, \dots t_n]$.

D9.1 Ein Satz s ist genau dann analytisch, wenn für irgendeinen Satz p, für alle $n \geq 0$, für alle $(n + 1)$-stelligen aussagenlogischen Formeln f und für alle Sätze $t_0, t_1, \dots t_n$ gilt: $f[p \to p, t_1, \dots t_n]$ ist reizsynonym zu $f[s, t_1, \dots t_n]$.

Eine Entdeckung

§ 10.9. Wie bei näherem Hinsehen ins Auge springt, haben wir mit D9.1 genau diejenigen Sätze herausgegriffen, die laut D8.2 synonym zu irgendeinem Selbstkonditional sind! Aus D8.2 und D9.1 ergibt sich also:

(10.2) Ein Satz ist genau dann analytisch, wenn er synonym zu einem Selbstkonditional ist.

Und dies ist die zweite der beiden Interdefinitionen von Quine. D.h. wir haben die Entdeckung gemacht, dass wir Synonymie und Analytizität ausgerechnet so definiert haben, dass die beiden Begriffe zusammenhängen, wie von Quines zweiter Interdefinition (10.2) verlangt. (Dass D8.2 und D9.1 auch das Kriterium der ersten Interdefinition implizieren, werden wir unten sehen: cf. S10.1 in § 10.11).

Allein diese Entdeckung liefert gute Evidenz dafür, dass wir mit unseren Definitionen D8.2 und D9.1 richtig liegen. Denn wenn die durch sie definierten Begriffe ausgerechnet so miteinander zusammenhängen, wie (10.2) sagt, und wenn (10.2) aus intuitiven Erwägungen motiviert ist (die sogar der Bedeutungsskeptiker Quine teilt), dann kann man die Bestätigung dieses Zusammenhangs als

Bestätigung unserer Definitionen werten. Die definierten Begriffe passen dann zu unseren Intuitionen.[6]

§ 10.10. Man kann die Angelegenheit aber auch andersherum betrachten. Dann definiert man Synonymie wie in D8.2 aus Kapitel 8 und expliziert den Begriff des Analytischen mithilfe von Quines zweiter Interdefinition durch den bereits explizierten Synonymiebegriff:

Dasselbe rückwärts

D10.1 Ein Satz ist genau dann analytisch, wenn er synonym zu einem Selbstkonditional ist.

---

[6] Es ist interessant, auch andere Begriffspaare, die für die Explikation von Synonymie und Analytizität infrage kommen, darauf zu untersuchen, ob sie ein Bikonditional wie (10.2) bewahrheiten.

Beginnen wir mit Quines Paar „reizanalytisch / reizsynonym". Anders, als Quine behauptet hat ([WO]:65), hängen diese beiden Begriffe *nicht* so zusammen, wie das fragliche Bikonditional verlangt. Anstelle von

(10.2') Ein Satz ist genau dann reizanalytisch, wenn er reizsynonym zu einem Selbstkonditional ist,

gilt ein leicht modifiziertes Bikonditional, in dem die rechte Seite verstärkt worden ist:

(10.2") Ein Satz ist genau dann reizanalytisch, wenn er reizsynonym zu einem Selbstkonditional ist *und wenn er unter allen Stimulationen Zustimmung finden würde.*

Denn ohne diesen kursiv gesetzten Zusatz müsste ein Satz wie ‚Zwei und Zwei macht Fünf' laut (10.2") reizanalytisch sein. Da keine Reizmusterfolge für den Satz relevant ist (der Satz würde immer abgelehnt), ist er reizbedeutungslos, also reizsynonym zum reizbedeutungslosen Selbstkonditional. Nun drückt die kursive Passage Quines Kriterium für Reizanalytizität aus (D9.2, s.o. § 9.17). Und das bedeutet, wir können anstelle von (10.2") folgendes sagen:

(10.2'") Ein Satz ist genau dann reizanalytisch, wenn er reizsynonym zu einem Selbstkonditional ist *und wenn er reizanalytisch ist.*

Die Synonymie zu Selbstkonditionalen ist also überflüssig. Immerhin folgt aus (10.2'"), dass die eine Richtung des Bikonditionals gilt:

(10.2"") Ein Satz ist nur dann reizanalytisch, wenn er reizsynonym zu einem Selbstkonditional ist.

Wie steht es mit unseren vorläufigen Begriffen von Synonymie à la D8.2* bzw. von Analytizität à la D9.1*, wo wir anstelle von Einbettungen in beliebige Kontexte Einbettungen in Konjunktionen herangezogen haben? Hier trifft das Bikonditional in der Tat zu:

(10.2*) Ein Satz ist genau dann analytisch (i.S. von D9.1*), wenn er (i.S. von D8.2*) synonym zu einem Selbstkonditional ist.

Denn wenn wir in (10.2*) die Synonymiedefinition D8.2* einsetzen, bekommen wir genau D9.1*.

Dieser Erfolg lässt auf dasselbe Ergebnis im konditionalen Fall hoffen:

(10.2**) Ein Satz ist genau dann analytisch (i.S. von D9.1**), wenn er (i.S. von D8.2**) synonym zu einem Selbstkonditional ist.

Und diese Erwartung wird nicht enttäuscht, wie sich durch Einsetzen der Definitionen leicht sehen lässt.

Wie sich leicht sehen lässt, ergibt sich aus D8.2 und D10.1 eine Folgerung, die wir auf unserem ursprünglichen Weg als eigene Definition motiviert haben:

(10.5) Ein Satz s ist genau dann analytisch, wenn für irgendeinen Satz p, für alle $n \geq 0$, für alle $(n + 1)$-stelligen aussagenlogischen Formeln f und für alle Sätze $t_1, \ldots t_n$ gilt: $f[p \rightarrow p, t_1, \ldots t_n]$ ist reizsynonym zu $f[s, t_1, \ldots t_n]$.

Und die holistischen Überlegungen, die uns ursprünglich zur Definition des Analytischen über D9.1 (alias (10.5)) geführt haben, fasst man nun als nachträgliche Rechtfertigung von D10.1 auf. Denn diese Überlegungen konnten unabhängig von D10.1 durchgeführt werden. Sie rechtfertigten den Satz (10.5) und letztlich Definition D10.1, die damit unter den holistischen Bedingungen der Quine/Duhem-These verteidigt wäre.

Beide Sichtweisen – die ursprüngliche und die umgedrehte, die ich eben eingenommen habe – laufen auf dasselbe hinaus. Denn wenn wir D8.2 voraussetzen dürfen, sind D10.1 (alias (10.2)) und (10.5) (alias D9.1) äquivalent.

Die endgültige Definition

§ 10.11. Ich plädiere für die neuere Sichtweise: Sie ist praktischer. Wenn wir an der ursprünglichen Definition D9.1 festhielten, dann bliebe unsere endgültige Explikation des Analytischen kompliziert und wortreich. Wenn wir dagegen, wie ich vorschlagen möchte, die umgekehrte Perspektive einnehmen, bekommen wir eine schlanke Definition des Analytischen:

D10.1 Ein Satz ist genau dann analytisch, wenn er synonym zu einem Selbstkonditional ist.

Schlanke Definitionen sind schöner als aufgeblähte Definitionen wie D9.1. Einigen wir uns also auf D10.1!

Wie steht es mit der Zwillingsschwester dieser Interdefinition, also mit jenem Bikonditional, durch das man Synonymie definieren *könnte*, wenn man zuvor über den Begriff des analytischen Satzes verfügte? Als Definition der Synonymie werden wir das Bikonditional nicht einsetzen wollen, da wir Synonymie im vorletzten Kapitel zur Zufriedenheit explizieren konnten. (Man sollte keinen Begriff doppelt definieren). Aber es wäre schön, wenn sich das Bikonditional als Theorem aus unseren Definitionen ableiten liesse. Und so ist es in der Tat:

S10.1 Zwei Sätze sind genau dann synonym, wenn ihr Bikonditional analytisch ist.

Damit ist die vorhin versprochene Entdeckung komplett. Unsere Begriffe der Synonymie und Analytizität erfüllen beide Forderungen aus Quines Interdefinitionen. Der Beweis von S10.1 ist ein bisschen kompliziert und wird im Anhang ausbuchstabiert.[7] Dass wir diesen Zusammenhang in unserer Begrifflichkeit definitiv beweisen können, ist ein deutliches Indiz zugunsten unserer Definitionen. Definitionen, sagt Frege, müssen sich in ihrer Fruchtbarkeit beim Deduzieren bewähren ([GA]:81). Und wenn es unsere Definitionen erlauben, einen so interessanten Sachverhalt wie S10.1 herzuleiten, dann spricht das entschieden für die Definitionen. Da sogar Quine den Zusammenhang, den S10.1 herstellt, intuitiv plausibel findet, könnte sich der grosse Bedeutungsskeptiker vielleicht an der Beweisbarkeit von S10.1 erfreuen?

§ 10.12. Mit unseren Definitionen haben wir ein so dichtes begriffliches Netz gewoben, dass sich weitere interessante Folgerungen herleiten lassen, die intuitiv plausibel sind. Ihre Ableitbarkeit spricht ebenfalls für den hier verfolgten Weg, die bedeutungstheoretischen Begriffe zu explizieren. Zur Abrundung dieses Kapitels möchte ich einige dieser Folgerungen vorstellen. Ich habe sie so ausgewählt, dass sie uns die Diskussion jener Frage erleichtern, die uns am meisten interessiert: Welche Sätze sind laut Definition analytisch? Weitere Theoreme

[7] Wie in der letzten Fussnote kann man sich fragen, ob die anderen Begriffspaare der Synonymie und des Analytischen einen derartigen Schluss erlauben. Quines Begriffe von Reizsynonymie und Reizanalytizität erfüllen folgende Forderung vermutlich nicht:

S10.1' Zwei Sätze sind genau dann reizsynonym, wenn ihr Bikonditional reizanalytisch ist.

Denn es lässt sich vorstellen, dass zwei theoretische Sätze p und q mangels kritischer semantischer Masse für sich allein jeweils reizbedeutungslos und mithin miteinander reizsynonym sind – dann könnten sie trotzdem so gut zueinander passen, dass ihr Bikonditional eine passable Theorie *mit* kritischer semantischer Masse bietet. Dies Bikonditional könnte dann von widerspenstigen Reizmusterfolgen widerlegt werden und wäre also nicht reizanalytisch.
Wie steht es mit dem konjunktionalen bzw. konditionalen Vorgängern unseres endgültigen Begriffspaars? Keines der beiden ursprünglichen Begriffspaare ist so definiert, dass man aus ihren Definitionen das Analogon zu S10.1 ableiten kann. Ich kann diese Behauptung hier nicht begründen. Sollte sie zutreffen, so hätten wir einen starken Grund für unsere endgültigen Definitionen entdeckt.

Mein erstes Theorem liefert eine notwendige Bedingung:

S10.2 Alle analytischen Sätze sind reizanalytisch.

Ein Satz also, dem der Sprecher unter irgendwelchen Umständen die Zustimmmung verweigern würde, kann kein analytischer Satz sein.

Beweis: Laut D10.1 ist ein analytischer Satz s synonym zu einem Selbstkonditional. Einem Selbstkonditional würde der Sprecher aber unter allen erdenklichen Umständen zustimmen. (Entgegengesetzte Versuchsergebnisse der Feldlinguistin sprechen gegen die Übersetzung eines Urwald-Satzoperators als Konditionalzeichen). Nun ernten laut S8.2 alle synonymen Sätze stets dasselbe Verdikt. Also würde der Sprecher auch dem Satze s unter allen erdenklichen Umständen zustimmen, Q.E.D.

Wir hatten uns im vorigen Kapitel (§ 9.17 – § 9.21) anhand zweier Beispiele klargemacht, dass es reizanalytische Sätze gibt, die nicht analytisch sind (Einsteins Credo; der Hundesatz). Zusammen mit S10.2 ergibt sich hieraus, dass unser Begriff vom analytischen Satz enger ist als Quines Begriff des Reizanalytischen. Dies Ergebnis ist der Zwilling unseres Resultats aus dem vorletzten Kapitel, wo wir gesehen hatten, dass unser Synonymiebegriff echt enger ist als Quines Begriff der Reizsynonymie.

Logische Wahrheit

§ 10.13. Mein nächstes Theorem bietet uns die ersten positiven Fälle von Analytizität:

S10.3 Alle Einsetzungsinstanzen logisch wahrer Satzformen sind analytisch.

Die Herleitbarkeit eines solchen Satzes (die ich im Anhang vorführen werde) ist eine *conditio sine qua non* für einen jeden Begriff des Analytischen. Denn wenn sich nicht einmal die logisch wahren Sätze als analytisch erweisen – welchen Sätzen sollte dann noch ein analytischer Status zugesprochen werden?

Eine Warnung ist am Platze. Mir geht es nur darum, mithilfe bedeutungstheoretischer Terminologie allerlei Sätze angemessen zu klassifizieren. Und dass S10.3 innerhalb meiner Terminologie bewiesen werden kann, spricht für die Definitionen, die ich vorgeschlagen habe. Ich will in dieser – sprachphilosophischen – Arbeit die Respektabilität bedeutungstheoretischer Begriffe verteidigen. Ich verfolge nicht in erster Linie erkenntnistheoretische Ziele. Bereitwillig gebe ich zu, dass uns S10.3 nicht sagt, es müssten die logischen Sätze deshalb *a priori* (oder auch: ganz sicher) gelten, weil wir die logischen Terme so verwenden, wie wir sie verwenden. Über diese – wie Quine sie nennt: – „linguistische Doktrin logischer Wahrheit" ([CLT]:108, 110 *et passim*) möchte ich nichts gesagt haben. (Die Wahrheit logischer Sätze kann man nicht mithilfe von S10.3 garantieren. Um S10.3 zu beweisen, braucht man schon Logik!)

Ob Quine die linguistische Doktrin logischer Wahrheit zu Recht ablehnt, steht hier nicht zur Debatte.[8] Was nur zur Debatte steht, ist Quines These, dass sich analytische und synthetische Sätze überhaupt nicht voneinander trennen lassen.[9] Und diesen viel radikaleren bedeutungstheoretischen Skeptizismus habe ich attackiert. Ich habe einen Begriff vom analytischen Satz eingeführt, der auf die Sätze der Logik zutrifft – so, wie es sein sollte. Welche epistemologischen Konsequenzen sich daraus für die Logik ergeben, kann ich hier nicht diskutieren.[10]

---

[8] Später scheint Quine seine Ablehnung der linguistischen Doktrin der logischen Wahrheit abgemildert zu haben: „[...] whoever denies the law of excluded middle changes the subject" ([PoL]:83).

[9] Auch Quine trennt die beiden Fragen:

> Logical truth (in my sense, excluding the additional category of essential predication) is, we saw, well enough definable (relatively to a fixed logical notation). [...] But when we would supplement the logical truths by the rest of the so-called analytic truths, true by essential predication, then we are no longer able even to say what we are talking about. *The distinction itself, and not merely an epistemological question concerning it, is what is then in question* ([CLT]:130 – meine Hervorhebung).

Die hierin kursiv gesetzte Passage benennt das Problem, das ich im vorliegenden Kapitel behandeln möchte und im vorigen Kapitel behandelt habe. Ich habe die dieser Passage vorangehenden Sätze mitzitiert, um einen weiteren Punkt herauszustellen: Sein Zweifel an der Unterscheidung zwischen synthetischen und analytischen Sätzen führt Quine nicht in eine Skepsis gegenüber dem Begriff der logischen Wahrheit (im engeren Sinne). Da sich die logischen Konstanten aufzählen lassen, ist ein sauberer Begriff der logischen Wahrheit leicht zur Hand ([TDoE]:22/3 und [CLT]:110). Damit dieser Begriff quersprachein funktioniert, müssen die logischen Konstanten unter den Bedingungen der radikalen Übersetzung identifiziert werden können. Wie wir in § 6.21 gesehen haben, ist Quines Meinung zu diesem Thema nach der Abfassung von [WO] pessimistischer geworden. Ohne meine Argumente gegen diesen Pessimismus anführen zu können, habe ich mich in § 6.21 dafür eingesetzt, der Linguistin die Identifizierung der logischen Konstanten zuzugestehen. Erst nach einem solchen Zugeständnis dürfen wir auch fremde Sprachen im Blick haben, wenn wir wie in S10.3 von „logischen Wahrheiten" reden.

[10] Neben Quine ist Putnam einer der prominentesten Autoren, die den Begriff des analytischen Satzes u.a. deshalb für uninteressant halten, weil er nichts dazu beiträgt, den epistemischen Sonderstatus der logischen Wahrheiten zu erklären (Putnam [TDR]:94). Putnam unterstellt bei der Diskussion dieser Frage allerdings einen anderen Begriff vom Analytischen als den, für den ich plädiere. Ob sich der durch D10.1 gegebene Begriff besser zur epistemischen Fundierung der Logik eignet als Putnams Begriff, kann ich hier nicht erörtern.

Man mag fragen, ob uns etwa auf unserem langen Weg durchs holistische Gebirge der Sinn für den Witz der analytischen Sätze abhanden gekommen ist? Waren denn die analytischen Sätze nicht genau wegen ihres apriorischen Werts postuliert worden?

Ich habe nicht behauptet, dass die analytischen Sätze nicht *a priori* gälten.[11] Ich habe nur darauf verzichtet, diese Frage zu erörtern. Was aber – mag man fragen – ist die Pointe der Unterscheidung zwischen Analytischem und Synthetischem? Ein Blick zurück auf den langen Weg, den wir gegangen sind, legt eine Antwort nahe. Wir haben jenen Zug der analytischen Sätze herausgearbeitet, der in ihrer Gehaltlosigkeit besteht: Analytische Sätze laufen in beliebigen theoretischen Kontexten leer mit. Damit haben wir den analytischen Sätzen nicht geschmeichelt. Statt sie epistemisch zu überhöhen, haben wir ihren Gehalt auf Null heruntergekocht. Doch mag das eine mit dem anderen zusammenhängen: Je weniger ein Satz über die Welt besagt, desto sicherer können wir sein, dass wir nichts falsch machen, wenn wir den Satz behaupten. Allein aus dieser Richtung lassen sich – so vermute ich – die epistemischen Hoffnungen erfüllen, die wir hinsichtlich der analytischen Sätze hegen. Dass diese Sätze dabei entzaubert werden und dass dadurch gewisse Hoffnungen unerfüllt bleiben, bestreite ich nicht. Aber, wie gesagt, kann ich das Thema hier nicht erörtern.

Logische Folgerung

§ 10.14. Der nächste Satz, der sich aus unseren Definitionen ergibt, erfüllt ein weiteres Desiderat:

> S10.4 Ein Satz q folge logisch aus p. Dann gilt: Ist p analytisch, so auch q.

Intuitiv ist dies Theorem leicht einzusehen: Ein logisches Implikat besagt höchstens so viel über die Welt wie der Satz, aus dem es folgt; wenn nun schon p (*qua* Analytizität) nichts über die Welt besagt, darf sein Implikat q erst recht nichts über die Welt besagen und muss mithin gleichfalls analytisch sein. Dass es sich so verhält, beweise ich im Anhang.

---

[11] Sogar habe ich mit S10.2 bewiesen, dass sich ein Sprecher gegenüber seinen analytischen Sätzen so verhalten muss, als wären es *a priori* gültige Sätze: er muss ihnen beipflichten, komme was wolle.

§ 10.15. Hier ist mein nächster Satz über analytische Sätze:

Abschluss unter Konjunktion

S10.5 Sind zwei Sätze p und q analytisch, so ist auch ihre Konjunktion (p & q) analytisch.

Auch dies Theorem leuchtet intuitiv ein. Zwei Sätze ohne jeden Informationsgehalt besagen auch zusammen nichts über die Welt – von nichts kommt nichts. Man kann analytische Sätze solange zusammenfügen, wie man will, und braucht nicht zu befürchten, dass sie plötzlich kritische semantische Masse erreichen und vielleicht an Erfahrungen scheitern. Beweis: siehe Anhang.

Mithilfe der bisher bewiesenen Theoreme können wir ein Synonymie-Kriterium herleiten, dass Quine in [TDoE] erwogen hat:

S10.6 Zwei Sätze p und q sind genau dann synonym, wenn sie sich in allen aussagenlogischen Kontexten *salva analyticitate* vertauschen lassen (cf. [TDoE]:32).

Quine hat dies Kriterium allgemeiner formuliert, so dass es für beliebige sprachliche Ausdrücke auch unterhalb der Satzebene funtioniert. Da wir hier keine Termsynonymien betrachten wollen, geben wir uns mit S10.6 zufrieden. Beweis von S10.6: im Anhang.

§ 10.16. Bevor ich im nächsten Kapitel zu der Frage nach den analytischen Sätzen mit theoretischen Termen übergehe, müssen wir über Mathematik nachdenken. Wir wünschen uns, dass alle wahren Sätze der Mathematik analytisch im Sinne unserer Definition sind. Doch kann ich dies Desiderat hier nicht beweisen. Ich kann nur plausibel machen, dass die mathematischen Sätze in dem Sinn analytisch sind, den wir ursprünglich eingeführt haben (D9.1'): Ihre Konjunktion mit jedem beliebigen Satz hat dieselbe Reizbedeutung wie der fragliche Satz allein. Am Ende haben wir zwar von den analytischen Sätzen mehr verlangt als ihre Verzichtbarkeit in beliebigen Konjunktionen. Doch sprechen, wie ich meine, die Gründe für ihre Verzichtbarkeit in beliebigen Konjunktionen auch für die allgemeinere Behauptung, die eigentlich bewiesen werden müsste (nämlich dass sich die mathematischen Sätze überall *salva stimulus-synonymia* durch irgendein Selbstkonditional substituieren lassen). Begnügen wir uns zur Vereinfachung der Debatte im Fall der Mathematik mit Analytizität im Sinn von D9.1'. Dass die mathematischen Sätze in diesem Sinn analytisch sind, legt eine Beobachtung nahe, die Harry Field gemacht hat:

Mathematik

(10.6) Wenn man zu irgendeinem nominalistisch einwandfreien Satz s (d.h. zu einem Satz, in dem nicht über abstrakte Entitäten wie Zahlen, Funktionen, Klassen etc. quantifiziert wird) einen Satz der Mathematik hinzufügt, so ergeben sich hieraus keine nominalistisch einwandfrei formulierbaren Konsequenzen, die sich nicht schon aus s allein ergeben (cf. Field [SwN]:9-12).

Kurz, die Mathematik ist laut Field hinsichtlich nominalistisch formulierbarer Konsequenzen „konservativ" (Field [SwN]:11/2).

Field ist Nominalist; er möchte die mathematischen Entitäten als fiktive Gegenstände entlarven ([SwN]:2). Und die in (10.6) wiedergegebene Beobachtung ist Fields erster (unkontroverser – [SwN]:11) Schritt hin zu einer radikal nominalistischen Sicht der Mathematik.[12] Da ich im Gegensatz zu Field kein nominalistisches Ziel verfolge, kann ich seinen unkontroversen Punkt (10.6) auch ohne nominalistischen Bezug reformulieren:

(10.7) Die Konjunktion eines mathematischen Satzes m mit beliebigen Sätzen s ändert nichts an deren Reizbedeutung, d.h. (m & s) ist stets reizsynonym zu s allein.[13]

Warum sollte das so sein? Nehmen wir entgegen (10.7) an, m reicherte die semantische Masse irgendeines Satzes s an. Der Satz s allein kann dann nicht von vornherein Ablehnung finden (sonst wären s allein und die Konjunktion (m & s) doch reizsynonym, weil reizbedeutungslos). Nun müsste sich also irgendein Beobachtungssatz p aus (m & s) ergeben, der sich nicht aus s allein ergibt. Das heisst: es könnte für den Sprecher nicht *a priori* ausgeschlossen

[12] Der zweite Schritt hin zu diesem nominalistischen Ziel besteht in folgender, weitaus stärker umstrittener Behauptung: Man kann unsere physikalischen Theorien in attraktiver Form axiomatisieren, ohne über abstrakte Entitäten wie Zahlen, Mengen und Funktionen zu quantifizieren ([SwN]:41/2). Die Begründung dieser Behauptung nimmt den breitesten Raum in Fields Buch ein. Auf ihre Richtigkeit bin ich nicht angewiesen.

[13] Statt wie Field der Mathematik „Konservativität" hinsichtlich *nominalistisch* formulierbarer Konsequenzen zuzuschreiben ([SwN]:12), habe ich ihr mit (10.7) Konservativität hinsichtlich *empirischer* Konsequenzen zugeschrieben. Weiche ich hiermit zu weit von Fields Intentionen ab? Ich meine nicht. Denn Field hebt die theoretische Verzichtbarkeit der Mathematik genau von der theoretischen Unverzichtbarkeit der Postulation theoretischer Entitäten und Eigenschaften ab ([SwN]:7/8). Und in diesem letzten Fall verweist auch Field darauf, dass man einem Satz s durch Konjunktion mit einem Stück Theorie t neue Beobachtungskonsequenzen verleihen kann ([SwN]:9). Auf diesen Unterschied zwischen der Postulation mathematischer Entitäten und der Postulation theoretischer Entitäten habe ich es mit meiner Definition des Analytischen abgesehen.

sein, dass s gilt, nicht aber p. (Denn s allein ist nicht von vornherein ausgeschlossen, und die Negationen von Beobachtungssätzen wie p sind überhaupt nie *a priori* ausgeschlossen). Wenn es aber denkbar ist, dass (s & ¬p) gilt, und wenn sich andererseits (wie angenommen) p aus der Konjunktion (m & s) ergibt, dann müsste es denkbar sein, dass der mathematische Satz m unter gewissen theoretischen Hintergrundannahmen empirisch widerlegt würde![14]

So, wie wir die Mathematik benutzen, schliessen wir diese Möglichkeit von vornherein aus. Also ist es undenkbar, dass (10.7) nicht zutrifft. Die mathematischen Sätze sind mithin i.S. der Definition D9.1' analytisch.[15]

Eine Warnung

§ 10.17. Genau wie vorhin im Fall der logischen Wahrheiten ist auch hinsichtlich der mathematischen Wahrheit eine Warnung angebracht. Mein Argument zeigt zwar, dass wir die mathematischen Sätze so verwenden, dass sie (laut D9.1') analytisch sind. Es zeigt nicht, dass wir uns auf jeden beliebigen mathematischen Satz unbedingt verlassen dürfen. Um zu sehen, warum unser Argument dies nicht zeigt, müssen wir uns daran erinnern, dass sich herausstellen könnte, das unsere augenblickliche Mathematik inkonsistent ist. (Wir haben keinen Beweis ihrer Widerspruchsfreiheit). Ebenso könnte sich herausstellen, dass unsere augenblickliche Mathematik (bislang unentdeckt) von irgendwelchen kontingenten Voraussetzungen über die Welt abhängt, die wir nur empirisch überprüfen können. In beiden Fällen könnten (10.6) und (10.7) nicht aufrechterhalten werden: Die Mathematik wäre nicht länger konservativ (so auch Field [SwN]:13).

---

14 Analog in nominalistischen Termen Field [SwN]:13. Field gibt neben der epistemischen Version des Arguments (die ich verwendet habe) eine metaphysische Version, die darauf baut, dass die Mathematik in allen möglichen Welten gelten soll (Field [SwN]:12). Am Ende beweist Field die Konservativität der Mathematik, ohne irgendwelche epistemischen oder metaphysischen Voraussetzungen zu benötigen: Die Konservativität folgt schon aus der Konsistenz der Mathematik ([SwN]:16-19).

15 Field will den mathematischen Sätzen keine Wahrheit zusprechen ([SwN]:2), da sie ihm zufolge nur von fiktiven Gegenständen handeln (die harmlos sind, da sie keine zusätzlichen nominalistisch formulierbaren Konklusionen erzeugen). Damit darf Field diese Sätze nicht analytisch *wahr* nennen. Trotzdem sieht Field eine enge Verbindung zwischen seiner Sicht der Mathematik und der des logischen Positivismus, dem zufolge die Mathematik nur aus analytischen Sätzen besteht (Field [SwN]:15). Die Meinungsverschiedenheit zwischen ihm und den Positivisten beruht laut Field in erster Linie auf einer verbalen Differenz. Der positivistischen Sicht, dass analytischen Sätzen faktischer Gehalt abgeht, scheint Field (zumindest mit bezug auf die Mathematik) nahezustehen (Field [SwN]:15/6). Genau diesen Mangel im faktischen Gehalt habe ich mit Definitionen wie D10.1 und D9.1' einzufangen versucht.

Gegen diese Möglichkeiten ist unser Argument machtlos. Was würden wir tun, wenn – Gott behüte! – unsere Mathematik plötzlich eins der beiden Symptome zeigte? Wir würden, meine ich, den Teil der Mathematik verwerfen, von dem die Krankheit ausginge.[16] Daraus ergibt sich, dass unserem Argument zufolge nur die Teile der Mathematik *wirklich* analytisch sind, die so funktionieren, wie wir es uns vorstellen: konservativ. Zur kritischen Überprüfung zweifelhafter Teile der Mathematik (etwa des Auswahlaxioms) taugt unser Argument nicht.[17] Das Argument ist für unsere Zwecke trotzdem ohne Fehl und Tadel. Denn es geht hier nicht um die Rechtfertigung irgendwelcher mathematischer Sätze, sondern um die richtige Klassifikation jener Sätze, die wir mit Recht nicht aus der Mathematik entfernen.

Nachdem wir gesehen haben, was unsere Definition für Logik und Mathematik leistet und was nicht, möchte ich im nächsten Kapitel untersuchen, welche Sätze mit theoretischen Termen analytisch sind.

---

[16] So auch Field: „*Good* mathematics *is* conservative; a discovery that accepted mathematics isn't conservative would be a discovery that it isn't good" (Field [SwN]:13 – Fields Hervorhebung). – Ob wir den fraglichen Bereich der Mathematik ganz verwerfen oder ihn nur *aus der Mathematik* entfernen würden, lasse ich offen.

[17] Field legt dar, dass auch alternative Mathematiken seine nominalistische Version unserer Behauptung (10.7) erfüllen ([SwN]:15). Wer zwischen verschiedenen Versionen esoterischer Mathematik entscheiden muss, darf also von den hier wiedergegebenen Überlegungen Fields keine Hilfestellung erwarten.

Kapitel 11

Ein Kompromiss zwischen Carnap und Quine?

Ein Kompromiss?

§ 11.1. Quine hat mit seinen bedeutungsskeptischen Thesen vor allem seinen Freund Carnap angegriffen. Könnte Carnap mit den hier erzielten Ergebnissen zufrieden sein? Es besteht kein Zweifel, dass ich in dieser Arbeit die Begriffe der Synonymie und des Analytischen auf andere Weise *eingeführt* habe, als es Carnap vorschwebte. Ob sich die beiden Begriffe aber in ihrer *Anwendung* so verhalten, wie Carnap erwartete, ist dadurch noch nicht beantwortet. Ich werde diese Frage mit einigen Abstrichen bejahen. Man muss, so meine These in diesem Kapitel, Carnap vom Kopf auf die Füsse stellen.

Carnap hat den Begriff des analytischen Satzes wieder und wieder unter Rückgriff auf irgendwelche Sätze zu definieren versucht, von deren konventionellem Status er intuitiv überzeugt war (nämlich unter Rückgriff auf Bedeutungs-Postulate und insbes. unter Rückgriff auf die später so genannten Carnap-Sätze). Ein solches Verfahren funktioniert nicht für Sprachen, die der Anwendende nicht versteht; es funktioniert nicht unter den Bedingungen der radikalen Übersetzung. Daher verletzt es die strikten Erklärungsstandards, für die ich – in Übereinstimmung mit Quine – in den Kapiteln 2 bis 4 plädiert habe.

Wenn wir Carnap vom Kopf auf die Füsse stellen wollen, müssen wir zunächst einen Begriff des analytischen Satzes auftun, der unabhängig von der vorausgesetzten Konventionalität dieser oder jener Sätze startklar gemacht werden kann: Einen solchen Begriff haben wir mit der Definition D10.1 geliefert. Erst *nachdem* seine Explikation gelungen ist, fragen wir: Trifft dieser Begriff auf jene Sätze zu, die Carnap misslicherweise zur Definition von Analytizität verwenden wollte?

Wie sich zeigen wird, kann diese Frage unter bestimmten Bedingungen bejaht werden. Wir können also einen Kompromiss zwischen Carnap und Quine ausrufen. Wie sieht dieser Kompromiss aus? Wir geben, einerseits, Quine recht und beharren darauf, dass *Carnaps* Definitionen unsere Erwartungen an gelungene Explikationen bedeutungstheoretischer Begriffe nicht befriedigen. (Dem haben wir durch *unsere* Definitionen Rechnung getragen). Andererseits geben wir

Carnap recht, indem wir ihm zustimmen, *dass* bestimmte Sätze analytisch sind. Nur (hierin geben wir wieder Quine recht) hätte Carnap sie nicht zur Explikation des Analytischen verwenden dürfen. Vielmehr hätte er die inhaltliche These vertreten sollen, dass diese Sätze analytisch sind – analytisch in einem Sinn, den Carnap nicht zu explizieren vermochte und den erst unsere Definitionen enthüllt haben.

Um herauszuarbeiten, worauf mein Vorschlag für einen Burgfrieden zwischen Carnap und Quine hinausläuft, möchte ich in diesem Kapitel in drei Schritten vorgehen. Zuerst erörtere ich in § 11.2 – § 11.13 die Frage nach analytischen Sätzen mit theoretischen Termen und zeige, dass unter bestimmten Bedingungen einige der sogenannten Carnap-Sätze analytisch sind (und zwar dann, wenn die Sprecher nicht allzu instrumentalistisch mit ihren theoretischen Termen umgehen). Dann wende ich mich dem Thema des Sprachwandels zu und demonstriere, wie man mithilfe meiner Begriffe Theorie- und Sprachwandel auseinanderdividieren kann (§ 11.14 – § 11.19). Im letzten Schritt behandle ich Sprachwandel durch Stipulation (§ 11.20 – § 11.24). Was Stipulationen (Bedeutungs-Postulate) *sind*, definiere ich unter Rückgriff auf unseren Begriff vom analytischen Satz. Carnap hatte es andersherum versucht. Am Ende dieses Kapitels wird er endlich auf den Füssen stehen.

Sätze mit theoretischen Termen

§ 11.2. Unsere erste Frage lautet: Welche Sätze mit theoretischen Termen sind im Sinne unserer Definition analytisch? Die Frage ist wichtig, weil Quines Unbehagen gegenüber den analytischen Sätzen im Holismus der Quine/Duhem-These wurzelt (§ 9.19). Deshalb richtet sich Quines besonderer Argwohn auf angeblich analytische Sätze mit theoretischen Termen. (Gegen analytische Sätze mit Alltagstermen, also beispielsweise gegen den Junggesellensatz, hat er mittlerweile nichts mehr einzuwenden, s.o. § 9.8). Um Quines zentralen Argwohn zu zerstreuen, müssen wir mithin plausibel machen, dass uns unsere Explikation hilft, über den analytischen Status von Sätzen mit theoretischen Termen zu entscheiden. Eine erste, simple Teilantwort auf diese Frage ergibt sich aus S10.3. Dem Theorem zufolge sind *alle* Einsetzungsinstanzen logisch wahrer Sätze analytisch – also auch Einsetzungsinstanzen mit theoretischen Termen wie z.B.:

(11.1) Alle Elektronen sind Elektronen.

Derartige analytische Sätze mit theoretischen Termen sind nicht sonderlich interessant. Wir sollten folgende weitergehende Frage stellen: Gibt es analytische Sätze mit theoretischen Termen, die nicht allein aufgrund von Logik (oder Mathematik) analytisch sind?

§ 11.3. Wer diese Frage positiv beantworten will, hat zwei chancenreiche Möglichkeiten. Einerseits könnten Sätze mit theoretischen Termen analytisch sein, weil die Sprecher bestimmte theoretische Terme zur Abkürzung längerer Ausdrücke mit theoretischen Termen benutzen. Auf solche Abkürzungen könnten sich die Sprecher explizit geeinigt haben: ein Spezialfall von Stipulation, die wir am Ende dieses Kapitels behandeln werden (§ 11.20 – § 11.24). Eingeborene Instrumentalisten

Andererseits könnte es analytische Sätze geben, in denen theoretische Vokabeln mit Beobachtungsvokabeln verbunden werden. Besonders interessant wären solche analytischen Sätze, die es erlauben, zwischen einer rein empirischen Beschreibung der Welt und ihrer theoretischen Beschreibung nach Belieben hin- und herzuspringen. Welche Form sollten solche analytischen Sätze haben? Es müssten Bikonditionale sein, deren eine Seite nur in Beobachtungs-Vokabular formuliert ist, während auf der anderen Seite auch theoretische Terme wesentlich vorkommen.

Verbietet nicht die Quine/Duhem-These von vornherein, dass solche Bikonditionale analytisch sein können? Nein. Zwar darf die theoretische Hälfte eines analytischen Bikonditionals laut Quine und Duhem nicht einfach nur *einen* theoretischen Term in Prädikatsstellung enthalten, also beispielsweise so aussehen:

(11.2) x ist genau dann ein Elektron, wenn ...

Denn sonst gäben uns die rechts im Bikonditional stehenden Beobachtungsterme (die ich durch Punkte angedeutet habe) ein empirisches Kriterium zum Test einzelner Sätze über Elektronen: im Widerspruch zu der holistischen Position, die wir in Kapitel 7 gegen Reduktionismus und Operationalismus eingenommen haben. Ein Bikonditional wie (11.2) darf also laut Quine und Duhem nicht analytisch sein. Doch brauchen die gesuchten Bikonditionale nicht so simpel zu sein wie (11.2). Wenn links anstelle des schlichten Satzes über Elektronen raffiniertere Konjunktionen theoretischer Sätze stünden, dann lieferte der empirische Teilsatz rechterhand kein Testkriterium für isolierte theoretische Sätze; und so könnte das gesamte Bikonditional (im Einklang mit der Quine/Duhem-These) analytisch sein. Gibt es derartige analytische Sätze? Meine Antwort mag überraschen: *Das kommt auf die Sprecher an!* Es könnte Sprecher geben, die mit ihren theoretischen Termen völlig instrumentalistisch umgehen. Für sie sind theoretische Terme nützliche Hilfswerkzeuge zur Systematisierung vergangener und zur Prognose zukünftiger Erfahrungen. Eine *Realität* theoretischer Entitäten und Eigenschaften hinter den experimentellen Erfahrungen erkennen diese Sprecher nicht an.[1] Kein Wunder, dass es in ihrem Idiolekt keine der uns interessierenden analytischen Bikonditionale gibt. Denn wäre ein solches Bikonditional analytisch im Idiolekt dieser Instrumentalisten, so wären die zwei Seiten des Bikonditionals untereinander synonym (S10.1). Dann könnte der Teilsatz mit den theoretischen Termen überall anstelle jenes Teilsatzes verwendet werden, der nur Beobachtungsvokabeln enthält – und damit akzeptierte der Instrumentalist letztlich doch die Existenz theoretischer Entitäten, sobald

[1] Nicht nur ist der wissenschaftstheoretische Disput zwischen Instrumentalisten und ihren Gegnern (den wissenschaftlichen Realisten) längst zu weitläufig geworden, als dass ich ihn in dieser Arbeit nachzeichnen oder gar vorantreiben könnte. (Vergl. auf der instrumentalistischen Seite van Fraassen [SI], Fine [UA] und auf der realistischen Seite Boyd [RUCT], Friedman [TE] und Horwich [oNNo]. Eine pessimistische Einschätzung des Stands der Dinge in diesem Disput gibt Kukla [SRSP]). Auch die Frage, wie Instrumentalismus und wissenschaftlicher Realismus voneinander abgegrenzt werden sollen, kann ich hier nicht im Detail erörtern: Die Abgrenzungsfrage scheint einen Teil des inhaltlichen Streits mit zu umfassen. Da ich mich in derartige wissenschaftstheoretische Debatten nicht einmischen möchte und nicht einzumischen brauche (s.u. § 11.13), mag es genügen, wenn ich kurz darlege, welche Bezeichnungen ich verwenden werde.
Vorweg: Ich werde im folgenden die Gegner der Instrumentalisten durchweg als *Nicht-Instrumentalisten* bezeichnen. Ich möchte sie nicht *wissenschaftliche Realisten* nennen, um beim Leser keine allzu beladenen Vorstellungen zu wecken. Auch meine Rede von Instrumentalismus sollte nicht mit übertrieben starken philosophischen Erwartungen belastet werden. Denn es geht mir in meinen Überlegungen um „praktizierende Instrumentalisten", also um instrumentalistische Wissenschaftler, die sich in ihrer wissenschaftlichen Praxis an die Normen halten, die ihnen die „predigenden Instrumentalisten" (instrumentalistische Philosophen) vorschreiben möchten. Die Instrumentalisten oben im Text sollen also nicht anhand der philosophischen Behauptungen identifiziert werden, die sie zur Normierung wissenschaftlichen Verhaltens vorbringen – sondern anhand dessen, wie sie mit theoretischen Sätzen *de facto* umgehen.
Wie verhalten sich praktizierende Instrumentalisten im Vergleich zu ihren nicht-instrumentalistischen Gegnern? Sie führen keine sogenannten „abduktiven" Schlüsse durch, also keine Schlüsse, die von empirisch verifizierbaren Prämissen zu theoretischen Konklusionen führen (so auch Horwich [oNNo]:2/3, 8/9). D.h. selbst wenn die praktizierenden Instrumentalisten eine Theorie gefunden haben, die das Beobachtete gut erklärt, halten sie die Theorie nicht allein deshalb für richtig. Anders gewendet: Sie erlauben sich keine „inference to the best explanation" – im Gegensatz zu ihren Gegnern, den praktizierenden „Nicht-Instrumentalisten". Holm Tetens hat mich darauf aufmerksam gemacht, dass die von mir unten genauer beschriebenen Nicht-Instrumentalisten dem Instrumentalismus immer noch näherstehen als dem wissenschaftlichen Realismus. Ich komme auf dies Thema in Fussnote 13 in § 11.12 zurück.

er nur den korrespondierenden Beobachtungssatz für wahr hält: Er hätte aufgehört, Instrumentalist zu sein.[2]

Das bedeutet: Wenn unsere Feldlinguistin an einen instrumentalistischen Eingeborenenstamm gerät, wird sie keine interessanten analytischen Sätze mit theoretischen Termen entdecken. Wie aber steht es mit einem Stamm von Wissenschaftlerinnen, die ernsthafter mit ihren theoretischen Termen umgehen, weil sie meinen, dass ihre besten Theorien sehr wohl die Welt so beschreiben, wie sie ist? Hier darf die Linguistin auf eine reichere Ausbeute an analytischen Sätzen hoffen.

Was für Sätze mit theoretischen Termen passieren dann unser Kriterium für Analytizität aus D10.1? Wieder werde ich die Diskussion auf den interessantesten Fall beschränken: auf Bikonditionale, die rechterhand frei von theoretischen Termen sind, während in ihrer linken Hälfte irgendwelche theoretischen Terme wesentlich vorkommen. Wir werden uns auf die aussagekräftige Rückrichtung dieser Bikonditionale konzentrieren: nämlich auf das Konditional, das

[2] Hiergegen mag man eine Unterscheidung von van Fraassen ins Feld führen wollen: Auch der „konstruktive Empirismus" (van Fraassens Deckname für seine Version von Instrumentalismus – cf. [SI]:5, 11-13) empfehle, den fraglichen theoretischen Teilsatz zu *akzeptieren* (um ihn zur Deduktion empirischer Konsequenzen zu verwenden), ohne gleichzeitig zu empfehlen, ihn auch *für wahr zu halten*. (Im Sinne van Fraassens akzeptiert ein Sprecher eine Theorie, wenn er ihre empirischen Konsequenzen für wahr hält und wenn er eine bestimmte pragmatische Einstellung zu der Theorie einnimmt, indem er sich z.B. auf ihr Forschungsprogramm verpflichtet, cf. [SI]:12/13, 68/9, 88/9). Bevor ich zeige, dass mein Punkt oben im Text hiervon nicht in Mitleidenschaft gezogen wird, möchte ich fragen: Wie lässt sich im Urwald der feinsinnige Unterschied zwischen genuinem Für-Wahr-Halten und instrumentalistischem Akzeptieren dingfest machen? Wir dürfen von unserer Linguistin nicht verlangen, dass sie verschiedene Sorten der verbalen Reaktion auf theoretische Sätze zu dechiffrieren vermag; die Eingeborenen könnten ein und dasselbe Wort benutzen, sowohl um Sätzen zuzustimmen, die sie wirklich für wahr halten, als auch um anzuzeigen, dass sie einen Satz bloss zum Zweck der Deduktion akzeptieren. Überraschenderweise können wir van Fraassens Unterscheidung trotzdem einfangen. Das Urwaldwort für „Ja" mag zwar sowohl für genuine Zustimmung als auch für bloss instrumentell akzeptierende Zustimmung stehen. Aber die beiden Reaktionen unterscheiden sich immer noch in ihrer kausalen Vorgeschichte! Im genuinen Fall von Zustimmung erntet der theoretische Satz nicht nur dieselbe Reaktion wie sein empirisches Gegenstück; ihm wird darüber hinaus *aufgrund derselben Reizmusterfolgen* zugestimmt. Im instrumentalistischen Fall mag der theoretische Satz zwar dasselbe Verdikt ernten wie der korrespondierende Beobachtungssatz – aber nicht allein aufgrund der präsentierten Reizmusterfolge, sondern auch aufgrund pragmatischer Überlegungen (so ähnlich auch Horwich [oNNo]:9). Und das bedeutet, dass meine Behauptung oben im Text auch auf van Fraassens Instrumentalisten (auf konstruktive Empiristen) zutrifft: In ihrem Idiolekt dürfen der theoretische Satz und sein empirisches Gegenstück nicht reizsynonym sein, also *a fortiori* auch nicht synonym.

von einer rein empirischen Beschreibung der Welt zu ihrer theoretischen Beschreibung überzugehen erlaubt.

Carnaps Gespür

§ 11.4. In seinen letzten Lebensjahren hat Carnap seine Aufmerksamkeit einer bestimmten Teilklasse solcher Sätze zugewandt, und zwar unter Berücksichtigung holistischer Bedenken. Er war aus Schaden klug geworden, denn er hatte zuvor auf holistischem Grund ein Gefecht nach dem anderen gegen die Bedeutungsskeptiker verloren (vergl. z.B. Hempel [IoCW]:703-705). Carnap hoffte immer noch, die analytischen Sätze rehabilitieren zu können, und zwar selbst dann, wenn sie theoretische Terme enthalten. Und er hatte eine geniale Idee, die mit den (oben in § 7.15 – § 7.17 eingeführten) Ramsey-Sätzen zu tun hat. Meiner Ansicht nach hatte Carnap das richtige Gespür: Mit Recht behauptete er, *dass* bestimmte Sätze mit theoretischen und Beobachtungstermen analytisch sind (nämlich die später so genannten Carnap-Sätze). Aber Carnap hat diese Idee ein bisschen ungeschickt präsentiert. Er verwendete die Carnap-Sätze, um den Begriff des analytischen Satzes zu *definieren*.[3] Soweit ich weiss, hat Quine auf diesen Versuch nicht reagiert. Er dürfte den Versuch hoffnungslos gefunden haben. Oft genug hatte er dargetan, dass es nicht genügt, irgendeine Klasse von Sätzen als „analytisch" auszuzeichnen. Quine zufolge muss man zusätzlich erklären, warum die herausgegriffenen Sätze ausgerechnet „analytisch" genannt werden sollen und was diese Sätze mit unseren Intuitionen über das Analytische zu tun haben.[4] Zudem präsentierte

---

[3] Cf. Carnap [RSE]:965/6, [OLTL]:84 und [PFoP]:272.

[4] Cf. Quine [TDoE]:33/4. – Putnam hat in [AS]:54 vorgeschlagen, die Sache im Falle formaler Sprachen folgendermassen zu retten: Der Konstrukteur einer formalen Sprache legt fest, welche Sätze der Sprache man nicht verwerfen darf, ohne die Sprache zu wechseln. Wer einen Satz äussert, der mit der Konjunktion der Bedeutungs-Postulate unverträglich ist, ist dann definitionsgemäss kein Sprecher der Sprache, die der Konstrukteur geschaffen hat. – Kann man derartige Gedankengänge benutzen, um zu erklären, was ein Bedeutungs-Postulat ist? Putnam scheint dies zu meinen (um erst die nächste Frage zu verneinen, ob es nämlich rational sein kann, derartige Postulate in unsere Wissenschaftssprachen einzuführen; [AS]:56/7). Anders als Putnam halte ich diesen Versuch der Explikation von „Bedeutungs-Postulat" für verfehlt. Denn die erhoffte Explikation müsste ungefähr folgendermassen laufen:

> (*) Ein Satz einer formalen Sprache ist genau dann ein Bedeutungs-Postulat, wenn der Konstrukteur der Sprache festgelegt hat, dass man nur dann ein Sprecher der Sprache sein kann, wenn man den Satz unter keinen Umständen aufzugeben bereit ist.

Mit einer solchen Erklärung sollten wir uns nicht zufrieden geben. Er setzt einen Begriff vom Sprecher einer Sprache voraus, der stärker semantisch vorbelastet ist

Carnap seinen Vorschlag wieder nur für formale Kunstsprachen – und Quine wollte semantische Begriffe in erster Linie so erklärt haben, dass sie sich auf natürliche Sprachen anwenden lassen.

Es war also nicht geschickt von Carnap, die Carnap-Sätze zur *Definition* des Begriffs vom Analytischen einzusetzen. Stattdessen hätte er die *inhaltliche* These formulieren sollen, dass alle Carnap-Sätze analytisch sind. Für diese Behauptung hätte er einen Begriff des analytischen Satzes gebraucht, der unabhängig von Carnap-Sätzen definiert werden kann. Und genau an dieser Stelle hätte Quine seine traditionellen Zweifel gegen die Unterscheidung zwischen Analytischem und Synthetischem neu aufgeworfen.

Zugegeben, Carnap kannte keine Explikation, mit der er diese Zweifel hätte besänftigen können. Auf der anderen Seite haben wir mit D10.1 eine Explikation gegeben, ohne auch nur versteckt auf Carnap-Sätze zurückzugreifen. Deshalb ist es interessant zu untersuchen, ob sich unserer Definition zufolge die Carnap-Sätze als analytisch erweisen. Unter bestimmten Umständen wird dies in der Tat der Fall sein, wie ich gleich zeigen möchte. Wenn ich damit recht haben sollte, so hätte Carnap gewonnen: Es gibt interessante analytische Sätze, in denen theoretische Terme vorkommen. Und zwar sind es genau die Sätze, die Carnap mit richtigem Gespür in den Blick genommen hatte. Um dies zu zeigen, werde ich mit den entwickelten begrifflichen Mitteln auf die Carnap-Sätze zusteuern – ohne mich allzu stark an Carnaps (wie gesagt: irreführender) Präsentation zu orientieren.[5]

§ 11.5. Bevor ich erkläre, wie Carnap-Sätze aussehen, wollen wir uns an die Ramsey-Sätze zurückerinnern. Wir haben in § 7.15 – § 7.17 festgestellt, dass ein theoretischer Satz p wie: Carnap-Sätze

---

als unser bisheriger Sprecherbegriff: Bislang haben wir als Sprecher eines Idiolekts die Person angesehen, die die Schallwellen produziert, welche zum fraglichen Idiolekt gehören. Unter dem Kriterium aus (*) kann es dagegen geschehen, dass jemand Schallwellen produziert und dabei eine bestimmte Sprache zu sprechen *scheint*, ohne es wirklich zu tun. Der Sprecher gilt nicht länger als Produzent seines eigenen Idiolekts; vielmehr wird von aussen beurteilt, ob er die und die Sprache spricht. Und erst wenn die Kriterien für Urteile der Form ‚X spricht Sprache L' auf dem Tisch sind, können wir (*) verstehen. Solche Kriterien können unter den Bedingungen der Bedeutungsskepsis Quines nicht formuliert werden. (Dass selbst Quine dieser Skepsis nicht überall treu geblieben ist, werde ich in der Fussnote 27 zu § 11.22 ausführen).

5 Cf. Carnap [RSE]:963-966, [OLTL]:81-84, [PFoP]:265-274 und Stegmüller [TE]/1:414-421.

(7.8) Wenn ein sehr schnelles Elektron in eine Nebelkammer gelangt, hinterlässt es einen sichtbaren Kondensstreifen,

und seine Ramsifikation rams(p):

(7.14) Es gibt eine Klasse E von Entitäten, für die gilt: Wenn ein x ∈ E mit hoher Geschwindigkeit in eine Nebelkammer gelangt, hinterlässt es einen sichtbaren Kondensstreifen,

denselben Beobachtungswert haben. Als *Carnap-Satz* bezeichnen wir das Konditional aus diesen beiden empirisch wertgleichen Sätzen – und zwar in der interessanten Richtung („von Empirie zu Theorie"):

(11.3) rams(p)→p.

Carnaps These

§ 11.6. Carnaps These, die wir erörtern wollen, besagt: Einige dieser Carnap-Sätze sind analytisch. Bevor ich diese These anhand zweier Beispiele erläutere, möchte ich sie intuitiv motivieren. Zunächst: Aufgrund von Ramseys Theorem (cf. § 7.17) haben Vorder- und Hinterglied in einem Satz der Form (11.3) denselben Beobachtungswert. Das Konditional selber hat also keinen Beobachtungswert.[6] Es *könnte* analytisch sein. (Es erfüllt eine notwendige Bedingung für Analytizität, siehe S10.2).[7] Nehmen wir an, jemand hätte sich durch sorgfältiges, langwieriges Experimentieren davon überzeugt, dass der Ramsey-Satz rams(p) einer Theorie p zutrifft. Wenn er nun anstelle des (allzu komplizierten) Ramsey-Satzes die Theorie selber behaupten möchte, so werden ihn keine weiteren Beobachtungen darin bestärken können, dass p zutrifft. (Denn, wie gesagt, p hat denselben Beobachtungswert wie rams(p)). Für den Sprung zur Theorie braucht er keine neue empirische Information

---

6 Hier ist ein anderer Weg, sich klarzumachen, warum (11.3) keinen Beobachtungswert hat: Da nach Ramseys Theorem ein Satz und seine Ramsifikation denselben Beobachtungswert haben, ist der Beobachtungswert von (11.3) identisch mit dem seiner Ramsifikation. Die Ramsifikation von (11.3) lautet aber:

(*) rams(p)→rams(p).

Das ist ein logisch wahrer und also empirisch wertloser Satz (Carnap [RSE]:965).

7 Carnap kannte unsere Definition D10.1 nicht und konnte nicht wissen, dass sie S10.2 impliziert. Aber intuitiv war ihm klar, dass jeder logisch wahre Satz auch analytisch sein muss. – Im folgenden werde ich derartige Hinweise zu Carnaps tatsächlichen Ansichten weglassen und stattdessen kommentarlos darlegen, wie Carnap hätte argumentieren können, hätte er unsere Definitionen und Theoreme gekannt.

über die Welt – allenfalls braucht er eine Information, in der sich die Bedeutung der theoretischen Terme spiegelt, die er zu verwenden plant. D.h. er braucht (intuitiv gesprochen) einen analytischen Satz, in dem die fraglichen Terme vorkommen. Welcher Satz rechtfertigt ihn, von der Beobachtung rams(p) zur Theorie p überzugehen? Der schwächste Satz, der diesen Übergang erlaubt, ist der Carnap-Satz, nämlich das Konditional:

(11.3) rams(p)→p.[8]

Wenn also der Carnap-Satz analytisch ist, dann verwendet der Sprecher seine theoretischen Terme so, dass ihn die Beobachtung dessen, was die Theorie voraussagt, zur Aufstellung der Theorie berechtigt.

Soviel zur Motivation der These Carnaps. Wir müssen nun überlegen: Welche Sätze p könnten analytische Carnap-Sätze liefern? Es wird sich zeigen, dass dies von p's semantischer Masse abhängt. Sätze ohne semantische Masse eignen sich nicht zum Carnapisieren, wie sich im ersten Beispiel zeigen wird. Unser zweites Beispiel soll plausibel machen, dass die Aussichten auf analytische Carnap-Sätze umso besser sind, je grösser die semantische Masse des ursprünglichen Satzes p gewesen ist. Am besten, man carnapisiert komplette Theorien.

§ 11.7. Betrachten wir die versprochenen Beispiele. Wählen wir zunächst für p einen Satz ohne kritische semantische Masse – nämlich unseren alten Bekannten:

Entmutigendes Beispiel

(7.8) Wenn ein sehr schnelles Elektron in eine Nebelkammer gelangt, hinterlässt es einen sichtbaren Kondensstreifen.

Dessen Carnap-Satz sieht so aus:

(11.4) *Wenn* gilt:
Es gibt eine Klasse E von Entitäten, für die gilt:
Wenn ein x ∊ E mit hoher Geschwindigkeit in eine Nebelkammer gelangt, hinterlässt es einen sichtbaren Kondensstreifen –
dann gilt auch:
Wenn ein sehr schnelles Elektron in eine Nebelkammer gelangt, hinterlässt es einen sichtbaren Kondensstreifen.

[8] Cf. Carnap [PFoP]:270 und Stegmüller [TE]/1:419.

Was wäre, wenn dieser Carnap-Satz analytisch wäre? Es wäre fürchterlich. Denn wie wir gesehen haben, ist das Antezedens (7.14) in diesem Konditional selbst schon analytisch, weil logisch wahr (s.o. § 7.15). Laut S10.4 und S10.5 sind alle logischen Implikationen aus Konjunktionen analytischer Sätze selber wieder analytisch. Und das bedeutet in unserem Fall, dass auch der Satz

(7.8) Wenn ein sehr schnelles Elektron in eine Nebelkammer gelangt, hinterlässt es einen sichtbaren Kondensstreifen,

analytisch sein müsste. (Denn er folgt aus der Konjunktion der analytischen Sätze (7.14) und (11.4)). Der Satz wäre unrevidierbar und müsste in allen theoretischen Kontexten wie ein fünftes Rad leer mitlaufen. Ein falsches Ergebnis, denn wir haben uns mehr als einmal klargemacht, dass der Satz (7.8) nicht leer mitläuft, wenn wir ihn z.B. mit folgendem Satz konjugieren:

(7.6) In dieser Nebelkammer ist ein sehr schnelles Elektron (s.o. § 7.14).

Das zweite Beispiel

§ 11.8. So weit das erste, wenig ermutigende Beispiel. Was passiert, wenn wir den Carnap-Satz der Konjunktion aus (7.6) und (7.8) betrachten? Damit bekommen wir unser zweites Beispiel:

(11.5) *Wenn* gilt:
Es gibt eine Klasse von Entitäten E, für die gilt:
(i) ein x ∊ E ist mit sehr hoher Geschwindigkeit in diese Nebelkammer gelangt; und
(ii) für alle x ∊ E gilt: immer wenn x mit sehr hoher Geschwindigkeit in eine Nebelkammer gelangt, hinterlässt es einen sichtbaren Kondensstreifen –
dann gilt auch:
In dieser Nebelkammer ist ein sehr schnelles Elektron, und wenn ein sehr schnelles Elektron in eine Nebelkammer gelangt, hinterlässt es einen sichtbaren Kondensstreifen.

Ein Unglück wie im ersten Beispiel kann uns diesmal nicht widerfahren. Diesmal ist das Antecedens garantiert nicht analytisch – in seiner negativen Reizbedeutung kommen Reizmusterfolgen von Nebelkammern ohne Kondensstreifen vor. (Denn sie kommen in der negativen Reizbedeutung des Nachsatzes vor; laut Ramseys Theorem implizieren beide Teilsätze dieselben Beobachtungssätze).

Nehmen wir an, der Carnap-Satz (11.5) sei wirklich analytisch. Dann ist (abermals wegen S10.4 und S10.5) auch das Bikonditional aus der Konjunktion und ihrer Ramsifikation analytisch.[9]

Und das bedeutet laut S10.1, dass die Gliedsätze dieses Bikonditionals *synonym* sein müssen. D.h. die Konjunktion aus (7.6) und (7.8):

(7.9) In dieser Nebelkammer ist ein sehr schnelles Elektron, und wenn ein sehr schnelles Elektron in eine Nebelkammer gelangt, hinterlässt es einen sichtbaren Kondensstreifen,

ist synonym zu ihrer Ramsifikation:

(7.16) Es gibt eine Klasse von Entitäten E, für die gilt:
(i) ein x ∊ E ist mit sehr hoher Geschwindigkeit in diese Nebelkammer gelangt; und
(ii) für alle x ∊ E gilt: immer wenn x mit sehr hoher Geschwindigkeit in eine Nebelkammer gelangt, hinterlässt es einen sichtbaren Kondensstreifen.

Warum sollten (7.9) und (7.16) synonym sein? Reizsynonym sind die beiden Sätze, da sie aufgrund von Ramseys Theorem dieselben Beobachtungssätze implizieren. Aber für die Synonymie von (7.9) und (7.16) ist mehr verlangt. (Unser Synonymiebegriff aus D8.2 ist schliesslich enger als Quines Reizsynonymie). Zusätzlich nötig ist die Ersetzbarkeit von (7.9) und (7.16), *salva stimulus-synonymia*, in allen aussagenlogischen Kontexten. Und das bedeutet: Wo immer Satz (7.9) die semantische Masse irgendwelcher Kontexte t anreichert, da muss seine Ramsifikation (7.16) genau dieselbe anreichernde Wirkung erzielen.

Wie soll das möglich sein? Hatten wir nicht vorhin[10] festgestellt, dass das Ganze einer Theorie empirisch mehr wert ist als die Summe ihrer Teile, wenn und weil die Teile der Theorie gemeinsame theoretische Terme haben? Wie sollte in diesem Licht der Ramsey-Satz (7.16) jemals die semantische Masse irgendwelcher theoretischen Kontexte anreichern – wo er doch keinen einzigen theoretischen Term enthält?

[9] Denn die Rückrichtung des Carnap-Satzes: p→rams(p) ist garantiert analytisch, weil logisch wahr. (Jeder Satz p impliziert seine Ramsifikation).

[10] Cf. § 7.17 und die dortige Fussnote 34.

Eine vollständige Theorie der Welt

§ *11.9.* Folgende Vermutung führt weiter: Wenn (7.16) irgendwelche theoretischen Ganzheiten um dieselbe semantische Masse anreichern soll wie (7.9), so könnte das daran liegen, dass auch (7.9) keine semantischen Massen mehr anreichert. Stellen wir uns einen extremen Fall vor. Anstelle von (7.9) hätten wir eine aberwitzig starke Konjunktion theoretischer Sätze (7.9*), die unsere Welt vollständig charakterisiert. (Wir können uns z.B. vorstellen, dass jeder Satz entweder aus (7.9*) logisch folgt oder mit (7.9*) logisch unverträglich ist). Dann kann (7.9*) keinen holistischen Relevanzgewinn mehr erzeugen, da der Satz selber schon maximale semantische Masse hat.

Könnte dann vielleicht die Ramsifikation von (7.9*) – nennen wir sie (7.16*) – synonym zu (7.9*) sein?

Ein Einwand scheint diese Hoffnung zu zerstören: Da für die Synonymie von (7.9*) mit (7.16*) ihre Austauschbarkeit *salva stimulus-synonymia* verlangt ist, dürfen wir unsere Überlegungen nicht auf holistische Relevanz-*Gewinne* beschränken; wir müssen auch holistische Relevanz-*Verluste* in den Blick nehmen. Betrachten wir z.B. einen theoretischen Kontext t, der mit (7.9*) logisch unverträglich ist, weil er einige theoretische Terme anders miteinander verbindet, als (7.9*) erlaubt. Die Konjunktion aus t und (7.9*) ist also reizbedeutungslos. Wenn (7.9*) und (7.16*) synonym sein sollen, müsste auch die Konjunktion aus t und (7.16*) reizbedeutungslos sein. Dies kann – so der Einwand – nicht der Fall sein, da (7.16*) weder isoliert reizbedeutungslos ist noch irgendeinen theoretischen Term enthält (also auch nicht logisch unverträglich mit t sein kann).

Glücklicherweise beruht der Einwand auf einer Fehleinschätzung. Es können auch solche Konjunktionen reizbedeutungslos sein, deren Glieder nicht *logisch*, sondern nur *semantisch* unverträglich sind. Hier ist ein Beispiel:

(11.6) Prinz Charles ist Junggeselle, und Prinz Charles ist verheiratet.

Die beiden Gliedsätze sind deshalb semantisch unverträglich, weil der Sprecher bei jeder Äusserung des Wortes ‚Junggeselle' automatisch alles das mitdenkt, was er mitgedacht hätte, hätte er ‚unverheirateter Mann im heiratsfähigen Alter' gesagt.[11]

[11] Habe ich hier etwa die Kenntnis des Explicandums vorausgesetzt, so dass ich mich in einem Zirkel verfangen habe? Anders gefragt: Darf ich an *semantische* Unverträglichkeit appellieren, während ich die bedeutungstheoretischen Begriffe verteidige? Ich denke schon. Ich möchte mit der verdächtigten Überlegung zur semantischen Unverträglichkeit eine *empirische Behauptung* plausibel machen – die Behauptung,

Und nun kommt meine Pointe: Genau ein solcher Fall semantischer Unverträglichkeit könnte bei der Konjunktion aus t und (7.16*) vorliegen! Aufgrund liebgewonnener Gewohnheiten könnte eine eingeborene Physikerin, sobald sie den theoriefreien Satz (7.16*) verwendet, automatisch die Schlüsse ziehen, die sich ergäben, hätte sie stattdessen den theoretischen Satz (7.9*) verwendet. Und wenn (7.9*) unverträglich mit t gewesen ist, so muss es *a fortiori* auch (7.16*) sein. Das bedeutet: (7.9*) und (7.16*) könnten synonym sein; dann wären laut S10.1 ihr Bikonditional und somit auch der Carnap-Satz von (7.9*) analytisch (nämlich die interessante Richtung des Bikonditionals).

Zurück zum Beispiel

§ 11.10. Für diesen Gedankengang war es nicht nötig, anzunehmen, dass (7.9*) ein vollständiges Bild der Welt bietet, also jeden Satz entweder impliziert oder ausschliesst. Obwohl der schlichtere Satz (7.9) kein vollständiges Bild der Welt bietet, könnten schon (7.9) und (7.16) synonym sein: nämlich dann, wenn der eingeborenen Physikerin die Rede von Elektronen im Zusammenhang mit Nebelkammern und Kondensstreifen so sehr ans Herz gewachsen ist, dass sie von (7.16) immer automatisch zu (7.9) übergeht.

Vernünftig wäre das nicht. Denn dadurch beraubte sie sich der Möglichkeit, durch die Verwendung theoretischer Terme (hier: des Terms ‚Elektron') anstelle von (komplizierteren, aber theoriefreien) Formulierungen holistische Relevanzgewinne zu erzielen. Wenn die Pointe der Verwendung theoretischer Terme darin besteht, dass sie durch ihr formgleiches Auftreten in verschiedenen Teilen der Theorie für weitergehende Beobachtungsimplikationen sorgen, dann sollte man ihnen diese besondere Rolle nicht allzu früh wegnehmen. Deshalb empfiehlt es sich, erst bei höchstmöglicher semantischer Masse den Ramsey-Satz mit dem ramsifizierten Satz gleichzustellen.

Allerdings muss ein Satz mit höchstmöglicher semantischer Masse in diesem Sinn nicht unbedingt (so wie vorhin in unserem Gedankengang der imaginäre Satz (7.9*)) eine *komplette* Weltbeschreibung bieten. Es wäre unrealistisch, so viel zu verlangen. Denn die Wissenschaften stehen nicht am Ende ihrer Geschichte. Unsere

dass kein Sprecher dem Satz (11.6) zuzustimmen bereit wäre. Wäre ich aufgefordert, die Behauptung zu beweisen, so müsste ich ein linguistisches Experiment anstellen. Und meine Prognose über den Ausgang dieses Experiments ist zwar von intuitiven semantischen Überlegungen motiviert. Diese Motivation dient nur heuristischen Zwecken, ist also harmlos. Sie ist kein unverzichtbarer Bestandteil meines Arguments.

Theorien sind längst nicht so mächtig, wie sie vielleicht einmal sein werden. Andererseits wäre es aus dem angeführten Grund ungeschickt, sich beim Bilden analytischer Carnap-Sätze mit leichterer semantischer Masse zufriedenzugeben, als man haben kann. Das bedeutet erstens: Nicht das Teilstück irgendeiner Theorie sollte synonym zu seiner Ramsifikation sein, sondern – wenn überhaupt etwas – dann wenigstens die ganze Theorie, so weit sie schon fortgeschritten ist. Und zweitens muss nicht jede Theorie mit ihrer Ramsifikation gleichgesetzt werden. Theorien, deren Ausbau noch bevorzustehen scheint, Theorien mitten im Stadium stürmischer Weiterentwicklung, unfertige und unausgegorene Theorien sollten bis auf weiteres von ihren Ramsifikationen unterschieden werden.

Analytische Carnap-Sätze

§ 11.11. Betrachten wir aber auf der anderen Seite eine Theorie, die schon lange im Sattel sitzt, an die sich jeder gewöhnt hat, die den Bereich ihrer intendierten Anwendung ordentlich beschreibt und keine Zusätze mehr zu vertragen scheint: eine solche Theorie könnte ihren Benutzerinnen so sehr ans Herz gewachsen sein, dass sie dazu neigen, automatisch von der Ramsifikation zur Theorie überzugehen. Wenn eine Physikerin aus dieser Sprachgemeinschaft den Ramsey-Satz der Theorie äussert und mit irgendeinem theoretischen Satz verbindet, dann zieht sie daraus dieselben Beobachtungsimplikationen, wie wenn sie die Theorie selbst mit jenem Satz verbunden hätte. (Genauso, wie ein Standesbeamter aus ‚Prinz Charles ist Junggeselle' und ‚Alle Unverheirateten sind rothaarig' sogleich auf Prinz Charles' rote Haarpracht schliesst, obwohl die erste Prämisse erst einmal nichts über Unverheiratete besagt).

Das alles heisst: In bestimmten Konstellationen kann die Physikerin den Ramsey-Satz einer kompletten Theorie beim Deduzieren so behandeln, als enthalte schon dieser Ramsey-Satz all die Behauptungen über theoretische Entitäten und Eigenschaften, die eigentlich erst in der Theorie vorkommen. Im Idiolekt einer solchen Physikerin können Theorie und Ramsifikation synonym (i.S. der Definition D8.2) sein, so dass also ihr Bikonditional (laut S10.1) analytisch ist. Da dies Bikonditional den Carnap-Satz der Theorie impliziert (nämlich das entsprechende Konditional in der interessanten Richtung), ergibt sich aufgrund von S10.4:

S11.1 Es ist möglich, dass der Carnap-Satz einer Theorie im Idiolekt einer Physikerin analytisch ist.

Hatte Carnap recht?

§ 11.12. Habe ich damit gezeigt, dass Carnap recht gehabt hat zu behaupten, die Carnap-Sätze von Theorien seien analytisch? Nein. Ich habe nur gezeigt, dass eine Physikerin unter ganz bestimmten Bedingungen für ihre theoretischen Terme so sehr voreingenommen sein kann, dass der fragliche Carnap-Satz analytisch ist. Nirgends habe ich gezeigt, dass vernünftige Physikerinnen derartige Dispositionen entwickeln *sollen*. Ein instrumentalistischer Physiker könnte sich entgegengesetzt verhalten und sich weigern, von der Ramsifikation sogar der besten Theorie, die er kennt, stillschweigend zu der Theorie selbst überzugehen, also Ramsey-Satz und Theorie in allen Kontexten gleich zu behandeln. Für einen solchen Physiker wären Ramsey-Satz und Theorie nicht austauschbar, also nicht synonym. Und damit wäre ihr Konditional (der Carnap-Satz) nicht analytisch.

Die Linguistin könnte im Urwald auf instrumentalistische Eingeborene treffen. Dann fände sie dort keine analytischen Carnap-Sätze. Analytisch wären dort allenfalls Alltagstrivialitäten (wie der Junggesellensatz und verwandte Sätze), Wahrheiten aus Logik und Mathematik nebst dem, was aus irgendwelchen Stipulationen[12] folgt. Wenn die Linguistin dagegen interessante analytische Sätze ausmacht, in denen theoretische und Beobachtungsterme wesentlich vorkommen, dann lohnt sich die Suche nach analytischen Carnap-Sätzen. Wenn die Linguistin analytische Carnap-Sätze entdeckt, kann sie sicher sein, dass ihre Gewährsleute nicht mit allen theoretischen Termen instrumentalistisch umgehen.[13] Ob dies der Urwald-

[12] Dazu s.u. § 11.20 – § 11.24.

[13] Sollen wir diese Gewährsleute als wissenschaftliche Realisten bezeichnen? Besser nicht. Holm Tetens hat mich darauf hingewiesen, dass sie vom wissenschaftlichen Realismus in folgender Hinsicht abweichen. Weil für sie die Ramsifikation ihrer Theorie synonym zur Theorie ist, besagt ihre Theorie nicht mehr über die Welt als ihre von theoretischen Termen freie Ramsifikation. Im Gegensatz dazu brüsten sich echte wissenschaftliche Realisten damit, dass ihre Theorien weit über alles prinzipiell Beobachtbare hinausgehen. Auf der Ebene kompletter Theorien unterscheiden sich also die von mir sogenannten Nicht-Instrumentalisten von den wissenschaftlichen Realisten. Trotzdem unterscheiden sie sich auf dieser Ebene auch von den Instrumentalisten, da sie anders als diese zu abduktiven Schlüssen bereit sind. Sie stehen in der Mitte zwischen Instrumentalismus und wissenschaftlichem Realismus. Genau genommen müssen wir drei Positionen unterscheiden:
(i) *Instrumentalisten* führen keine abduktiven Schlüsse durch. Ihre Rede von theoretischen Entitäten und Grössen drückt keine Überzeugungen über Züge der Welt aus; sie beruht auf einer aus ihrer Sicht bequemen Fiktion.
(ii) *Nicht-realistische Nicht-Instrumentalisten* (deren Verhalten wir oben im Text ausführlich studiert haben) führen abduktive Schlüsse durch, die sich als semantische Schlüsse verstehen lassen.
(iii) *Wissenschaftlich-realistische Nicht-Instrumentalisten* führen abduktive Schlüsse durch, die sich *nicht* als semantische Schlüsse verstehen lassen. (Ich habe diese dritte

physik zugute kommt und ob es urwaldphilosophisch gerechtfertigt ist, weiss die Linguistin damit noch lange nicht. Sie will es auch nicht wissen. Sie ist zur Beschreibung von Sprachen in den Urwald gefahren und nicht, um wissenschaftstheoretisch zu missionieren.

Normative Neutralität

§ 11.13. Welche Partei recht hat: der instrumentalistische Physiker oder seine für die theoretischen Terme voreingenommene Kollegin, habe ich nicht entschieden. Und es wäre auch nicht richtig, eine solche wissenschaftstheoretische Frage in einer Arbeit über Sprachphilosophie entscheiden zu wollen. Mir ging es um eine andere Frage: Mithilfe welcher bedeutungstheoretischer Begriffe können wir die Idiolekte irgendwelcher Theoretiker *beschreiben*? Ich habe in den Kapiteln 8 – 10 Begriffe von Synonymie und Analytizität entwickelt, die sowohl auf instrumentalistische Wissenschaftler angewendet werden können als auch auf solche Wissenschaftlerinnen, die mit ihren theoretischen Termen mehr verbinden. Es spricht für die hier entwickelte Begrifflichkeit, dass sie hinsichtlich normativer wissenschaftstheoretischer Fragen neutral ist. Diese Neutralität war von Anfang an angestrebt. Taugten die Begriffe nur dazu, die Sprache von Wissenschaftlern zu beschreiben, die sich an ganz bestimmte wissenschaftstheoretische Normen halten, dann wäre die Ausdruckskraft solcher Begriffe zu schwach. Wir wollen die (semantische) Welt nicht nur so beschreiben, wie sie sein soll – sondern auch so, wie sie ist oder sein kann. Dazu eignen sich unsere Begriffe von Synonymie und Analytizität.

Ohne über normative wissenschaftstheoretische Fragen entscheiden zu können, haben wir in diesem Kapitel einiges erreicht. Wir haben Eingeborenen und hiesigen Physikern die Möglichkeit eröffnet, mit ihren theoretischen Termen höhere Ansprüche zu verbinden, als es die Instrumentalisten tun. Und wir sind imstande, derartige verbale Neigungen bedeutungstheoretisch zu charakterisieren. Der hier entwickelte Begriff vom Analytischen kann also deskriptiv nützlich sein. Das spricht dafür, dass er uns auch bei normativen Diskussionen zugute kommen kann, wenn wir nämlich die verschiedenen wissenschaftstheoretischen Standpunkte *beschreiben*

Position nicht eingehend erörtert, weil uns ihre Vertreter bislang nicht darüber aufgeklärt haben, wie Abduktion funktionieren soll. Im Gegensatz dazu birgt die von Vertretern der Position (ii) praktizierte Abduktion keine Geheimnisse: Abduktion beruht auf semantischen (genauer: bedeutungstheoretischen) Beziehungen wie Synonymie und Analytizität).

möchten, zwischen denen eine begründete Wahl stattfinden soll. Eine dieser normativen Diskussionen dreht sich um die Frage: Sollte unsere Wissenschaftssprache analytische Sätze mit wesentlichen Vorkommnissen theoretischer Terme umfassen? Es scheint mir ein Verdienst meiner Definition des Begriffs vom analytischen Satz zu sein, dass sie dieser Frage Sinn verleiht, ohne sie zu entscheiden.

Sprachwandel

§ 11.14. Im verbleibenden Teil dieses Kapitels möchte ich darlegen, wie sich unser Begriff vom analytischen Satz verwenden lässt, um Sprachwandel zu beschreiben. Ich werde zwei verschiedene Aspekte dieses Themas behandeln: Zuerst die Frage, ob und wie man Theorienwandel von Sprachwandel unterscheiden kann, wenn eine wissenschaftliche Revolution zentrale Sätze der bisherigen Theorie hinweggefegt hat. Ändert sich beispielsweise beim Übergang von Newtons zu Einsteins Gravitationstheorie die Bedeutung des Worts ‚Masse'? Eine solche Frage bezieht sich auf einen Sprachwandel, der sich möglicherweise nur *implizit* vollzieht, indem er vom Wandel der Theorie ausgelöst wird, ohne dass sich die Sprecher der Änderung ihrer Sprache bewusst werden müssen. Der zweite Aspekt der Frage nach Sprachwandel betrifft Stipulationen: also *explizite* Vereinbarungen zwischen Sprechern, ihre Sprache zu ändern.

Während der erste Aspekt unserers augenblicklichen Themas – Sprach- vs. Theorienwandel – nur für wissenschaftliche Fragen aufgeworfen werden kann, können Stipulationen auch in der Alltagssprache vorkommen. Am Ende dieses Kapitels werden wir uns also nicht mehr ausschliesslich um Sätze mit theoretischen Termen zu kümmern haben.

Sprach- oder Meinungswandel?

§ 11.15. Beginnen wir mit dem impliziten Sprachwandel, der möglicherweise einen Wandel der Theorie begleitet, ohne explizit beschlossen zu werden. Um uns dem Thema anzunähern, wollen wir einen besonders einfachen Fall betrachten, der nichts mit wissenschaftlichen Revolutionen zu tun hat. Nehmen wir an, dass unser eingeborener Gewährsmann seit Monaten (nämlich den ganzen Sommer hindurch) dem Satze:

(11.7) Gavagai,

genau unter Kaninchen-Reizmusterfolgen zugestimmt hat. Mittlerweile ist der Herbst hereingebrochen, und plötzlich stimmt der Eingeborene dem Satz nicht mehr unter Kaninchen-Stimulationen, sondern unter Tiger-Stimulationen zu. Frage: Hat sich seine Sprache oder seine Meinung geändert? Das erste wäre der Fall, wenn der Satz im Sommer:

(11.8) Da ist ein Kaninchen,

bedeutet hat, während er nun, im Herbst, so viel besagt wie:

(11.9) Da ist ein Tiger.

Hingegen hätte der Eingeborene seine Meinung hinsichtlich des Satzes (11.7) geändert, falls der Satz damals wie jetzt folgendermassen zu übersetzen gewesen wäre:

(11.10) Wenn Sommer ist, ist da ein Kaninchen, und wenn Herbst ist, ist da ein Tiger.

Wenn die Linguistin nur beobachten könnte, wie sich der Eingeborene tatsächlich verhält, so könnte sie unsere Frage nicht entscheiden. Denn jetzt (im Herbst) sind die verbalen Dispositionen des Eingeborenen aus dem vergangenen Sommer unwiderbringlich verloren. Ein Vergleich verschiedener „Punktsprachen" ein und desselben Sprechers, aber quer durch die Zeit, wäre undenkbar.

Aber wir haben der Linguistin mehr zugestanden, als nur zu beobachten, was der Eingeborene wirklich sagt; sie darf darüber hinaus so viele kontrafaktische Konditionale auswerten, wie sie will. So darf sie beispielsweise ihren neurophysiologischen Assistenten (aus § 6.9) auf folgende Frage ansetzen.

(11.11) Wenn der Eingeborene jetzt (im Herbst) in genau demselben physikalisch-physiologischen Zustand wäre, in dem er sich vergangenen Sommer befunden hat: wäre er auch dann dazu disponiert, dem Satze ‚Gavagai' aufgrund von Tiger-Stimulationen zuzustimmen?

Nehmen wir an, die Antwort fällt negativ aus. Dann ist klar, dass die abweichende Reaktion des beobachteten Gewährsmanns auf Sprachwandel zurückgeführt werden muss. Wenn die neurophysiologische Untersuchung dagegen für eine positive Antwort auf (11.11) spricht, dann braucht sich die Sprache des Eingeborenen nicht verändert zu haben. Denn selbst wenn sein ZNS jetzt im selben Zustand wäre wie vor ein paar Monaten im Sommer, verhielte sich der Eingeborene nun so, wie ihn die Linguistin tatsächlich beobachtet. D.h. selbst wenn sich seine verbalen Dispositionen mit dem Wechsel der Jahreszeiten nicht geändert hätten, würde er dem Satze ‚Gavagai' nun genau unter Tiger-Stimulationen zustimmen. Es gäbe dann keinen Grund, ihm Sprachwandel zu unterstellen. Stattdessen sollte man eine einheitliche Übersetzung von (11.7) finden, die sein sommerliches und herbstliches Verhalten als Befolgung ein und derselben Regel verständlich macht. Eine solche Übersetzung bietet (11.10). Und wenn der Eingeborene mit ‚Gavagai' heute so wie im Sommer immer dasselbe gemeint hat, dann ist seine unterschiedliche Beurteilung des Satzes z.B. unter Kaninchen-Stimulationen auf den Wandel seiner Meinungen zurückzuführen – genauer gesagt: auf den Wandel seiner Meinung hinsichtlich des aktuellen Stands der Jahreszeit.

Wissenschaftlicher Sprachwandel

§ 11.16. Im Fall von Beobachtungssätzen lässt sich Sprachwandel also mit hinreichendem kontrafaktischen Aufwand identifizieren. Wie steht es im Fall von Theorien?

Wie wir gesehen haben, kommen im Idiolekt hartgesottener Instrumentalisten keine interessanten analytischen Sätze mit theoretischen Termen vor. Von einer genuinen Bedeutung theoretischer Sätze kann bei solchen Sprechern nicht die Rede sein. Und das heisst, die Frage nach sprachlichem Wandel ergibt hier wenig Sinn. Denn Sprachwandel ist Wandel von Bedeutungen.

Anders bei den nicht-instrumentalistischen Physikerinnen, in deren Idiolekt interessante analytische Carnap-Sätze vorkommen können. Hier geraten wir in tiefe Schwierigkeiten, wenn wir Sprachwandel von Theorienwandel trennen wollen. Ich beschränke die Diskussion auf diesen schwierigeren Fall. Der Kern der Schwierigkeit wird nach einer kurzen Rekapitulation unserer bisherigen Ergebnisse hervortreten.

Wir hatten uns zurechtgelegt, dass ein Carnap-Satz der Form

(11.3) $\text{rams}(p) \rightarrow p$,

im Idiolekt einer nicht-instrumentalistischen Physikerin dann analytisch sein kann, wenn p eine ausgereifte Theorie darstellt, die seit längerer Zeit unangefochten im Sattel sitzt. Dann kann sich die Physikerin daran gewöhnt haben, dass p die Wirklichkeit so beschreibt, wie sie sich zuverlässig immer wieder beobachten lässt. Die Physikerin wird an die Existenz von Entitäten zu glauben anfangen, auf die sich ihre theoretischen Terme beziehen; und im Ergebnis sind die Theorie p und ihre Ramsifikation rams(p) gleichwertig, d.h. in allen Kontexten austauschbar, also synonym – so dass der Carnap-Satz von p analytisch herauskommt.

So weit waren wir vorhin vorgedrungen. Nun wollen wir uns vorstellen, dass ein widerspenstiges Experiment die Theorie erschüttert, indem es ihre Ramsifikation widerlegt. (Wir können annehmen, dass sich das Experiment samt seines ungünstigen Ausgangs beliebig oft wiederholen lässt und dass es die Ramsifikation ohne jeden Zweifel widerlegt). Was wird die Physikerin in einem solchen Fall tun?

Natürlich braucht sie den Carnap-Satz ihrer ursprünglichen Theorie nicht aufzugeben. Er ist mit dem widerspenstigen Versuchsausgang vereinbar. Denn die Physikerin hat beobachtet, dass rams(p) nicht gilt. Damit ist das Antecedens des Carnap-Satzes widerlegt, ohne dass deshalb das gesamte Konditional (der Carnap-Satz) preisgegeben werden müsste.

Ja, mehr noch: Nichts hindert die Physikerin, rams(p) und p weiterhin in allen Kontexten gleich zu behandeln, so dass der Carnap-Satz von p analytisch bliebe.

Blockade des Fortschritts?

§ 11.17. Nur: Wenn die Physikerin am Carnap-Satz – und das heisst: an der althergebrachten Art des Gebrauchs ihrer theoretischen Terme – festhält, so könnte sie dadurch den theoretischen Fortschritt blockieren. Denn stellen wir uns vor, ihr Kollege schlägt eine Verbesserung p* der ursprünglichen Theorie p vor, die den Ausgang des widerspenstigen Experiments (anders als p) richtig voraussagt und die sonst ungefähr dasselbe prognostiziert wie p. Dann könnte es vorkommen, dass die neue Theorie p* dem Carnap-Satz rams(p)→p ihrer Vorgängerin widerspricht. In diesem Fall müsste die Physikerin p* verwerfen – und das selbst dann, wenn die neue Theorie p* machtvoller und besser ist als p!

Es wäre nicht vernünftig, wollte die Physikerin ihre Optionen bei der Wahl von Theorien beschränken, nur weil sie in Nibelungentreue an ihrem alten begrifflichen Apparat festhält. (Sie hatte sich an diesen begrifflichen Apparat nur gewöhnt, weil die zugehörige Theorie gut funktioniert hatte: allein deshalb war sie der Idee verfallen, ihren theoretischen Termen echte Referenzobjekte in der Welt zuzutrauen). Hier haben wir einen der zentralen Kritikpunkte Quines an den analytischen Sätzen: Wenn analytische Sätze (mit theoretischen Termen) aufrechterhalten werden müssen, komme, was wolle, dann hemmen sie möglicherweise den wissenschaftlichen Fortschritt.[14]

---

[14] So stellt Quine im Zusammenhang mit Einsteins Preisgabe der traditionellen Impuls-Definition fest: „[...] I find analyticity less help than hindrance" ([TDiR]:271). Einen ähnlichen Punkt macht Putnam in [AS]:57.

Schadet es also unseren Wissenschaften, wenn Philosophen für die Existenz analytischer Sätze mit theoretischen Termen plädieren? Ich meine nicht. Denn die Philosophen müssen nicht darauf beharren, dass die Wissenschaftler ihre Sprache bis ans Ende aller Tage unverändert lassen. Im Gegenteil, wer daran festhält, zwischen Analytischem und Synthetischem zu unterscheiden, wird genau mithilfe dieser Begriffe beschreiben können, wie sich Wissenschaftssprachen wandeln.

Erlauben wir der Physikerin, was sie ohnehin tun wird: den Carnap-Satz ihrer alten Theorie zu verwerfen und somit ihren Idiolekt zu verändern. Es mag gute Gründe für Neuerungen im Sprachgebrauch geben.[15]

Bedeutungsskeptischer Einwand

§ 11.18. Sofort erhebt sich ein Einwand: In unserem Beispiel bietet das widerspenstige Experiment den Grund dafür, den Carnap-Satz zu verwerfen. Es kann also keine Rede davon sein, dass die Physikerin ihren Idiolekt verändert hat. Vielmehr war sie von Anfang an dazu disponiert, den Carnap-Satz im Lichte der vorgestellten widerspenstigen Erfahrung zu verwerfen. Sie hat den Carnap-Satz ursprünglich allein deshalb nicht verworfen, weil das widerspenstige Experiment aus technischen Gründen erst seit kurzem durchgeführt werden kann und zuvor völlig unbekannt gewesen ist. Das alles bedeutet, dass der Carnap-Satz von Anfang an kein analytischer Satz gewesen sein kann: Hätte sich das fragliche Experiment von Anfang an durchführen lassen, so hätte die Physikerin den Carnap-Satz schon früher verworfen.

---

[15] Nur im Vorübergehen weise ich auf eine gangbare Alternative hin, die unserer Physikerin ebenfalls offensteht. (Die Alternative knüpft an einen analogen Schachzug Quines aus [PoT]:97/8 an, der laut Quine auf Davidson zurückgeht). Die Physikerin könnte die neue Theorie mit vollständig neuen theoretischen Termen ausstatten! Der Carnap-Satz rams(p)→p der alten Theorie könnte dann nicht in Widerspruch mit der neuen Theorie p^* geraten, müsste also auch nicht aufgegeben werden. (Im Lichte der ausgemalten widerspenstigen Erfahrung sind zwar rams(p) und p widerlegt, aber nicht ihr Konditional). Je stärker sich die Physikerin an die neue Theorie p^* gewöhnt, desto weniger wichtig werden ihr die theoretischen Terme der alten Theorie sein; diese werden allmählich absterben. Bevor sie abgestorben sind, muss sich ihre Bedeutung nicht geändert haben. Das Wort ‚Ätherwind' scheint ein Beispiel für einen solchen Term zu sein. Man mag einwenden, dass der wissenschaftliche Fortschritt die *Sinnlosigkeit* des Worts ‚Ätherwind' erwiesen habe, so dass sich dessen Bedeutung entschieden gewandelt hätte. Aber dem muss nicht so sein. Wissenschaftshistorikerinnen können die Sprache der Ätherwind-Theorie zu lernen versuchen, obwohl sie wissen, dass die Theorie über Ätherwind falsch ist! (Es gibt sinnvolle und bestens verständliche Begriffe, die auf nichts in unserer Welt zutreffen. Ein alltägliches Beispiel: ‚2000 m lange Riesenschlange').

So weit der Einwand. Er scheint die Unterscheidung zwischen Sprach- und Theorienwandel bis ins Mark zu erschüttern. Denn der von mir behauptete Wandel des Idiolekts der Physikerin wird von dem Einwand als Wandel in der Meinung umgedeutet. Das widerspenstige Versuchsergebnis hat dem Einwand zufolge nur einen Meinungswandel ausgelöst: nicht anders als dann, wenn das Publikum eines Zauberers dem Satze: ‚Da ist kein Kaninchen' im Lichte von Kaninchen-Reizmusterfolgen plötzlich widerspricht.

Sprachwandel und Revolution

§ 11.19. Indes, der Einwand überzeugt nicht. Denn anders als im Fall mit dem Kaninchen kann nicht allein der unerwartete Versuchsausgang kausal dafür verantwortlich gemacht werden, dass die Physikerin den Carnap-Satz am Ende verwirft. Bevor die Physikerin den Carnap-Satz verwirft, wird sie nicht allein eine Reihe widerspenstiger Erfahrungen sammeln. Wohlgemerkt, die widerspenstigen Versuchsergebnisse widerlegen sowohl die ursprüngliche Theorie als auch deren Ramsifikation. Aber bevor die Physikerin auch noch das *Konditional* aus diesen beiden Sätzen (den Carnap-Satz der Theorie) verwirft, muss eine Menge mehr geschehen. (Wenn sie Vorder- und Hintersatz eines Konditionals verwirft, spricht dies erst einmal für das Konditional!) Unter anderem muss eine passable Nachfolge-Theorie in Sicht sein, der zuliebe es sich lohnt, althergebrachte sprachliche Gewohnheiten preiszugeben. Eine solche Nachfolge-Theorie fällt nicht vom Himmel. Schon gar nicht wird ihre Gestalt aus irgendwelchen widerspenstigen Versuchsergebnissen abzulesen sein, und zwar nicht einmal in Umrissen.[16]

Vielmehr wird die Nachfolge-Theorie in harter theoretischer Knochenarbeit allererst geschaffen werden müssen. Man wird Dispute führen müssen, Kongresse abhalten und auf Todesfälle hoffen. Kurz, unsere Physikerin muss sich an einer ausgewachsenen *wissenschaftlichen Revolution* beteiligen.[17] Wenn sie am Ende des revolutionären Pfades den ursprünglichen Carnap-Satz verwirft, dann sind daran nicht allein die widerspenstigen Erfahrungen schuld, von denen die wissenschaftliche Revolution ausgelöst worden sein mag.

[16] So auch Putnam (mit etwas anderer Stossrichtung): „[...] there are statements in science which can only be overthrown by a new theory – sometimes by a revolutionary new theory – and not by observation alone" ([TDR]:95). Denselben Punkt macht Putnam hinsichtlich der (physikalisch gedeuteten) Geometrie in [AS]:46.

[17] Ich verwende den von Kuhn [SoSR] geprägten Begriff, ohne mich auf die Details aus Kuhns Analyse verpflichten lassen zu wollen.

Auch der Verlauf der Revolution ist an der Preisgabe des Carnap-Satzes kausal beteiligt.

Dass sich im Verlauf einer solch komplexen sozialen Entwicklung die Idiolekte ihrer Teilnehmerinnen verändern, muss uns nicht überraschen. Sprache ist Menschenwerk; nicht die Natur allein zwingt uns durch die Präsentation von Erfahrungen, unsere Sprache zu ändern. Die Natur hält sich stärker zurück; allenfalls legt sie uns Sprachwandel nahe.

Wie lässt sich feststellen, ob sich im Lauf einer wissenschaftlichen Urwaldrevolution die Sprache der beteiligten Wissenschaftlerinnen verändert hat? Abermals hilft es uns weiter, geeignete kontrafaktische Konditionale zu betrachten. Wir fragen nämlich: Wie würde die Physikerin, um deren Idiolekt es geht, den Carnap-Satz einer Theorie beurteilen, wenn sie *ausschliesslich* der Reizmusterfolge ausgesetzt wäre, die ihre Theorie widerlegt? D.h. wie würde die Physikerin auf den Carnap-Satz reagieren, wenn sie von der wissenschaftlichen Revolution abgeschnitten wäre? Falls widerspenstige experimentelle Daten allein nicht genügen, die Ablehnung des Carnap-Satzes auszulösen (und falls sie zusätzlich nicht genügen, die Austauschbarkeit von Theorie und Ramsifikation auszuschliessen), dann dürfte der Carnap-Satz in der Punktsprache dieser Physikerin analytisch sein. Und wenn die Physikerin den Carnap-Satz später infolge einer wissenschaftliche Revolution doch verwirft, so geht dies nicht allein auf das kausale Konto widerspenstiger Beobachtungen – vielmehr spricht sie dann eine andere Punktsprache. Die wissenschaftliche Revolution hat dann auch die Sprache revolutioniert.[18]

Wenn dagegen die widerspenstigen Versuchsergebnisse die Physikerin auch ohne Beteiligung an der wissenschaftlichen Revolution zur Preisgabe eines Carnap-Satzes bewegen können, dann war der Carnap-Satz von Anbeginn nicht analytisch. Es gibt dann keinen Grund für die Annahme, dass sich die Sprache der Physikerin geändert haben soll. Sprachwandel liegt nicht schon dann vor, wenn heu-

[18] Hiergegen mag man den Fall von Physik-Genies ins Feld führen wollen, die deshalb nicht von der wissenschaftlichen Revolution abgeschnitten werden können, weil sie sie auf eigene Faust durchführen: Der frühe Einstein wäre ein Beispiel dafür. Aber selbst in solch extremen Fällen sind es nicht Beobachtungen, die den analytischen Status von Carnap-Sätzen beenden. Das können sie allenfalls in Verbindung mit langwierigen Überlegungen, Rechnungen, Konstruktionen usw. Und wohin diese zusätzlichen intellektuellen Aktivitäten das Genie führen, ist nicht in den widerspenstigen Beobachtungen angelegt. (Sonst wäre das Genie kein Genie, sondern ein Automat).

te irgendwelche Sätze anders beurteilt werden als gestern. Er liegt nur dann vor, wenn die analytischen Sätze von gestern heute nicht mehr analytisch sind.[19] Unser Kriterium für Analytizität erlaubt es, diese Frage im Fall einer jeden wissenschaftlichen Revolution zu entscheiden.

Stipulationen

§ 11.20. Nachdem wir jene Sorte Sprachwandel in den Griff bekommen haben, die implizit mit dem Wandel von Theorien einhergeht, wollen wir uns dem explizit vereinbarten Sprachwandel zuwenden: Sprachwandel durch Stipulation. Stipulationen sind Vereinbarungen zwischen Sprechern, ihre verbalen Dispositionen zu verändern. Diese Vereinbarungen werden ihrerseits verbal getroffen, z.B. mithilfe von Formulierungen, wie sie in den folgenden Aussagen kursiv hervorgehoben sind:

(11.12') *Rechnen wir von nun* an alle Tierarten, deren weibliche Individuen Michdrüsen haben, zu den Säugetieren!

(11.13') *Definition:* Eine Zahl *heisst* genau dann Primzahl, wenn sie genau zwei verschiedene Teiler hat.

Auch der Index „Df" an Gleichheits- oder Äquivalenzzeichen gibt zu verstehen, dass die fragliche Gleichheit bzw. Äquivalenz *per definitionem* gelten soll:

(11.14') $\pi =_{Df}$ Umfang eines idealen Kreises, dividiert durch seinen Durchmesser.

Wer den stipulativen Apparat seiner Sprache versteht, hat eine Disposition höherer Ordnung ausgebildet: nämlich die Disposition, aufgrund bestimmter verbaler Signale (die ich in den Beispielen kursiv gesetzt habe) die übrigen verbalen Dispositionen zu verändern. Wie lassen sich derartige Metadispositionen im Urwald erkennen?

Um möglichst viele Formen der Stipulation einheitlich behandeln zu können, lassen wir unsere Linguistin nach einem „Stipulator"

[19] Putnam scheint dieser Position nahezukommen, wenn er schreibt: „[...] our decision as to *which* statements are analytic can be changed for empirical reasons" ([TDR]:96 – Putnams Kursivdruck). Aber überraschenderweise rechnet er den Wechsel des analytischen Status irgendwelcher Sätze *nicht* dem Sprachwandel zu. (Das ergibt sich aus dem Schluss des zitierten Aufsatzes). Der Grund dafür liegt offenbar darin, dass Putnam ein anderes Kriterium des Analytischen unterstellt als ich (cf. [AS]:65 und [TDR]:89, 94).

Ausschau halten, dessen deutsches Äquivalent ich zur Reformulierung der drei Beispiele verwendet habe:

(11.12) *Wir wollen unsere Sprache so verändern, dass von nun an folgender Satz kraft Konvention gilt:* Alle Tiere aus Tierarten, deren weibliche Individuen Michdrüsen haben, sind Säugetiere.

(11.13) *Wir wollen unsere Sprache so verändern, dass von nun an folgender Satz kraft Konvention gilt:* Eine Zahl ist genau dann Primzahl, wenn sie genau zwei verschiedene Teiler hat.

(11.14) *Wir wollen unsere Sprache so verändern, dass von nun an folgender Satz kraft Konvention gilt:* π = Umfang eines idealen Kreises, dividiert durch seinen Durchmesser.

Ein solcher Stipulator kann auf *beliebige* Sätze zum Stipulieren losgelassen werden. Dabei entstehen nicht nur Definitionen im klassischen Sinne (nämlich eliminative Definitionen, in denen Gleichheiten oder Äquivalenzen stipuliert werden), sondern auch Stipulationen in Form „bedingter Definitionen"[20] wie in Carnaps Beispiel:

(11.15) Wird ein Körper gedehnt und dann freigegeben, so heisst er genau dann elastisch, wenn er sich nach der Freigabe zusammenzieht (cf. [LFoU]:53).

Damit die Erörterung nicht unnötig kompliziert wird, wollen wir nur solche Stipulationen betrachten, die *neue* Wörter in die betrachtete Sprache einführen.[21]

---

[20] Carnap [LFoU]:50.

[21] Die Umwidmung alter Wörter – oder auch die Verschärfung ihrer Ränder durch Explikationen – stellt einen schwierigeren Fall dar: Denn es ist nicht immer klar, welche der alten Dispositionen fortbestehen sollen und welche aufzugeben sind. Dazu ein Beispiel:

(*) *Wir wollen unsere Sprache so verändern, dass von nun an folgender Satz kraft Konvention gilt:* Kein Wal ist ein Fisch.

Eine solche Stipulation ist deshalb nicht eindeutig, weil sie nicht sagt, welcher Ausdruck von nun an anders als bislang benutzt werden soll: ‚Wal'? ‚Fisch'? – Oder gar die logischen Zeichen? Damit derartige Stipulationen eindeutig werden, muss man das Stipulandum markieren (so, wie ich in dieser Arbeit das Explicandum stets unterstrichen habe). Dadurch wird die Struktur von Stipulationen komplizierter. Nicht mehr besteht die Stipulation dann aus Stipulator und stipulierendem Satz (dem Stipulans) – sondern aus drei sprachlichen Ausdrücken: Stipulator, Stipulans und Stipulandum. Diese Komplikation der Struktur von Stipulationen vermeiden wir, wenn wir die Diskussion auf Stipulationen neuer Wörter beschränken. Das – wenn ich mich so ausdrücken darf: – *Wesen* des Stipulierens wird schon anhand der einfacher strukturierten Form des Stipulierens zutagetreten. – Wie meine Überle-

Nehmen wir zusätzlich, abermals zur Vereinfachung, an, dass die Adressaten von Stipulationen immer kooperieren, also ihre verbalen Dispositionen so verändern, wie der Stipulierende verlangt. Realisiert sind derartige Sprachspiele in Hörsäalen – die Biologieprofessorin zwingt ihre Studenten, den Idiolekt zu verändern, zumindest bis zur nächsten Prüfung.[22]

Nach all diesen Vereinfachungen und Normierungen ist es nicht mehr schwer, ein Kriterium aufzustellen, das urwaldsprachliche Stipulatoren identifizieren hilft:

> D11.1 Ein syntaktischer Operator ϕ, der Zeichenreihen p (mit einem neuen Wort[23]) in wohlgeformte Urwaldäusserungen $\phi(p)$ überführt, ist genau dann ein <u>Stipulator</u>, wenn für jeden Sprecher, der $\phi(p)$ zur Zeit t zum ersten Mal vernimmt, gilt:
> Genau seit dem Zeitpunkt t (und nicht vorher) ist p ein (i) wohlgeformter und (ii) analytisch wahrer Satz im Idiolekt des Sprechers.

Dies Kriterium bietet eine hübsche Anwendung unseres Begriffs vom analytischen Satz. Es zeigt, wie man diesen Begriff benutzen kann, um den stipulativen Apparat fremder Sprachen zu entschlüsseln.

---

gungen schrittweise auf den komplizierteren Fall ausgedehnt werden können, deute ich nun nur an. Umwidmungen bekannter Wörter lassen sich in zwei Prozesse aufspalten: De-Stipulation und Stipulation. Die De-Stipulation entfernt Wörter aus einem Idiolekt und klingt im Deutschen ungefähr so:

> Alle Sätze, in denen das Wort w vorkommt, gehören von nun an nicht mehr zu den wohlgeformten Äusserungen dieser Sprache.

Die De-Stipulation löscht also alle verbalen Dispositionen, die mit dem betroffenen Wort verbunden gewesen sind, aus und ersetzt sie durch die Disposition, syntaktisch irritiert auf das fragliche Wort zu reagieren. Nach einer solchen De-Stipulation kann das Wort neu in die Sprache eingeführt werden. Wie der noch kompliziertere Fall zu behandeln ist, in dem einige Dispositionen hinsichtlich des umzuwidmenden Worts beibehalten, andere Dispositionen aufgegeben werden sollen, kann ich hier nicht erörtern. Der Satz über Wale scheint einen solchen Fall zu bieten. (Alle hier erörterten Weisen der Stipulation können in Quines Redeweise als „legislative Definition" bezeichnet werden – [CLT]:118/9).

22 Auch diese Vereinfachung berührt nicht das „Wesen" der Stipulation. Die oben folgenden Überlegungen können leicht auf komplizierte Sprachspiele übertragen werden: So könnte man es dem Adressaten von Stipulationen freistellen, mit ‚Evet' (Ja) oder ‚Yok' (Nein) anzuzeigen, ob er die Stipulation übernehmen möchte oder nicht. Was ich oben im Text entwickeln werde, gilt nur für Adressaten, die der Stipulation mit ‚Evet' ihr *placet* gegeben haben.

23 Das soll heissen: p ist aus irgendeinem wohlgeformten Satz p* der Sprache dadurch hervorgegangen, dass alle Vorkommnisse eines Worts in p* durch ein und dasselbe (bislang unbekannte) „Wort" ersetzt worden sind.

§ 11.21. Mit der Definition D11.1 tragen wir einem zentralen Einwand Quines gegen konventionelle Wahrheiten Rechnung: Quine meint nämlich, dass man sich beim Verwenden irgendwelcher Sätze nicht daran zu erinnern braucht, ob sie ursprünglich stipuliert worden sind. Die Konventionalität ist eine flüchtige Eigenschaft eines einmaligen Ereignisses (*eines* sprachlichen Tokens), und nicht eine bleibende Eigenschaft, die allen späteren typgleichen Tokens ein für allemal zukommt (cf. Quine [CLT]:119, 121; [TDiR]:271 und Putnam [AS]:55). Das mag so sein; der Unterschied, auf dem die Plausibilität von Quines Einwand beruht, wird von meiner Definition bestens erfasst. Das stipulierende Token $\Phi(p)$ braucht nur ein einziges Mal geäussert zu werden; die späteren Vorkommmnisse des Tokens p sind keine stipulierenden Verwendungsweisen des Satzes, sondern normale Behauptungen mit Wahrheitsanspruch. Nur – und hier unterscheide ich mich von Quine – sind die späteren Verwendungen von p analytisch wahr (und gelten kraft Konvention): Die Analytizität des Satzes p *ist* eine bleibende Eigenschaft aller späteren p-Tokens, die solange bestehen bleibt, wie die Sprache nicht abermals geändert wird.[24]

Was vom Stipulierten übrig bleibt

Um zu sehen, dass das Kriterium leistet, was man erwarten möchte, konzentrieren wir unsere Aufmerksamkeit vorübergehend auf den prominentesten Fall der Stipulation: auf stipulierte Bikonditionale. Wer ein Bikonditional stipuliert, liefert unseren Intuitionen zufolge eine Definition im eigentlichen Sinne: In allen geeigneten Kontexten lässt sich die eine Seite des Bikonditionals durch dessen andere Seite ersetzen. (Man kann also eliminieren). Dass unsere Definition D11.1 diese Intuition unterstützt, zeigt folgendes Theorem:

S11.2 Für einen Sprecher, in dessen Idiolekt ein Bikonditional $(p\leftrightarrow q)$ stipuliert wurde, können p und q in allen aussagenlogischen Kontexten vertauscht werden.

Beweis: Laut D11.1 ist nach der Stipulation $\phi(p\leftrightarrow q)$ das Bikonditional $(p\leftrightarrow q)$ ein analytischer Satz. Gemäss S10.1 sind dann p und q synonym und können also in allen aussagenlogischen Kontexten

[24] Dass es in der Wissenschaft zuweilen rational sein mag, die Sprache zu verändern und frühere Stipulationen ausser Kraft zu setzen, steht auf einem anderen Blatt. Man könnte sogar einen Schritt weiter gehen und den Wissenschaftlern empfehlen, keine Stipulationen im Sinne von D11.1 vorzunehmen. (Zu beiden Punkten mehr in § 11.24). Dann mag es immer noch Stipulationen in der Alltagssprache geben, die echte analytische Sätze erzeugen.

miteinander vertauscht werden: *salva stimulus-synonymia* (D8.2), *salva verdicto* (S8.3) und *salva synonymia* (S8.5), Q.E.D.[25]

Bedeutungs-Postulate

§ 11.22. Und wie im Fall der Carnap-Sätze können wir das Ergebnis unserer Überlegungen zur nachträglichen Verteidigung Carnaps gegen Quine ins Feld führen – zumindest, wenn man zuvor Carnap vom Kopf auf die Füsse stellt. Carnap hatte Stipulationen im weitesten Sinne (also nicht nur eliminative Definitionen mit Äquivalenz- oder Identitätszeichen, sondern auch solche Stipulationen, durch die *irgendwelche* Sätze kraft Konvention für gültig erklärt werden) heranzuziehen versucht, um den Begriff des analytischen Satzes zu explizieren. Die Stipulationen heissen bei Carnap „Bedeutungs-Postulate". Und seine Explikation des Begriffs vom analytischen Satz einer Sprache lautet folgendermassen:

(11.16) Ein Satz einer Sprache ist genau dann analytisch, wenn er von der Konjunktion aller Bedeutungs-Postulate der Sprache logisch impliziert wird (cf. Carnap [MP]:225).[26]

Quines erste Kritik an dieser Explikation ist berechtigt: Sie funktioniert nur, wenn die Bedeutungs-Postulate der Sprache schon bekannt sind. Im Falle einer unbekannten natürlichen Sprache (im Urwald) müsste also ein eigenes Kriterium dafür vorgelegt werden, unter welchen Bedingungen die Eingeborenen eine Lautfolge als Bedeutungs-Postulat auffassen. Ein solches Kriterium hat Carnap nicht geliefert. Darauf hätte Carnap erwidern können, dass sein Kriterium nicht für natürliche fremde Sprachen gedacht ist, sondern für

---

[25] Unser Satz unterstützt nicht die weitergehende Behauptung, dass sich p und q in *beliebigen* Kontexten vertauschen lassen. Auch unseren Intuitionen zufolge stimmt eine solche Behauptung nicht: Es gibt Kontexte, in denen selbst aufgrund von Stipulation äquivalente Sätze nicht vertauscht werden dürfen, z.B. Kontexte mit Anführungszeichen, oder auch die sog. Mates-Fälle (s.o. § 8.24).

[26] Da Synonymie und Analytizität wechselseitig auseinander definiert werden können, hat es nahegelegen, in analoger Weise Synonymie durch den Begriff der Stipulation (bzw. des Bedeutungs-Postulats bzw. der Definition) zu erklären. Quine diskutiert solche Versuche in [TDoE]:24-27 und kommt zu dem Ergebnis: „[...] definition rests on synonymy rather than explaining it" ([TDoE]:26). – Es ist eine interessante Frage, ob man nicht den Versuch, den Synonymiebegriff durch den Definitionsbegriff zu explizieren, genau so vom Kopf auf die Füsse stellen kann, wie D11.1 Carnaps Versuch vom Kopf auf die Füsse stellt, den Begriff vom analytischen Satz durch den des Bedeutungs-Postulats zu erklären. Ich kann diese Frage hier nicht erörtern.

formale Sprachen, die ein Konstrukteur allererst schafft. Könnte man nicht beim Aufbau der formalen Sprache die Bedeutungs-Postulate aufzählen und durch eine derartige Liste *definieren*, was Bedeutungs-Postulate sind? Nein; was Bedeutungs-Postulate *sind*, kann man nicht durch Aufzählung definieren. Denn dann bliebe die Frage offen, warum man die und die Sätze der Sprache ausgerechnet „Bedeutungs-Postulate" und die Folgerungen aus ihrer Konjunktion ausgerechnet „analytisch" nennt. Ohne Vorkenntnis (mindestens) eines der beiden Begriffe kann der Konstrukteur der formalen Sprache nicht behaupten, durch Aufzählung der Bedeutungs-Postulate erkläre er die Semantik jener Sprache: Eine Gleichung mit zwei Unbekannten definiert keine eindeutigen Ergebnisse.[27]

Um Carnap zu verteidigen, müssen wir sein Verfahren umdrehen: Mithilfe der analytischen Sätze erklären wir, was Bedeutungs-Postulate sind. Genau das leistet unsere Definition D11.1. Zusammen mit unserem Kriterium für Analytizität erlaubt es diese Definition, dem Tun eines Konstrukteurs formaler Sprachen Sinn abzugewinnen. Der Konstrukteur legt Bedeutungs-Postulate nieder, wenn er willens ist, sie als Stipulationen im Sinne der Definition D11.1 aufzufassen, wenn sie also seine Dispositionen im Umgang mit der formalen Sprache entsprechend fixieren. Anders als im Fall natürlicher Sprachen könnte der Sprachkonstrukteur alle bedeutungstheoretischen Relationen zwischen den Ausdrücken seiner Kunstsprache *ex ante* festlegen. (Es steht ihm frei, seine Sprache so zu verwenden, dass jeder analytische Satz aus der Konjunktion aller Stipulationen abgeleitet werden kann).

---

[27] Vergl. Fussnote 36 in § 3.14 und Quine [TDoE]:33/4. Zugegebenermassen passt dieser Punkt nicht zu folgender Passage aus demselben Papier:

> There does [...] remain still an extreme sort of definition which does not hark back to prior synonymies at all: namely, the explicitly conventional introduction of novel notation for purposes of sheer abbreviation. Here the definiendum becomes synonymous with the definiens simply because it has been created expressly for the purpose of being *synonymous* with the definiens ([TDoE]:25/6, meine Hervorhebung, um anzuzeigen, dass Quine hier einen Begriff voraussetzt, dessen Explizierbarkeit er bestreiten muss).

Auf die Inkonsistenz haben schon Grice und Strawson hingewiesen, cf. [iDoD]:206/7. – Wie ist diese Widersprüchlichkeit zu erklären? Aus dem Kontext, dem die zitierte Passage entnommen ist: Da Quine dort genug Argumente aufgefahren hat, um zu zeigen, dass man den Synonymiebegriff nicht durch den Begriff der Definition erklären kann, konnte er sich das limitierte Zugeständnis an die Freunde der Synonymie erlauben. Anders in der zuvor erwähnten Passage [TDoE]:33/4: Dort droht das analoge Zugeständnis geradewegs zur Explizierbarkeit des Begriffs analytischer Sätze in formalen Sprachen zu führen. – Der Widerspruch wird durch diese Erklärung allerdings nicht aufgelöst.

Quines zweite Kritik

§ *11.23.* Dies bringt mich zu Quines zweiter Kritik an Carnaps Versuch aus (11.16), den Begriff des analytischen Satzes mithilfe von Bedeutungs-Postulaten zu explizieren: Im Falle natürlicher Sprachen kann das Kriterium deshalb nicht funktionieren, weil die Eingeborenen garantiert nicht all ihre sprachlichen Gewohnheiten per Stipulation explizit gemacht haben.[28] So hat niemand irgendetwas stipuliert, das folgendem Satz analytischen Status verliehen hätte:

(11.17) Kein Punkt kann zugleich rot und blau sein.[29]

Daraus ergibt sich: Selbst wenn wir alle tatsächlich vorgenommenen Stipulationen der Eingeborenen identifizieren können, impliziert ihre Konjunktion nicht unbedingt jeden im intuitiven Sinne analytischen Satz. Die implizit im Sprachgebrauch der Eingeborenen wurzelnden analytischen Sätze wären nicht erfasst. Allenfalls bietet Carnaps Kriterium also eine hinreichende Bedingung für Analytizität, keine notwendige Bedingung.

Wenn wir nun Carnap vom Kopf auf die Füsse stellen und Bedeutungs-Postulate *via* D11.1 mithilfe der analytischen Sätze explizieren, gilt folgender Satz:

S11.3 Ein Satz einer Sprache ist jedenfalls dann analytisch, wenn er von der Konjunktion aller in der Sprache vorgenommenen Stipulationen logisch impliziert wird.

Dass es sich so verhält, lässt sich unter Voraussetzung unserer Definitionen beweisen: Aus der Definition D11.1 ergibt sich unmittelbar, dass alle stipulierten Sätze p nach erfolgter Stipulation ϕ(p) analytisch sein müssen. Laut S10.5 ist dann die Konjunktion der stipulierten Sätze analytisch; und laut S10.4 auch alle logischen Folgerungen aus dieser Konjunktion, Q.E.D.

Fortschritt trivialisiert?

§ *11.24.* Gegen S11.3 mag Quine einwenden, dass man es sich stets offenhalten sollte, auch solche Sätze zu verwerfen, die ursprünglich aus einer Stipulation hervorgegangen sind: Ganz gleich, ob die Gleichung

[28] Quine sagt: „There are those who find it soothing to say that [...] 'bachelor', for example, is defined as 'unmarried man' [...] *Who defined it thus, and when?*" ([TDoE]:24 – mein Kursivdruck, Quines Hervorhebung weggelassen). Putnam stimmt zu: „[...] analytic statements in a natural language are not usually true by stipulation in anything but a metaphorical sense" ([AS]:55).

[29] Wittgensteins Beispiel, cf. Waismann [LWWK]:74.

(11.18) $E = 1/2\ m\ v^2$,

ursprünglich von Newton als Definition eingeführt wurde, sei Einstein berechtigt gewesen, die Gleichung zu verwerfen (vergl. auch Putnam [AS]:42ff.)

Dieser liberalen Haltung kann jedoch auch Rechnung getragen werden, wenn das Theorem S11.3 gilt. Das Theorem sagt nichts darüber, ob Wissenschaftler irgendwelche Sätze mit theoretischen Termen stipulieren *sollten*. Wer mit Quine und Putnam gegen Tabus beim Revidieren von Theorien plädiert, der kann S11.3 beibehalten und sich gegen Stipulationen mit theoretischen Termen wenden. Nur wenn theoretische Sätze stipuliert werden, sagt das Theorem, sind sie analytisch und müssen beibehalten werden, komme, was wolle.

Wenn die Wissenschaftler den Satz irgendwann aufgeben wollen, müssen sie ihre Sprache ändern. (Ein solcher Ausweg steht *immer* offen). Nehmen wir an, Newtons Gleichung für die kinetische Energie sei ursprünglich *wirklich* stipulativ eingeführt worden. Wenn Einstein die Gleichung verwirft: Hat er dann meiner Sicht zufolge *nur* die Sprache der Physik verändert? Putnam hat recht, dass eine solche Beschreibung den wissenschaftlichen Fortschritt sträflich trivialisieren würde; der „Fortschritt" bestünde nur in neuen Definitionen alter Wörter.

Aber Einstein hat mehr getan, als irgendwelche physikalischen Grössen umzudefinieren (Putnam [AS]:44, 51). Unsere Überlegungen über nicht-instrumentalistische Physikerinnen erlauben es, genauer zu sagen, was Einstein über den sprachlichen Wandel hinaus geleistet hat. Er ist von Newtons Theorie p (deren analytischer Carnap-Satz, wie wir annehmen wollen, von Newton stipuliert worden ist, so dass auch dessen Implikat $E = 1/2\ m\ v^2$ analytisch ist) zu einer neuen Theorie p^* übergegangen, in der der von Newton stipulierte Satz nicht gilt. Das gestärkte Vertrauen in diese neue Theorie führte zu einem neuen Carnap-Satz $\text{rams}(p^*)\rightarrow p^*$. Der Übergang von p zu p^* ist Einsteins genuiner (inhaltlicher) Beitrag zum wissenschaftlichen Fortschritt; dagegen drückt der Übergang vom alten Carnap-Satz $\text{rams}(p)\rightarrow p$ zum neuen Carnap-Satz $\text{rams}(p^*)\rightarrow p^*$ den sprachlichen Wandel aus, den Einsteins Revolution zusätzlich mit sich gebracht hat. Einsteins Revolution bestand also *nicht ausschliesslich* aus verbalen Veränderungen, obwohl sie u.a. solche Veränderungen bewirkte. D.h. Putnams Kritik an der hier entwickelten Sicht ist zu atomistisch und vernachlässigt, dass es um mehr Sätze geht als um eine einzige Gleichung Newtons für kinetische Energie.

Kurz und gut, Stipulationen und analytische Sätze können auch in den Wissenschaften ihren Platz finden. Sie sind nicht sakrosankt. Wer sie verwerfen will, muss seine Sprache ändern. Daher ist die Sorge unbegründet, sie hemmten oder trivialiserten den wissenschaftlichen Fortschritt.[30]

Im nächsten Kapitel wollen wir überlegen, wozu analytische Sätze – wenn sie schon nicht schaden – gut sein sein könnten.[31]

[30] Mehr dazu in meinem Aufsatz [TAAS].

[31] Kit Fines kraftvolle Kritik hat mir geholfen, in den Kapiteln 8 – 11 haarsträubende Fehler zu vermeiden.

KAPITEL 12

SCHLUSSBETRACHTUNG: WOZU ANALYTISCHE SÄTZE GUT SIND

Rigorosität

§ 12.1. Nehmen wir einmal an, Quine pflichtete den Argumenten aus den vorigen Kapiteln bei und hätte nichts mehr gegen die Möglichkeit einer Grenzziehung zwischen Analytischem und Synthetischem einzuwenden. Wäre damit die Unterscheidung rehabilitiert? Nicht ganz, denn es bliebe immer noch zu zeigen, dass sie uns nützt. Quine könnte fragen, ob sich der Aufwand aus den letzten drei Kapiteln gelohnt hat; und er könnte die Frage verneinen. Er könnte behaupten, dass die erkenntnistheoretischen, metaphysischen und wissenschaftstheoretischen Hoffnungen, die man in die analytischen Sätze gelegt hat, unbegründet seien. Wozu also, möchte ich abschliessend fragen, sind die analytischen Sätze gut?

In ihrem epistemischen Status heben sie sich zwar von anderen Sätzen ab. Solange wir unsere Sprache nicht ändern, können wir ganz, ganz sicher sein, dass die analytischen Sätze wahr sind. Doch habe ich es in § 10.13 bereits angedeutet: Der Preis für diese Gewissheit besteht in der Gehaltlosigkeit dessen, was wir da so sicher wissen. Wer etwas Besonderes über die Welt, in der wir leben, herauszufinden wünscht, braucht sich nicht auf die Suche nach analytischen Sätze zu begeben.

Sind die analytischen Sätze somit überflüssig? Nein. Ihre Kenntnis kann es uns *erleichtern*, die Welt zu erkennen. Aber wie? Ich behaupte: Mithilfe der analytischen Sätze können wir unsere Wege zur Erkenntnis vereinfachen, normieren, standardisieren. Den ersten Schritt in diese Richtung geht die formale Logik. Statt intuitiv an irgendwelche psychologischen Gefühle von Gewissheit (von „Denknotwendigkeit") appellieren zu müssen, kann man seit Erfindung der formalen Logik strikte Regeln herzitieren, um die Gültigkeit irgendwelcher Schlüsse zu überprüfen. Die intersubjektive Verbindlichkeit von logischen Schlüssen aufgrund rigoroser Regeln hat viel unnötigen Streit aus der Welt geschafft. Gewiss, der Streit über die Gültigkeit irgendwelcher Prämissen konnte nicht wegrationalisiert werden; aber inzwischen können selbst Maschinen Schritt für Schritt überprüfen, ob irgendwelche Beweise schlüssig sind, denen zufolge aus gewissen vorgegebenen Präsissen diese oder jene Konklusion folgt. Etwas überschwenglich gesprochen, erstreckt sich die intersubjektive Gültigkeit der Logik über den Bereich menschlicher Lebewesen hinaus.

Einen ähnlichen Modernisierungsschub brachte die Axiomatisierung der Mathematik. Die Forderung nach lückenlosen, strengen Beweisen sollte der subjektiven Beliebigkeit irgendwelcher Schlussketten ein Ende setzen.[1] Selbst wenn die Mathematiker bei ihrer Arbeit nicht immer jedes Epsilon aufschreiben, sind sie sich sicher genug, dass sie es könnten. Und im Fall einer Meinungsverschiedenheit wird immer die mathematische Behauptung gewinnen, deren Beweis völlig explizit durchgeführt werden kann.

Wer rigorose Beweise führen kann, die nach explizit niedergelegten Regeln voranschreiten, steht also besser da als jemand, der nur an Intuitionen appellieren kann, um seine Konklusionen zu begründen.

Der Nutzen analytischer Prämissen

§ 12.2. Betrachten wir folgendes Argument:

(i) Prinz Charles ist Junggeselle.
(ii) Alle Unverheirateten sind rothaarig.
Also: Prinz Charles ist rothaarig.

Unsere Logik erlaubt einen solchen Schluss nicht. Trotzdem ziehen wir solche Schlüsse andauernd. Es wäre schön, wenn wir die Prinzipien explizit niederlegen könnten, auf die wir bei derartigen Schlüssen zurückgreifen. Kennten wir alle analytischen Sätze der verwendeten Sprache, so wäre dies leicht. Denn sobald wir sie zu den Prämissen hinzufügten, besorgte den Rest die Logik. In unserem Beispiel hätte ein einziger analytischer Satz gereicht, um das Argument logisch schlüssig zu machen:

(iii) Alle Junggesellen sind unverheiratet.

Aber dürfen wir denn immer analytische Zusatzprämissen ins Spiel bringen? Ja; wir haben den Begriff vom analytischen Satz eigens so definiert, dass sie einem beliebigen Kontext (hier: der Konjunktion aus den Prämissen) nichts Neues hinzufügen. Wohlgemerkt: nichts Neues, dem *Gehalt* nach. Dass sie möglicherweise die Übersicht-

[1] Die Forderung ist von Frege stark gemacht worden. Vergl. z.B. [LiM]:106.

lichkeit unübersichtlicher Prämissenmengen erhöhen können, bestreite ich nicht. Im Gegenteil, darin liegt ihr Nutzen. Durch analytische Zusätze lässt sich aus einer Menge von Prämissen *rein logisch* alles herausholen, was in der Prämissenmenge an Gehalt stecken mag. Und „rein logisch“ heisst auch: vollständig explizit, also ohne Rückgriff auf bloss implizite Intuitionen.

Dadurch werden Automatisierungsgewinne möglich. Wer einer Maschine die logischen Regeln und alle analytischen Sätze beibringt, braucht „nur“ auf die Prämissen achtzugeben, wenn er weitreichende Schlüsse über die Welt zu ziehen wünscht.

§ 12.3. Ein letztes Beispiel soll den Punkt verdeutlichen. Da Quine und andere bestritten haben, dass die analytischen Sätze in den Wissenschaften nützen, wenden wir uns wieder analytischen Sätzen mit theoretischen Termen zu. Erinnern wir uns der nicht-instrumentalistischen Physikerinnen, in deren Idiolekt der Carnap-Satz der Theorie p: Abduktion

rams(p)→p

analytisch wahr ist. Wenn die Theorie p axiomatisiert ist, können unsere Physikerinnen (sogar mithilfe von Maschinen) beliebige Schlüsse über die Welt ziehen – unter der Voraussetzung, dass die Theorie die Welt richtig beschreibt. Hierzu brauchen die Physikerinnen nur Mathematik und Logik. Wozu nützt ihnen der analytische Status des Carnap-Satzes?

Nehmen wir an, die Physikerinnen fänden in ihren Labors heraus, dass ein gewisser Beobachtungssatz q wahr ist. Der Satz q könnte irgendwelche Regularitäten zwischen Zeigerausschlägen verschiedener Apparate beschreiben. Die Physikerinnen möchten ihr Versuchsergebnis aber nicht im langweiligen Beobachtungsvokabular festhalten. Welche theoretischen Sätze dürfen sie allein aufgrund der Beobachtung von q äussern? D.h. welche physikalischen Grössen haben sie gemessen? Was sich aus ihrer Theorie p ableiten lässt, ist für diese Frage unwichtig. Denn die Physikerinnen wollen nicht wissen, was der Fall ist, *wenn* ihre Theorie stimmt. Sie wollen wissen, was sie beobachtet haben: formuliert im anspruchsvollen Vokabular ihrer Theorie – *im Vokabular* ihrer Theorie, nicht *unter Voraussetzung* ihrer Theorie! Was dürfen sie, so die Frage, aufgrund ihrer Beobachtung behaupten, wenn sie nur ihre verbalen Dispositionen im Umgang mit theoretischen Termen beibehalten? Diese

Dispositionen spiegeln sich im Carnap-Satz rams(p)→p wider: und zwar unabhängig von der Richtigkeit der Theorie p.

Das bedeutet: Die Physikerinnen dürfen aufgrund ihrer Beobachtung q alle theoretischen Sätze t behaupten, die sich aus folgender Konjunktion ableiten lassen:

q & (rams(p)→p).

Vielleicht hätten sie wegen der verbalen Gewohnheiten, die sich seit langem tief in ihr Gehirn eingegraben haben, einen solchen theoretischen Satz t sowieso aufgrund von q behauptet. Aber durch die Zusatz-Prämisse des Carnap-Satzes wird dieser Schluss vollständig explizit – und somit besser kontrollierbar.

Quine und unsere Intuitionen

§ 12.4. Alles in allem habe ich den analytischen Sätzen eine ähnliche Rolle zugewiesen, wie sie die Logik einnimmt. Ein wenig überraschendes Ergebnis: denn unseren Überlegungen zufolge sind die logisch wahren Sätze ein spezieller Fall des Analytischen. Auch die Logik liefert keine Konklusionen, die nicht schon in den Prämissen stecken. Die Logik steuert kein neues Wissen über die Welt bei. Ebenso erlauben die analytischen Sätze keine zusätzlichen Schlüsse über den Stand der Dinge in der Welt. Und trotzdem sind sie nützlich. Wie wir in den vorigen beiden Paragraphen an zwei Beispielen gesehen haben, schaffen sie Ordnung beim Nachdenken über die Welt. Leerlaufende Räder also, auf die wir nicht verzichten sollten.

Quine hat uns mit seiner bedeutungstheoretischen Skepsis zum Verzicht auf diese nützlichen analytischen Sätze bewegen wollen. Wären Quines Argumente zugunsten der Bedeutungsskepsis überzeugend, so hätte es noch nicht einmal Sinn zu behaupten, dass wir durchs Hinzufügen analytischer Zusatzprämissen am Gehalt der ursprünglichen Prämissenmenge nichts ändern. Quine widerspricht damit unseren Intuitionen und unserer Praxis. Denn erstens sind wir uns völlig sicher, dass sich aus den drei Prämissen

(i) Prinz Charles ist Junggeselle;
(ii) Alle Unverheirateten sind rothaarig;
(iii) Alle Junggesellen sind unverheiratet;

nicht mehr und nicht weniger Interessantes über die Welt ergibt als aus den ersten beiden Prämissen dieser Prämissenmenge. Die analytische Zusatzprämisse (iii) trägt nichts Inhaltliches zur Prämissenmenge bei – sagen unsere Intuitionen, im Widerspruch zu Quine, der diese Ansicht unverständlich findet.[2]

Und zweitens halten wir es (in unserer wissenschaftlichen Praxis) für möglich, dass sich aus irgendwelchen experimentell ermittelten Beobachtungsdaten – unter günstigen Umständen – auch theoretische Behauptungen erschliessen lassen.

Unsere Intuitionen und unsere Praxis stehen also im Widerspruch zu dem Verzicht, den Quines Bedeutungsskepsis von uns verlangt. Von einem rein praktischen Standpunkt betrachtet, hätten wir Quines Bedeutungsskepsis also von Anbeginn ignorieren können. Vom philosophischen Standpunkt aus nützt uns dagegen der Verweis auf die Praxis wenig. Philosophen wollen nicht nur wissen, *dass* irgendeine Praxis funktioniert. Sie wollen auch wissen, *warum* sie funktioniert; und sie wollen wissen, worin die Praxis besteht: Das sind die beiden philosophischen Fragen, die Quine hinsichtlich unseres sorglosen Gebrauchs der analytischen Sätze aufgeworfen hat.

Rückschau

§ 12.5. Ich habe in der vorliegenden Arbeit versucht, Quines philosophische Herausforderung anzunehmen, indem ich den Begriff des analytischen Satzes so erklärt habe, dass ihr intuitiver Gebrauch in Alltag und Wissenschaft verständlich wird: Analytische Sätze, so die Grundidee, fügen dem Gehalt irgendwelcher Sätze oder Theorien nichts hinzu; sie laufen in allen Kontexten leer mit.

Intuitiv mag es uns längst klar gewesen sein, was das ungefähr heisst. Nun wissen wir es genauer. Im Lauf dieser Arbeit haben wir den Begriff des analytischen Satzes vollständig explizit gemacht: Im Kapitel 10 haben wir Analytizität auf Synonymie zurückgeführt und dadurch die tiefliegenden Verbindungen zwischen diesen beiden Begriffen ans Licht gebracht. Wie wir im Kapitel 9 gesehen haben, kann man Analytizität aber auch ohne Rückgriff auf Synonymie definieren. Und genauso kann man (siehe Kapitel 8) Synonymie ohne Rückgriff auf analytische Sätze definieren. Die beiden von Quine attackierten bedeutungstheoretischen Begriffe lassen sich mithilfe eines Begriffs explizieren, den Quine unverdächtig findet: mithilfe seines Begriffs der Reizsynonymie. Zwar scheitert dieser Begriff als Explicans unseres intuitiven Synonymiebegriffs (Kapitel 6); aber gegen seine geschickte Verwendung in komplizierteren De-

[2] Allerdings stehen unsere Intuitionen hier nur im Widerspruch zum frühen, radikalen Quine, wie ich in § 9.6 – § 9.8 ausgeführt habe.

finitionen (wie in den Kapiteln 8 – 10) würde sich auch Quine nicht sperren. Denn Behauptungen zur Reizsynonymie zweier Sätze sind gute empirische Behauptungen über die verbalen Dispositionen der Sprecher, die die fraglichen Sätze benutzen (Kapitel 5 und 6).

Alles in allem heisst das: Wir haben ausbuchstabieren können, was man über die (sogar im Urwald beobachtbaren) verbalen Gewohnheiten eines Sprechers behauptet, wenn man sagt, der und der Satz sei im Idiolekt des Sprechers analytisch bzw. die und die Sätze seien in seinem Idiolekt synonym. Wir haben die Begriffe der Synonymie und des Analytischen explizieren können, ohne auch nur versteckt auf irgendwelche anderen semantischen Begriffe zurückgreifen zu müssen. Selbst unter den Bedingungen der radikalen Übersetzung kann eine Linguistin unsere Begriffe anwenden. Wir haben also bei unseren Erklärungen äusserst strikte Standards eingehalten: Standards, die von Quine herkommen und für die ich in den Kapiteln 2 – 4 plädiert habe.

Aber nicht nur in den Erklärungsstandards bin ich Quine gefolgt. Ich habe mich darüber hinaus (im Kapitel 7) für die holistischen Voraussetzungen von Quines zentralem Argument gegen Synonymie und Analytizität ausgesprochen. Das entscheidende Ergebnis dieser Arbeit lautet: Anders als Quine gemeint hat, kann man sogar den einzelnen theoretischen Satz bedeutungstheoretisch charakterisieren, auch wenn er sich laut Quine/Duhem-These nicht isoliert vors Tribunal der Erfahrung stellen lässt. Man kann mit Quine Holist sein, ohne seiner Bedeutungsskepsis zu verfallen.

Wir haben die Begriffe der Synonymie und der Analytizität zwar in Auseinandersetzung mit Quines wissenschaftstheoretischem Holismus erklärt. Die Erklärungen sind meiner Ansicht nach aber nicht nur *ad hoc* auf den Holismus der Quine/Duhem-These gemünzt. Vielmehr enthüllen sie begriffliche Intuitionen, die wir auch unabhängig vom Holismus hegen möchten: Synonyme Sätze lassen sich in geeigneten Kontexten austauschen; analytische Sätze laufen leer, indem sie keiner Prämissenmenge irgendwelche zusätzlichen Informationen über die Welt hinzufügen. Dass sich diese Intuitionen präzise fassen lassen, macht den philosophischen Wert der Explikationen aus, die ich in der vorliegenden Arbeit vorgeschlagen habe.

ANHANG:

Beispiele, Definitionen, Sätze und Beweise (zu den Kapiteln 6, 7, 8 und 10)

a) Definitionen, die im Anhang verwendet werden

**D6.1 (aus § 6.10) Die affirmative Reizbedeutung Σ^+p eines Satzes p ist die Menge aller Reizmusterfolgen σ, für die gilt:
Wenn dem Sprecher die Reizmusterfolge σ präsentiert würde, so würde σ ihn dazu veranlassen, dem Satz p zuzustimmen.**

**D6.2 (aus § 6.10) Die negative Reizbedeutung Σ^-p eines Satzes p ist die Menge aller Reizmusterfolgen σ, für die gilt:
Wenn dem Sprecher die Reizmusterfolge σ präsentiert würde, so würde σ ihn dazu veranlassen, dem Satz p zu widersprechen.**

D6.3 (aus § 6.10) Die Reizbedeutung Σp des Satzes p ist das geordnete Paar $<\Sigma^+p, \Sigma^-p>$ aus seiner affirmativen und seiner negativen Reizbedeutung.

Bemerkung:

Wir werden hier im Anhang nicht den verfeinerten Begriff der *erweiterten* Reizbedeutung verwenden müssen, bei dessen Anwendung auch jene Reizmusterfolgen zu berücksichtigen sind, die den Sprecher zur schweigenden Urteilsenthaltung auf den gefragten Satz veranlassen. Deshalb führe ich hier die Definitionen D6.4 und D6.5 (aus § 6.10) nicht auf.

**D6.6 (aus § 6.11) Zwei Sätze p und q heissen genau dann reizsynonym, wenn ihre affirmativen bzw. negativen Reizbedeutungen identisch sind, d.h. wenn gilt:
$\Sigma^+p = \Sigma^+q$ und $\Sigma^-p = \Sigma^-q$.**

**D8.2 (aus § 8.23) Zwei Sätze p und q sind genau dann synonym, wenn für alle $n \geq 0$, für alle (n + 1)-stelligen aussagenlogischen Formeln f und für alle Sätze $t_1, \dots t_n$ gilt:
$f[p, t_1, \dots t_n]$ ist reizsynonym zu $f[q, t_1, \dots t_n]$.**

D10.1 (aus § 10.11) Ein Satz p ist genau dann analytisch, wenn er synonym zu einem Selbstkonditional ist, d.h. wenn es einen Satz q gibt, für den gilt: p ist zum Satz $q \rightarrow q$ synonym.

b) Abkürzende Redeweisen, die nur im Anhang verwendet werden

DA.1 Eine Reizmusterfolge σ heisst irrelevant für p, wenn gilt: Würde σ dem Sprecher präsentiert, so würde σ den Sprecher weder dazu veranlassen, p zuzustimmen, noch veranlassen, p abzulehnen.

Bemerkung:

Mit dieser Redeweise weiche ich in zweierlei Hinsicht von den bisherigen Festlegungen ab:
Eine Reizmusterfolge kann im Sinne von DA.1 *entweder* irrelevant sein, weil der Sprecher dem gefragten Satz nach Präsentation dieser Reizmusterfolge weder zustimmt noch widerspricht, sondern sich vielmehr schweigend des Urteils über den Satz *enthält*. Und im Falle von Urteilenthaltung, die durch die präsentierte Reizmusterfolge veranlasst wird (wie bei dichtem Nebel), haben wir die fragliche Reizmusterfolge nicht irrelevant, sondern *hemmend* genannt (§ 6.10).
Oder die Reizmusterfolge ist irrelevant, weil Zustimmung oder Ablehnung nicht allein von der Reizmusterfolge veranlasst werden. Im Fall theoretischer Sätze hatten wir solche Reizmusterfolgen „nicht allein ausschlaggebend" genannt (§ 8.4). Hier im Anhang werden wir diese treffendere, aber gewundene Formulierung (allein zum Zweck der Abkürzung) vermeiden.

DA.2 Stimmt ein Sprecher einen Satz zu, ohne hierzu von der gerade präsentierten Reizmusterfolge veranlasst zu sein, so heisst die Zustimmung zum fraglichen Satze apriori.

DA.3 Lehnt ein Sprecher einen Satz ab, ohne hierzu von der gerade präsentierten Reizmusterfolge veranlasst zu sein, so heisst die Ablehnung des fraglichen Satzes apriori.

Bemerkung:

Das „Apriori" im Sinne von DA.2 und DA.3 soll *keine* epistemisch-normative Konnotation haben! Vielmehr bietet dieser *terminus technicus* (den ich nur im Anhang verwende) ein kurzes Etikett für all jene Verdikte, mit denen der Sprecher einen Satz sozusagen nicht ausschliesslich durch Hinsehen beurteilt.

c) Annahmen über den Gebrauch der logischen Zeichen im Idiolekt des untersuchten Sprechers

Wir haben uns in § 6.15 darauf verständigt, dass sich der Sprecher keine logischen Kalkulationsirrtümer zuschulden kommen lässt. Daraus ergeben sich folgende Annahmen.

A.1 Sind p und q reizsynonym, so auch ihre Negationen $\neg p$ und $\neg q$.

A.2 p wird genau dann apriori abgelehnt, wenn ¬p apriori Zustimmung findet.

A.3 Gilt p ⇒ q, und wird q abgelehnt, so wird auch p abgelehnt.
A.4 Gilt p ⇒ q, und findet p Zustimmung, so findet auch q Zustimmung.

A.5 Gilt p ⇒ q, und wird q apriori abgelehnt, so wird auch p apriori abgelehnt.
A.6 Gilt p ⇒ q, und wird p apriori zugestimmt, so wird auch q apriori zugestimmt.

A.7 Sind zwei Sätze p und q logisch äquivalent, so gilt:
(i) p und q sind reizsynonym;
(ii) p wird genau dann apriori abgelehnt, wenn q apriori abgelehnt wird;
(iii) p findet genau dann apriori Zustimmung, wenn q apriori Zustimmung findet.
(A.7 folgt aus A.3-A.6).

A.8 Seien t_1, ... t_n Sätze, die der Sprecher entweder ablehnt oder bejaht. Sei f eine n-stellige Satzfunktion der Aussagenlogik. Dann bestimmt sich anhand der Methode zweiwertiger Wahrheitstafeln, ob der Sprecher dem Satz f[t_1, ... t_n] zustimmt oder widerspricht.
(Im Falle von Urteilsenthaltungen gilt *nicht* analog die dreiwertige Wahrheitstafel. Vergl. A.13/A.14).

A.9 Ein Sprecher widerspricht genau dann einer Disjunktion aufgrund von σ, wenn er all ihren Gliedern widerspricht und wenn er sogar mindestens einem ihrer Glieder aufgrund der Reizmusterfolge σ widerspricht.
A.10 Ein Sprecher stimmt genau dann einer Konjunktion aufgrund von σ zu, wenn er all ihren Gliedern zustimmt und wenn er sogar mindestens einem ihrer Glieder aufgrund der Reizmusterfolge σ zustimmt.

A.11 Lehnt ein Sprecher eine Disjunktion ab, so lehnt er alle Glieder der Disjunktion ab.
A.12 Stimmt ein Sprecher einer Konjunktion zu, so stimmt er auch all ihren Gliedern zu.

A.13 Aus $\sigma \in \Sigma^+$ (p & q) folgt: $\sigma \in \Sigma^+$p oder $\sigma \in \Sigma^+$q.
(Aber aus $\sigma \in \Sigma^-$ (p & q) folgt *nicht*: $\sigma \in \Sigma^-$p oder $\sigma \in \Sigma^-$q. σ könnte für p bzw. q einzeln irrelevant sein und doch den Sprecher zur Ablehnung der Konjunktion (p & q) veranlassen: negativer holistischer Relevanzgewinn).
A.14 Aus $\sigma \in \Sigma^-$ (p v q) folgt: $\sigma \in \Sigma^-$p oder $\sigma \in \Sigma^-$q.
(Aber aus $\sigma \in \Sigma^+$ (p v q) folgt *nicht*: $\sigma \in \Sigma^+$p oder $\sigma \in \Sigma^+$q. σ könnte für p bzw. q einzeln irrelevant sein und doch den Sprecher zur Zustimmung zur Konjunktion (p v q) veranlassen: affirmativer holistischer Relevanzgewinn).

d) Sätze über Synonymie

S8.1 (aus § 8.25) Alle synonymen Sätze p und q sind auch reizsynonym.

Beweis:

Siehe § 8.25.

S8.2 (aus § 8.26) Jeder Sprecher gibt allen Sätzen, die in seinem Idiolekt synonym sind, dasselbe Verdikt.

Beweis:

Spezialfall von S8.3.

S8.3 (aus § 8.26) Seien p und q synonym. Dann gilt für alle (n + 1)-stelligen aussagenlogischen Formeln f und für alle Sätze $t_1, \dots t_n$:
(i) $f[p, t_1, \dots t_n]$ findet genau dann Zustimmung, wenn $f[q, t_1, \dots t_n]$) Zustimmung findet.
(ii) $f[p, t_1, \dots t_n]$ wird genau dann abgelehnt, wenn $f[q, t_1, \dots t_n]$ abgelehnt wird.

Beweis:

S8.3 folgt noch nicht direkt aus D8.2, weil die dort verlangte Reizsynonymie von $f[p, t_1, \dots t_n]$ und $f[q, t_1, \dots t_n]$ nur *veranlasste* Zustimmung bzw. Ablehnung betrifft. Dass die beiden Sätze auch dann identisch bewertet werden, wenn die Bewertung etwa apriori erfolgt, muss also noch gezeigt werden.
Beweis von (i): Nehmen wir an, (i) wäre falsch. Dann wird also (ohne Beschränkung der Allgemeinheit) z.B. dem Satz $f[p, t_1, \dots t_n]$ zugestimmt, während dem Satz $f[q, t_1, \dots t_n]$ die Zustimmung nicht gegeben wird.
Nun betrachten wir den Satz y_σ, der die gerade präsentierte Reizmusterfolge σ beschreibt. Wegen A.10 gilt dann

$$\sigma \in \Sigma^+ (y_\sigma \,\&\, f[p, t_1, \dots t_n]),$$

aber nicht

$$\sigma \in \Sigma^+ (y_\sigma \,\&\, f[q, t_1, \dots t_n]).$$

Dies widerspricht der vorausgesetzten Synonymie von p und q, da Synonymie auch Reizsynonymie in (n + 2)-stelligen Einbettungen verlangt. Also führte die Annahme, (i) sei falsch, zum Widerspruch.
Nehmen wir nun an, (ii) wäre falsch. Dann würde z.B. $f[p, t_1, \dots t_n]$ abgelehnt, obwohl $f[q, t_1, \dots t_n]$ nicht abgelehnt würde.
Dann müsste aber $\neg f[p, t_1, \dots t_n]$ Zustimmung finden, ohne dass auch $\neg f[q, t_1, \dots t_n]$ Zustimmung fände, im Widerspruch zu (i). Q.E.D.

SA.1 Zwei Sätze p und q sind genau dann synonym, wenn für alle Sätze r und s gilt:
$(p \,\&\, r) \vee (\neg p \,\&\, s)$ ist reizsynonym zu $(q \,\&\, r) \vee (\neg q \,\&\, s)$.

Beweis:

„⇒“ folgt unmittelbar aus D8.2.

„⇐“: Es gelte für alle Sätze r und s:
(p & r) v (¬p & s) ist reizsynonym zu (q & r) v (¬q & s).

Sei f eine (n+1)-stellige Satzfunktion, und seien t_1, ... t_n irgendwelche Sätze. Zu zeigen ist die Reizsynonymie von

(1) f[p,t_1, ... t_n] und
(2) f[q,t_1, ... t_n].

Nun lässt sich jeder aussagenlogisch komplexe Satz in seine disjunktive Normalform umschreiben. Für (1) bzw. (2) ergibt sich also:

(1') (p & ...) v (p & ...) v ... v (p & ...) v
(¬p & ...) v (¬p & ...) v ... v (¬p & ...)

(2') (q & ...) v (q & ...) v ... v (q & ...) v
(¬q & ...) v (¬q & ...) v ... v (¬q & ...),

worin die Pünktchen geeignete aussagenlogische Verbindungen der t_i darstellen. Durch „Ausklammern“ der jeweils ersten Konjunktionsglieder dieser Disjunktionen erhalten wir:

(1") (p & r) v (¬p & s)

bzw.

(2") (q & r) v (¬q & s)

für geeignete Sätze r und s. Nach Voraussetzung sind (1") und (2") reizsynonym; und da (1) und (1") bzw. (2) und (2") logisch äquivalent sind, müssen (wegen A.7) auch (1) und (2) reizsynonym sein, Q.E.D.

SA.2 Sind p und q synonym, so auch ¬p und ¬q.

Beweis:

Seien p und q synonym, und seien r und s irgendwelche Sätze. Gemäss SA.1 ist zu zeigen:
(*) (¬p & r) v (p & s) ist reizsynonym zu (¬q & r) v (q & s).

Dies gilt aufgund der Synonymie von p und q, Q.E.D.

S8.4 (aus § 8.27) Sind sowohl p und p' als auch q und q' zueinander synonym, so ist die Konjunktion (p & q) synonym zur Konjunktion (p' & q').

Beweis:

Seien sowohl p und p' als auch q und q' synonym, seien r und s irgendwelche Sätze. Gemäss SA.1 ist zu zeigen:

(i) ((p & q) & r) v (¬(p & q) & s) ist reizsynonym zu
((p' & q') & r) v (¬(p' & q') & s).

Nun haben wir wegen der Synonymie von p und p':

(ii) (p & q & r) v (¬(p & q) & s) ist reizsynonym zu
(p' & q & r) v (¬(p' & q) & s).

Andererseits gilt wegen der Synonymie von q und q':

(iii) (p' & q & r) v (¬(p' & q) & s) ist reizsynonym zu
(p' & q' & r) v (¬(p' & q') & s).

Wegen der Transitivität der Reizsynonymie folgt aus (ii) und (iii) die Behauptung (i), Q.E.D.

S8.5 (aus § 8.27) Sei f eine (n+1)-stellige Satzfunktion, und seien p_0, p_1, ... p_n und q_0, q_1, ... q_n irgendwelche Sätze, so dass p_i und q_i jeweils paarweise synonym sind für i = 0, ... n. Dann sind auch die beiden Sätze
$f[p_0, p_1, ... p_n]$ und
$f[q_0, q_1, ... q_n]$
synonym.

Beweis:

Jede aussagenlogische Satzfunktion lässt sich ausschliesslich in Termen von Konjunktion und Negation schreiben; damit ergibt sich S8.5 aus S8.4 und SA.2.

e) Sätze über Analytizität

SA.3 Ein Satz p ist genau dann analytisch, wenn für alle Sätze q gilt: p ist synonym zu (q→q)

Beweis:

Sei p analytisch. Dann gibt es laut D10.1 einen Satz r, für den gilt: p ist synonym zu (r→r). Also gilt für alle (n + 1)-stelligen Satzfunktionen f der Aussagenlogik und für alle Sätze t_1, ... t_n:

$f[p,t_1, ... t_n]$ ist reizsynonym zu $f[r\rightarrow r, t_1, ... t_n]$.

Sei nun q gegeben. Dann ist (q→q) logisch äquivalent zu (r→r). Also sind auch

$f[q\rightarrow q, t_1, ... t_n]$ und $f[r\rightarrow r, t_1, ... t_n]$

logisch äquivalent, also wegen A.7 reizsynonym. Also sind wegen D8.2 und der Transitivität der Reizsynonymie die Sätze p und (q→q) synonym, Q.E.D. (Die Rückrichtung ist trivial).

S10.1 (aus § 10.11) Zwei Sätze sind genau dann synonym, wenn ihr Bikonditional analytisch ist.

Beweis:

Zu zeigen ist zweierlei:
Behauptung 1: Ist $p \leftrightarrow q$ analytisch, so sind p und q synonym.
Behauptung 2: Sind p und q synonym, so ist $p \leftrightarrow q$ analytisch.

Beweis der Behauptung 1:

Sei $p \leftrightarrow q$ analytisch. Sei f eine (n+1)-stellige Satzfunktion, und seien $t_1, \dots t_n$ irgendwelche Sätze. Wir haben zu zeigen:

$f[p,t_1, \dots t_n]$ ist reizsynonym zu $f[q,t_1, \dots t_n]$.

Für beliebige Sätze $s_0, \dots s_n$ konstruieren wir eine (n + 1)-stellige Satzfunktion g:

$g[s_0, \dots s_n] := f[\neg(\neg p \;\&\; s_0), s_1, \dots s_n]$.

Laut Annahme ist $(p \leftrightarrow q)$ analytisch, also wegen SA.3 synonym zu $(q \rightarrow q)$. Dies bedeutet laut D8.2 unter Zuhilfenahme von g:

$g[(p \leftrightarrow q), t_1, \dots t_n]$ ist reizsynonym zu
$g[(q \rightarrow q), t_1, \dots t_n]$.

Laut unserer Konstruktion für g haben wir damit:

$f[p \vee q, t_1, \dots t_n]$ ist reizsynonym zu
$f[p, t_1, \dots t_n]$.

Durch Vertauschung der Rollen von p und q zeigt man genauso:

$f[p \vee q, t_1, \dots t_n]$ ist reizsynonym zu
$f[q, t_1, \dots t_n]$.

Nun ist die Reizsynonymie eine transitive Relation. Also folgt:

$f[p, t_1, \dots t_n]$ ist reizsynonym zu $f[q, t_1, \dots t_n]$,

Q.E.D.

Beweis der Behauptung 2:

Seien p und q synonym. Sei f eine (n + 1)-stellige Satzfunktion, und seien $t_1, \dots t_n$ irgendwelche Sätze. Wir müssen zeigen:

$f[p \leftrightarrow q, t_1, \dots t_n]$ ist reizsynonym zu $f[p \rightarrow p, t_1, \dots t_n]$.

Wir konstruieren eine (n + 1)-stellige Satzfunktion g wie folgt:

$g[s_0, ... s_n] := f[s_0 \leftrightarrow p, s_1, ... s_n]$.

Laut Annahme sind p und q synonym; D8.2 impliziert also:

$g[p, t_1, ... t_n]$ ist reizsynonym zu $g[q, t_1, ... t_n]$.

Gemäss unserer Wahl von g ergibt sich:

$f[p \leftrightarrow p, t_1, ... t_n]$ ist reizsynonym zu $f[p \leftrightarrow q, t_1, ... t_n]$.

Da Selbstbikonditionale wie $p \leftrightarrow p$ logisch äquivalent zu Selbstkonditionalen sind, bekommen wir mit A.7(i) zusätzlich:

$f[p \leftrightarrow p, t_1, ... t_n]$ ist reizsynonym zu $f[p \rightarrow p, t_1, ... t_n]$.

Wegen der Transitivität der Reizsynonymie folgt also:

$f[p \leftrightarrow q, t_1, ... t_n]$ ist reizsynonym zu $f[p \rightarrow p, t_1, ... t_n]$,

Q.E.D.

S10.2 (aus § 10.12) Alle analytischen Sätze sind reizanalytisch.

Beweis:

Siehe § 10.12.

S10.3 (aus § 10.13) Alle Einsetzungsinstanzen logisch wahrer Satzformen sind analytisch.

Beweis:

Jeder logisch wahre Satz p ist logisch äquivalent zu einem Satz der Form $q \rightarrow q$. Damit sind für beliebige Satzfunktionen f die Sätze

$f[p,t_1, ... t_n]$ und $f[(q \rightarrow q),t_1, ... t_n]$

logisch äquivalent, also auch reizsynonym (denn A.7 zufolge sind logisch äquivalente Sätze stets reizsynonym), Q.E.D.

S10.4 (aus § 10.14) Ein Satz q folge logisch aus p. Dann gilt: Ist p analytisch, so auch q.

Beweis:

Es folge q aus p; sei p analytisch. Zu zeigen ist, dass p und q synonym sind (dann ist nämlich aufgrund der Transitivität der Synonymie q synonym zu einem Satz der Form $r \rightarrow r$, also analytisch). Seien r und s beliebige Sätze. Es ist aufgrund von SA.1 also zu zeigen:

(i) $(p \,\&\, r) \vee (\neg p \,\&\, s)$ und $(q \,\&\, r) \vee (\neg q \,\&\, s)$ sind reizsynonym.

Dies ist gleichbedeutend mit:

(ii) $(p \vee r) \& (\neg p \vee s) \& (r \vee s)$ und $(q \vee r) \& (\neg q \vee s) \& (r \vee s)$ sind reizsynonym,

denn jeder dieser beiden Sätze ist logisch äquivalent zu seinem Gegenstück in (i). Zu zeigen sind also folgende vier Behauptungen:

Behauptung 1: $\sigma \in \Sigma^- ((p \& r) \vee (\neg p \& s)) \Rightarrow$
$\sigma \in \Sigma^- ((q \& r) \vee (\neg q \& s))$

Behauptung 2: $\sigma \in \Sigma^- ((q \& r) \vee (\neg q \& s)) \Rightarrow$
$\sigma \in \Sigma^- ((p \& r) \vee (\neg p \& s))$

Behauptung 3: $\sigma \in \Sigma^+ ((p \vee r) \& (\neg p \vee s) \& (r \vee s)) \Rightarrow$
$\sigma \in \Sigma^+ ((q \vee r) \& (\neg q \vee s) \& (r \vee s))$

Behauptung 4: $\sigma \in \Sigma^+ ((q \vee r) \& (\neg q \vee s) \& (r \vee s)) \Rightarrow$
$\sigma \in \Sigma^+ ((p \vee r) \& (\neg p \vee s) \& (r \vee s))$

Bevor wir die vier Behauptungen beweisen, halten wir fest: Da p analytisch ist, findet der Satz apriori Zustimmung. Wegen A.2 wird also $\neg p$ apriori abgelehnt. Wegen $p \Rightarrow q$ findet damit auch q apriori Zustimmung, während $\neg q$ apriori abgelehnt wird (cf. A.5, A.6).

Beweis der Behauptung 1:

Sei $\sigma \in \Sigma^- ((p \& r) \vee (\neg p \& s))$.

Wegen A.9 werden dann beide Disjunktionsglieder $(p \& r)$ bzw. $(\neg p \& s)$ abgelehnt, und mindestens eines dieser Disjunktionsglieder sogar aufgrund von σ.
Nun kann nicht etwa $\sigma \in \Sigma^- (\neg p \& s)$ gelten, denn schon $\neg p$ wird (s.o.) apriori abgelehnt, also erst recht $(\neg p \& s)$.

Also gilt (*) $\sigma \in \Sigma^- (p \& r)$.

Da p analytisch, also synonym zu $(r \rightarrow r)$ ist, impliziert (*):

$$\sigma \in \Sigma^- ((r \rightarrow r) \& r) = \Sigma^- r.$$

Mithin wird $(q \& r)$ abgelehnt. Könnte diese Ablehnung apriori erfolgen? Nein, denn dann müsste (wegen $(p \& r) \Rightarrow (q \& r)$) auch $(p \& r)$ apriori abgelehnt worden sein, im Widerspruch zu (*).

Also $\sigma \in \Sigma^- (q \& r)$.

Das Disjunktionsglied $(\neg q \& s)$ nun wird abgelehnt, da schon $\neg q$ apriori abgelehnt wird.

Damit gilt aufgrund von A.9:

$\sigma \in \Sigma^- ((q \& r) \vee (\neg q \& s))$,

Q.E.D.

Beweis der Behauptung 2:

Sei $\sigma \in \Sigma^-$ ((q & r) v (¬q & s)).

Damit werden beide Disjunktionsglieder abgelehnt, mindestens eines sogar aufgrund von σ (A.9).
Nun wird (¬q & s) jedenfalls nicht aufgrund von σ abgelehnt, denn schon ¬q wird apriori abgelehnt.

Also $\sigma \in \Sigma^-$ (q & r).

Wegen (p & r) ⇒ (q & r) wird auch (p & r) abgelehnt.

Nehmen wir nun an, (p & r) werde apriori abgelehnt. Da p analytisch, ist p synonym zu (r→r). Also müsste auch ((r→r) & r) apriori abgelehnt werden (S8.3). Damit wäre auch r apriori abzulehnen. Dann aber könnte nicht $\sigma \in \Sigma^-$ (q & r) gelten.

Mithin gilt $\sigma \in \Sigma^-$ (p & r).

Das andere Disjunktionsglied (¬p & s) nun ist abzulehnen, weil schon ¬p apriori abgelehnt wird. Damit ergibt sich aufgrund von A.9:

$\sigma \in \Sigma^-$ ((p & r) v (¬p & s)),

Q.E.D.

Beweis der Behauptung 3:

Sei $\sigma \in \Sigma^+$ ((p v r) & (¬p v s) & (r v s)).

Also finden alle Konjunktionsglieder Zustimmung, und mindestens eines von ihnen aufgrund von σ (A.10).
Nehmen wir nun an, das zweite Konjunktionsglied (¬p v s) finde apriori Zustimmung. Da p analytisch, also synonym zu (s→s), findet dann auch (¬(s→s) v s) apriori Zustimmung (S8.3), also auch s, also auch das dritte Konjunktionsglied (r v s). Dann musste also dem ersten Konjunktionsglied (p v r) aufgrund von σ zugestimmt worden sein. Dies aber ist ausgeschlossen, da schon p (weil analytisch) apriori Zustimmung fand.

Mithin $\sigma \in \Sigma^+$ (¬p v s).

Da p analytisch (also synonym zu s→s), folgt hieraus auch

$\sigma \in \Sigma^+$ (¬(s→s) v s),

also $\sigma \in \Sigma^+$s.

Damit wird dem Konjunktionsglied (¬q v s) zugestimmt. Nehmen wir an, dies geschehe apriori. Dann hätte (wegen (¬q v s) ⇒ (¬p v s)) auch (¬p v s) apriori zugestimmt werden müssen, im Widerspruch zur obigen Feststellung.

Also $\sigma \in \Sigma^+$ (¬q v s).

Da das erste Konjunktionsglied (q v s) des uns interessierenden Satzes sowieso Zustimmung findet (weil q apriori zugestimmt wird) und auch (r v s) zugestimmt wird (s.o.), ergibt sich über A.10:

$$\sigma \in \Sigma^{+} ((q \vee r) \,\&\, (\neg q \vee s) \,\&\, (r \vee s)),$$

Q.E.D.

Beweis der Behauptung 4:

Sei $\sigma \in \Sigma^{+} ((q \vee r) \,\&\, (\neg q \vee s) \,\&\, (r \vee s))$.

Dann finden alle drei Konjunktionsglieder Zustimmung; mindestens eines davon aufgrund von σ (A.10). Hinsichtlich des zweiten Konjunktionsgliedes sind also zwei Fälle denkbar:

Fall 1: (¬q v s) findet apriori Zustimmung.

Dann findet auch (¬p v s) Zustimmung, denn dieser Satz folgt logisch aus (¬q v s).
Da nun (q v r) apriori Zustimmung findet (aufgrund apriorischer Zustimmung zu q), muss es das dritte Konjunktionsglied (r v s) sein, dem aufgrund von σ zugestimmt wird (A.10).
Damit finden alle drei Konjunktionsglieder des uns interessierenden Satzes Zustimmung, das letzte sogar aufgrund von σ. Also gilt wegen A.10:

$$\sigma \in \Sigma^{+} ((p \vee r) \,\&\, (\neg p \vee s) \,\&\, (r \vee s)),$$

Q.E.D.

Fall 2: $\sigma \in \Sigma^{+} (\neg q \vee s)$.

Wegen (¬q v s) ⇒ (¬p v s) findet (¬p v s) dann auch Zustimmung. Nehmen wir an, dies geschehe apriori. Da p analytisch, also synonym zu (s→s) ist, findet dann auch (¬(s→s) v s) apriori Zustimmung (S8.3), also auch s. Damit wäre auch der Disjunktion (¬q v s) apriori zuzustimmen, im Widerspruch zum betrachteten Fall 2.
Also findet (¬p v s) aufgrund von σ Zustimmung. (p v r) findet aufgrund von p's Analytizität sowieso Zustimmung, und (r v s) auch (s.o.). Damit haben wir wieder mit A.10:

$$\sigma \in \Sigma^{+} ((p \vee r) \,\&\, (\neg p \vee s) \,\&\, (r \vee s)),$$

Q.E.D.

S10.5 (aus § 10.15) Sind zwei Sätze p und q analytisch, so ist auch ihre Konjunktion (p & q) analytisch.

Beweis:

p und q sind synonym zu (r→r). Also ist wegen S8.4 (p & q) synonym zum logisch wahren (also analytischen, S10.3) Satz ((r→r) & (r→r)), der seinerseits zum analytischen Satz (r→r) synonym ist, Q.E.D.

S10.6 (aus § 10.15) Zwei Sätze p und q sind genau dann synonym, wenn sie sich in allen aussagenlogischen Kontexten *salva analyticitate* vertauschen lassen.

Beweis:

(i) „⇒“:

Seien p und q synonym. Sei $n \geq 0$, f eine (n + 1)-stellige aussagenlogische Formel, und seien $t_1, \dots t_n$ irgendwelche Sätze. Zu zeigen ist: $f[p, t_1, \dots t_n]$ ist genau dann analytisch, wenn $f[q, t_1, \dots t_n]$ analytisch ist.
Aus Gründen der Symmetrie genügt es, eine Richtung dieses Bikonditionals zu beweisen. Sei also $f[p, t_1, \dots t_n]$ analytisch, d.h. synonym zu einem Selbstkonditional. Da p und q synonym sind, also austauschbar *salva synonymia* (S8.5), ist auch $f[q, t_1, \dots t_n]$ synonym zu dem Selbstkonditional, also analytisch, Q.E.D.

(ii) „⇐“:

Seien p und q *salva analyticitate* austauschbar. Wähle folgende zweistellige aussagenlogische Formel: $f[x_0, x_1] = x_0 \leftrightarrow x_1$. Dann ist f[p, p] ein Selbstbikonditional, also logisch wahr, also analytisch (S10.3). Nun haben wir vorausgesetzt, dass sich p und q *salva analyticitate* vertauschen lassen. Also muss auch f[p, q] analytisch sein. Und das bedeutet nach Wahl für f die Analytizität des Bikonditionals aus p und q, also (S10.1) ihre Synonymie, Q.E.D.

f) Schematische Klassifikation von Beispielssätzen

	p ist nicht reizbedeutungslos	**p ist reizbedeutungslos**
p ist frei von theoretischen Termen	p ist Beobachtungssatz ohne kritische semantische Masse (6.5) aus § 6.12 (7.10) aus § 8.14	p ist Quasi-Beobachtungssatz (6.9) aus § 6.22 (6.10) aus § 6.22 (6.15) aus § 6.25
p enthält theoretische Terme	p ist Theorie mit kritischer semantischer Masse (7.9) aus § 7.14 (7.15) aus § 7.17 (7.16) aus § 7.17	p ist einzelner theoretischer Satz ohne kritische semantische Masse (7.6) aus § 7.15 (7.8) aus § 7.15 (7.14) aus § 7.15

Literatur

Ich nenne nur solche Titel, auf die ich mich in dieser Arbeit explizit beziehe. Falls ein Titel ursprünglich zu einem früheren Zeitpunkt erschienen ist als zu dem von mir genannten Erscheinungsdatum, führe ich am Ende des Eintrages zusätzlich das frühere Erscheinungsdatum auf; die von mir benutzte Version des fraglichen Werkes mag in diesem Fall von der ursprünglich erschienenen Version abweichen.

Mnemotechnischer Hinweis. Die Kürzel zwischen eckigen Klammern ergeben sich durch folgenden Algorithmus aus den Titeln der fraglichen Schriften: Man streiche alle Vorkommnisse bestimmter und unbestimmter Artikel, beseitige sämtliche Vorkommnisse von ‚and' und ‚und' sowie alle Wörter, die nach einem Punkt oder Doppelpunkt vorkommen; dann verkette man die Anfangsbuchstaben der (maximal) ersten vier verbleibenden Wörter, wobei für Präpositionen kleine Buchstaben zu benutzen sind und für alle anderen Wörter Grossbuchstaben.

Agazzi, Evandro / Cordero, Alberto (eds) [POEo]: *Philosophy and the origin and evolution of the universe.* (= *Synthese Library* Vol. 217). (Dordrecht: Kluwer, 1991).

Ayer, Alfred Jules [LTL]: *Language, truth and logic.* (London: Victor Gollancz, second edition, 1946).

Barrett, Robert B. / Gibson, Roger F. (eds) [PoQ]: *Perspectives on Quine.* (Cambridge / Mass.: Blackwell, 1990).

Bergström, Lars [QoU]: „Quine on underdetermination". In Barrett et al. (eds) [PoQ]:38-52.

Boghossian, Paul Artin [A]: „Analyticity". In Wright et al. (eds) [CtPo]. (I.E.; ich zitiere nach dem Typoscript).

Boyd, Richard N. [RUCT]: „Realism, underdetermination, and a causal theory of evidence". *Nous* 7 (1973), pp.1-12.

Brentano, Franz [PvES]: *Psychologie vom empirischen Standpunkt. Erster Band.* (Hamburg: Meiner, 1924). [Erschien zuerst 1874].

Bridgman, P. W. [OA]: „Operational analysis". *Philosophy of Science* Vol. 5 No. 2 (April 1938), pp.114-131.

Carnap, Rudolf

– [ESO]: „Empiricism, semantics, and ontology". In Carnap [MN]:205-221. [Erschien zuerst 1950].

– [IA]: „Intellectual autobiography". In Schilpp (ed) [PoRC]:1-84.

– [LAW]: *Der logische Aufbau der Welt.* (Frankfurt: Ullstein, ^{4}1979). [Erschien zuerst 1928].

– [LFoU]: „Logical foundations of the unity of science". In Neurath (ed) [EUS]:42-62.
– [MCoT]: „The methodological character of theoretical concepts". In Feigl et al. (eds) [FoSC]:38-76.
– [MN]: *Meaning and Necessity. A study in semantics and modal logic.* (Chicago: The University of Chicago Press, second edition 1956). [Erschien zuerst 1947].
– [MP]: „Meaning postulates". In Carnap [MN]:222-229. [Erschien zuerst 1952].
– [MSiN]: „Meaning and synonymy in natural languages". In Carnap [MN]:233-47. [Erschien zuerst 1955].
– [OLTL]: „Observational language and theoretical language". In Hintikka (ed) [RCLE]:75-85. [Erschien zuerst deutsch 1958/9].
– [oSCo]: „On some concepts of pragmatics". In Carnap [MN]:248-250. [Erschien zuerst 1955].
– [PFoP]: *Philosophical foundations of physics. An introduction to the philosophy of science.* (Martin Gardner (ed); New York: Basic Books, 1966).
– [PSaU]: „Die physikalische Sprache als Universalsprache der Wissenschaft". *Erkenntnis* Vol. 2 No. 4 (1932), pp.432-465.
– [RSE]: „Replies and systematic expositions". In Schilpp (ed) [PoRC]:859-1013.
– [TC]: „Truth and confirmation". In Feigl et al. (eds) [RiPA]:119-127.
– [TM]: „Testability and meaning". *Philosophy of Science* Vol. 3 No. 4 (October 1936), pp.419-471.
Cordero, Alberto [EICN]: „Evolutionary ideas and contemporary naturalism". In Agazzi et al. (eds) [POEo]:399-439.

Davidson, Donald / Hintikka Jaakko (eds) [WO]: *Words and objections: Essays on the work of W. V. Quine*. (Dordrecht: Reidel, 1969).
Davidson, Donald
– [BBoM]: „Belief and the basis of meaning". In Davidson [IiTI]:141-154. [Erschien zuerst 1974].
– [iDoC]: „In defence of convention T". In Davidson [IiTI]:65-75. [Erschien zuerst 1973].
– [IiTI]: *Inquiries into truth and interpretation.* (Oxford: Clarendon Press, 1984).
– [IoR]: „The inscrutability of reference". In Davidson [IiTI]:227-241. [Erschien zuerst 1979].
– [oVIo]: „On the very idea of a conceptual scheme". In Davidson [IiTI]:183-198. [Erschien zuerst 1974].
– [RI]: „Radical interpretation". In Davidson [IiTI]:125-139. [Erschien zuerst 1973].
– [SCT]: „The structure and content of truth". *The Journal of Philosophy* LXXXVII No.6 (June 1990), pp.279-328.
Duhem, Pierre [ZSPT]: *Ziel und Struktur der physikalischen Theorien.* (Au-

torisierte Übersetzung aus dem Französischen von Friedrich Adler). (Hamburg: Meiner, 1978). [Erschien zuerst französisch 1906].

Dummett, Michael
- [LBoM]: *The logical basis of metaphysics.* (London: Duckworth, 1991).
- [R]: „Realism". In Dummett [SoL]:230-276. [Erschien zuerst in [TOE] 1978].
- [SoL]: *The seas of language.* (Oxford: Clarendon, 1993).
- [T]: „Truth". In Dummett [TOE]:1-24. [Erschien zuerst 1959].
- [TOE]: *Truth and other enigmas.* (London: Duckworth, 1978).
- [WITo]/I: „What is a theory of meaning?" In Guttenplan (ed) [ML]:97-138.
- [WITo]/II: „What is a theory of meaning? (II)". In Evans et al. (eds) [TM]:67-137.

Etchemendy, John [ToTL]: „Tarski on truth and logical consequence". *The Journal of Symbolic Logic* Vol. 53 No.1 (March 1988), pp.51-79.

Evans, Gareth / McDowell, John (eds) [TM]: *Truth and meaning: Essays in semantics.* (Oxford: Clarendon, 1976).

Feigl, Herbert / Brodbeck, May (eds) [RiPo]: *Readings in the philosophy of science.* (New York: Appleton-Century-Crofts, 1953).

Feigl, Herbert / Scriven, Michael (eds) [FoSC]: *The foundations of science and the concepts of psychology and psychoanalysis.* (= *Minnesota Studies in the Philosophy of Science* Vol. I). (Minneapolis: University of Minnesota Press, 1956).

Feigl, Herbert / Sellars, Wilfrid (eds) [RiPA]: *Readings in philosophical analysis.* (New York: Appleton-Century-Crofts, 1949).

Fetzer, James H. / Shatz, David / Schlesinger, George N. (eds) [DD]: *Definitions and definability: Philosophical perspectives.* (= Synthese Library Vol. 216). (Dordrecht: Kluwer, 1991).

Field, Hartry H.
- [SwN]: *Science without numbers. A defence of nominalism.* (Princeton: Princeton University Press, 1980).
- [TToT]: „Tarski's theory of truth". *The Journal of Philosophy* LXIX No.13 (13.7.72), pp.347-375.

Fine, Arthur [UA]: „Unnatural attitudes: Realist and instrumentalist attachments to science". *Mind* XCV No. 378 (April 1986), pp.149-179.

Fodor, Jerry A.
- [P]: *Psychosemantics. The problem of meaning in the philosophy of mind.* (Cambridge / Mass.: MIT Press, 1987).
- [R]: *Representations: Philosophical essays on the foundations of cognitive science.* (Brighton: Harvester Press, 1981).
- [SS]: „Special sciences". In Fodor [R]:127-145. [Erschien zuerst 1974].

Fraassen, Bas C. van [SI]: *The scientific image.* (Oxford: Clarendon Press, 1980).

Franzen, Winfried [GN]: „Grenzen des Naturalismus? Bemerkungen zum Problem des naturalistischen Menschenverständisses“. *Gießener Universitätsblätter* Jahrgang XVII, Heft 1 (Mai 1984), pp.69-77.

Frege, Gottlob

– [FB]: „Funktion und Begriff“. In Frege [FBB]:17-39. [Erschien zuerst 1891].

– [FBB]: *Funktion, Begriff, Bedeutung: Fünf logische Studien.* (Günther Patzig (ed); Göttingen: Vandenhoeck, [6]1986).

– [G]: „Der Gedanke. Eine logische Untersuchung“. In Frege [LU]:30-53. [Erschien zuerst 1918/19].

– [GA]: *Die Grundlagen der Arithmetik: Eine logisch-mathematische Untersuchung über den Begriff der Zahl.* (Hildesheim: Georg Olms Verlag, zweite Nachdruckauflage, 1977). [Erschien zuerst 1884].

– [LiM]: „Logik in der Mathematik“. In Frege [SzLS]:92-165. [Erschien zuerst in Auszügen 1956, komplett 1969].

– [LU]: *Logische Untersuchungen.* (Günther Patzig (ed); Göttingen: Vandenhoeck, [4]1993).

– [SzLS]: *Schriften zur Logik und Sprachphilosophie. Aus dem Nachlaß.* (Gottfried Gabriel (ed); Hamburg: Meiner, [3]1990).

– [üBG]: „Über Begriff und Gegenstand“. In Frege [FBB]:66-80. [Erschien zuerst 1892].

– [üSB]: „Über Sinn und Bedeutung“. In Frege [FBB]:40-65. [Erschien zuerst 1892].

Friedman, Michael [TE]: „Theoretical explanation“. In Healey (ed) [RTR]:1-16.

Gähde, Ulrich / Stegmüller, Wolfgang [AiFo]: „An argument in favor of the Duhem-Quine thesis: From the structuralist point of view“. In Hahn et al. (eds) [PoWV]:117-136.

Gibson, Roger F., Jr. [EE]: *Enlightened empiricism. An Examination of W. V. Quine's theory of knowledge.* (Tampa: University of South Florida Press, 1988).

Goodman, Nelson [oLoM]: „On likeness of meaning“. In Linsky (ed) [SPoL]:67-74. [Erschien zuerst 1949].

Grice, Paul / Strawson, Peter F. [iDoD]: „In defense of a dogma“. In Grice [SiWo]:196-212. [Erschien zuerst 1956].

Grice, Paul

– [M]: „Meaning“. In Grice [SiWo]:213-223. [Erschien zuerst 1957].

– [SiWo]: *Studies in the way of words.* (Cambridge / Mass.: Harvard University Press, 1989).

Guttenplan, Samuel (ed) [ML]: *Mind and language. Wolfson College lectures 1974.* (Oxford: Clarendon Press, 1975).

Hacking, Ian [ToNK]: „A tradition of natural kinds“. *Philosophical Studies* 61 (1991), pp.109-126.

Hahn, Lewis Edwin / Schilpp, Paul Arthur (eds) [PoWV]: *The philosophy of W. V. Quine.* (La Salle: Open Court, 1986).
Harman, Gilbert [ItTM]: „An introduction to 'Translation and meaning', chapter two of *Word and Object*". In Davidson et al. (eds) [WO]:14-26.
Healey, Richard (ed) [RTR]: *Reduction, time and reality. Studies in the philosophy of the natural sciences.* (Cambridge: Cambridge University Press, 1981).
Hempel, Carl Gustav [IoCW]: „Implications of Carnap's work for the philosophy of science". In Schilpp (ed) [PoRC]:685-709.
Hilbert, David [GG]: *Grundlagen der Geometrie.* (Stuttgart: Teubner, 91962). [Erschien zuerst 1899].
Hintikka, Jaako (ed) [RCLE]: *Rudolf Carnap, logical empirist. Materials and perspectives.* (= *Synthese Library* Vol. 73). (Dordrecht: Reidel, 1975).
Horwich, Paul [oNNo]: „On the nature and norms of theoretical commitment". *Philosophy of Science* 58 (March, 1991), pp.1-14.

James, William
– [MoT]: *The meaning of truth.* (Ann Arbor: The University of Michigan Press, 1970). [Erschien zuerst 1909].
– [P]: *Pragmatism: A new name for some old ways of thinking.* (New York: Longmans, 1949). [Erschien zuerst 1907].
– [PCoT]: „Pragmatism's conception of truth". In James [P]:197-236. [Erschien zuerst 1907].

Kanitscheider, Bernulf [NWW]: „Naturalismus und wissenschaftliche Weltorientierung". *LOGOS*, N.F. I (1994), 184-199.
Kirkham, Richard L. [TP]: „Tarski's physicalism". *Erkenntnis* 38 (1993), pp.289-302.
Kitcher, Philip [NR]: „The naturalists return". *The Philosophical Review* Vol. 101, No. 1 (January 1992), 53-114.
Krikorian, Yervant H. (ed) [NHS]: *Naturalism and the human spirit.* (New York: Columbia University Press, 1944).
Kuhn, Thomas S. [SoSR]: *The structure of scientific revolutions.* (= *International Encyclopedia of Unified Science* Vol. II, No. 2). (Chicago: University of Chicago Press, 1962).
Kukla, André [SRSP]: „Scientific realism, scientific practice, and the Natural Ontological Attitude". *The British Journal for the Philosophy of Science* 45 (1994), pp.955-975.
Kutschera, Franz von [W]/II: *Wissenschaftstheorie II. Grundzüge der allgemeinen Methodologie der empirischen Wissenschaften.* (München: Wilhelm Fink Verlag (UTB), 1972).

Lacey, A. R. [DoP]: *A dictionary of philosophy.* (London: Routledge, 21986). [Erschien zuerst 1976].
Lewis, David
– [HTDT]: „How to define theoretical terms". *The Journal of Philosophy* Vol. LXVII No. 13 (July, 9, 1970), pp.427-446.

– [RI]: „Radical interpretation". *Synthese* 27 (1974), pp.331-344.

Linsky, Leonard (ed) [SPoL]: *Semantics and the philosophy of language.* (Urbana: University of Illinois Press, 1952).

Lycan, William G. [DiQW]: „Definition in a Quinean world". In Fetzer et al. (eds) [DD]:111-131.

Massey, Gerald J. [IIOR]: „Indeterminacy, inscrutability, and ontological relativity". In Rescher (ed) [SiO]:43-55.

Mates, Benson [S]: „Synonymity". In Linsky (ed) [SPoL]:111-136. [Erschien zuerst 1950].

Moulines, C. Ulises [HvOi]: „Holismus vs. Operationalismus in der Wissenschaftstheorie". Unveröffentlichtes Manuskript eines Vortrags vom 5.5.1995 am Philosophischen Seminar der Georg-August-Universität Göttingen.

Müller, Olaf

– [TAAS]: „Trivialisiert die Annahme analytischer Sätze den wissenschaftlichen Fortschritt?" In C. Hubig / H. Poser (eds.) *Cognitio Humana – Dynamik des Wissens und der Werte.* Band 1 (Leipzig, 1996), pp. 603-610.

– [ZZ]: „Zitierte Zeichenreihen. Eine Theorie des harmlos nichtextensionalen Gebrauchs von Anführungszeichen". *Erkenntnis* 44 No. 3 (May 1996), pp. 279-304.

Neurath, Otto (ed) [EUS]: *Encyclopedia and unified science.* (= *International Encyclopedia of Unified Science* Vol. I No. 1). (Chicago: University of Chicago Press, 1938).

Peirce, Charles Sanders [PP]: *Pragmatism and pragmaticism.* (Cambridge / Mass.: Harvard University Press, 1934). (= Hartshorne / Weiss (eds): *Collected papers of Charles Sanders Peirce Vol. V and Vol. VI,* Cambridge / Mass.: Harvard University Press, 1960).

Putnam, Hilary

– [AS]: „The analytic and the synthetic". In Putnam [MLR]:33-69. [Erschien zuerst 1962].

– [MLR]: *Mind, language and reality. Philosophical papers, volume 2.* (Cambridge: Cambridge University Press, 1975).

– [RR]/A: *Representation and reality.* (Cambridge / Mass.: MIT Press, 1988).

– [RR]/B: *Realism and reason. Philosophical papers, volume 3.* (Cambridge: Cambridge University Press, 1983).

– [RTH]: *Reason, truth and history.* (Cambridge: Cambridge UP, 1981).

– [TDR]: „'Two dogmas' revisited". In Putnam [RR]/B:87-97. [Erschien zuerst 1976].

Quine, Willard Van Orman

– [CLT]: „Carnap and logical truth". In Quine [WoPO]:107-132. [Erschien zuerst italienisch 1957, englisch 1962].

– [EC]: „Empirical content". In Quine [TT]:24-30.
– [fLPo]: *From a logical point of view.* (Cambridge / Mass.: Harvard UP, second edition, revised, 1961). [Erschien zuerst 1953].
– [FMoE]: „Five milestones of empiricism". In Quine [TT]:67-72.
– [FoM]: „Facts of the matter". In Shahan et al. (eds) [APfE]:176-196.
– [fStS]: *From stimulus to science.* (Cambridge / Mass.: Harvard UP, 1995).
– [IoTA]: „Indeterminacy of translation again". *The Journal of Philosophy* LXXXIV, No. 1 (January 1987), pp.5-10.
– [iPoO]: „In praise of observation sentences". *The Journal of Philosophy* XC, No. 3 (March 1993), pp.107-116.
– [MVD]: „Mind and verbal dispositions". In Guttenplan (ed) [ML]:83-95.
– [NoEN]: „Notes on existence and necessity". In Linsky (ed) [SPoL]:77-91. [Erschien zuerst 1943].
– [NoTo]: „Notes on the theory of reference". In Quine [fLPo]:130-8.
– [oEES]: „On empirically equivalent systems of the world". *Erkenntnis* 9 (1975), pp.313-328.
– [OR]: „Ontological relativity". In Quine [OROE]:26-68. [Erschien zuerst 1968].
– [oRfI]: „On the reasons for indeterminacy of translation". *The Journal of Philosophy* LXVII, No. 6 (March 26, 1970), pp.178-183.
– [OROE]: *Ontological relativity and other essays.* (New York: Columbia UP, 1969).
– [oWTI]: „On what there is". In Quine [fLPo]:1-19. [Erschien zuerst 1948].
– [PO]: „Propositional objects". In Quine [OROE]:139-160.
– [PoL]: *Philosophy of logic.* (Cambridge / Mass.: Harvard University Press, second edition 1986). [Erschien zuerst 1970].
– [PoMi]: „The problem of meaning in linguistics". In Quine [fLPo]:47-64.
– [PoT]: *Pursuit of truth.* (Cambridge / Mass.: Harvard UP, revised edition 1992). [Erschien zuerst 1990].
– [PoTF]: „Progress on two fronts". *The Journal of Philosophy* Vol. XCIII No. 4 (April 1996), pp. 159-163.
– [PPiL]: „Philosophical progress in language theory". *METAPHILOSOPHY* 1 No. 1 (January 1970), pp.2-19.
– [Q]: *Quiddities. An intermittently philosophical dictionary.* (Cambridge / Mass: Harvard UP, 1987).
– [RA]: „Relativism and absolutism". *The Monist* Vol. 67, No. 3 (July, 1984), pp.293-296.
– [RM]: „Reference and modality". In Quine [fLPo]:139-59.
– [ROD]: „Russell's ontological development". In Quine [TT]:73-85. [Erschien zuerst 1966].
– [RoR]: *The roots of reference. The Paul Carus lectures.* (La Salle: Open Court, 1974).
– [TbC]: „Truth by convention". In Quine [WoPO]:77-106. [Erschien zuerst 1936].

– [TDiR]: „Two dogmas in retrospect". *Canadian Journal of Philosophy* 21, No. 3 (September 1991), pp.265-274.
– [TDoE]: „Two dogmas of empiricism". In Quine [fLPo]:20-46. [Erschien zuerst 1951].
– [TI]: „Three indeterminacies". In Barrett et al. (eds) [PoQ]:1-16.
– [TT]: *Theories and things.* (Cambridge / Mass.: Harvard UP, 1981).
– [TTPi]: „Things and their place in theories". In Quine [TT]:1-23.
– [WO]: *Word and object.* (Cambridge / Mass.: MIT Press, 1960).
– [WoPO]: *The ways of paradox and other essays.* (Cambridge / Mass.: Harvard UP, revised and enlarged edition 1976). [Erschien zuerst 1966].

Ramsey, Frank Plumpton
– [F]: *Foundations: Essays in philosophy, logic, mathematics and economics.* D.H. Mellor (ed). (Atlantic Highlands: Humanities Press, 1978).
– [T]: „Theories". In [F]:101-125. [Erschien zuerst 1931].
Reichenbach, Hans [VToM]: „The verifiability theory of meaning". In Feigl et al. (eds) [RiPo]:93-102. [Erschien zuerst 1951].
Rescher, Nicholas (ed) [SiO]: *Studies in ontology.* (= *American Philosophical Quarterly Monograph Series* No.12). (Oxford: Blackwell, 1978).
Rescher, Nicholas [CToT]: *The coherence theory of truth.* (Oxford: Clarendon, 1973).
Russell, Bertrand
– [MLOE]: *Mysticism and logic and other essays.* (London: Allen & Unwin, ^{10}1951). [Erschien zuerst 1917].
– [RoSt]: „The relation of sense-data to physics". In Russell [MLOE]:145-179. [Erschien zuerst 1914].

Schilpp, Paul Arthur (ed) [PoRC]: *The Philosophy of Rudolf Carnap.* (La Salle: Open Court, 1963).
Schlick, Moritz
– [AE]: *Allgemeine Erkenntnislehre.* (Berlin: Springer, 1918).
– [MV]: „Meaning and verification". *The Philosophical Review* Vol. XLV, No.4 (July, 1936), pp.339-369.
Searle, John R. [I]: *Intentionality. An essay in the philosophy of mind.* (Cambridge: Cambridge University Press, 1983).
Shahan, Robert W. / Merrill, Kenneth R. (eds) [APfE]: *American philosophy from Edwards to Quine.* (Norman: University of Oklahoma Press, 1977).
Skirbekk, Gunnar (ed) [W]: *Wahrheitstheorien. Eine Auswahl aus den Diskussionen über Wahrheit im 20. Jahrhundert.* (Frankfurt: Suhrkamp, 1977).
Soames, Scott [WITo]: „What is a theory of truth?" *The Journal of Philosophy* Vol. LXXXI No.8 (August 1984), pp.411-429.
Stegmüller, Wolfgang
– [HG]/I: *Hauptströmungen der Gegenwartsphilosophie. Eine kritische Einführung. Band I.* (Stuttgart: Kröner, ^{6}1978). [Erschien zuerst 1952].

– [TE]/1: *Theorie und Erfahrung. (Probleme und Resultate der Wissenschaftstheorie und Analytischen Philosophie, Band II).* [1. Halbband]. (Berlin: Springer, 1970).
– [TE]/2: *Theorie und Erfahrung. Zweiter Halbband. Theorienstrukturen und Theoriendynamik. (Probleme und Resultate der Wissenschaftstheorie und Analytischen Philosophie, Band II).* (Berlin: Springer, 1973).
– [TE]/3: *Theorie und Erfahrung. Dritter Teilband. Die Entwicklung des neuen Strukturalismus seit 1973. (Probleme und Resultate der Wissenschaftstheorie und Analytischen Philosophie, Band II).* (Berlin: Springer, 1986).

Tarski, Alfred
– [CP]/2: *Collected papers. Volume 2. 1935-1944.* (Steven R. Givant / Ralph N. McKenzie (eds); Basel: Birkhäuser, 1986).
– [CP]/4: *Collected papers. Volume 4. 1958-1979.* (Steven R. Givant / Ralph N. McKenzie (eds); Basel: Birkhäuser, 1986).
– [GWS]: „Grundlegung der wissenschaftlichen Semantik". (Übersetzung aus dem Polnischen). In Tarski [CP]/2:259-268. [Erschien im Jahr 1936 sowohl polnisch als auch deutsch].
– [SCoT]: „The semantic conception of truth and the foundations of semantics". In Tarski [CP]/2:661-699. [Erschien zuerst 1944].
– [TP]: „Truth and proof". In Tarski [CP]/4:399-423. [Erschien zuerst 1969].
– [üBLF]: „Über den Begriff der logischen Folgerung". (Übersetzung aus dem Polnischen). In Tarski [CP]/2:269-281. [Erschien im Jahr 1936 sowohl polnisch als auch deutsch].
– [WiFS]: „Der Wahrheitsbegriff in den formalisierten Sprachen". (Übersetzung aus dem Polnischen). In Tarski [CP]/2:51-198. [Erschien zuerst polnisch 1933; deutsch zuerst 1935].
Thiel, Christian [SBiL]: *Sinn und Bedeutung in der Logik Gottlob Freges.* (Meisenheim am Glan: Hain, 1965).
Tugendhat, Ernst [TSDW]: „Tarskis semantische Definition der Wahrheit und ihre Stellung innerhalb der Geschichte des Wahrheitsproblems im logischen Positivismus". In Skirbekk (ed) [W]:189-223. [Erschien zuerst 1960].

Vollmer, Gerhard [WIN]: „Was ist Naturalismus?" *LOGOS*, N.F. I (1994), 200-219.

Waismann, Friedrich [LWWK]: *Ludwig Wittgenstein und der Wiener Kreis. Gespräche, aufgezeichnet von Friedrich Waismann. (Aus dem Nachlass herausgegeben von B.F. McGuinness).* (Oxford: Blackwell, 1967). (= Wittgenstein [W]/3).
Watson, John B.
– [B]: *Behaviorism.* (New York: Norton, 1925).
– [PfSo]: *Psychology from the standpoint of a behaviorist.* (Philadelphia: Lippincott, second edition 1924). [Erschien zuerst 1919].

White, Morton G. [AS]: „The Analytic and the synthetic: An untenable dualism". In Linsky (ed) [SPoL]:272-286. [Erschien zuerst 1950].

Wittgenstein, Ludwig

– [PU]: *Philosophische Untersuchungen.* In Wittgenstein [W]/1:225-618. [Erschien zuerst 1953].

– [üG]: *Über Gewissheit.* In Wittgenstein [W]/8:113-257. [Erschien zuerst 1969].

– [W]/1: *Werkausgabe Band 1.* (Frankfurt: Suhrkamp, 1984).

– [W]/3: *Werkausgabe, Band 3.* (Frankfurt: Suhrkamp, 1984).

– [W]/8: *Werkausgabe, Band 8.* (Frankfurt: Suhrkamp, 1984).

Wright, Crispin / Hale, Bob (eds) [CtPo]: *A companion to the philosophy of language.* (Oxford: Blackwell, 1997). (I.E.)

REGISTER

In dem Register sind vier Sorten von Einträgen versammelt:

1. *Personen (mit Ausnahme von Quine führe ich jede Fundstelle jeder im Text erwähnten Person an);*
2. *Quines Werke (unter dem Stichwort „Quine“ finden sich in alphabetischer Folge sämtliche Fundstellen aller von mir zitierten Quine-Titel einschliesslich der von mir benutzten Titelkürzel);*
3. *Quines englische Terminologie (ich ordne den zentralen englischen Begriffen Quines die von mir benutzten deutschen Übersetzungen zu);*
4. *Begriffe (kein lückenloser Nachweis der Begriffswörter: ich weise einerseits nur die wichtigsten Vorkommnisse der Begriffswörter nach; andererseits führe ich auch solche Textstellen auf, in denen der fragliche Begriff eine Rolle spielt, ohne selbst erwähnt zu werden).*

Alle Verweise beziehen sich auf Kapitel- und Paragraphennummern (sowie eventuell zusätzlich auf Fussnotennummern); z.B. verweist der Eintrag „12.3“ auf § 12.3 (im zwölften Kapitel), und der Eintrag „3.14n34-35“ verweist auf die Fussnoten 34 und 35 im dritten Kapitel (die sich im § 3.14 finden). Ein eingeklammerter Zusatz wie „(D6.1)“ zeigt die Nummer der Definition an, mit deren Hilfe der fragliche Begriff expliziert wird.

Kommt ein Begriff *sowohl im Haupttext eines Paragraphen als auch in einer Fussnote zum selben Paragraphen vor, so nenne ich nur die Paragraphennummer; im Gegensatz dazu führe ich alle Fussnoten, in denen* Quine-Titel bzw. Personen *erwähnt werden, eigens auf.*

Stichwörter, die als Oberbegriffe für andere, speziellere Stichwörter gelten können, erscheinen in **fetter** *Schrift.*